高等职业院校城市轨道交通精品教材

城市轨道交通车辆电气控制

赵　丽　张庆玲　主　编

王新铭　裴　蓓　副主编

隋秀梅　主　审

電子工業出版社

Publishing House of Electronics Industry

北京·BEIJING

内 容 简 介

本书介绍了城市轨道交通车辆电气控制系统构成及概念，并对主要的车辆电气控制系统进行了介绍，包括牵引传动系统、辅助供电系统、常用电气控制系统电路及其控制方法、微机控制系统及车辆故障诊断系统、车门电气控制系统和空调电气控制系统。本书注重职业技能训练，书中给出了大量的应用实例，所选内容贴近轨道交通行业的工作岗位要求，并且在相关章节之后，编写了典型的实训项目 12 项，包括受流器的检修、高速断路器的检修、调频调压牵引逆变器检修等，具有很强的实用性和可操作性。

本书可作为高职城市轨道交通车辆等专业车辆电气控制系统的教学用书和实验实训指导书，也可作为从事车辆电气控制工作的工程技术人员的参考用书以及城市轨道交通技术培训用书。

图书在版编目（CIP）数据

城市轨道交通车辆电气控制 / 赵丽，张庆玲主编. —北京：电子工业出版社，2016.12（2023.3 重印）
ISBN 978-7-121-30548-1

Ⅰ. ①城… Ⅱ. ①赵… ②张… Ⅲ. ①城市铁路－铁路车辆－电气控制－高等学校－教材 Ⅳ. ①U239.5

中国版本图书馆 CIP 数据核字（2016）第 290027 号

策　　划：陈晓明
责任编辑：郭乃明　　特约编辑：范　丽
印　　刷：北京捷迅佳彩印刷有限公司
装　　订：北京捷迅佳彩印刷有限公司
出版发行：电子工业出版社
　　　　　北京市海淀区万寿路 173 信箱　邮编：100036
开　　本：787×1092　印张：14.25　字数：365 千字
版　　次：2016 年 12 月第 1 版
印　　次：2023 年 3 月第 7 次印刷
定　　价：39.00 元

凡所购买电子工业出版社图书有缺损问题，请向购买书店调换。若书店售缺，请与本社发行部联系，联系及邮购电话：（010）88254888，88258888。

质量投诉请发邮件至 zlts@phei.com.cn，盗版侵权举报请发邮件至 dbqq@phei.com.cn。

本书咨询联系方式：电话、邮箱、QQ、微信、微博等。

前　言

城市轨道交通是现代城市公共交通的主要形式之一，它是一种运量大、速度快、安全可靠、节约资源、保护环境的城市公交系统。

城市轨道交通车辆是城市轨道交通系统中最关键的部分，它的性能影响整个城市轨道交通的质量，教材结合城市轨道交通车辆专业人才培养方案和城市轨道交通车辆电气控制现状编写，对城市轨道交通车辆的电气部分进行了详细的介绍。全书共分7章：城市轨道交通车辆电气控制系统构成、城市轨道交通车辆牵引传动系统、城市轨道交通车辆辅助供电系统、电动列车常用电气控制系统电路及其控制方法、列车微机控制系统及车辆故障诊断系统、城市轨道交通车辆车门电气控制系统和城市轨道交通车辆空调电气控制系统。

本书尽可能覆盖了我国城市轨道交通车辆的各种电气控制设备，教材编写中理论与实际动手相结合，突出职业教育的实践性，相关章节后配有典型的实训项目，包括受流器的检修、高速断路器的检修、调频调压牵引逆变器检修、车辆牵引电动机的检修、制动电阻器的检修、蓄电池的维护、主控制器检修、继电器检修、接触器检修、电控气动门的检修、电动塞拉门的检修、城轨车辆空调的检修共12个实训项目。

本教材注重实用性，内容编排重点突出，每章配有本章重点、小结和习题，实训项目按照实训目的、实训工具与所需物品、实训原理、实训内容与步骤和实训报告的流程编写，并配有实训工作任务单，使学生能学以致用，通过具体知识认知和实践操作训练，使学生加深对专业知识的理解，增强对城市轨道交通车辆电气控制系统的认知，能够使学生在项目的驱动下，有目标有步骤的进行实训操作，并结合安全要求、技能鉴定的相关规定进行设备的规范运用，以此来巩固和拓展学生车辆电气设备运用的职业技能。本书可作为高职城市轨道交通车辆等专业车辆电气控制系统的教学用书和实验实训指导书，也可作为从事车辆电气控制工作的工程技术人员的参考用书以及城市轨道交通技术培训用书。

本书由长春职业技术学院赵丽、张庆玲任主编，王新铭、裴蓓任副主编，参加编写的还有韩冰、邱天宇和王迪。具体编写分工为：赵丽和张庆玲对本书的编写思路与大纲进行总体策划，赵丽指导全书的编写，对全书统稿，并编写了第1章、第2章和第3章，张庆玲编写了第4章和第5章，王新铭编写了书中的实训部分，裴蓓编写了书中的第6章，寒冰和邱天宇编写了书中的第7章，王迪参与了全书的校对。隋秀梅主审了全书，并提出了修改意见。

本书在编写过程中，得到许多城市轨道交通行业专家的大力支持和热情帮助，在此表示衷心的感谢！编写过程中编者们参考了许多专家和学者的书籍和文献等资料，在此对相关的专家和学者们表示衷心的感谢！

由于编者经验和水平有限，加上时间仓促，书中存在疏漏和不足之处在所难免，敬请读者批评指正，我们将十分感谢。

编　者

2016年7月

目　　录

第1章　城市轨道交通车辆电气控制系统构成

本章重点

- 城市轨道交通概念。
- 城市轨道交通车辆电气系统组成。
- 城市轨道交通车辆主要电气设备配置。

1.1　城市轨道交通车辆电气控制系统基本概念

城市轨道交通系统是指在城市中使用车辆在固定导轨上运行并主要用于城市客运的交通系统。城市轨道交通的定义为：通常以电能为动力，采取轮轨运输方式的快速大运量公共交通的总称。国际城市轨道交通有地铁、轻轨、市郊铁路、有轨电车以及悬浮列车等多种类型，号称“城市交通的主动脉”。轨道交通是一种独立的有轨交通系统，它提供了资源集约利用、环保舒适、安全快捷的大容量运输服务方式，能够按照设计的能力正常运行，与其他交通工具互不干扰，具有强大的运输能力，较高的服务水平，显著的资源环境效益。

城市轨道交通牵引动力来自电气化车辆，由于车辆本身不携带能源，所需能源必须由电力牵引供电系统提供。城市轨道交通牵引供电系统主要是指牵引变电所和直流牵引网两部分，如图1-1所示。电能经发电厂、降压变电站、牵引变电所、接触网后供给轨道交通车辆使用。牵引变电所将三相高压交流电变成适合轨道车辆应用的低压直流电。馈电线再将牵引变电所的直流电送到接触网上，接触网是沿车辆走行轨架设的特殊供电线路，轨道车辆通过其受流器与接触网的直接接触而获得电能。走行轨构成牵引供电回路的一部分。回流线将轨道回流引向牵引变电所。牵引变电所、接触网、电气化车辆是城市轨道交通电气系统的三大组成部分。

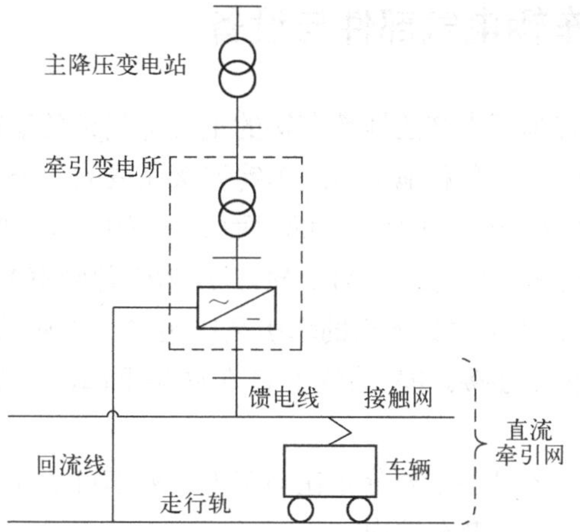

图1-1　城市轨道交通牵引供电系统

城市轨道交通车辆电气控制系统包括车辆上的各种电气设备及其控制电路。按其作用和功能可分为不同的车辆电气控制系统，如图 1-2 所示为城市轨道交通车辆电气控制系统的组成框图。

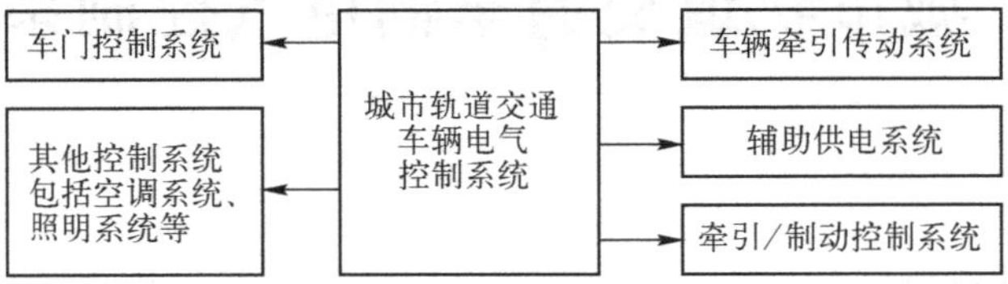

图 1-2　城市轨道交通车辆电气控制系统

城市轨道交通车辆牵引传动系统是列车牵引动力和电制动力得以实现的载体。

辅助供电系统为城市轨道交通车辆提供辅助供电，其主要为下列系统提供电源：为主传动系统提供通风冷却中压电源和控制通信低压电源；为制动系统的空气压缩机提供中压电源和控制通信低压电源；为全车提供客室正常照明、应急照明；为空调系统提供中压电源和控制通信低压电源；为列车的自动控制系统、通信及列车综合管理系统提供低压电源。

牵引/制动控制系统是列车实现牵引和制动控制相关功能的控制电路系统，通过电器、器件的组合实现一定的逻辑功能。通过单元模块的控制程序运算，再经过列车通信控制系统的实时响应，最终实现对列车的有效控制。

车门是乘客乘车必须接触的车辆部件，关系到乘客的人身安全。因此在城市轨道交通车辆中，将客室车门的状态直接与列车的运行状态相关联，通过列车信息显示系统，告知和提醒驾驶员乘客车门的状态，从而保证行车的安全。

其他控制系统包括实现列车运行中需要的辅助功能的电气系统，包括空调系统、照明系统、列车微机控制系统等等。

本书中主要介绍城市轨道交通车辆牵引传动系统、辅助供电系统、牵引/制动控制系统、车门系统、空调系统和列车微机控制系统，其中牵引制动控制系统在电动列车常用电气控制系统及各牵引传动系统中进行介绍，在每种控制系统中还介绍了其主要设备的检修方法。

1.2　城市轨道交通车辆电气部件与设备

以庞巴迪公司与长春客车厂生产的地铁车辆的主要电气设备配置为例，如图 1-3 所示。在城市轨道交通电动列车中，动车和拖车通过车钩连接而成的一个相对固定的编组称为一个（动力）单元。一列车可以由一个或几个单元编组而成。图中所示列车为两单元六节编组，B 为带受电弓的动车、C 为动车（分别记为 M′、M），A 为带驾驶室的拖车（记作 T_c），亦称为 4M2T 编组列车。PH 箱位于 B 车底架下部的牵引高压箱内，高速断路器位于 PH 箱的高压区内，与 B、C 车的逆变器箱相连接。PA 箱位于 C 车底架下部，主要由 C 车的逆变器和辅助逆变器组成。

电气牵引传动、制动系统设备主要分布在动车内，列车自动控制系统装置主要分布在驾驶室，空调与照明系统分布在各节车厢内。

驾驶室	受电弓	PA箱	PA箱	受电弓	驾驶室
蓄电池	PH箱	制动电阻箱	制动电阻箱	PH箱	蓄电池
蓄电池充电机	线路电感器	牵引电机	牵引电机	线路电感器	蓄电池充电机
列车自动控制	制动电阻箱	空调	空调	制动电阻箱	列车自动控制
空调	牵引电机	接地装置	接地装置	牵引电机	空调
	空调			空调	
	接地装置			接地装置	
	断路器			断路器	
	避雷器			避雷器	

图 1-3　城市轨道交通车辆主要电气设备配置

本 章 小 结

1．城市轨道交通系统是指在城市中使用车辆在固定导轨上运行并主要用于城市客运的交通系统。

2．城市轨道交通的定义为：通常以电能为动力，采取轮轨运输方式的快速大运量公共交通的总称。

3．城市轨道交通车辆电气包括车辆上的各种电气设备及其控制电路。

4．城市轨道交通车辆电气控制系统包括牵引传动系统、辅助供电系统、牵引/制动控制系统、车门系统、空调系统和列车微机控制系统等。

习　题　1

一、判断题（对的在括号中打“√”，错的打“×”）

1.1　城市轨道交通系统是指在城市中使用车辆在移动导轨上运行并主要用于城市客运的交通系统。（　　）

1.2　轨道交通是一种独立的有轨交通系统。（　　）

1.3　牵引变电所、接触网、电气化车辆是城市轨道交通电气化系统的三大组成部分。（　　）

二、填空题

1.4　城市轨道交通的定义为：通常以（　　　　　）为动力，采取（　　　　　）运输方式的快速大运量公共交通的总称。

1.5　由于轨道交通车辆本身不携带能源，所需能源必须由（　　　　　　）提供。

1.6　牵引供电系统主要是指（　　　　　）和（　　　　　）。

三、综合题

1.7　列举国际轨道交通类型。

1.8　说明城市轨道交通牵引用电的来源及途径。

1.9　列举城市轨道交通车辆电气系统组成。

第 2 章　城市轨道交通车辆牵引传动系统

本章重点

- 城市轨道交通车辆牵引传动控制的类型。
- 城市轨道交通车辆直流、交流传动的控制原理。
- 城市轨道交通车辆牵引和电制动电路。
- 城市轨道交通车辆整流、斩波和逆变电路工作原理及应用。
- 城市轨道交通车辆高压电路工作原理。

2.1　车辆电气牵引系统

城市轨道交通车辆中采用电动机驱动的电气传动部分称为车辆牵引传动系统，它以牵引电动机为控制对象，通过开环或闭环控制系统对电动机所产生的牵引力和速度进行调节，以满足车辆牵引和制动特性的要求，从而实现对车辆的运行控制。

牵引电机用来将电能转化成机械能，并将能量通过传动装置传递给车轮，因此牵引电机是轨道车辆的动力来源。牵引电机有直流电机、直线电机、交流异步电机以及永磁同步电机，其中三相鼠笼式异步电机是目前应用最广泛的轨道车辆牵引用电机。按照牵引电机的种类不同，将车辆牵引传动系统分为直流牵引传动系统、交流牵引传动系统和直线电动机牵引传动系统。

2.1.1　车辆牵引系统的主要设备

车辆牵引系统的基本组成如图 2-1 所示。在系统的基本结构中主要由 5 部分设备，即：受流器；高压电器单元；变流设备，主要是整流器或变流器；驱动设备，即牵引电动机和控制设备；转向架及车辆。

在牵引系统的实际组成中变压器只有在交流供电制式中才需要，在直流供电制式中受流设备直接将直流电能送入变流器。实际控制设备是由多个微机构成的分布式结构。实际系统中为了完成牵引系统功能，许多辅助的设备也是不可缺少的，我们将在后面章节中予以说明。

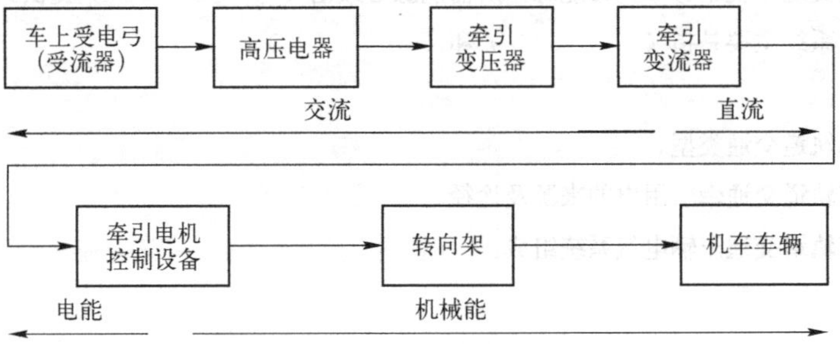

图 2-1　车辆牵引系统组成示意图

1. 受流器

受流器的功能是将电源引入车内。我国干线铁路和大部分城市的轨道交通车辆的受流器都采用受电弓，只有部分城市的地铁车辆采用第三轨受流器；另外，目前正在研制的中低速磁悬浮列车也采用第三轨受流器。

从接触网将电源引入车辆的装置称为受电弓，如图 2-2 所示。受电弓有 4 个基本组成部分，即底架、铰链结构、集电头和升弓装置。

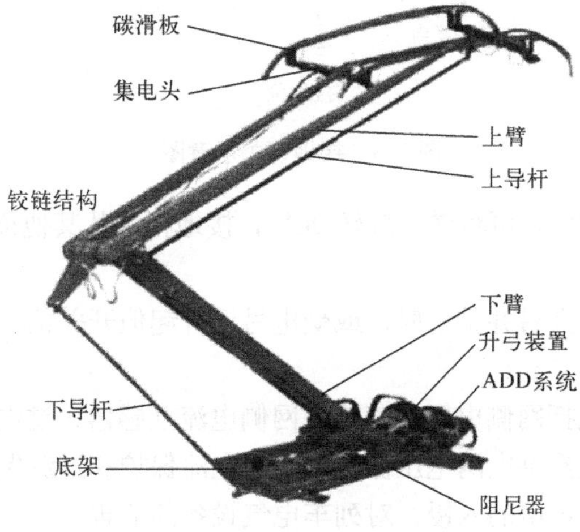

图 2-2　受电弓结构

底架是整个受电弓的基座，通过绝缘子固定在机车顶部，底架上有升弓装置、铰链结构和受电弓的阻尼器。

铰链结构是实现集电头升降运动的机构，包括有上臂、下臂、上导杆和下导杆。各铰接处都采用滚动轴承，用金属软编织线短接。上导杆用于保证集电头的滑板面在整个工作高度范围内保持基本水平状态。

集电头是直接与接触网接触的部分，上面安装有碳滑板，滑板中有气腔，通有压缩空气。如果滑板磨损到极限或发生断裂，气腔破裂，受电弓自动下降。集电头与接触网之间的接触压力可以根据运行速度的等级进行调节。

升弓装置实现对受电弓升降运动的控制。目前升弓装置有两种动力源：一种是采用气动即列车的供风（压缩空气）系统通过气囊给风或排风，从而使受电弓升降；另一种是采用电动即用电动机控制受电弓的升降。采用气动的受电弓其升弓装置一般还具有手动的机构，以便在列车供风不足的情况下可以手动升弓。

2. 高压电器单元

高压电器单元是将受流器从接触线路采集的电能引入车内，为牵引设备和其他设施提供动力并进行高压系统的控制、检测和保护。高压电器单元主要包括主断路器、避雷器、接地开关和检测保护装置等。

主断路器将列车高压电路从接触网进行隔离切换，主断路器的关闭是通过控制电磁铁和其感应线圈动作来完成的。电磁励磁是在切换之后（由设备内部的一个接触器完成），给设备内的电容充电大约 1s。打开电路断路器可以通过将其感应线圈断电来完成。

接地开关通常与主断路器集成在一起形成一个部件，起着切断主电路与主电路的接地保护作用，图 2-3 是接地开关的示意图。

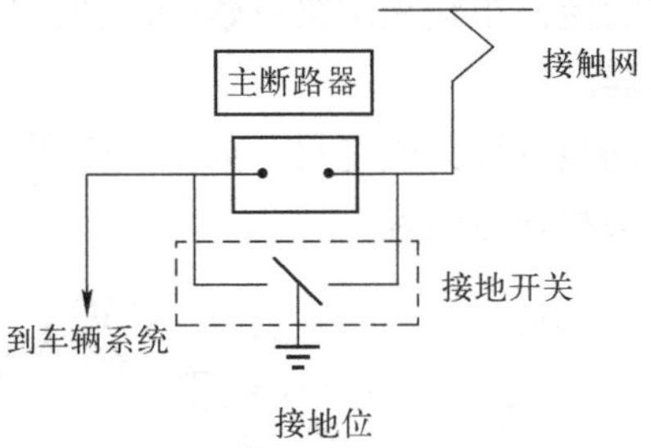

图 2-3　接地开关示意图

接地开关是手动操作的，可将转轴旋转 90°，接地杆可从其他位（在安全夹内）转动到接地位。

注意：当车辆受电弓升弓并带电时，或受电弓已升起但开关仍处在接地位置时，不可操作接地开关。

检测保护装置主要包括网侧电压互感器、网侧电流互感器、过电流互感器和避雷器等。检测保护装置给控制系统提供电网电压保护、电网电流保护和过流保护。避雷器限制由接触网传入的瞬时过电压（如雷电的入侵）对列车电气设备的危害。

高压电器单元还包括车辆的接地装置、瞬时电抗器和高压电缆等一些设备。

3. 牵引变压器

牵引变压器的作用主要是将电网电压转换成适当的电压供列车牵引系统和其他电气系统使用；另外牵引变压器还可以将列车电气系统与接触网相隔离，并提供滤波、保护等手段，为列车提供安全、可靠、高质量的电源。

电力牵引系统使用的牵引变压器是单相、50 Hz 的整流变压器，仅在干线电力机车和动车组上使用。牵引变压器一般采用矿物油冷却，称为油浸式，因此牵引变压器还必须附带有油箱和油泵以及散热风扇。牵引变压器必须设置油保护，包括油温、油位、油流量、压力等，通过这些参数的监测和保护，保证牵引变压器的正常工作。

牵引变压器从结构上可以分为立式和卧式，电力机车一般采用立式，而动车组只能采用卧式结构。

4. 变流器

变流器是一类采用功率电子器件实现电源制式或性能变换的功率转换设备，它主要包括实现交流到直流变换的整流器、直流到交流变换的逆变器、实现直流电压变换的直流变换器和实现交流频率变换的交-交变流器。

变流技术和变流器的发展是随着功率电子器件的发展而发展的。从大功率硅二极管到可控硅（晶闸管），从大功率可关断晶闸管 GTO 到绝缘栅双极型晶体管 IGBT，一代代大功率电子器件的诞生推动了变流技术的发展和各种变流器的出现，同时也推动了电力牵引系统的发展。

车辆牵引系统中主要运用的是整流器、逆变器和直流变换器。在牵引系统中整流器将交流转变成直流提供给直流牵引电动机或逆变器使用；逆变器将直流转变成频率和电压均可改变的交流电给交流牵引电动机供电；直流变换器将较高的供电电压转变成适合直流牵引电动机运行的直流电。另外值得一提的是在车辆牵引系统中还有一类特殊的变流器，在列车牵引时该变流器作为整流器工作，在列车实施再生制动（能量反馈）时变流器作为逆变器工作，我们称这种变流器为四象限变流器。

5. 牵引电动机

牵引电动机可分为直流牵引电动机、交流牵引电动机和直线牵引电动机，交流牵引电动机又可分为交流异步牵引电动机和交流同步牵引电动机。目前在车辆牵引系统中主要采用的是交流异步牵引电动机，只有在磁悬浮列车的牵引系统中采用交流同步牵引电动机。

直流牵引电动机的工作原理、结构与普通直流电动机没有区别，但在干线电力机车上运用的直流牵引电动机需要在设计和结构方面采取一些特别的措施。因为干线电力机车的直流电压上附加有脉动的交流分量，而这个交流分量引起的电磁脉动会造成电动机换向的恶化并产生较大的换向火花，因此我们也将这类直流牵引电动机称为脉流牵引电动机。脉流牵引电动机除了需要改善换向之外，还需要改善电动机的散热，因为电磁脉动同时会造成较大的铜耗和铁耗，增加了发热。

交流异步牵引电动机的结构与普通工业用交流异步电动机基本相同，但交流异步牵引电动机的工作频率范围宽广，在整个工作频率范围内交流异步牵引电动机的各个参数要求保持一致，因此电动机的结构和材料需要特殊的设计，特别是转子的导体材料、转子导体的电阻性能、转子的槽形、漏抗等。另外交流异步牵引电动机定子绕组的绝缘也需要特殊的考虑。简单地来说就是不能用普通的交流异步电动机来代替交流异步牵引电动机。

牵引电动机与普通电动机的差别还表现在运用环境的不同。列车的牵引电动机悬挂在转向架上，需要承受巨大的振动和冲击力，因此其结构必然需要特殊设计；其次牵引电动机一般都是 2 个或 4 个并联工作，因此要求各个电动机的参数一致性要好，否则各牵引电动机的负载分配不均匀，致使个别电动机过载、发热，甚至出现其他严重问题。

近年来，直线牵引电动机在轨道交通车辆中的应用越来越受到各国的重视。直线电动机无旋转部件，呈扁平形，可降低车辆高度，从而缩小了地铁隧洞直径，降低了工程造价。直线电动机运行不受黏着限制，可得到较高的加速度和减速度，噪声较小，这些都是适合轨道交通车辆应用的突出优点。

6. 牵引控制设备

牵引控制设备是保证牵引系统有序、正常工作的核心设备。早期的控制设备是由一些有节点的电器如继电器、接触器等构成，功能上实现“与”、“或”、“非”等逻辑运算的逻辑电路，从而可有序地控制牵引功能的实现。随着电子技术的发展和大功率电子器件的运用，控制设备逐步用电子器件取代了有节点电器，出现了以模拟电子器件和数字电子器件混合的控制设备。这种数-模混合的控制设备可实现的控制功能有很大的增强，可完成一些复杂的控制，但设备的体积却大大减小。从 20 世纪 70 年代开始计算机进入列车的牵引控制系统，控制设备变成为微机控制系统，采用微机控制系统以后牵引控制开始向着智能化方向发展。20 世纪

90年代以来牵引控制系统由单个微机的控制系统发展为多个微机的控制系统，并且引入了网络技术，由于网络技术的运用，牵引控制设备正在朝着分布式控制系统的方向发展。

2.2 直流牵引传动系统

多年以来，直流串励牵引电机一直作为各种铁道车辆的主要牵引动力，因为它具有启动性能好、调速范围大、过载能力强、功率利用充分、运行较可靠且控制简单等优点。

2.2.1 直流牵引电动机的牵引性能

直流电动机的机械特性与励磁方式有关，直流电机的励磁方式有：串励、并励、复励等，如图 2-4 所示。图 2-4（a）是并励方式的工作示意图；图 2-4（b）是串励方式的工作示意图；图 2-4（c）是他励方式的工作示意图。

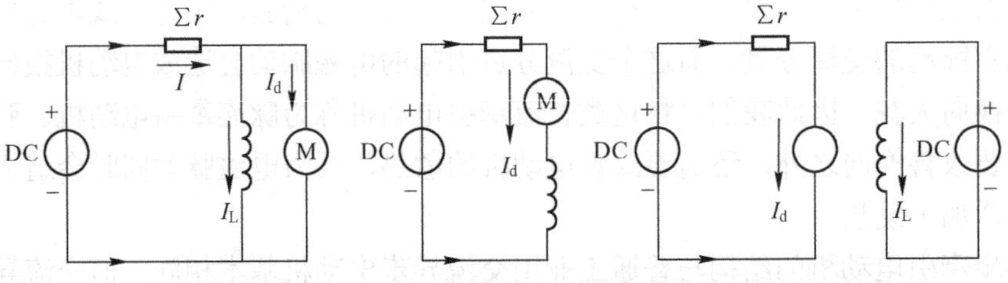

（a）并励　　（b）串励　　（c）他励

I_d表示电动机的电枢电流；I_L表示励磁电流；Σr 表示电气回路中所有电阻的总和。

图 2-4　直流电机的励磁方式

直流牵引电动机的基本工作原理可以用下述两个方程表示：

$$T_d = C_m \Phi I_d \tag{2-1}$$

$$U_d = I_d \Sigma r + C_e \Phi n \tag{2-2}$$

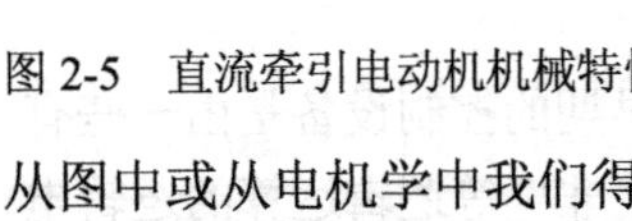

图 2-5　直流牵引电动机机械特性

式中：C_m——电动机电磁转矩结构常数；

T_d——电磁转矩；

n——电动机转速；

Φ——每极磁通量；

C_e——电动机感应电动势结构常数。

直流牵引电动机的机械特性表达式为$T_d = f(n)$，电磁转矩T_d是电动机转速n的函数，可以通过上面的式（2-1）和式（2-2）获得。如图 2-5 所示为直流牵引电动机机械特性曲线，从图中或从电机学中我们得知他励电动机与并励电动机的特性相近，因此我们只需选取并励和串励两种方式进行分析，通过比较这两种电动机的优缺点，了解选用牵引电动机时应考虑的因素及基本原则。除此之外还有一种复励式电动机，它的励磁由并励和串励两部分组成，因此复励特性由串励和并励两种特性组合而成。

并励牵引电动机在转矩变化时，转速变化很小，这种特性称为“硬特性”；而串励牵引电动机在转矩变化时，转速变化很大，基本是随着转矩的增大（减小）而减小（增大），这种特性称之为“软特性”。

1. 牵引电动机之间的负载分配

理论上机车上各台牵引电动机的负载应当是相同的，但是由于各台牵引电动机的特性不可能完全相同，实际的动轮直径也有所差异（包括公差和磨耗），这些差异都将引起电动机之间负载分配的不均匀。图 2-6（a）表示在轮径相同的条件下，两台并励式电动机由于特性上的差异所引起的负载分配不均匀；图 2-6（b）表示两台串励式电动机由于特性上的差异所引起的负载分配不均匀；比较图 2-6（a）和图 2-6（b）可以看出，串励式牵引电动机负载分配不均匀的程度远比并励式的小。

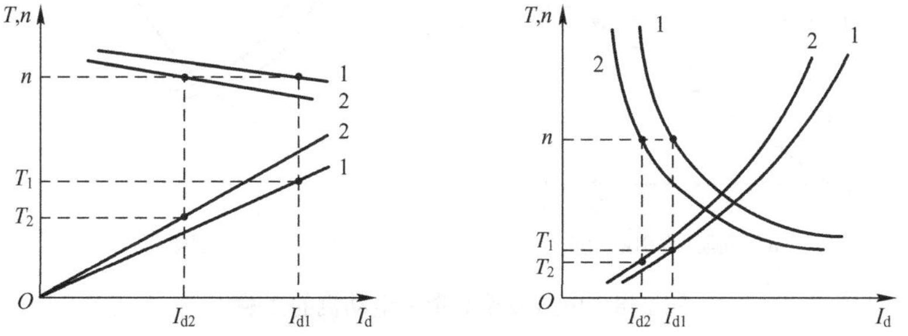

（a）并励方式　　（b）串励方式

图 2-6　电动机特性不同时的负载分配

其次，分析动轮直径不同对负载分配的影响。如果两台电动机的特性相同，而它们各自的轮径不同，在机车运行时两台电动机的转速就会有差异。设一台电动机的转速为 n_1，另一台的转速为 n_2。图 2-7（a）表示转速差异在两台并励式电动机之间引起的负载分配不均；图 2-7（b）表示同样的转速差异在两台串励式电动机之间引起的负载分配不均。对比之下，两台牵引电动机在并联运用时，它们的励磁方式显然是串励方式优于并励方式。

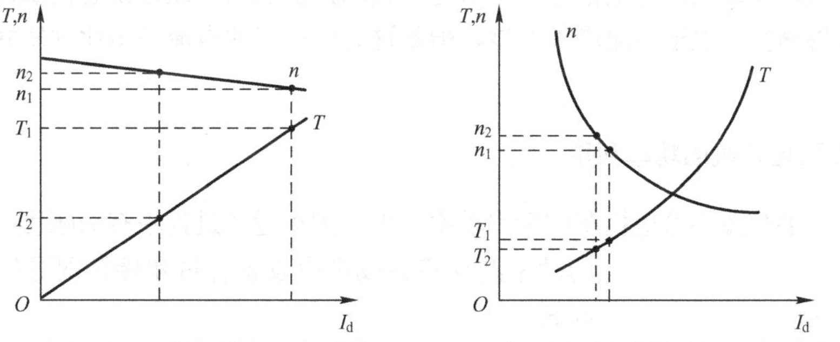

（a）并励式电动机的转速特性和转矩特性　　（b）串励式电动机的转速特性和转矩特性

图 2-7　轮径不同时的负载分配

2. 电压波动对牵引电动机工作的影响

接触网电压经常会发生波动，如当电力机车运行经过两个牵引变电所供电的交界处时，供电电压就会突然变化。这种变化进行得很快，而列车的速度还来不及改变，就可能产生大的电流冲击和牵引力冲击。

图 2-8（a）所示为并励式电动机在电压波动时产生的电流和牵引力的变化。设电动机原来的端电压是U_1，相应的转速特性曲线为n_1，变化后的电压为U_2，相对应的转速特性曲线为n_2。由于电压波动的时间很短，并励磁场的电流来不及随电压波动而变化，所以对应于U_1与U_2的转矩特性曲线可以视为是同一条曲线。由图 2-8（a）中可以看出电流和牵引力的冲击是相当大的，这将导致牵引电动机工作条件的恶化和列车运行中的冲动。图 2-8（b）所示表示串励式电动机在电压波动时电流和牵引力的变化情况，因为串励式电动机具有“软特性”，它所产生的电流冲击和牵引力冲击显著地小于并励式电动机。

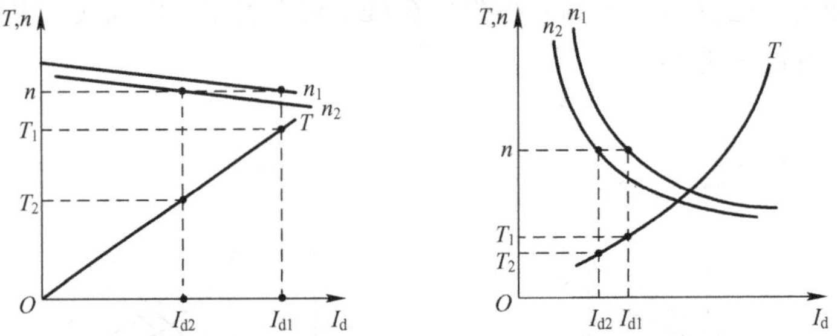

（a）并励式牵引电动机　（b）串励式牵引电动机

图 2-8　电压波动对牵引电动机的影响

电压波动所造成的冲击过去以后，尽管端电压改变了，但是如果机车的运行阻力不变（即电动机负载转矩不变），由于串励式电动机的电流和转矩取决于外部负载，它最终仍将回复到电压未变以前的数值。但是并励式电动机就不同了，例如，在端电压降低以后，并励磁场最终要随电压的降低而减弱，电动机电流会大于未降低电压前的电流值。

由于并励式电动机励磁绕组的电磁时间常数大于电枢绕组的时间常数，所以在外加电压突变时，励磁电路内的电流增长速度就比电枢电路内的增长速度慢很多，电枢反电动势来不及增加，这样，在过渡过程开始阶段，电枢电流冲击较大。至于串励式电动机，其励磁绕组与电枢绕组串联，励磁电流与电枢电流增长速度相同，虽然由于磁极铁芯内涡流的影响，磁场增长速度也将稍慢于电枢电流增长速度，但是这时所引起的电流冲击比并励式电动机要小得多。

3. 直流牵引电动机的功率利用

从牵引供电的角度不希望机车的牵引功率在整个列车运行过程中有大幅度的变化，过多的功率波动将造成供电设备容量和接触网导线截面增加等问题。

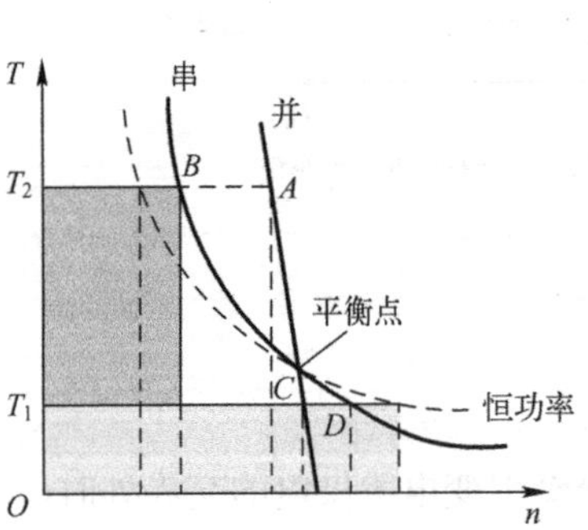

图 2-9　直流牵引电动机功率利用

我们用图 2-9 来分析串励式牵引电动机和并励式牵引电动机的功率利用性能。当转矩自T_1变化到T_2时，串励式牵引电动机的工作点由 D 点改变为 B 点，它的功率变化是 B 点横纵坐标所围成的矩形面积与 D 点横纵坐标所围成的矩形面积之差；而并励式牵引电动机的工作点从 C 点改变为 A 点，它的功率改变是 A 点横纵坐标所围成的矩形面积与 C 点横纵坐标所围成的矩形面积之差。两者相比，串励式牵引电动机的功率变化比并励式牵引电动机的功率变化要小很多；从曲线也可以看出，串励式牵引电动机的特性曲线更接近于恒功率曲线。

4. 直流牵引电动机的黏着特性

由图 2-5 我们得知串励式牵引电动机具有“软特性”，其转速允许有很大的变化范围。也就意味着当牵引电动机在黏着失去时，牵引电动机的转速增大，牵引电动机的工作点可以大范围地改变，转速甚至可以无限地增加，这将造成严重的后果。并励式牵引电动机的“硬特性”表示其转速的变化范围很小，即便是转矩很小，电动机的转速仍然有一个确定的值。因此并励式牵引电动机具有较好的防空转特性。

另外，在多台牵引电动机串联运用的情况下，对于串励式牵引电动机来说容易产生电压转移。在正常工作情况下，如图 2-10 所示，为串励式直流牵引电动机的串联$U_d = U_1 + U_2$，且$U_1 = U_2$，若牵引电动机 M_2 发生空转，其转速上升，从而使其反电动势 E_2 上升，U_d 不变，于是$U_2 > U_1$，我们称这种现象为电压转移。电压转移会引起空转的加剧，从而造成严重的后果。

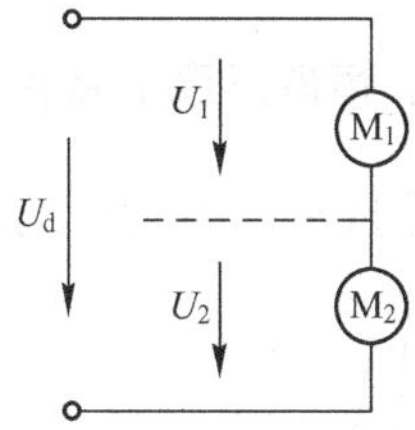

图 2-10 串励式直流牵引电动机的串联

综上所述，我们可以看出串励式牵引电动机的特点更适合于列车运用，因此在直流牵引系统中基本上使用的都是串励式牵引电动机。但是由于串励式牵引电动机的黏着特性差，牵引系统必须配置完善的黏着控制功能，在采用牵引电动机串联的主电路时，对黏着控制的性能要求更高，需要采用灵敏、高效的黏着控制手段。我国 20 世纪 80 年代从欧洲引进的 8K 型电力机车是一个很好的范例。

在直流牵引系统发展的过程中，串励式牵引电动机在运用中不断完善的同时，人们还一直在寻求更好的牵引系统。复励式牵引电动机和他励式牵引电动机就曾经引起过广泛的注意和研究。复励式牵引电动机兼有串励和并励的特点，可以改善串励式牵引电动机的黏着特性，我国的 SS7 型电力机车采用的就是复励式牵引电动机。他励式牵引电动机由于其控制的灵活性，可以获得理想的牵引特性，但他励式牵引电动机的控制相对比较复杂，在交流牵引系统开始广泛应用之后，人们已经不再对直流牵引系统投入更多的研究，采用他励式牵引电动机的牵引系统并未获得真正意义上的运用和发展。

2.2.2 直流牵引传动系统的牵引特性

车辆牵引力的表达式为

$$F = \frac{\mu\eta}{D/2} T_d \quad (\mathrm{N}) \tag{2-3}$$

式中，μ——齿轮传动比；

η——齿轮传动效率。

车辆的速度为

$$v = \frac{60\pi D}{1000\mu} n \quad (\mathrm{km/h}) \tag{2-4}$$

根据式（2-3）和式（2-4），对于特定的列车而言，D、μ、η 和 n 等都是常数，因此机车牵引力 F 与电动机转矩 T_d 之间只差一个比例常数；机车速度 v 与电动机转速 n 之间也只差一个比例常数。我们可以将直流牵引电动机的机械特性近似地与牵引特性等效。

由于直流牵引系统中基本是采用的串励式牵引电动机，因此本章所述的牵引特性均指采用串励式牵引电动机的直流牵引系统。在串励式牵引电动机的条件下，电动机的电枢电流 I_d 就是励磁电流 I_L 。则有

$$n=\frac{U_d-I_d\Sigma r}{C_e C_\Phi I_d} \tag{2-5}$$

$$T=C_m C_\Phi I^2{}_d \tag{2-6}$$

式中，C_Φ ——磁化曲线斜率。

1. 恒电压牵引特性

保持牵引电动机的端电压不变，机车牵引力与车辆速度之间的关系称为恒电压牵引特性。给定一个电压值就有一条牵引特性曲线，因此随着牵引电动机端电压的变化，恒电压特性曲线是一族曲线，如图 2-11 所示。根据式（2-5）和式（2-6）可以得到恒电压下的电动机机械特性也就是牵引特性的表达式

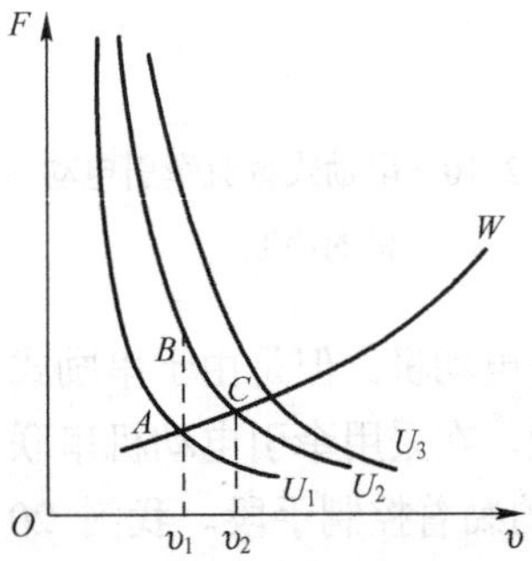

图 2-11 恒电压牵引特性曲线

$$n=\frac{U}{a\sqrt{T}}-b \tag{2-7}$$

图 2-11 为恒电压牵引特性曲线的示意图。在恒电压 U_1 时牵引特性曲线与阻力特性曲线相交于 A 点，列车以 v_1 速度运行；若提高电压至 U_2 ，由于列车速度不可能突变，于是牵引力提高到 B 点；这时 B 点的牵引力大于阻力，列车加速，沿 U_2 曲线加速至 C 点；在 C 点牵引力与阻力平衡，于是列车稳定运行在 C 点，列车速度为 v_2 。

恒电压牵引特性曲线是一条自然特性曲线，它与牵引电动机的机械特性曲线具有相同的形状，因此恒电压牵引特性具有很大的调速范围。恒电压牵引特性在列车启动时是跳变的，没有启动性能。在牵引电动机黏着失去发生空转时，恒电压牵引特性允许速度有很大的改变，而且不能由曲线的性能使黏着恢复，我们称这种现象为特性曲线不具备“再黏着”性能。

我国 SS_1 型电力机车采用恒电压牵引特性控制，它有 33 个电压等级，因此就有 33 条牵引特性曲线。

2. 恒功率牵引特性

在保持牵引电动机输入功率 $P=U_d I_d$ 为常数的条件下，牵引力与速度之间的关系称为恒功率牵引特性。恒功率牵引特性曲线如图 2-12 所示，恒功率牵引特性是 F-v 平面上的一条双曲线，因为轮对上的输出功率等于牵引电动机的输入功率乘以效率 η 。若列车稳定运行在功率为 P_2 的 A 点上，速度为 v_1 ，这时降低功率到 P_3，由于速度在瞬间不会改变，运行点变成 B 点，这时阻力 W 大于牵引力，列车减速，沿 P_3 曲线运行至 C 点，在 C 点牵引力与阻力平衡，列车稳定运行，速度等于 v_2 ，显然 $v_2<v_1$ 。

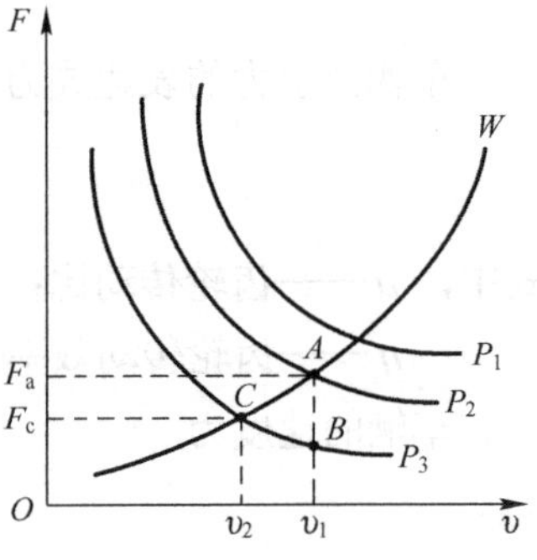

图 2-12 恒功率牵引特性曲线

恒功率牵引特性曲线也不具备再黏着性能，因此在采用恒功率牵引特性控制的牵引系统中，要求配置较好的黏着控制系统。另外恒功率牵引特性也没有启动性能。

恒功率牵引特性的范围受到牵引电动机最大电压 U_{max} 的限制，但机车要求的调速范围却很大，因此如何扩大牵引电动机的恒功率工作范围，是直流牵引系统一直关注的一个重要课题。

恒功率牵引特性主要应用于内燃机车的牵引系统，或者说内燃机车只能采用恒功率牵引特性。其原因一方面在于内燃机车的柴油机输出功率是恒定的；另一方面要求在不同的运行速度时都能充分发挥柴油机的功率，所以恒功率牵引特性是内燃机车唯一的选择。除此之外，在其他复合牵引特性中，也使用恒功率牵引特性。

3. 恒电流牵引特性

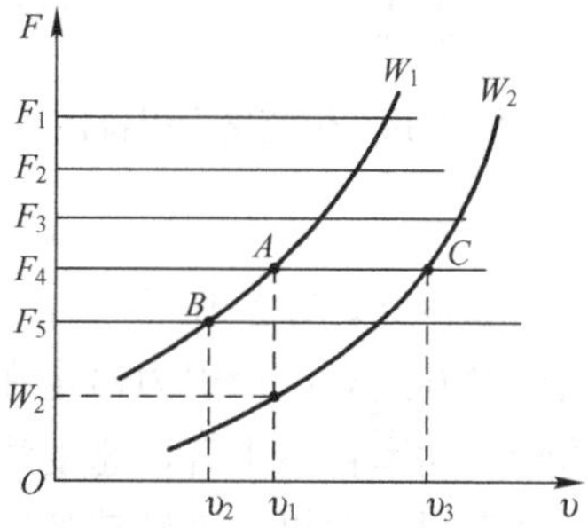

图 2-13　恒电流牵引特性曲线

保持直流牵引电动机的电枢电流恒定，即 I_d 为常数时，牵引力和速度之间的关系称为恒电流牵引特性。由于在串励式牵引电动机中电枢电流与电动机的转矩成正比，因此恒电流牵引特性也就是恒转矩特性。恒电流牵引特性曲线如图 2-13 所示，从图中可以看出，恒电流牵引特性曲线是一条水平的直线，每一条曲线代表一个电流值（牵引力），如果图中 A 点是稳定运行点，这时牵引力 F_4 与阻力 W_1 平衡，若牵引力改变为 F_5，这时阻力 W_1 大于在速度 v_1 下的牵引力，列车沿 F_5 曲线减速至 B 点，在 B 点牵引力 F_5 等于阻力 W_1，列车稳定运行在速度 v_2。若在 A 点运行时，阻力由 W_1 改变为 W_2，这时 F_4 大于 W_2，列车沿 F_4 加速到 C 点。在 C 点 $F_4=W_2$，于是建立起新的平衡，列车稳定运行在 v_3 的速度下，这时速度 $v_3 > v_1$。

恒电流牵引特性的特点表现为曲线可以从速度的零点出发，因此恒电流牵引特性具有稳定的启动牵引力。恒电流牵引特性的最大缺陷是当牵引电动机发生空转时，牵引电动机的电流减小，控制系统为了维持电流恒定，将不断加大电流，于是加剧空转，形成一个恶性循环。所以恒电流牵引特性也不具备再黏着性能。

列车牵引系统单独采用恒电流牵引特性控制的比较少，但是恒电流牵引特性的启动性能好，因此在几乎所有的组合牵引特性控制中均采用恒电流牵引特性作为列车启动阶段的牵引特性。我国 SS3 型电力机车也采用了恒电流牵引特性控制。

4. 恒速度牵引特性

列车调速是牵引系统控制的基本功能。保持列车速度恒定的特性曲线在 $F-v$ 平面上表现为一条垂直线，如图 2-14 所示中的 v_1、v_2、v_3 曲线。

恒速特性的最大特点是其防空转性能，由于它的恒速特性使得牵引电动机的转速不可能增大，即便牵引电动机转速有增大的趋势，牵引系统本身的调节功能也使得牵引电动机转速保持稳定，因此牵引电动机不可能产生空转。但是恒速特性曲线同时也意味着允许牵引力有大幅度变化，即在一个稳定的速度下，牵引力可以较大幅度的增大或减小，这种牵引力的波动会造成列车运行的冲动，轻者使旅客没有舒适感，重者会造成车厢间连接装置的破坏。因此在实际的运用中，可以将恒速牵引特性曲线略微倾斜，允许速度在一个基准上略有变化，以避免牵引力的大幅变化。我们将这种特性称为准恒速特性，见图 2-14，图中 A 点表示在恒速特性曲线上的工作点，A' 点表示准恒速特性曲线上的工作点，其速度为 v'_1，Δv 表示准恒

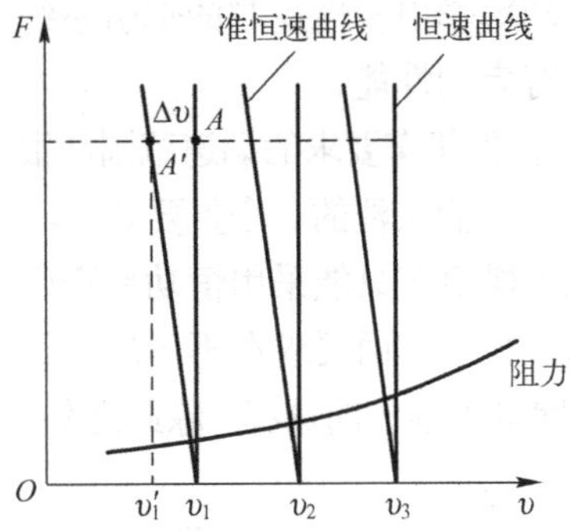

图 2-14　恒速度牵引特性

速与恒速特性的速度偏离值。准恒速特性目前在车辆的牵引系统中获得广泛的运用。

5. 组合牵引特性

为了使列车运行获得一个能兼顾各个方面性能的牵引特性，将上述特性曲线组合起来运用，图 2-15 表示的是两种组合特性曲线。

图 2-15（a）表示的是恒电流特性与准恒速特性的组合。列车启动采用恒电流特性，使列车获得一个恒定的加速度，在 Q 点转为准恒速特性，使列车稳定运行。图 2-15（b）是恒电流特性与恒功率特性的组合，恒电流特性在 Q 点后转为恒功率特性。图 2-16 所示的内燃机车恒功率牵引特性是典型的组合特性曲线。在图 2-16 中，从速度 0 到 v_1，牵引力恒定在 F_1，这是受到牵引电动机最大电流的限制而形成的，但这一段的牵引功率直线上升，速度达到 v_1 后转为恒功率（牵引电动机的额定功率），速度达到 v_2 后，受到牵引电动机最大转速的限制，列车速度保持为 v_2。当然，在实际的牵引特性曲线中，恒流段恒速段的曲线并非是水平线和垂直线。

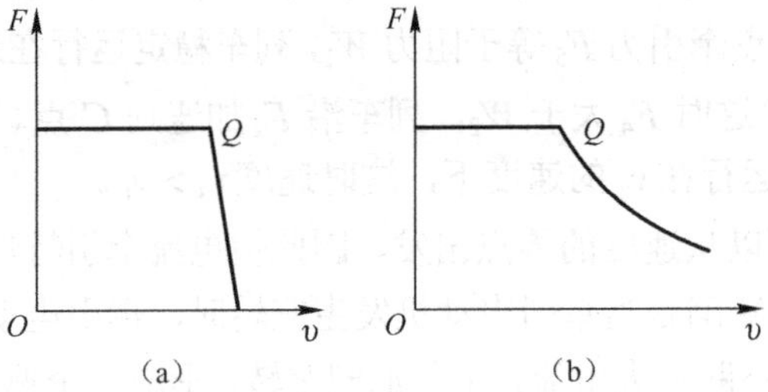

图 2-15　组合特性曲线

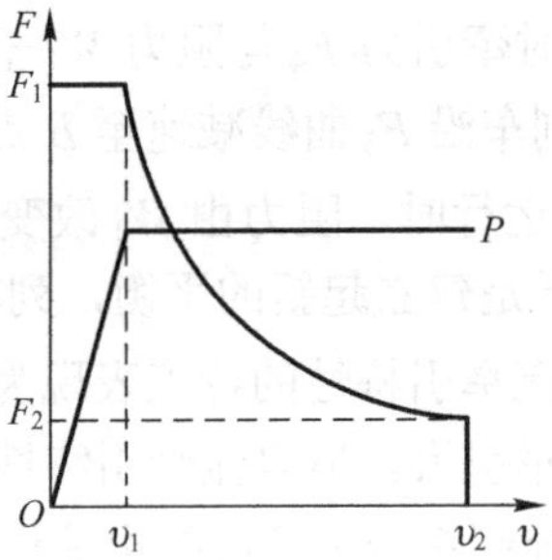

图 2-16　恒功率牵引特性

2.2.3　直流牵引传动系统的控制

城市轨道交通车辆直流主传动系统由网侧高压电路、牵引电动机调速电路组成，主要设备有受流器、断路器、直流牵引电动机、传动齿轮箱、轮对、接地回流装置。城市轨道交通车辆直流主传动结构组成如图 2-17 所示。

城市轨道交通车辆主传动系统的工作过程为：接触网或接触轨的直流电（DC1500V 或 DC750V）经动车上的受流器引入车内，经断路器、网侧高压电路、直流牵引电动机调速电路，再经接地回流装置回电源负极。随着电动机接入电源并进行旋转，电能转换为机械能，牵引电动机产生的牵引转矩经过齿轮传动装置传递到动车轮对实现牵引运行。

直流传动的城市轨道交通车辆，其调速控制方式一般有两种基本形式：变阻控制和斩波调压控制。

1. 直流斩波器

直流斩波动车（组）利用斩波器进行调压调速。斩波器是能快速接通和切断主电路的一种电力半导体变流装置，犹如一个大功率、高速无触点电子开关。

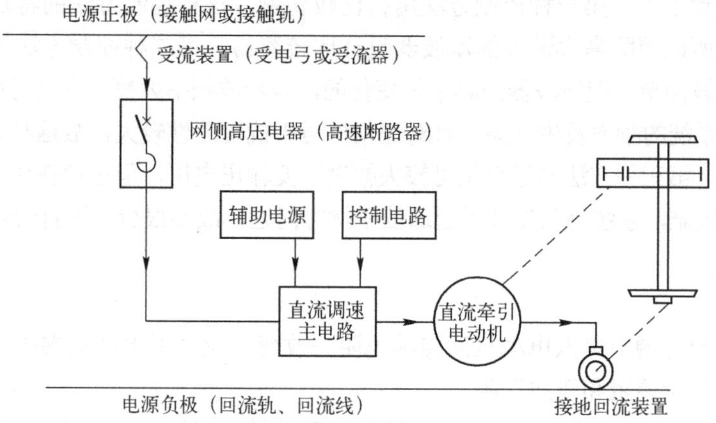

图 2-17　城市轨道交通车辆直流主传动结构组成

斩波器的工作原理可用图 2-18 说明，图中 S 代表斩波器开关，快速反复接通开关 S，就能控制加于负载 R_{LD} 上的电压平均值。当开关 S 接通时，加于负载上的电压 u_{LD} 等于电源电压 U_s；S 断开时，负载上电压为零。负载电压平均值 U_{LD} 将随着开关的接通与断开的时间比例的不同而发生变化，并有以下关系：

$$U_{LD} = \frac{T_{on}}{T_{on} + T_{off}} U_s = \frac{T_{on}}{T} U_s \tag{2-8}$$

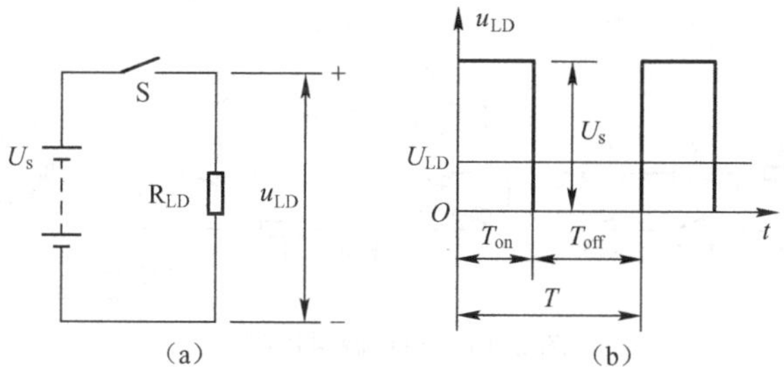

图 2-18　斩波器原理示意图

式中，T_{on}——斩波器导通时间；

T_{off}——斩波器关断时间；

T——斩波周期。

一般将 T_{on}/T 定义为导通比 α，即

$$\alpha = \frac{T_{on}}{T} \tag{2-9}$$

因此只要改变导通比的比值，负载电压的平均值就可以从零变化到电源电压值 U_s。改变负载平均电压 U_{LD} 有三种典型的控制方法：

（1）定频调宽控制（脉宽调制）。即保持斩波周期 T 不变，改变斩波器导通时间 T_{on}，从而改变负载平均电压。

（2）定宽调频控制（频率调制）。即保持斩波器导通时间 T_{on} 不变，通过改变斩波器周期 T 来改变负载平均电压。

（3）调频调宽混合控制。即不但改变斩波器的工作频率，而且改变斩波器的导通时间。

在直流斩波动车中，第一种控制方法用得比较普遍，这种控制方法的特点是：斩波器的基本频率固定，所以消除高次谐波的滤波器设计比较容易。第二种控制方法的特点是斩波回路的控制电路比较简单，但斩波器的频率是变化的，当斩波频率大幅度变化时可能与输入滤波回路及电机驱动系统的频率发生共振，且对通信信号干扰可能性较大，故这种方法在直流斩波动车上用得较少。第三种方法的特点是可较大幅度改变输出电压，但也存在由于频率变化而引起的滤波器设计较难，系统易共振及引起通信干扰等问题，故亦很少用于直流斩波动车上。

2. 变阻控制

变阻控制是通过调节串入电动机回路的电阻，改变直流牵引电动机端电压而达到调速目的，主要方法有凸轮调阻和斩波调阻。

（1）凸轮调阻控制。如图 2-19 所示，通过转动凸轮，接触器 KM 形成不同的开闭组合，接入或切除若干启动电阻 R，以达到调节牵引电动机端电压的目的。这种调速方式是通过凸轮控制电阻进行的有级调节，因此会产生牵引力冲击，乘客乘坐的舒适度欠佳，另外存在能耗，因此并不是经济的调速手段。

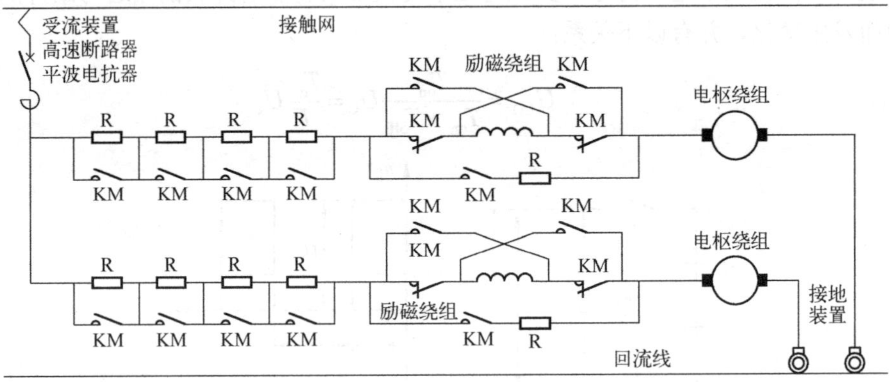

图 2-19　凸轮调阻控制

（2）斩波调阻控制。它是将晶闸管或 GTO 等功率器件组成的斩波器（CH）作为电子开关，与启动电阻 R 并联，通过控制 CH 的导通时间，改变串入主电路的电阻，从而改变电动机的端电压，实现调速的方法，其原理如图 2-20 所示。

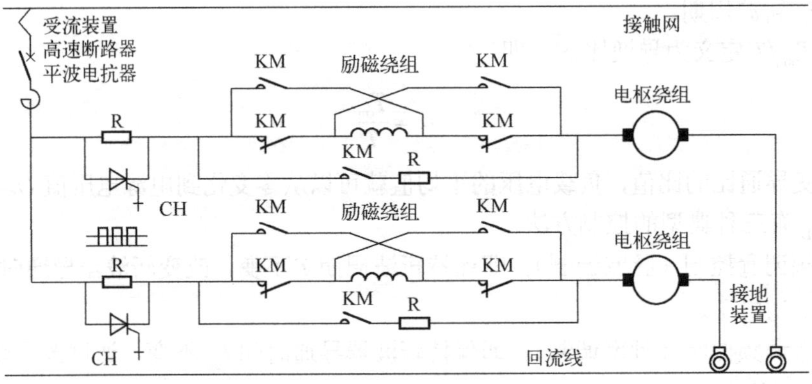

图 2-20　斩波调阻控制

设调速电阻为 R，功率器件的导通及关断时间分别为T_{on}、T_{off}，$T_{on}+T_{off}$为一个周期T。在一个周期的时间内，随着器件的通断，R 所呈现的平均电阻为$\frac{T_{on}}{T}R$，调节T_{on}即可改变平均电阻，可获得范围较宽的平滑变化的电阻，减少调速时的冲击，提高黏着性能，改善乘坐的舒适度。

3. 斩波调压控制

斩波调压控制是通过控制接在电网与牵引电动机之间的斩波器的导通与关断来改变牵引电动机端电压的，主传动电路如图 2-21 所示。

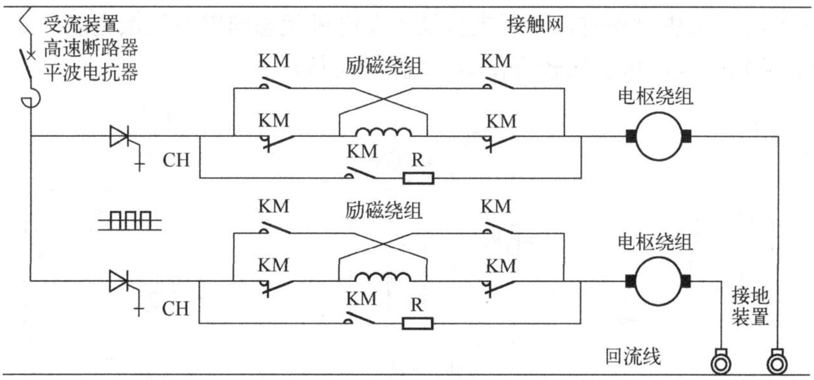

图 2-21　斩波调压控制

在图 2-21 中，与斩波调阻相比，斩波调压控制用斩波器取代了启动电阻，组成了一个直流电动机斩波调速电路。在该电路中，当开关闭合时负载两端获得电源电压，而当开关断开时，负载两端的电压为零。若开关周期性高速通断，则在负载两端得到一个脉冲序列电压，只要斩波开关的切换速度足够高，则可认为电动机的转速是稳定的，且仅由电压平均值的大小来决定。由于斩波控制的是电动机的电枢电压，因此这种调速控制称为电枢斩波控制。

斩波控制调速是一种经济的调速手段，而且随着电力电子技术的发展，大功率全控型电力电子器件的出现，使得斩波器的结构得以简化，所以在直流传动的城轨交通车辆调压线路中已广泛使用由门极可关断晶闸管（GTO）或绝缘栅双极性晶体管（IGBT）器件组成的大功率斩波器。

4. 直流牵引传动系统的电制动

城轨车辆的电制动是利用电机的可逆性原理。一台电机既可以作为发电机也可以作为电动机，只是运行条件不同，这就是电机的可逆性原理。城轨车辆牵引运行时牵引电机为串励，作为电动机运行，将电网的电能转换为列车运行的动能；在制动时通过将电机与电网分离，可以把牵引电动机变为发电机，将列车运行的动能变为电能，这时牵引电动机轴上的反向转矩作用在动轮上形成电制动力。电制动可以提高列车下坡时的运行速度，降低轨道车辆轮对及其闸瓦的摩擦损耗。

电制动时牵引电机所产生的电能，如果利用电阻使之转化为热能耗散掉，则称之为电阻制动或能耗制动；如果将电能重新反馈回电网中去加以利用，就称之为再生制动或反馈制动。

（1）电阻制动。直流串励牵引电动机的电阻制动，按其接线方式不同可以分为两种，即他励式电阻制动和串励式电阻制动，如图 2-22 所示。

① 他励式电阻制动。将串励电动机的串励绕组与电枢绕组分离，串励绕组改由单独的电源供电，电枢绕组则与制动电阻 R_z 相连接，这种方式叫他励式电阻制动，如图 2-22（a）所示。改变他励绕组的励磁电流和磁通，可以调节电动机的制动电流和制动力。

② 串励式电阻制动。牵引电动机励磁绕组反向与电枢串联，再接到制动电阻 R_z 上，电动机仍保持串励形式，如图 2-22（b）所示，这种方式不需要有额外的励磁电源，但是需要改变制动电阻 R_z 的大小来调节制动电流和制动力。城市轨道交通车辆常采用斩波器与制动电阻并联方式，依靠调节斩波器的导通比改变制动电阻的大小来调节制动电流和制动力。

（2）再生制动。再生制动时，牵引电机处于发电机状态向电网反馈电能，如图 2-23 所示。采用 GTO 斩波装置，可以比较方便地实现再生制动。

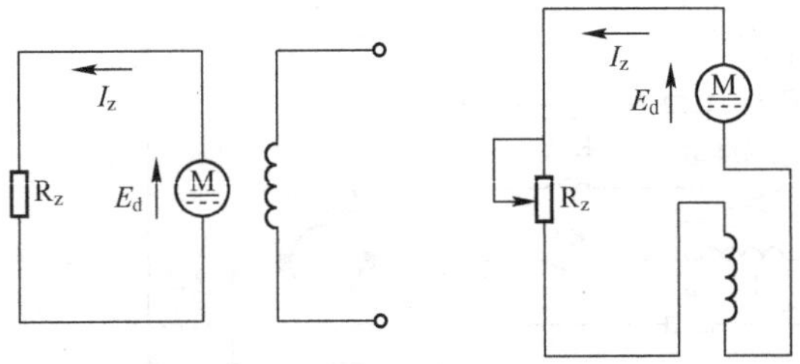

（a）他励　　（b）串励

图 2-22　电阻制动

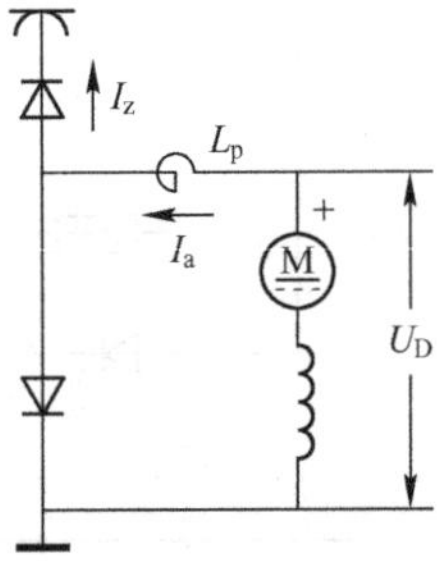

图 2-23　再生制动

2.2.4 直流传动装置主回路电器配置与工作原理

城市轨道交通车辆的主回路是将“电力传动车辆”产生牵引力和制动力的各种电器、电机、电子设备连成一个电系统，实现电动车辆的功率传输，它是电动列车最重要的组成部分之一。上海地铁 1 号线 DC01 型列车的主回路使用的是直-直传动装置，采用斩波器调压的控制方法，它和传统变阻调压比较，具有节能，容易维修和连续、平滑可调的特点。上海地铁 AC01/02 型列车采用直-交传动装置，它和直流传动装置相比，具有很大的技术上的先进性。

主回路应满足车辆启动、调速和制动三种基本工作状态的要求。启动、调速及制动三种基本工作状态是通过车辆主回路、控制电路和辅助系统共同作用实现的。它是车辆传动系统必须达到的基本任务，尤其是调速更是三种运行工况的共同基础，因为车辆牵引时需根据不同的运行条件来调节车辆的速度，为了充分发挥车辆的功率，就要求车辆能在不同的线路和荷载条件下改变牵引力，因此车辆主回路必须保证牵引电动机的转矩和转速都可进行调节，且有宽广的调节范围。

1. 直流传动装置的主回路

上海地铁 DC01 型列车主回路（见图 2-24）是由架空线网通过装在“B”车上的受电弓(Q_1)得到 DC1500V 电源正极，由轮对通过钢轨回到电源负极：它的构成主要有以下 3 个部分。

（1）线路滤波部分。线路滤波部分主要由线路电抗器 L_1 和线路电容器 C_1 组成，线路滤波部分作用是减少外界因素和接触网电压波动突跳等对主回路的影响，使主回路得到一个平稳的电源电压，同时也是为了减少由于电压、电流波动对周围通信、信号等设施的干扰。

（2）主回路部分。主电路部分主要是由二串二并四个直流牵引电机 M_1～M_4 组成，它的作用是建立牵引工况、制动工况和设定电机的转动方向。

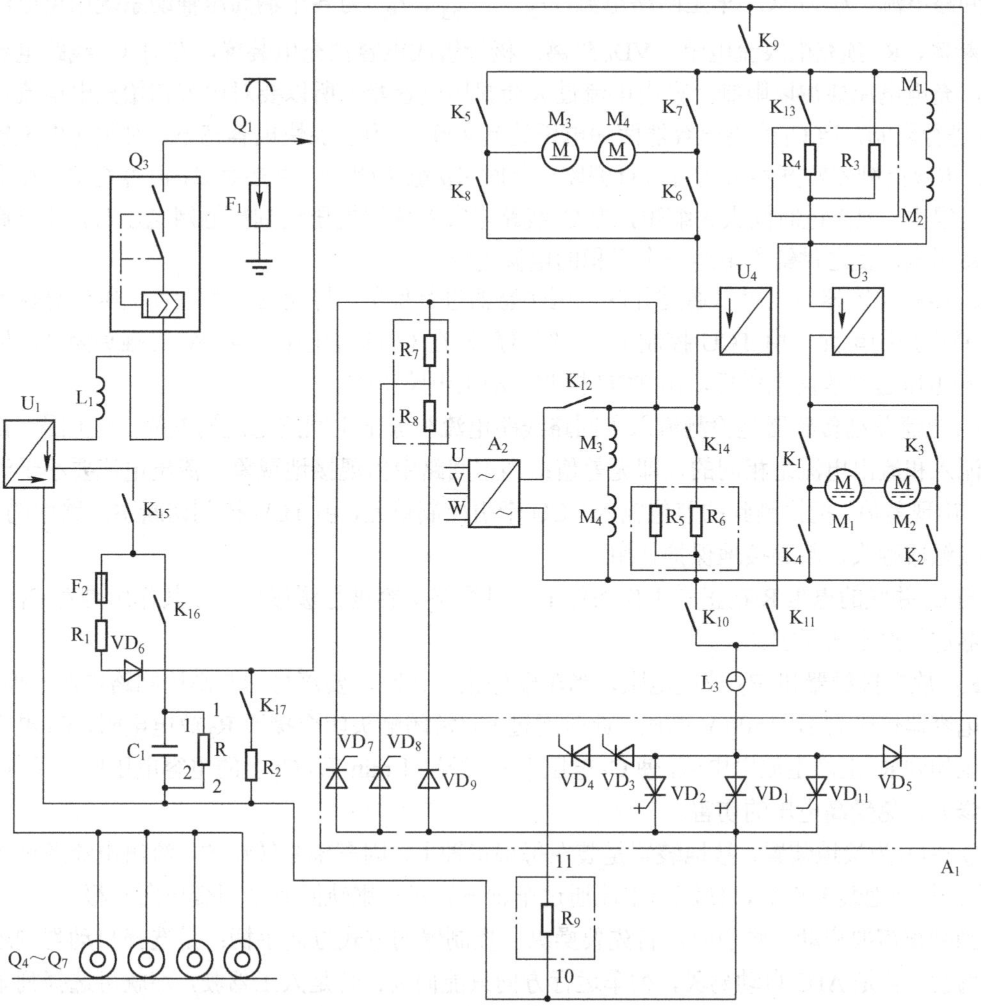

Q_1—受电弓；F_1—避雷器；Q_3—高速断路器；L_1—滤波电感；C_1—滤波电容；

U_1—差动电流继电器；Q_4～Q_7—接地装置；F_2—熔断器；R_1—限流电阻；R—过压保护电阻；

R_2—放电电阻；K_1～K_{17}—接触器；U_3～U_4—电流互感器；A_2—预励磁装置；

M_1～M_4—牵引电动机；R_3～R_6—磁场削弱电阻；L_3—平波电抗器 ；R_7～R_9—制动电阻

A_1—斩波器；VD_1、VD_2—GTO 大功率可关断晶闸管、VD_3、VD_4—制动晶闸管；

VD_7、VD_8—晶闸管；VD_5—续流二极管；VD_9—二极管；VD_{11}—保护晶闸管；VD_6—隔离二极管

图 2-24　斩波调压主电路原理图

（3）斩波器控制部分。斩波器作用是在电机启动时，调节电机两端电压来满足电机电流恒流启动要求，在电制动时，能实施再生反馈制动或电阻制动。

其工作电流流向为：当“B”车的受电弓升起与接触网接通时，车辆从牵引变电所，通过接触网得到 DC1500 V(+)电源。通过 L_1 线路电抗器与 C_1 线路电容器构成线路滤波电路，

为主回路输入一个平稳电源电压，流出电流经钢轨回到牵引变电所负极。

列车通过“B”车上的受电弓从电网取得正极(+)，供给“B”、“C”车主回路用电以及提供一个单元“A”、“B”、“C”三节车辅助系统高压电源，其主要负载是“A”、“B”、“C”车辅助逆变器及“C”车空压机组，则受电弓上的电流 $I_{总} = I_B + I_C + I_{辅A} + I_{辅B} + I_{辅C}$（$I_B$ 为“B”车主回路电流，I_C 为“C”车主回路电流，$I_{辅A}$、$I_{辅B}$、$I_{辅C}$ 为各车辆高压辅助系统用电电流）。F_2 熔断器、R_1 预充电限流电阻、VD_6 隔离二极管组成电容预充电装置，在对 C_1 线路电容充电时，充电电流要加以限制，充电电流过大会损坏电容器，所以要对电容初始充电电流，通过 R_1 进行限制，当 C_1 线路电容器两端电压达到 400V，为了加快电容充电，对预充电装置通过 K_{16} 电容接触器常开触头闭合进行旁路，此时 K_{16} 触头闭合，直接对 C1 电容充电，充电电流不是很大，但充电时间大大缩短，当 C_1 线路电容器两端电压达到接触网电压时，才可启动主电路用电，使之供给主电路一个平稳的电源电压。

C_1 线路电容器电压可以通过并联电压传感器进行检测，将检测到的电容电压信息输入到 TCU 牵引控制单元，由 TCU 控制 K_{16} 电容接触器在 C_1 两端电压达 400V 时触头闭合，以及 C_1 两端电压达到线网电压后，由 TCU 控制启动主电路工作。

U_1 电流差动传感器是检测流入主回路线路电流与流出主回路电流的差值，当主回路正常时，流入和流出电流是相同的，即无差值；当主回路中出现接地现象，流出电流要小于流入电流，出现差值，把检测到的差值输入 TCU 牵引控制单元，由 TCU 控制切断主回路中的 K_{15} 线路接触器触头，起到接地保护作用。

与 C_1 并联的电阻 R 在正常工作条件下，对线路电容进行缓慢放电，其作用是对 C_1 线路电容器进行过电压保护。

K_{17} 放电接触器和 R_2 放电电阻，当车辆停止工作时，要落弓切断高压回路电源，但 C_1 线路电容器仍带有 DC1500 V 高压，此时通过 K_{17} 常闭触头闭合接通 R_2 放电电阻，C_1 电容上的电压加到 R_2 上产生放电电流，使 C_1 电压下降，经过 1 min 后，C_1 上的电容电压应小于 60V，使检修人员免受高电压的伤害。

Q_4～Q_7 为接地装置，接地装置是装在每根车轴上，因车轴是转动的，流出电流通过碳刷（静止）与接地装置接触，使流出电流通过车轴→轮对→钢轨回到牵引变电所负极。

当列车需要启动、牵引时，首先要操纵主控制器的方式方向手柄：是选择自动驾驶还是人工驾驶。若是 ATC 自动驾驶，列车运行方向只能向前；若是人工驾驶，那就可选择列车运行方向是向前或向后；在选择向前运行则方向接触器 $1K_1$、$1K_2$、$1K_5$、$1K_6$ 控制线圈得电，常开主触头闭合；选择向后运行，则方向接触器 $1K_3$、$1K_4$、$1K_7$、$1K_8$ 控制线圈得电，常开主触头闭合。确定运行方向之后再操纵主手柄推向牵引位，一是给出车辆牵引所需指令，即牵引指令常用制动非指令，制动非指令到每节动车车辆 TCU 牵引控制单元和每节车辆的 BCU 制动电子制动控制单元，再由 TCU 牵引控制单元发出指令，使牵引接触器 $1K_9$、$1K_{10}$ 的控制线圈得电，常开主触头闭合，使之建立牵引电路。二是主手柄（或 ATO）发出指令经脉宽调制器（基准值发生器）给出不同的脉宽信息（即不同基值）输入到 TCU 牵引控制单元；与此同时电机电流的信息经 $1U_1$、$1U_2$ 电流检测装置也输入到 TCU 牵引控制单元，经 TCU 运算之后，由 TCU 来控制斩波器中 VD_1、VD_2（GTO 可关断晶闸管）的导通比 Q。使电机端电压值受到控制，从而控制电机电流值满足基准值要求。

2. 牵引电路运行工况的建立

当确定了运行方向，且主手柄在牵引位，TCU 牵引控制单元可建立起牵引电路，设运行方向为向前运行，牵引工况电路建立并确定电流流向。见图 2-24，此时 K_1、K_2、K_5、K_6 方向接触器主触头闭合，K_9、K_{10} 牵引接触器主触头闭合，线路电流的轨迹见图 2-25 所示。

接触网 → 受电工 → I_{Q3}高速断路器 → I_{L1}滤波电感 → I_{U1}差动电流继电器

→ I_{K15} → I_{R1}限流电阻 → I_{VD6}隔离二极管 → I_{K9} → 分为两路

一路 → { I_{M1}、I_{M2}电机主极线圈；I_{R3}削弱电阻 } → I_{U3}电流检测装置 →

I_{K1}方向接触器主触头闭合 → I_{M1}、I_{M2}电机电枢 → I_{K2}方向接触器主触头闭合

另一路 → I_{K5}方向接触器主触头闭合 → I_{M3}、I_{M4}电机电枢 → I_{K6}方向接触器

主触头闭合 → I_{U4}电流检测装置 → I_{M3}、I_{M4}电机主极线圈

之后两路又合为一路 → I_{K10}牵引主接触器主触头闭合 → I_{L3}平波电抗器

→ I_{A1}斩波器 →

→ { VD₁、VD₂晶闸管导通I_{VD1}、I_{VD2} → I_{U1}电流差动传感器 → 接地装置碳刷 → 钢轨；VD₁、VD₂关断时续流I_{VD5}续流二极管 → I_{K9} }

图 2-25　列车前向运行线路电流的流向

此时牵引电路为每二台牵引电机串联之后再并联，构成二串二并的向前牵引工况电路，通过 A1 斩波器中的 VD_1、VD_2（GTO 可关断晶闸管）导通比的控制，来启动牵引电机按列车向前运行方向转动。

当 VD_1 或 VD_2 导通时，电机由接触网得到 DC1500V(+)经 VD_1 或 VD_2 可关断晶闸管，电流由 Q_4～Q_7 接地装置与碳刷到钢轨；与此同时，L_3 平波电抗器亦得到相同电流而产生电感电势；当 VD_1、VD_2 管均关断时，通过 L_3 上的电感电势经过 VD_5 续流二极管给四台牵引电机电流续流，起到平滑四台电机电流作用，由于 L_3 和续流二极管的存在，则 VD_1、VD_2 管进行开通和关断时，电机不会出现断电流引起车辆冲撞现象。

在正常牵引工况下，分流电阻 R_3 和 R_5 分别并联在电机励磁绕组 M_3、M_4 和 M_1、M_2 旁，形成一个 93%的磁场削弱。由于受电机特性的限制，当速度达到 36 km/h 左右时，此刻斩波器导通比α=0.95，速度再上升车辆功率将下降，无法满足车辆正常运行的需求，此时磁场削弱接触器 K_{13} 和 K_{14} 受车辆控制单元 TCU 控制吸合，将磁场削弱电阻 R_4、R_6 并入磁场绕组，形成 50%的磁场削弱，从而使电机反电势减小，电机电流增加，车辆的功率和牵引力也随之增加，转速 n 增加，以满足列车运行的要求。

当运行方向改为向后运行时，方向接触器改为 K_3、K_4、K_7、K_8 主触头闭合，此时牵引接触器 K_9、K_{10} 主触头仍为闭合状态。则在牵引电路中，四个牵引电机的电枢电流方向与向前位时相反。根据直流电动机的左手定则，上述电路中 M_1、M_2、M_3、M_4 电机主极线圈电流方向未变，则主极磁场方向未变，即 N、S 极未变，M_2、M_1 与 M_4、M_3 电机电枢电流方向相反，电机转矩反向，故电枢的转动方向相反，从而使列车运行方向变成向后运行，见图 2-26 所示。

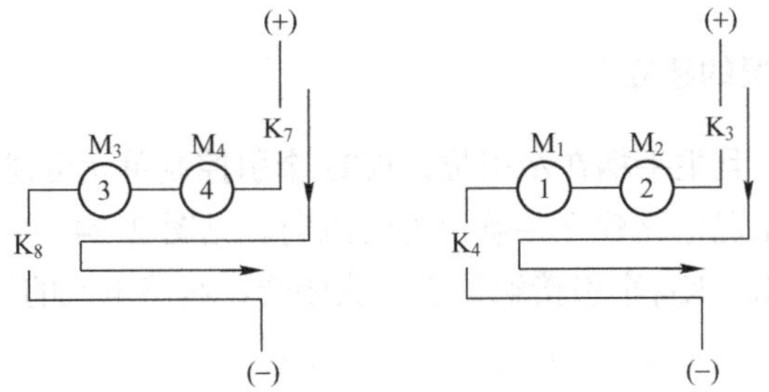

图 2-26　列车后向运行电机电枢电流的方向

从电路中可看出 K_1、K_2、K_5、K_6 方向接触器与 K_3、K_4、K_7、K_8 方向接触器的主触头不能同时闭合，例如 K_5 和 K_8 或 K_1 和 K_4 同时闭合就会发生短路现象，所以对二组方向接触器的控制一定要具有电气上的互联锁，以保证不会出现同时闭合。

当列车在惰行时，由于运行方向与牵引方向是一致的，列车若是向前进行惰行时，其方向接触器 K_1、K_2 与、K_5、K_6 的主触头一直处在闭合状态，而牵引接触时 K_9、K_{10} 和制动接触器 K_{11} 的主触头都处在断开状态。由于列车惰行时牵引电机的电枢被动车车轮带动而转动，此时电机的主极线圈无电流流过。据电机的磁化曲线可知此时只有剩磁 Φ。则在 M_2、M_1 和 M_4、M_3 的电机电枢上，产生一个很小的电势，按右手定则可确定其正极及负极，形成 M_2、M_1 两台发电机串联、M_4、M_3 两台发电机串联，之后再并联的工况电路，但没有接通负载，而不会形成电制动工况电路，所以此时列车运行处在既无牵引力、又无制动力的惰行状态。

当列车在惰行中需要制动时，通过主控制器中主手柄的指令，由牵引控制单元 TCU 使 K_{11} 制动接触器的主触头闭合。K_{13}、K_{14} 磁场削弱此时接触器主触头闭合。使并联供电的发电机经 L_3 平波电抗器和 A_1 斩波器中的 VD_1、VD_2（GTO 可关断晶闸管），VD_3、VD_4 制动电阻晶闸管与 R_9 制动电阻，VD_9 隔离二极管、VD_7、VD_8 短接降压电阻晶闸管，R_7、R_8 降压电阻构成一个可调 R_9 的电阻制动工况主电路。此时牵引电机工作在发电机工况下。从图中可看出，在各台牵引电机的主极线圈电流方向和电机电枢转动方向不变的情况下，按右手定则可确定各电机的电枢电势方向。当与外接负载接通之后就会产生一个与牵引工况相反的电流对外并联供电电路。电流流向轨迹见图 2-27 所示。

从上述电流追踪可看出，M_1、M_2 主极线圈电流由 M_3、M_4 的电枢电流供给，而 M_3、M_4 主极线圈的电流由 M_2、M_1 电枢电流供给，这样形成一个二组电机交叉励磁电路。当二组电机电流出现不平衡时，若 I_{M3}、I_{M4} 电流大，会使 M_1、M_2 的主极产生磁通增加，从而引起 M_3、M_4 电机电枢电势增加，使 I_{M1}、I_{M2} 电流也要增大。而 I_{M1}、I_{M2} 电流小时会使 M_3、M_4 主极产生磁通减小，从而引起 M_3、M_4 的电机电势减小，这样 4 台牵引电机在电制动时达到电的平衡。即电流 I_{M1}、I_{M2} 和 I_{M3}、I_{M4} 一直被调整到处在相等的状态下工作，则四台牵引电机产生的反力矩也被调整到相等状态下工作。

3. 制动电路运行工况的建立

电制动时，电机由惰行状态转为发电机工况，依靠剩磁所建立很低的电机电势，虽接通负载，但其制动功率是很小的，起不到有效制动减速的目的，这就需要加快建立起电机的电势电压，因此在 M_3、M_4 主极线圈上通过 A_2 预励磁装置经 K_{12} 预励磁接触器主触头的闭合得到一个预励磁电流，使 M_3、M_4 电枢电势很快地建立起来并向外供电。由于 M_1、M_2 主极线

圈电流是由 M_4、M_3 电枢供电的，从而使 M_2、M_1 的电机电枢电势被建立起来，在 M_4、M_3 和 M_2、M_1 电枢电势建立之后，电机所需要的励磁电流可由电机电枢产生的电流进行交叉励磁来提供。此时不需要再外加预励磁给 M_3、M_4 主极线圈电流，在最多过 2s 后，A_2 预励磁装置被 K_{12} 预励磁接触器主触头断开而切除。

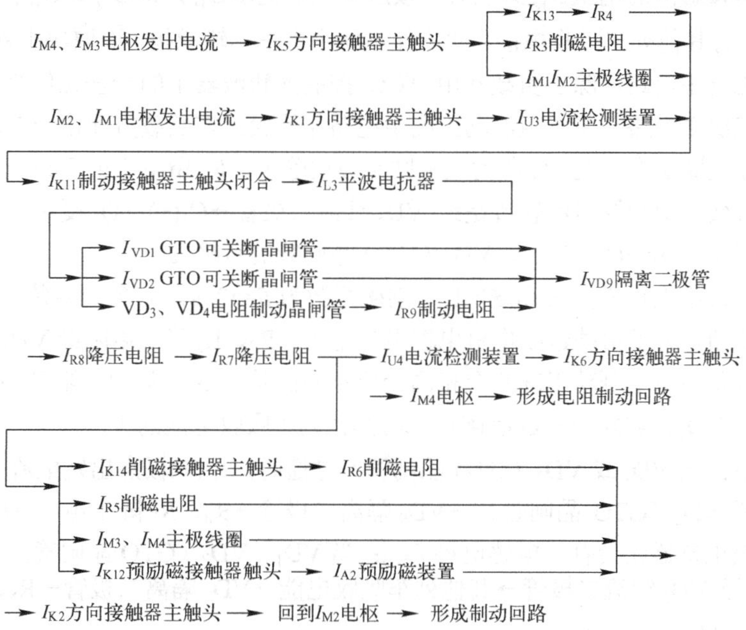

图 2-27　列车制动运行线路电流的流向

电阻制动工况主电路建立后，电机接通负载就会有电流，之后产生制动力使列车减速。由列车减速电机电枢的转速下降，引起电机的电势下降，使电流下降，制动力下降。在主控制器的主手柄给出制动指令的同时也给出对制动电流的要求，即有一个基准值的指令。要求在电制动过程中电机产生电流，无论在什么速度情况都应达到基准值要求。通过对 U_3、U_4 电流检测装置实测二回路的电机电流与基准值要求，经 TCU 牵引控制单元对 A_1 斩波器中的 VD_1、VD_2、VD_3、VD_4 的控制来调节 R_9 制动电阻值；当列车减速时，通过 VD_1、VD_2 的导通比控制和 VD_3、VD_4 导通的控制，从而使 R_9 制动电阻值减小。虽然列车减速引起电机电势的下降，但 R_9 制动电阻值也相应减小来维持电机电流值达到基准值所提出的要求。当 R_9 调到很小值时，由 TCU 牵引控制单元对 VD_8 晶闸管发出正脉冲信息使 VD_8 晶闸管导通。R_8 降压电阻被短接。由此同时 R_9 制动电阻经 TCU 控制 VD_1、VD_2、VD_3、VD_4 使得 R_9 电阻值重新被提高。即 R_8 被短接电阻值等于 R_9 提高电阻值。（这样不会引起 R_8 被短接所引起电机电流突跳，而产生列车的撞击）再由 TCU 控制 VD_1、VD_2、VD_3、VD_4 随着列车减速对 R_9 电阻值进行调节，继续保持电机电流达到基准值所提出的要求。当 R_9 电阻被调到很小时，由 TCU 控制 VD_7 晶闸管导通 R_7 被短接。R_9 电阻值又被重新提高，其工况同 VD_8 晶闸管导通 R_8 被短接后的工况。

上述工况电阻制动可以从高速一直到很低速度都可以实施电制动，但当列车速度很低时，其制动功率是较低的，则制动效果也下降。为了保持低速制动效果，在列车速度低于 10km/h 时，把电制动切除，改由空气制动系统实施摩擦制动来停车。当列车惰行速度在中速或低速时实施电阻制动时，可由 TCU 直接控制 VD_8 或 VD_7 晶闸管导通。使 R_8 或 R_8、R_7 降压电阻被短接，经 VD_1、VD_2、VD_3、VD_4 元件调节 R_9 电阻值，实施电阻制动，达到列车减速目的。

要实施再生制动，必须满足以下 2 个条件：

（1）回馈给接触网的电压 $U_{反}$ 必须大于接触网上的电压 U_H，即 $U_{反} > U_H$；

（2）一定要有其他列车吸收电能，此条件不能由本车车辆承担，而取决于外界运行条件；

再生制动工况主电路，除了负载和由 TCU 控制的斩波器中的一些元件有变化外，其他都同电阻制动工况主电路。与电阻制动工况主电路相比较：在负载方面由于 VD_3、VD_4 制动电阻晶闸管处在关断状态，则 R_9 制动电阻则是被切除了。R_9 留下来的负载值，被其他列车用电作负载来替代。即回馈电流轨迹是经 VD_5 续流二极管→$C_1(+)$→Q_1 受电弓→接触网→其他列车用电→钢轨→Q_4～Q_7→VD_1、VD_2（GTO 晶闸管的负极）。

从上述来看二组电机成交叉励磁电路，削磁系数为 β=50%，A_2 预励磁装置经 K_{12} 预励磁接触器主触头关断，为了帮助建立电机电枢电势电压，R_7、R_8 降压电阻经 VD_7、VD_8 晶闸管可被短接。工况是与电阻制动工况完全相同。所不同的是，L_3 平波电抗器和 R_8、R_7 降压电阻所起的作用及 VD_1、VD_2（GTO 晶闸管）与其他列车吸收电能的工况。

其工况如下：当 VD_1 或 VD_2（GTO 晶闸管）导通时，由(+)极点出发电流 I 及经 L_3 平波电抗器→VD_1 或 VD_2（GTO 晶闸管）→VD_9 隔离二极管→R_8、R_7 降压电阻→(–)极点，产生制动力。L_3 平波电抗器就会有一电感电势 E_{1L3}；当 VD_1、VD_2（GTO 晶闸管）关断时，由(+)点出发 $I_{反}$ 电流经 VD_5 续流二极管→其他列车吸收电能→VD_9 隔离二极管→R_8、R_7 降压电阻→(–)极点，产生制动力。这时，

$$U_{反} = E + E_{1L3} - I_{反}(R_7 + R_8) \geqslant 1850(\text{V})$$

式中，$U_{反}$——反馈给接触网的电压；

E——二串二并的电机电枢电压；

$I_{反}$——反馈接触网电流；

R_7、R_8——降压电阻；

E_{1L3}——电感电势。

随着制动力产生列车要减速、电机转速 n 要下降，则 E 亦随着下降，$U_{反}$就要下降。为了确保≥1850 V；把 E_{1L3} 电感电势进行提高，它可通过 VD_1 或 VD_2、a 导通比的控制来实现。即导通比 a 大，E_{1L3} 电势也大；当导通比 a 调到 0.95 时，可通过 VD_8 晶闸管的导通短接 R_8 降压电阻。为了不使反馈电压 $U_{反}$ 突升，此时 VD_1、VD_2 的 a 导通比调小，使 E_{1L3} 减小。但仍维持 $U_{反} = E + E_{1L3} - I\ R_7 \geqslant 1850\text{V}$。列车进一步减速，使 E 下降，则使 a 导通比加大，E_{1L3} 得到提高，来维持 $U_{反} \geqslant 1850$ V。列车速度进一步降低，则可通过 VD_7 晶闸管把 R_7 降压电阻短接，再对 VD_1、VD_2 晶闸管的 a 导通比来控制 $U_{反} \geqslant 1850$ V，直至停车电机转速 n 为 0 而结束。

从上述情况可得出，L_3 平波电抗器产生 E_{1L3} 电势，是与电机电势叠加在一起经 VD_1、VD_2 晶闸管控制，使之反馈电压 $U_{反}$大于接触网电压 U_H，满足再生制动所提出的条件。R_8、R_7 降压电阻是为了在列车高速进行再生制动时，电机电势电压太高而采取降压作用，使反馈电压 $U_{反}$不致太高。

上海地铁电动客车的电制动是再生制动优先，其次是电阻制动。在外界有吸收时车辆将优先进行再生制动；当外界无吸收时，列车电制动将从再生制动转换到电阻制动，只要使 VD_3、

VD_4 电阻晶闸管导通，R_9 制动电阻接入来代替外界的吸收实施制动。

上述 VD_1、VD_2 GTO 晶闸管、VD_7、VD_8 短接电阻晶闸管，VD_3、VD_4 电阻制动晶闸管都由 TCU 牵引控制单元来进行控制。

2.3 交流牵引传动系统

直流电动机必须通过换向器才能工作，除结构较复杂外，它的检修工作量较大，使直流牵引电机的发展受到了很大限制。

20 世纪 80 年代开始，在电力电子技术和微电子技术的强力支持下，三相交流传动系统以其固有的优越性在铁道牵引领域，尤其是在地铁等由直流电网供电的电动车组中的应用得到迅速发展，特别是采用了大功率自关断电力电子器件 IGBT（Insulated Gate Bipolar Transistor，绝缘栅双极型晶体管）后，使交流电机 VVVF（可变电压可变频率）控制得以实现。交流牵引电动机具有结构简单、单位功率的体积小、质量轻、制造成本低及维护维修简单等一系列优点，进入 20 世纪 90 年代后，欧洲各国相继停止了直流牵引系统的生产，交流牵引系统全面取代了直流牵引系统。

2.3.1 三相异步电动机械特性

在参数齐全的条件下，分析三相异步电动机的特性一般不采用 T 形等值电路，而是将它简化成如图 2-28 所示的简化等值电路。

考虑到异步电动机空载电流较大，故在励磁支路中串入定子的漏阻抗。这样简化也会造成一定的误差，但在工程上还是允许的，既可以使分析、计算简化，又可以得到比较满意的精度。

异步电动机输出的机械功率主要表现在输出转矩与转速上，因此转速或转差率是异步电动机的基本变量之一。当三相异步电动机的外加定子电压及频率不变，转差率 s 变化时，电磁转矩 T 的变化规律曲线 $T=f(s)$称为机械特性。

下面推导异步电动机的机械特性，其中包括机械特性的三种表达式，并分析各种参数对异步电动机机械特性的影响。

1. 机械特性的参数方程式

根据图 2-28 所示的简化等值电路得定子电流的负载分量 I' 为：

$$I' = \frac{U_1}{\sqrt{(r_1 + {r_2'}/{s})^2 + (\chi_1 + \chi_2')^2}} = I_2' \tag{2-10}$$

通常情况下，除转差率 s 外，电源电压 U_1、电源频率 f_1、定子电阻 r_1、定子电抗 χ_1、转子电阻折算值 χ_2' 都是常数，则定子电流的负载分量 I' 是转差率 s 的函数，又因，$I_1 = I_{10} + (-I_2') = I_{10} - I_2'$，所以 I_1 也为转差率的函数。图 2-29 中给出了 $I_1 = f(s)$ 及 $I_1' = f(s)$ 的函数关系，称为转速特性。

根据电机原理与等值电路可知，通过空气隙传入转子的电磁功率为：

$$P_{dc} = m_1 I_2'^2 \frac{r_2'}{s} = T\Omega_1 \tag{2-11}$$

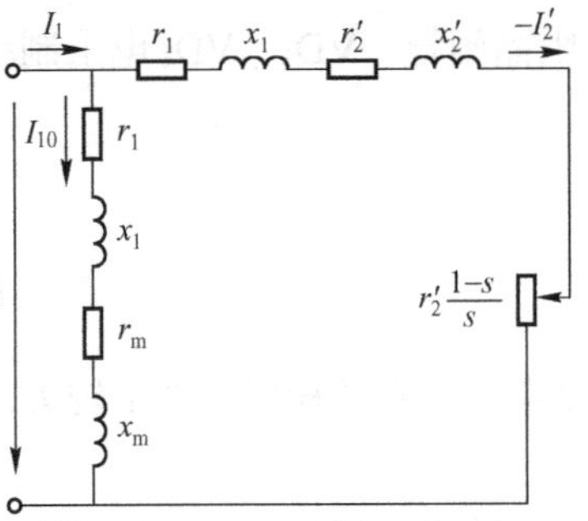

图 2-28　简化等值电路

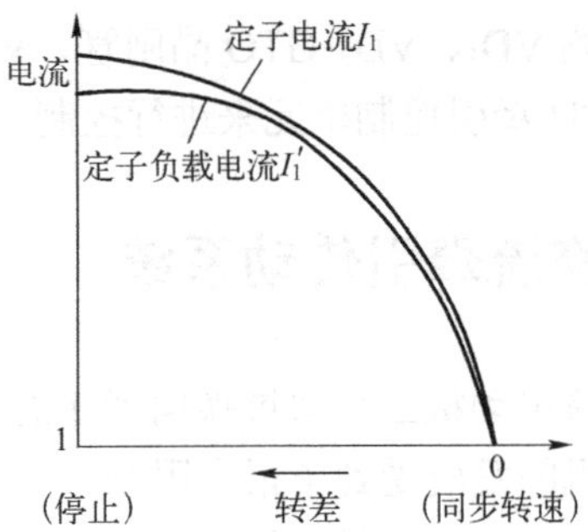

图 2-29　异步电动机转速特性

式中，T——异步电动机的电磁转矩；

Ω_1——转子机械角速度；

m_1——结构参数。

异步电动机的电磁转矩为：

$$T=\frac{P_{\mathrm{dc}}}{\Omega_1}=\frac{m_1 p I_2'^2 r_2'}{2\pi f_1 s} \tag{2-12}$$

将式（2-10）代入式（2-12），得

$$T=\frac{m_1 p U_1^2 \, r_2'/s}{2\pi f_1\left[(r_1+r_2'/s)^2+(\chi_1+\chi_2')^2\right]} \tag{2-13}$$

式中，m_1——结构参数，一般取值为 3；

p——定子极对数；

f_1——电源频率；

s——转速差；

n——转子转速。

式 2-13 就是异步电动机机械特性的参数方程。当电源电压、电源频率一定，并且没有人为地改变异步电动机的极数及各参数时，得到的机械特性称为异步电动机的固有机械特性。如图 2-30 所示为一定频率和电压下的$T=f(s)$固有机械特性曲线。

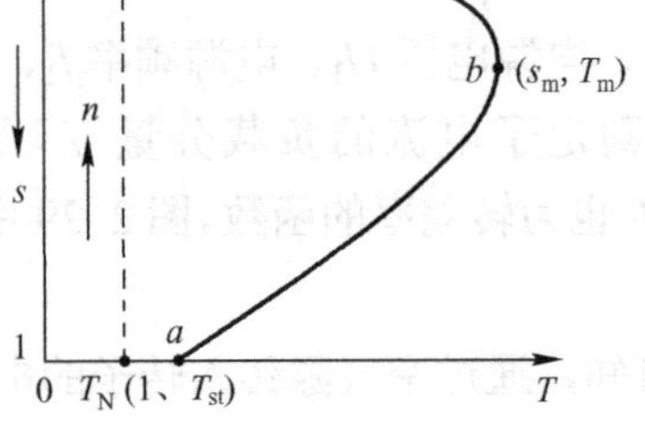

图 2-30　异步电动机固有机械特性曲线

$T=f(s)$ 曲线的形状可由式（2-13）解释。当 $s(s\approx1)$值较大时，r_2'/s 的值较小，式（2-13）分母中 $\chi_2' >> r_1 + r_2'/s$，即 $r_1 + r_2'/s$ 可以忽略，电磁转矩 T 近似地与转差率 s 成反比；当 $s(s\approx0)$值很小时，r_2'/s 的值很大，式（2-13）分母中 r_1 和 χ_2' 都可以忽略，此时电磁转矩近似地与转差率 s 成正比。

2. 三个重要转矩和四个特殊点

从特性曲线上可以看出，有三个重要转矩，此外还有四个特殊点可以决定特性曲线的基本形状和异步电动机的运行性能。

（1）三个重要转矩。

① 额定转矩 T_N。异步电动机带额定负载时的输出转矩，用字母 T_N 表示，此时的转差率为额定转差率 S_N。T_N 可由铭牌上的额定功率 P_N(kW)和额定转速 n_N 来确定。

$$T_N = 9\ 550\frac{P_N}{n_N} \tag{2-14}$$

② 最大转矩 T_m。当 s 达到临界转差率 s_m 时，电磁转矩达到最大值 T_m，称为最大电磁转矩。它也是异步电机带动最大负载的能力。最大电磁转矩与额定转矩之比称为电动机的过载能力 λ_k，即 $\lambda_k = T_m/T_N$，它是衡量电动机过载能力的一个重要指标。最大电磁转矩越大，短时过载能力越强。根据数学分析，对于一定结构的电机，最大值 T_m 为：

$$T_m = \frac{pm_1U_1^2}{4\pi f_1\left[r_1 + \sqrt{r_1^2 + (\chi + \chi_2^1)^2}\right]} \tag{2-15}$$

三相异步电动机的 T_m 和电压的平方成正比，所以三相异步电动机对电压的波动很敏感，使用时要注意电压的变化；三相异步电动机转子轴上机械负载转矩 T_L 不能大于 T_m，否则将造成堵转（停车），异步电动机堵转时转子转速 n 为零，转子电流 I_2' 增大，定子电流 I_1 急剧增大，将导致电机严重过热而烧损。

③ 启动转矩 T_{st}。电机在启动的瞬间，即 s=1 时的电磁转矩为启动转矩 T_{st}（又称堵转转矩）。把 s=1 代入式（2-13），启动转矩 T_{st} 为：

$$T_{st} = \frac{m_1pU_1^2r_2'}{2\pi f_1\left[(r_1 + r_2')^2 + (\chi_1 + \chi_2')^2\right]} \tag{2-16}$$

当施加在定子每相绕组上的电压降低时，启动转矩会明显减小。T_{st} 体现了电动机带负载启动的能力，若 $T_{st} \geqslant T_N$，电机能启动，否则不能启动。通常把在固有机械特性上启动转矩 T_{st} 与额定转矩 T_N 之比 λ_{st} 称为启动转矩倍数，即 $\lambda_{st} = T_{st}/T_N$ 作为衡量异步电动机启动能力的一个重要数据。一般 λ_{st}=1.0～1.2。

（2）四个特殊点。

① 启动点 a。当异步电动机接入电网，n=0，s=1，电磁转矩 $T=T_{st}$，如图 2-30 中的 a 点所示，为启动点，启动点的启动电流（堵转电流）很大，但由于转子绕组的功率因素 $\cos\varphi_2$ 很

小，故启动转矩 T_{st} 并不很大。

② 临界点 b。如果启动转矩大于轴上的负载转矩，电机将加速。随着转速的上升，转差率 s 减小，在 $s>s_m$ 范围内，随着 s 减小转矩 T 是逐渐增大的。当 $s=s_m$ 时，转矩达到 T_m，出现了图中 b 点所示的最大值，我们把这一点称为机械特性曲线的临界点，s_m 称为临界转差率，转矩 T_m 称为临界转矩（又称为最大转矩）。

③ 额定点 c。转速继续上升，转差率 s 减小，在 $s<s_m$ 范围内，随着 s 减小转矩 T 是逐渐减小的。当 $s=s_n$ 时，如图中 c 点所示，转矩 $T=T_N$，这一点称为额定工作点。不改变电机的参数，当电源电压、电网频率和轴上输出功率都为额定值时，电机运行在这一点上。

④ 同步转速点 d。如果轴上的外加转矩与电磁转矩的方向相同，帮助异步电动机克服空载转矩，电磁转矩 $T=0$，$n=n_1$，$s=0$，我们称点为同步转速点。显然当轴上没有外转矩时，靠电机本身的力量不可能在这一点上运行。这一点是电动工作状态与发电（制动）状态的分界点。

一般地，电动机具有转速增加时转矩减小，转速减小时转矩增大的特性才能稳定运行。设电动机原在额定转矩 T_N 下运行，则对应的转速为 n_N（转差率 s_N），现假设负载转矩突然增加，见图 2-30 所示，则电动机转速将减小（s 将增大），随着 s 的增加，电动机产生的转矩也将增加，当增加到与新的负载转矩相等时，电动机即在稍大的转差率 s（稍低的转速下）稳定运行。这同时也是为什么电动机的空载转速稍高于额定转速的原因。

从图 2-30 分析可知，异步电动机不能稳定地运行在 $1\sim s_m$ 区间，当负载转矩小于电机转矩时，电机很快加速进入稳定运行区；当负载转矩大于电机转矩时，电机很快减速而堵转。而在 $0\sim s_m$ 区间，电动机的电磁转矩可以随负载的变化而自动调整（这种能力称为自适应负载能力），即异步电动机可以稳定运行的区域是在最大转矩点到同步转速之间，只限于转差率为 0%～10%的狭小区域。正是由于这种硬的机械特性，才使它的自动调速困难，也正是由于这种硬特性，作为牵引电机使用时具有良好的防空转性能，从而可以充分利用电动车的黏着重量。

2.3.2 三相异步电动机的调速

人为地改变电动机的转速，称为调速。根据异步电动机的转速公式：

$$n_1=(1-s)\frac{60f_1}{p} \tag{2-17}$$

从式（2-17）可以看出，改变异步电动机转速的方法有三种：

变极调速——改变异步电动机定子绕组的磁极对数 p 的调速；

改变转差率调速——改变异步电动机的转差率 s 进行调速；

变频调速——改变异步电动机定子所加电源的频率 f_1 调速。

1. 变极调速（有级调速）

变极调速是通过改变电动机定子绕组的接线方式以改变电机极数实现调速，这种调速方法是有级调速，不能平滑调速，而且只适用于鼠笼式异步电动机。因为鼠笼式异步电动机的磁极对数能自动地随着定子磁极对数的变化而变化，从而保证定子、转子磁极对数相等，以便转子产生恒定的电磁转矩。

变极调速通常采用的方法是单绕组变极调速，即在定子铁芯中装一套绕组，通过改变定子绕组的连接方式，使部分绕组中电流的方向改变，来实现电动机的磁极对数和转速的改变。

变极调速接线原理如图 2-31 所示。设异步电动机每相有相同的线圈组，当这两个线圈组首位正向串联后，则此时气隙中形成四个磁极，如图 2-31（a）所示；当采用图 2-31（b）所示的反向并联时，此时气隙中形成两个磁极，即磁极对数减少了一半。由此可见，只要让定子每相的一半绕组中电流的方向改变，就可以改变磁极对数。

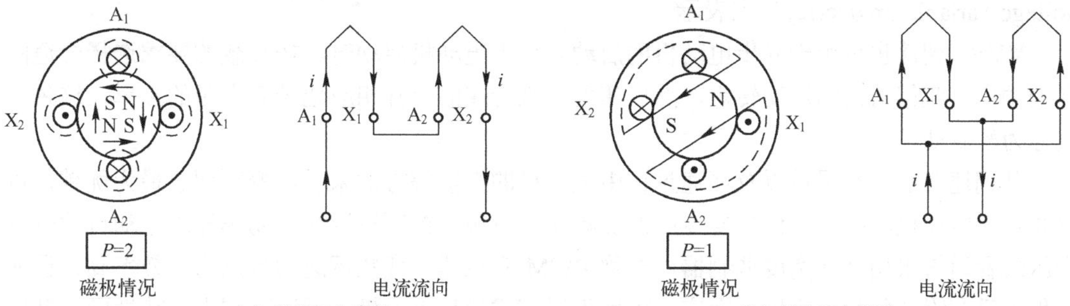

（a）首位正向串联　　（b）首位反向并联

图 2-31　变极调速接线原理

这种调速方法其特点为：具有较硬的机械特性，稳定性良好；无转差损耗，效率高；接线简单、控制方便、价格低；有级调速，级差较大，不能获得平滑调速；可以与调压调速、电磁转差离合器配合使用，获得较高效率的平滑调速特性；变极调速适用于不需要无级调速的生产机械，如风机等。

2. 变转差率调速（无级调速）

变转差率调速可以通过调节定子电压、转子电阻（适用于绕线式异步电动机）、转差电压（适用于绕线式异步电动机）等方法来实现。如图 2-32 所示为改变外加定子电源电压来改变转差率 s。

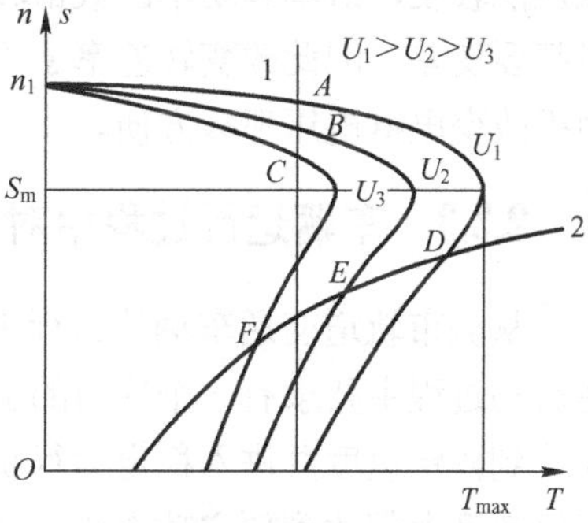

1. 恒转矩负载；2. 风机泵类负载

图 2-32　异步电动机变转差率调速（改变定子电压）

图中，由负载特性曲线 1 与不同电压下电动机的机械特性曲线的交点 A、B、C 可知，其调速范围很小，负载曲线 2 与不同电压下机械特性曲线的交点为 D、E、F，可以看出，调速范围稍大。

这种调速方法能够无级调速，但当降低定子电压时，转矩也按电压的平方比例减小，所以调速范围不大。为了扩大调速范围，调压调速应采用转子电阻值大的笼型电动机，如专供调压调速用的力矩电动机。

目前常用的调压方式有串联饱和电抗器、自耦变压器以及晶闸管调压等几种。晶闸管调压方式为最佳，其特点是：调压调速线路简单，易实现自动控制；调压过程中转差功率以发热形式消耗在转子电阻中，效率较低；此方式一般适用于 100kW 以下的生产机械。

3. 变频调速（无级调速）

变频调速通过改变电机定子的供电频率，以改变电机的同步转速达到调速的目的，其调速性能优越，调速范围宽，能实现无级调速。进行变频调速时，为使电机得到满意的性能，通常应保持气隙磁通Φ_m不变，即可保持铁芯磁路的饱和程度，励磁电流和电动机的功率因数基本不变。此种调速方法不仅调速范围大，效果好而且效率亦较高。如略去异步电动机定子阻抗压降，则 $U_1 \approx E_1 = 4.44 f_1 K_1 N_1 \Phi_m$，为使$\Phi_m$保持不变，应使电压 U_1 随频率按正比例变化，即

$$\frac{U_1}{f_1} \approx \frac{E_1}{f_1} = 4.44 K_1 N_1 \Phi_m = \text{常数} \tag{2-18}$$

也就是说，在改变频率的同时，必须相应调节电压，这种变频调速常用英文 VVVF（Variable Voltage Variable Frequerlcy）来表示。

VVVF 调速也可用于异步电动机的启动。异步电动机启动时，按负载的要求选择合适的启动频率，获得所需的启动转矩，然后随着电机转速的上升相应地升高电源的频率，这种方式称为软启动。

从调速范围、平滑性以及调速过程中电动机的性能等方面来看，变频调速最为优越，可以和直流电动机相媲美，但需要专门的变频变压电源，控制轨道交通动车异步电动机的变频变压装置通常采用脉冲宽度调制器，亦称 PWM 变频器。变频调速的特点为：效率高，调速过程中没有附加损耗；应用范围广，可用于鼠笼式异步电动机；调速范围大，特性硬，精度高；技术复杂，造价高，维护检修困难。变频调速适用于要求精度高、调速性能较好的场合，如电力机车、内燃机车、动车组、城市轨道车辆等。

综合所述三种调速方式可以看出，异步电动机的调速性能不如直流电动机的调速性能好。这是因为，异步电动机的运行特点就是在接近同步转速工作时(即转差率 s 较小时)，机械性能较硬，效率和功率因数都较高，如果远低于同步转速(即转差率 s 较大)，各方面的性能都要变差，因此改变转差率 s 不是理想的调速方法，而变极调速和变频调速又不像直流电动机改变电枢电压那么方便。

2.3.3 车辆运行过程中对牵引电机的要求

从城市轨道交通车辆的运行来看，在不同运行阶段对牵引电机有不同的运行要求。例如，在启动过程中要求有一个均匀的加速度以实现平稳启动，这种方式称为恒转矩启动。当列车加速到额定速度并进入稳定运行状态时，为了使传动设备的装机能力得到充分利用，要求在任何速度上都达到额定功率值，即按恒功率特性运行。如图 2-33 所示为城市轨道交通车辆在不同阶段的运行模式及参数特性。

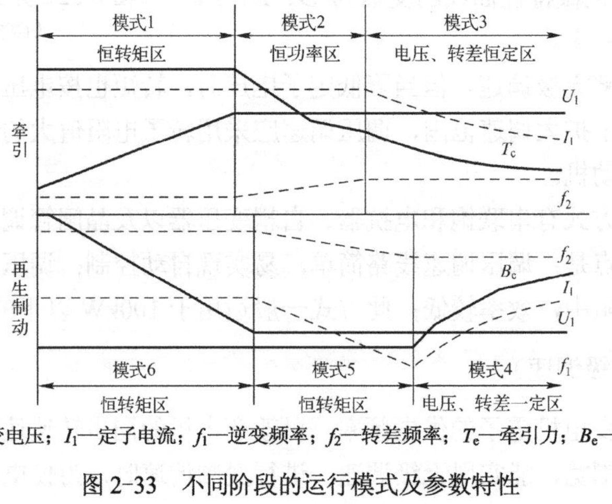

U_1—逆变电压；I_1—定子电流；f_1—逆变频率；f_2—转差频率；T_e—牵引力；B_e—制动力

图 2-33　不同阶段的运行模式及参数特性

表 2-1 是针对车辆从启动到停止整个过程中不同的运行模式的说明。在车辆的牵引加速和制动减速两个阶段中的运行模式主要包括以下几种：牵引加速的恒转矩模式、恒功率模式、恒转差频率模式和制动减速的恒转差频率模式、恒转矩模式。

表 2-1　车辆运行模式

指　令	模　式	状　态	需要控制的因素		转矩	定子电流
牵引加速	1	恒转矩模式	f_1 提高	$\frac{U_1}{f_1}$ 一定，f_2 一定	T_e 一定	I_1 一定
	2	恒功率模式		U_1 一定，$f_2 \propto f_1$	$T_e \propto \frac{1}{f_1}$	
	3	恒转差频率模式		U_1 一定，f_2 一定	$T_e \propto \frac{1}{f_1^2}$	$I_1 \propto \frac{1}{f_1}$
制动减速	4	恒转差频率模式	f_1 降低	U_1 一定，f_2 一定	$T_e \propto \frac{1}{f_1^2}$	$I_1 \propto \frac{1}{f_1}$
	5	恒转矩模式		U_1 一定，$\lvert f_2 \rvert \propto f_1^2$	T_e 一定	$I_1 \propto \frac{1}{f_1}$
	6			$\frac{U_1}{f_1}$ 一定，f_2 一定		I_1 一定

1. 模式 1：牵引加速—恒转矩模式

（1）保持转差频率 f_2 恒定的同时，慢慢提高逆变频率 f_1，使其与车辆的运行速度相符合。

（2）在保持逆变电压频率比恒定的情况下，对逆变电路输出电压进行 PWM 控制。

（3）该模式的控制结果是：牵引力保持一定，定子电流 I_1 也大致一定；当负载变化时，有必要改变牵引力，且保持 U_1/f_1 不变时，就要改变转差频率 f_2，以此来改变电机电流，从而获得所要求的牵引力。

（4）转矩控制一直进行到速度上升到逆变器输出电压达到上限为止。逆变器的输出电压上限($U_{1\max}$)和输入电压(U_C)的关系如下：

$$U_{1\max} = \frac{\sqrt{6}U_C}{\pi}$$

2. 模式 2：牵引加速—恒功率模式

（1）当逆变器电压达到上限后保持一定，然后增大转差频率的同时定子电流维持恒定。由于电压电流都不变，所以处于恒功率模式。

（2）由于牵引力大致与逆变频率成反比，所以牵引力将随速度的上升而减少。

（3）恒功率控制将持续到转差频率达到所规定的最大值。

在逆变器容量有较大裕量，并在模式 1 逆变电压达到最大的情况下，可使电机定子电流随速度成正比上升，继续进行保持牵引力恒定的恒转矩控制。在这种情况下，如果电机电流达到了逆变器容量所限制的最大值，则要转入模式 2。

3. 模式 3：牵引加速—恒转差频率模式

（1）逆变输出电压保持可控最大值，补偿由于增加逆变频率 f_1 而导致 U_1/f_1 降低的数值，转差频率 f_2 无法再增加，即转差频率也保持最大值，随着速度的上升缓慢增加逆变频率。

（2）电机定子电流与逆变频率成反比地减少，牵引力也与逆变频率的平方成反比，这相当于直流电动机最弱磁场下的自然特性区。

4. 模式 4：制动减速—恒转差频率模式

（1）逆变电压取最大值，转差频率也保持所规定的负最大值，随着速度的下降缓慢减小逆变频率。

（2）电机电流与逆变频率成反比地增加，制动力与逆变频率的平方成反比例增加。

（3）使电机电流增加到与下述模式（恒转矩控制）相符合的值，但是在达到恒转矩控制模式之前，电机电流已达到逆变器容量所制约的上限值的情况下，则要从电机电流达到最大值的时刻起保持电机电流恒定，进行恒流控制。在这种情况下，制动力将随逆变频率成反比增加，这相当于直流复励电动机的电流限制区。

5. 模式 5：制动减速—恒转矩模式

（1）逆变电压取最大值，在控制转差频率（负值）与逆变频率的平方成反比的同时，使逆变频率随速度下降而缓慢减小。

（2）电机电流将随逆变频率成反比地减少，制动力大致保持一定。

6. 模式 6：制动减速—恒转矩模式Ⅱ

（1）保持转差频率为最小值，使逆变频率随速度下降而缓慢减少。

（2）采用 PWM 控制，在保持（逆变电压/逆变频率）恒定的条件下减少逆变频率（U_1/f_1 恒定）控制。

（3）其结果是制动力保持恒定，电机电流也大致保持一定。

（4）这种模式下再生制动可持续到列车停止前（理论上再生制动可持续到速度为 0）。

2.3.4 交流牵引系统的逆变器

城市轨道交通车辆的传动主要依靠电能转换单元将车辆的直流供电电压转化为三相交流信号，继而驱动车辆上的电机使车辆得以运行。而电能转换单元的主体为逆变电路，逆变电路因为其性能可靠，动、静态性能卓越和节能等优点，在各个领域获得越来越广泛的应用。在包括城市轨道交通在内的电力牵引领域，以 VVVF 逆变电路为核心的交流传动，正在以很大的优势，逐步取代直流传动及其配套的斩波器。除了 VVVF 电压频率可调逆变电路，还有恒压恒频的逆变电路。恒频恒压的逆变电路则可以为车辆的空调、空气压缩机提供三相、50 Hz 的供电电源。

早在 20 世纪 30 年代，欧洲一些国家的电气化铁路，就曾利用多台交流和直流旋转电机，实现了将来自电网的单相工频电能变成三相调频电能，驱动感应电动机作为电力机车的牵引电机。但是装置十分复杂、笨重，价格也很昂贵。20 世纪 50 年代，又曾采用水银整流器、引燃管和闸流管等离子器件，构成静止式变频器，但这些器件的管压降大，同时存在控制性能差、体积大、需要水冷却、寿命短等缺点。20 世纪 60 年代开始用电力半导体器件构成逆变电路，实现了高性能、高效益的轨道车辆交流传动。

牵引逆变器的发展过程中根据中间直流环节电源性质的不同有两种类型的逆变器，即电压源型逆变器和电流源型逆变器。直流环节表现为理想电流源的是电流源型逆变器；直流环节表现为理想电压源的是电压源型逆变器。两类逆变器有各自的特点，但随着电力电子器件的发展，电压型逆变器获得了广泛的应用。在牵引系统中目前均采用电压源型逆变器。

逆变电路一般包括三部分：第一部分是电力电路及缓冲电路，电力电路是利用电力电子器件进行能量变换的主体，缓冲电路与电力电子器件并联，用于吸收电力电子器件上的换流过电压；第二部分是控制电路，完成对主电路的控制，实现逆变，并使逆变器具有调压、调频，或稳压、稳频等良好的动、静态性能：第三部分是电力电子器件的门控电路，包括设计门控电路中的过电流保护等部分。

由全控型电力电子器件构成的逆变电路不必另设强迫换流电路，主电路相对简单，结构犹如一个逆向工作的可控整流电路，把直流电能变为可变频调压的交流，送给单相或三相等负载。而且采用不同的全控型电力电子器件如 GTR（Giant Transistor，电力晶体管）、GTO（Gate Turn Off Thyristor，可关断晶闸管）、IGBT（Insulated Gate Bipolar Transistor，绝缘栅双极晶体管）时，其主电路没有原则差别，差别主要在于门极（栅极）控制电路和保护方法有所不同。

1. 单相桥式逆变电路

逆变电路从其结构而言，也像整流电路那样有零式（中间抽头式）、桥式、单相和多相之分。

图 2-34 是一个单相桥式逆变电路的原理示意图，其中 T_1、T_2 和 T_3、T_4 两组理想开关轮流接通时，负载 R 上就可得到交流电压 u_d，这是一个幅值为直流电源电压 U_d 的周期性交变电压，相应的交流电流为 i_R。负载电压和负载电流的频率取决于两组理想开关的切换频率。

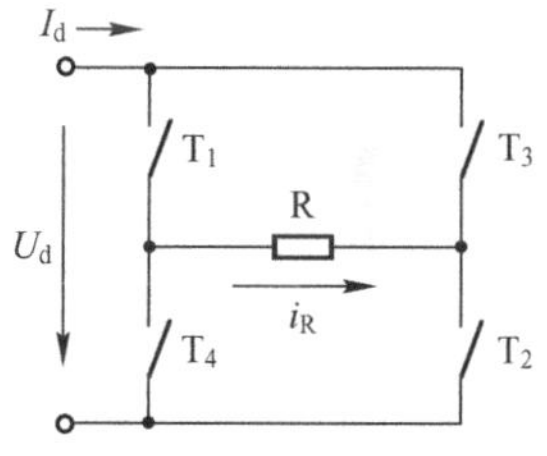

图 2-34　单相桥式逆变电路原理示意图

用全控型器件，如 IGBT 取代图 2-34 中所示的开关后，得到图 2-35（a）所示的单相桥式 IGBT 逆变器的主电路。

图 2-35（b）和图 2-35（c）所示是 IGBT 逆变器在电阻负载下的输出电压 u_R 和输出电流 i_R 的波形。在 0～π 期间，$IGBT_1$（用 T_1 表示）和 $IGBT_2$（用 T_2 表示）导通；在 π～2π 期间，$IGBT_3$ 和 $IGBT_4$（分别用 T_3 及 T_4 表示）导通。图 2-35（d）所示则为直流输入电流 i_d 的波形，图中假设 IGBT 的开关是瞬时完成的理想过程。

对于感性负载，交流电流滞后电压一个相位角，当两组开关已经切换，电压已经反向时，感性负载电流仍将在滞后角时间内保持原来的流通方向，如果强迫关断这一感性负载的滞后电流，必然会引起过电压，造成电力电子器件的击穿损坏。为此，在感性负载下，每个电力电子器件上还需反向并联一个快速二极管，以构成滞后电流的通路，如图 2-36（a）所示。

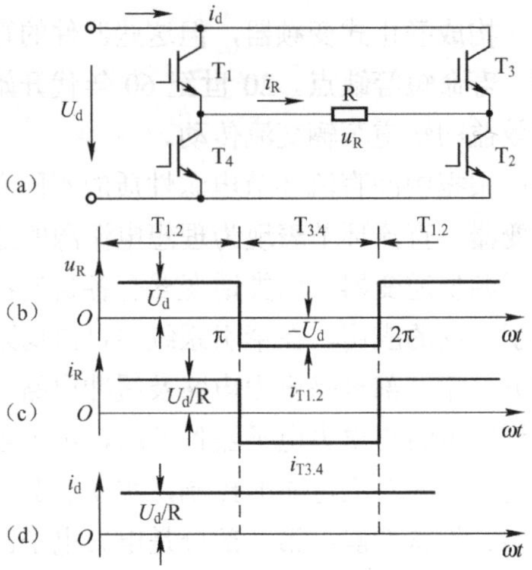

图 2-35　单相桥式 IGBT 逆变器主电路及波形

在图 2-36（a）中 $\omega t=\pi$ 时刻，当 $IGBT_1(T_1)$和 $IGBT_2(T_2)$关断、感性负载电流从 T_1、T_2 转移到由 VD_3、VD_4 及电源所构成的续流回路中，使负载电流在滞后角内继续保持原方向流通，之后 $IGBT_3(T_3)$和 $IGBT_4(T_4)$导通，同理，在 T_3、T_4 切换到 T_1、T_2 前，负载电流改经 VD_1、VD_2 和电源电路续流。负载电流 i_z 的波形如图 2-36（c）所示，由两段指数曲线组成，阴影部分为二极管中的电流，其余为 IGBT 中的电流。图 2-36（d）所示为直流输入电流 i_d 的波形，它由正方向的 IGBT 电流和反方向的 i_d 电流组成，由图可见，在二极管导通期间，感性负载向电源回馈了能量。

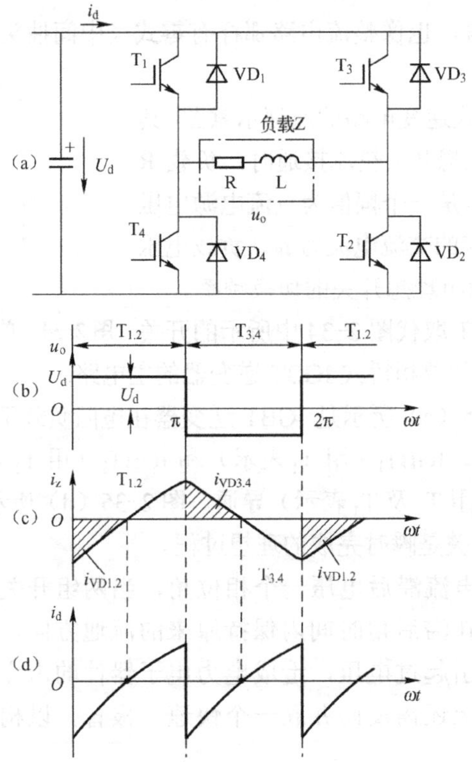

图 2-36　感性负载单相桥式 IGBT 逆变器主电路及波形

2. 三相牵引逆变器

三相牵引逆变器的基本作用是将直流电源转化为三相交流电源。在图 2-37 所示的逆变电路中，由六个开关组成了一个三相桥式电路。交替开通和关断这六个开关，就可以在输出端得到相位各相差 120° 的三相交流电源。该电源的频率由开关频率决定，幅值则等于直流电源的幅值。

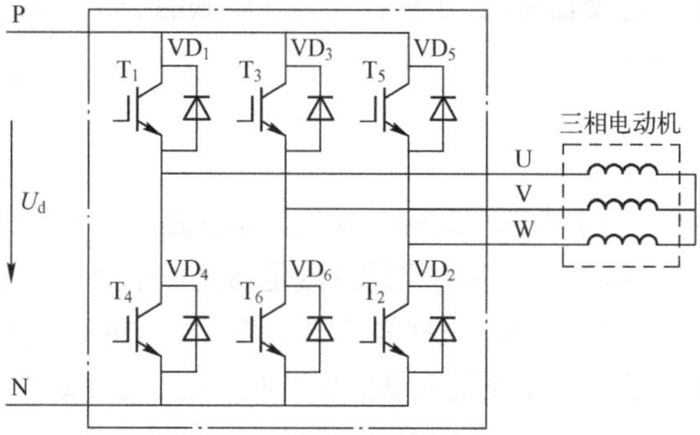

图 2-37　三相牵引逆变器电路原理图

如需改变异步电动机转向，只要改变各个开关开通和关断的顺序即可。因为这些开关同时起着改变电流流向的作用，所以它们又被称为换流开关或换流器件。逆变器输出波形如图 2-38 所示。

逆变器在实现三相电源变频调速的过程中，其电压也常常需要根据牵引电动机的工况而改变。作为增加或降低逆变器输出电压的一种手段，采用了控制平均电压的方法，即斩波的方法。这种 PWM 方法不仅在改变频率的同时调整了电压，而且还可以使逆变器输出电压的高次谐波分量大大减小，因此获得普遍的运用，其调制示意图如图 2-39 所示，这就是称为 VVVF（Variable voltage variable frequency）的逆变器。

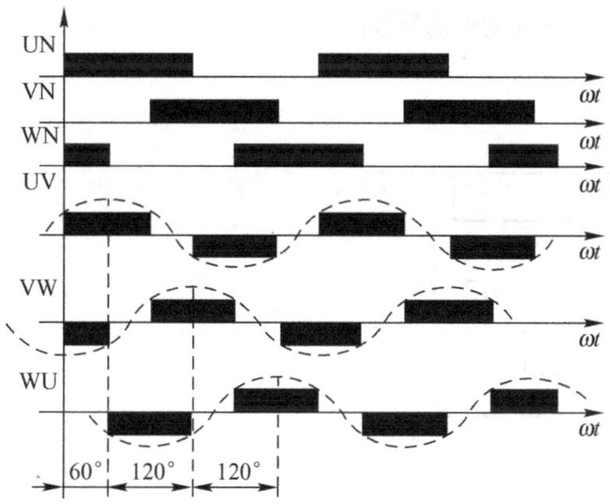

图 2-38　交流牵引系统逆变器输出波形不意图

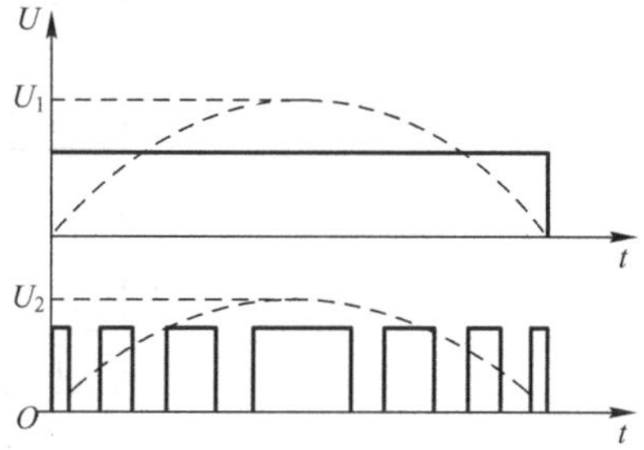

图 2-39　PWM 调制示意图

图 2-40 所示的是二电平电路的逆变器。所谓二电平逆变器，就是通过控制开关管的导通和关断，在输出端把直流电源的正极和负极电压分别引出，从而将直流电能转换成交流电能。在电压型逆变器的主电路中，最早广泛应用的是二电平电路，这种变换器最大的弱点是

受开关管功率和耐压的限制，不宜实现高压大功率输出。为了减少逆变器输出电压的谐波含量和 d*u*/d*t*，产生了两种不同的研究方向：一种是二电平研究方向，利用 PWM 控制方式，通过提高开关频率的方法，使输出电压波形正弦化；另一种是多电平研究方向，即利用增加主电路电平数来减少 d*u*/d*t* 和输出电压中的谐波，并使逆变器的开关管工作在低压（或工频）状态，以减小开关损耗及电磁干扰。由于增加了逆变器主电路电平数，电路结构必然要发生改变，逆变器的开关管数必然要增多，但增多的是低频开关器件。多电平逆变器更适合于高压大功率应用，它和二电平逆变器相比，不存在开关管串联的静态和动态均压问题，而且 d*u*/d*t* 小，电磁干扰小，逆变效率更高。

3. 三电平逆变器

逆变电路中的电平数，对于电压型逆变器来说，指的是输出电压波形中，从正的最大值到负的最大值之间所包含的阶梯数。多电平逆变器是指这种逆变器输出电压波形中的电平数等于或大于 3 的逆变器，如果等于 3，就称为三电平逆变器，也称三点式逆变器。

图 2-40 是二电平逆变器和三电平逆变器的原理图。在三电平逆变器图中 U、V、W 三相的电压波形如图 2-41 所示。

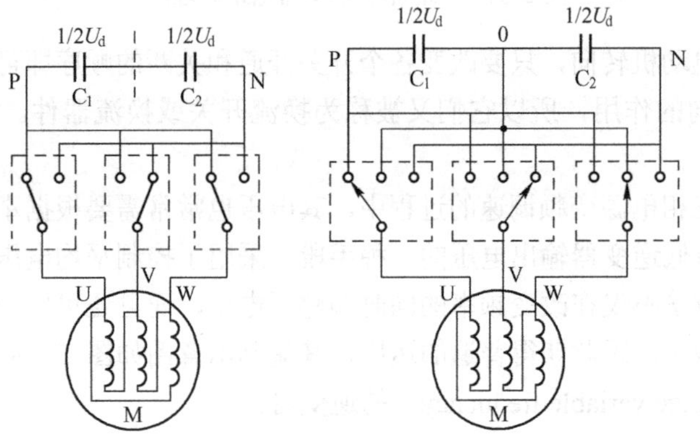

图 2-40　二电平逆变器和三电平逆变器的原理图

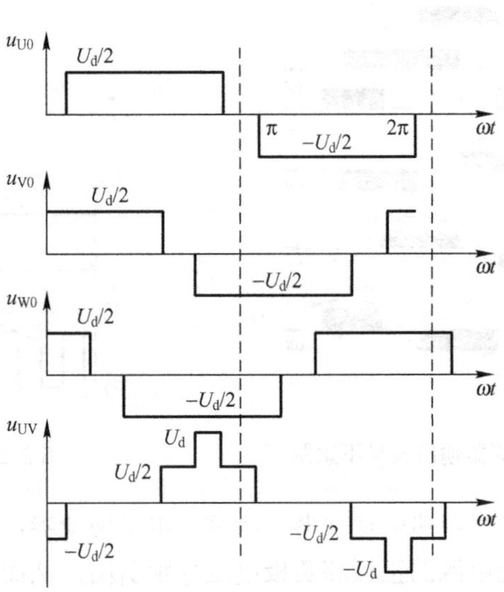

图 2-41　三电平逆变器的电压波形示意图

三电平逆变器最早是由德国学者 Holtz 于 1977 年提出来的，他在二电平半桥式逆变器电路的基础上，加入了开关管辅助箝位电路，得到了三电平电压输出。但这种三电平逆变器由于采用的是开关管辅助箝位结构形式，故只能得到三电平输出，即使增多开关管也不能得到多电平输出，所以只能算是一种多电平逆变器的雏形，还算不上是真正的多电平逆变器。1980 年，日本长冈科技大学的南波江章（A. Kira Nabae）等人对其进行了改进和发展，在 IEEE 工业应用（IAS）年会上提出了一种二极管箝位式三电平逆变器主电路的结构，这才开始进入到多电平逆变器研究的新阶段。目前在牵引系统中只有三电平逆变器尚有一些应用，其他的多电平逆变器只在电力系统中有所应用。

三电平逆变器是多电平逆变器中最简单，也是最有实用意义的一种电路。与传统的二电平拓扑结构相比较，三电平拓扑结构的主要优点是：能有效地降低开关频率并减少谐波，从而使系统损耗减小，如以达到同样输出性能指标来衡量，三电平的开关频率将是二电平逆变器的 1/5，而且还有一个对异步电动机工作性能极为有利的显著优点，就是其电压变化率(du/dt)比二电平通用逆变器降低一半，随之污染电气性能的电流变化率(di/dt)也减少，这样将明显降低对电动机绝缘性能的损害而延长其工作寿命。随着电平数的增加，电压变化减少，主电路电流含有的脉动成分减小，转矩脉动和电磁噪声也降低。因为与吸收电路有关的电路电压只有一半，流入吸收电路电流的能量小，即发热量少，可使电路体积减小（仅对 GTO 而言，因为 IGBT 的吸收电路本身体积就比较小）。若三电平逆变器接上中点悬空的三相对称的星形负载，则负载中将不会有 3 次谐波电流流过。

三电平逆变器的主要问题在于电路所需器件数量大大增加，成本较高；主电路结构复杂，降低了可靠性及平均无故障工作时间；控制上比较复杂，技术上比较难以掌握。目前在牵引系统中三电平逆变器在日本、德国均有所应用。图 2-42 是一个二极管箝位的 IGBT 三电平电压型逆变器电路原理图。我国目前生产的高速动车组 CRH2 应用的就是三电平逆变器。

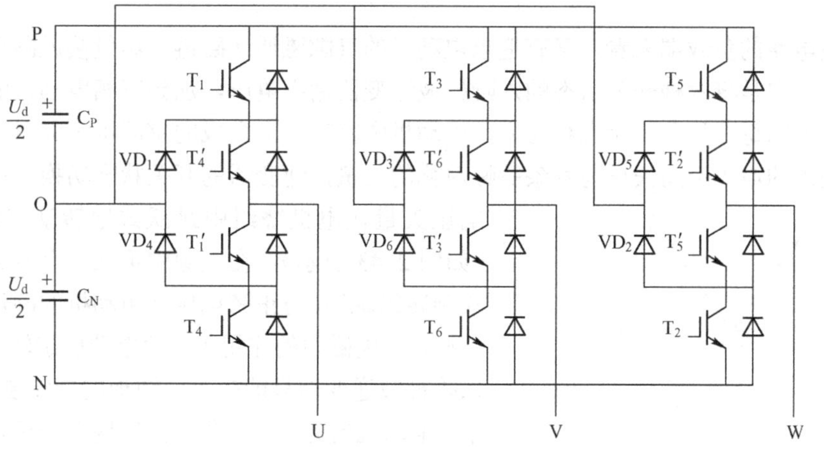

图 2-42　二极管箝位的三电平逆变器电路原理图

2.3.5　交流牵引系统 VVVF 转速控制

车辆的交流牵引传动控制，就是通过对逆变电路输出信号的相关参数进行调节，使之满足车辆运行过程中不同运行模式的要求。目前对逆变电路输出信号的可控调节广泛采用的是基于 PWM 调制方式的 VVVF 控制方法，它通过对逆变输出电压信号的频率和幅值这两个参数的调节来实现对车辆的运行速度的开环控制。但是仅仅对车辆的速度进行开环控制还无法很好地满足车辆各种运行模式的运行要求。为了增强对车辆的传动控制，可以采取针对车辆的转速和力矩进行双闭环控制的传动控制方法。目前采用的闭环控制方法主要包括转差频率控制、磁场矢量控制和直接转矩控制。

上节所介绍的逆变电路的输出电压驱动交流异步电动机后，就可以实现对城市轨道交通车辆的传动了。但是车辆运行过程中有不同的运行模式，不同模式下对逆变电路输出信号的要求也是不同的，针对这些要求需要对逆变电路信号的频率、幅值进行调节和控制，才能完成对整个车辆的传动控制。在车辆的传动控制中，关键在于对逆变输出电压进行 VVVF 控制——可变电压、可变频率控制，从而完成对车辆的传动系统的转速控制。

1. 脉宽调制

目前 VVVF 转速控制中主要采用的是 PWM 调制技术，这主要是为了得到更加接近于正弦波的逆变输出电压波形，减少谐波干扰。脉宽调制（Pulse Width Modulation，PWM）的调压方法是把逆变电路的输出电压斩波成为脉冲，通过改变脉冲的宽度、数量或者分布规则，以改变输出电压的数值和频率。这种方法种类很多，它只需对逆变器本身加以控制，使调压、调频一次完成，调节迅速而不需增加功率设备，因而是逆变电路调压调频（VVVF）的主要方法，尤以正弦脉宽调制（SPWM）的谐波分量最少，应用最广。

从获得 SPWM 波的方法来看，有三角波（载波）与正弦波（调制波）相交，得出开关切换模式的 SPWM 逆变器，还有锯齿波（载波）与正弦波（调制波）相交，马鞍形波与正弦波相交，三角波（载波）与准正弦的阶梯波（调制波）相交的方法得出的 SPWM 波。所有这些控制方法和指定次数的谐波消去法所追求的目标，都是使输出的波形中谐波最少，最接近正弦波。

从逆变电路的负载端来看，又有追求电动机的气隙磁通（磁链）尽量接近圆形的磁链跟踪型逆变器。它是将六种开关状态的六阶梯波逆变器输出电压，加到三相电动机的定子绕组上，与逆变器的每一种开关状态相对应，电动机中就有一个合成的空间电压矢量。六阶梯波逆变电路输出的电压空间矢量为六条等幅对称的矢量，逆变器的开关状态切换一次，合成的电压矢量在电机绕组中跳跃式地转动 60° 的空间（如图 2-43 所示），在气隙中形成一个六边形的跳跃式旋转的磁场，与正弦电压下电动机的圆形旋转磁场一样，在电磁力的作用下，使电动机旋转。但是由于六阶梯波逆变器只能提供六边形的旋转磁场，在低频下，电动机的力矩不均衡，会出现电动机转轴的轻微颤动或步进现象。但经过 PWM 控制，电压矢量相应增加，其磁链可追近圆形，从而使电动机气隙中获得准圆形的旋转磁场。

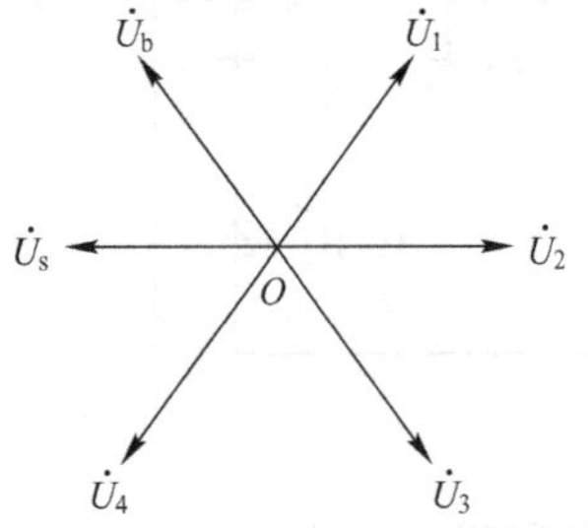

图 2-43　逆变器-感应电机系统的电压矢量

电流跟踪型逆变电路的基本思想是将电动机定子电流的检测信号与正弦波电流给定信号进行比较，如果实际电流大于给定值，可通过开关的切换使电流下降，反之则增加。结果是实际电流接近正弦波给定电流。显然这样的逆变电路开关动作也是一种 PWM 控制。

2. 正弦脉宽调制（SPWM）逆变电路

在城市轨道交通车辆中，逆变电路的负载大多是感应电动机，要求可以调压、调频，而且输出是正弦波形。为此可以把一个正弦半波进行 i 等分，把正弦曲线每一等份所包含的面积，都用一个与其面积相等的等幅矩形脉冲来代替，这样，由数量足够多的等幅而不等宽的矩形脉冲所组成的波形就与正弦波的半波等效，数字符号相同的矩形波面积与正弦波所围面积相同，如阴影部分所示；而另半波也可用相同的方法得到。与正弦波等效的等幅矩形脉冲序列波形如图 2-44 所示，各脉冲的幅值是相等的，所以逆变器可由恒定的直流电源供电，当逆变器各开关元件在理想状态工作时，显然驱动开关元件的控制信号也应该是与图 2-44 相似的一系列脉冲波。

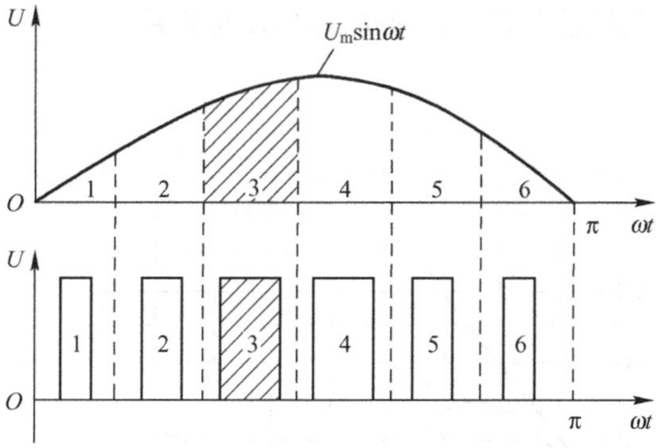

图 2-44　与正弦波等效的等幅矩形脉冲序列波形

（1）单极性正弦脉宽调制。单极性 SPWM（Sinusoidal Pulse Width Modulation，正弦脉宽调制）是指逆变器输出相电压在任何半周内始终为一个极性，如图 2-45（a）所示。它的控制信号由两个半周中不对称的等腰三角形载波与正弦调制波相交得出，如图 2-45（b）所示。当正弦波的瞬时绝对值超过三角波时，逆变器的开关管导通，反之关断，如图所示，图（a）中脉冲面积与其下面对应的图（b）的面积相等，如阴影部分所示，从而获得按正弦规律分布的一系列脉冲。正弦调制波的频率即为逆变器输出电压的频率。每个正弦半波中三角形载波数为整数（图 2-45（b）所示中其值为 6），这样输出的电压波形对称，谐波分量较少。

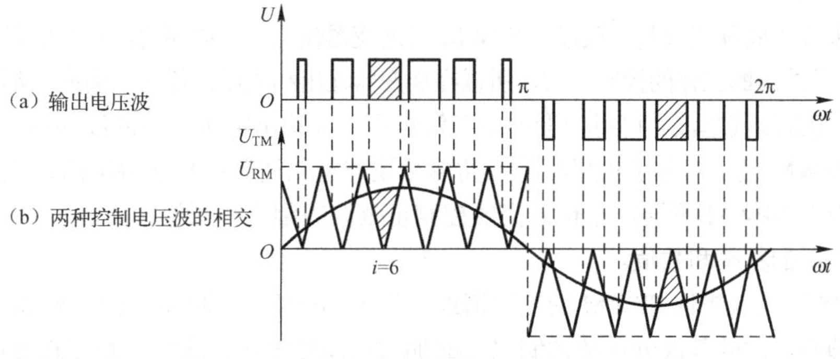

图 2-45　单极性 SPWM 波形（脉冲数 i=6）

设三角形载波的频率为 f_1，正弦调制波的频率为 f_2，两者之比为载波比 N，在图 2-45 中 N 为 12。显然，载波比越大，逆变器输出的谐波分量越少。所以载波比的下限受谐波分量的规定值所限制，而载波比的上限受逆变器开关管的开关频率所限制，如晶闸管仅为 200 Hz，而 IGBT 可高达 50 kHz 左右。

设三角形载波电压的幅值为 U_{TM}，正弦调制电压的幅值为 U_{RM}，显然，无论改变哪个幅值，两个控制电压波的交点都起变化，因而可获得不同宽度的输出电压脉冲。通常是改变正弦调制电压的幅值，若使其幅值 $U_{RM}=0$，则各脉冲宽度都等于零。又如 U_{RM} 变得相当大时，各脉冲连成一片，成为矩形输出波，其输出电压达到最大值。当然，实际上的正弦调制电压幅值不应超过三角形载波电压的幅值，若正弦波幅值过分接近三角波的幅值，则在三角波峰值附近的脉冲间隙时间太小，会导致开关管、特别是开关速度较慢的晶闸管来不及关断，而使输出脉冲相连，在双极性 SPWM 逆变中则造成贯穿短路。

图 2-46 所示是单极性 SPWM 在载波比为 20 时的基波和谐波，其谐波分量 U_n(n=1，3，5，7，…)和基波分量 U_1 的比值与调制深度 U_{RM}/U_{TM} 的关系。

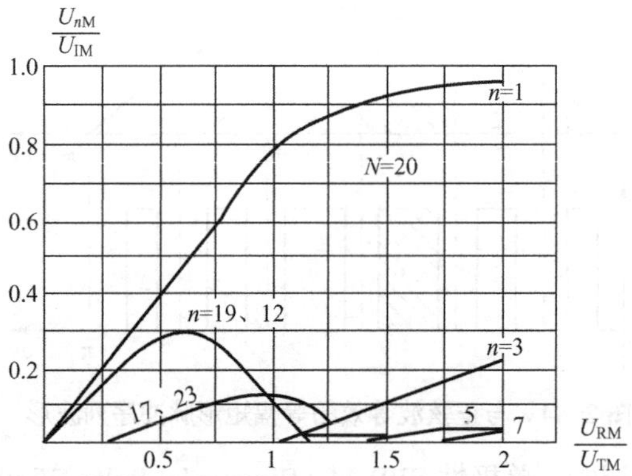

图 2-46　单极性 SPWM 在载波比为 20 时的基波和谐波

由于图 2-45（a）所示的电压脉冲波为奇函数，波形对称于π/2，所以输出电压的傅氏级数表达式中无常数项和余弦项，由图 2-46 可见其谐波分量仅在第 20±1 次较大，这是由于其载波比 N 为 20 的缘故。逆变器输出的基波分量随着调制深度的加大而线性增加。

综上所述，单极性 SPWM 逆变器输出电压中的低次谐波分量很少，N±1 次谐波因其谐波次数较高又容易被电感性负载所抑制。此外，在实用阶段这种逆变器可随调制深度的不同，线性控制输出电压。

（2）双极性正弦脉宽调制。双极性 SPWM 是逆变器输出半个周期内，同一桥臂的上、下两个元件进行互补式通断工作的控制方式，所以在逆变器输出相电压在任何半周内，都有正、负极性交替出现，由此取其基波，可得交变的正弦波电压，其输出电压的脉冲波如图 2-47（b）所示。双极性 SPWM 是由对称于横坐标的三角形载波与正弦调制波相交得出的，如图 2-47（a）所示。与单极性 SPWM 形同，它也只需要控制正弦波的频率和幅值就能调节双极性 SPWM 逆变器输出电压的频率和数值。

由图 2-48 可见双极性 SPWM 的低次谐波也很少，$n=N$±1 的谐波较大，但易被电动机等感性负载所抑制，此外基波分量随调制深度的加大而线性增加。这种调制方式对目前通用的二点式（二电平）逆变器是合适的，但要预防上、下桥臂上的两个互补管的贯穿短路，为此必须先关断后开通。

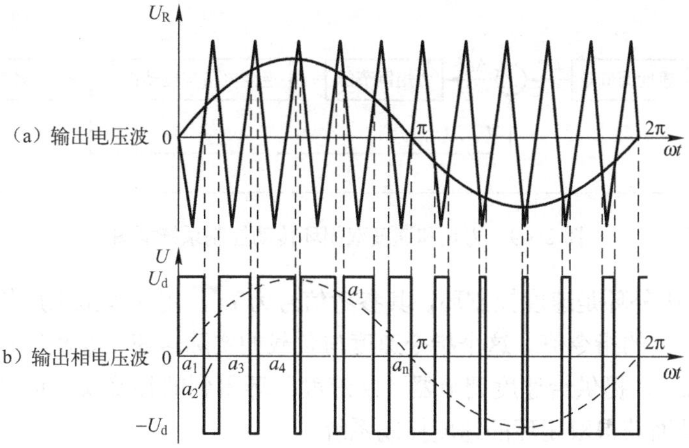

图 2-47 双极性 SPWM 波形

在实际应用中，不能超出所采用的开关管的最高工作频率，所以在输出频率高的阶段，载波比应取较小值。在输出频率很低的阶段，载波比可以取得相当高，甚至载波比也可以不为整数，这就是所谓“异步正弦脉宽调制”。但大功率逆变器的 N 不宜太高，以便降低开关损耗。

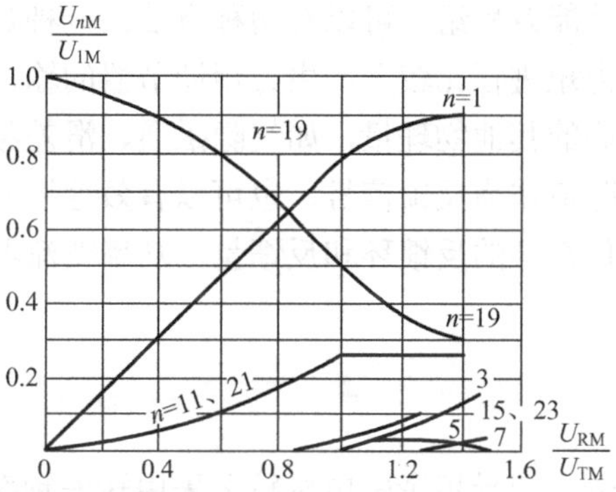

图 2-48 双极性 SPWM 在 N=19 时的基波与谐波

2.3.6 交流牵引系统力矩转速闭环控制

城市轨道交通车辆的牵引传动系统要求在一个相当宽的范围内，对每个速度点都能提供适当的力矩值。上述的基于 PWM 方式的 VVVF 速度控制是一种开环控制方式，这种开环控制传动系统不能满意地保证在突然加速或减速等定子频率突变时不超过颠覆点，所以，必须采用当电压和负载波动时具有快速动态响应能力和精确的稳态运行性能的反馈闭环控制系统，速度和力矩值是系统的被调量，作为反馈控制信号。一个具有力矩和速度双闭环控制的交流传动系统框图如图 2-49 所示。

在牵引传动中，力矩环是一个必不可少的基本单元。如图 2-49 中内环所示，指令力矩 M^* 由一个直流参考电压表示，实际力矩信号 M 由测定的电流和磁通等确定，二者比较后所产生的偏差：$\Delta M = M^* - M$ 送到力矩调节器，以获得满意的力矩控制性能。

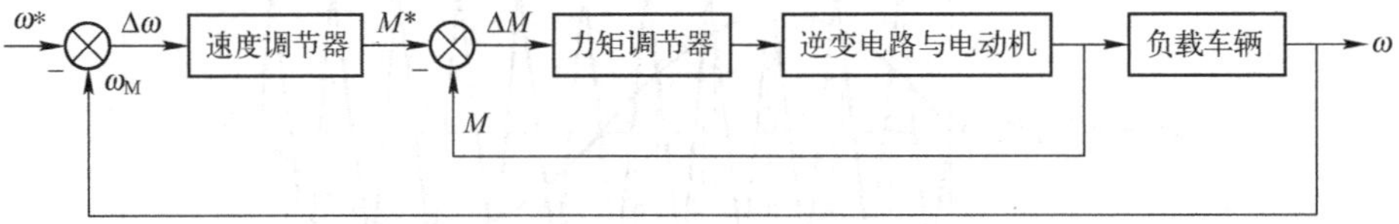

图 2-49　力矩和速度双闭环传动控制系统框图

图 2-49 所示中外环是速度控制环，其参考信号为 ω^{*}，用来模拟电压的大小和极性，表示电动机转速与转向的指令值。这个指令速度与负载的实际转速 ω_{M} 相比较，所得的速度偏差信号为$\Delta\omega=\omega\,^{-*}\omega_{\mathrm{M}}$，提供给速度调节器。从速度外环得到的补偿误差信号作为力矩内环的力矩指令信号，从而获得双闭环的速度控制系统。

城市轨道交通车辆所使用的感应电动机是一个复杂的、非线性、多变量控制对象，尤其对于鼠笼式异步电动机无法检测鼠笼结构中的转子电流。异步电机的励磁电流隐含在电机定子绕组之中，定子电流中的励磁电流分量检测与控制比较困难。为了可以有效地控制力矩，又可以在快速暂态过载和稳态过载时保护功率变流器和电动机，人们开发出了各种交流传动系统的控制方法。

城市轨道交通车辆要求高性能的异步电动机传动系统，为了建立一个有效的力矩控制环，根据异步电动机的基本性能方程组，可以有两种方法：一种是利用直接测定或估算的力矩值作为反馈信号，与给定力矩进行比较，产生力矩调节器的输入偏差信号；另一种是间接地由给定力矩信号产生相关联的其他物理量，如气隙磁通、滑差频率或定子电流作为给定信号，并测定这些物理量的实际值作为反馈信号，也可以有效地控制电动机力矩。当然，无论控制结构如何复杂，或采取什么样的反馈环和反馈量，功率变流器（逆变电路）只有两个控制变量，即电压和频率。

1. 转差频率控制

目前，城市轨道交通车辆交流异步牵引电机较多采用转差频率控制，这种控制方式力求保持恒气隙磁通，易于实现，技术也比较成熟。电机产生的力矩和流过的电流大致与转差率成比例。在不同给定供电频率之下，控制转差，即可控制异步电机的转速和力矩，以及相应的功率。但其主要问题是，在暂态条件下无法精确地控制转子磁通向量与定子电流向量之间的相位角。

（1）基本概念。通常异步电动机都在转差率很小的范围内运行。因为转差率 s 小，所以，

$$\cos\varphi_2\approx 1$$

则电动机的力矩：

$$M=C_{\mathrm{M}}\Phi I_2'\cos\varphi_2\approx C_{\mathrm{M}}\Phi I_2'$$

而 $I_2'\propto\Phi f_{\mathrm{s}}$，其中 f_{s} 为转差频率（也就是转子频率 f_2），C_{M} 为力矩常数，Φ 为气隙磁通。故

$$M\propto\Phi I_2'\propto\Phi^2 f_s\propto\Phi^2\Delta\omega$$

可见异步电动机工作在转差率较小的情况下，只要保持气隙磁通 Φ 不变，力矩近似和转

差频率 f_s(即 $\Delta\omega$)成正比，这样用转差频率作为力矩的控制指令值，就可以得到与直流电动机恒磁通下调速相同的特性。这就是转差频率控制的出发点。

（2）基本规律。异步电动机可控电流是定子电流 I_1，其中包含励磁电流分量 I_m 和负载电流分量 I_2'，只有保持 I_m 恒定，才能在采用转差频率控制时，保持电动机气隙磁通 Φ 不变。I_m 和 I_2' 均难以直接测量，当负载改变引起 $\Delta\omega$ 变化时，根据 I_m、I_2' 和 $\Delta\omega$ 之间的函数关系，调节 I_1 可以使 I_m 维持不变。

据交流电机等值电路及并联电路的分流关系有

$$\dot{I}_m = \dot{I}_1 \frac{r_2' + j\omega_1 s L_2'}{r_2' + j\omega_1 s(L_2' + L_m)}$$

令 I_m 为常数，可以画出 $I_1 = f(\Delta\omega)$ 曲线，如图 2-50 所示。当 $\Delta\omega$=0 时，$I_m = I_1$；在工作区内，且 $\Delta\omega$ 较大时，曲线也可以近似以 $I_1 = \Delta\omega I_m (L_m + L_2')/r_2'$ 代替。当 $\Delta\omega$ 变化时，控制电流按此函数规律变化，即可维持 I_m (即 Φ)为恒定，保证电动机在每个速度点输出所要求的力矩。

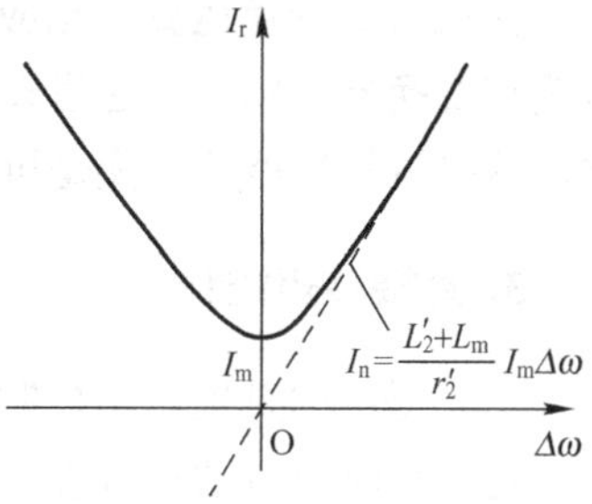

图 2-50　$I_1 = f(\Delta\omega)$ 曲线

2. 磁场定向式矢量控制

为了使异步牵引电机具有更加优良的动态性能，提出了另外两种控制方案：磁场定向式矢量控制和直接转矩控制。

磁场定向式矢量控制（简称磁场矢量控制）的转速闭环系统是实现高性能交流调速的有效办法。在一定的条件下，矢量控制系统相当于把非线性、强耦合的异步电动机调速系统分解成两个独立的线性系统：转速控制系统和磁链控制系统。线性系统的调节器比较容易设计，因此矢量控制交流调速系统的静、动态性能可以和直流调速系统的性能媲美。系统的具体结构原则上可分成两种，即磁链闭环（直接磁场定向）和磁链开环（间接磁场定向）型矢量控制系统。

采用磁场矢量控制方式控制异步牵引电机，是以异步电机的转子磁场为基准，基于直流调速系统的控制思想对异步电机进行矢量分解，把一次电流分解为励磁电流分量和力矩电流分量进行单独控制，在保持磁通一定的情况下控制力矩电流分量，即使力矩目标值急剧变化时也不至于产生显著的振荡和超调，从而实现快速动态响应控制。此方式的调速范围宽，可使电机力矩迅速变化到目标值，从而大大提高了对空转和滑行控制的效率。矢量控制最大的缺点是要经过两次坐标变换，并且求矢量的模和相角的计算特别复杂。

磁场矢量控制的基本思路是：以产生相同的旋转磁场为准则，三相交流电动机中 A、B、C 三相固定对称绕组通以三相正弦交流电流 i_A、i_B、i_C；二相交流电动机中 α、β 二相固定对称绕组通以二相正弦交流电流 i_α、i_β；以旋转磁场同步转速旋转，互相垂直的绕组 M、T 通以直流电流 i_M、i_T 时都可以产生同样的转速。也就是说，这些电流之间存在着确定的矢量变换关系。只要按照某种规律控制三相交流电动机中的三相正弦交流电流，就可以得到好的力矩控制性能。

为了找出这种控制规律，通常以矢量变换为工具，将定子电流矢量分解为两个相互垂直的分量，一个相当于直流电动机的磁场电流称为励磁电流分量，另一个相当于电枢电流称为力矩电流分量。对各自独立的两个电流分量进行控制就构成了力矩瞬时值的矢量控制。为此必须经过坐标变换，第一步是将A、B、C三相坐标系的交流量变换为α-β坐标系的交流量（相当于把三相交流电动机变换为等值的二相交流电动机），第二步是将α-β坐标系的交流量再变换为以转子磁场定向的M-T坐标系的直流量（相当于把交流电动机模型转换为直流电动机模型）。在控制调节过程中，对用两相表示的电压、电流和磁通进行分析，确定幅值的大小和相位。

完成矢量变换运算的相应单元有三相两相变换器、直角坐标/极坐标变换器（K/P）和矢量旋转变换器（VR），这些矢量变换最后必须将直流量还原为交流量以控制交流电动机。因此，这些运算功能的变换是可逆的。

3. 直接转矩控制

近年提出的直接转矩控制比矢量控制简单，易于实现。牵引电机的响应快，动态性能优良，对空转时电机动态特性及其黏着恢复有利。由于列车具有巨大的惯性，在正常运行条件下，与列车的机械时间常数相比，异步电机的电磁时间常数可以忽略不计。从此观点出发，对牵引电机快速响应的动态性能不必有过高要求，尤其对于牵引功率不十分大、空转发生比高速重载干线机车少的城市轨道交通电动车，是否要采用复杂的控制方案是一个值得研究的问题。

采用直接转矩控制方式控制异步牵引电机，是以异步电机的定子磁场为基准，使控制性能不受转子参数变化的影响，此外力矩和磁链都采用直接反馈的双位式Band-Band控制，从而不用将定子电流分解成力矩和励磁分量，有很优良的动态响应性能。

（1）直接转矩控制原理。直接转矩控制系统是近十几年发展起来的另一种高动态性能的交流变压变频调速系统，其核心问题是力矩和定子磁链反馈模型，以及如何根据力矩和磁链控制信号来选择电压空间矢量控制器的开关状态。和矢量控制系统一样，它也是分别控制异步电机的转速和磁链，而且采用在转速环内设置力矩内环的方法，以抑制磁链变化对转速的影响，因此，转速与磁链也是近似解耦的。

（2）直接转矩控制的特点。

① 力矩和磁链都采用直接反馈的双位式Band-Band控制，避开了将定子电流分解成力矩和励磁分量，省去了旋转坐标变换，简化了控制器的结构，但却带来了力矩脉动，因而限制了调速范围。

② 选择定子磁链作为控制对象，而不像磁场矢量控制系统那样选择转子磁链。这样一来，稳态的机械特性虽然差一些，却使控制性能不受转子参数变化的影响，这是它优于磁场矢量控制系统的主要方面。

（3）直接转矩控制系统和磁场矢量控制系统的比较。直接转矩控制系统和磁场矢量控制系统都是已经获得实际应用的高性能异步电机调速系统。两者都采用力矩和磁链分别控制，符合异步电机数学模型所需要的控制要求。在性能上，磁场矢量控制系统偏重力矩T_e与转子磁链Ψ_2的解耦，有利于分别设计转速与磁链调节器；实行连续控制，调速范围可宽达1：100以上。直接转矩控制系统直接进行力矩Band-Band控制，简化了控制器的结构；控制定子磁链Ψ_1而不是Ψ_2，不受转子参数影响；但不可避免地产生力矩脉动，降低了调速性能，因此适用于风机、水泵及牵引传动等对调速范围要求不高的场合。两种系统的特点和性能比较详见表 2-2。

表 2-2　直接转矩控制系统和磁场矢量控制系统的特点与性能比较

特点与性能	直接转矩控制系统	磁场矢量控制系统
磁链控制	定子磁链	转子磁链
转矩控制	Band-Band 控制，脉动	连续控制、平滑
旋转坐标变换	不需要	需要
转子参数变化影响	无	有
调速范围	不够宽	较宽

2.3.7　交流牵引传动系统制动控制

车辆制动与黏着控制，是车辆稳定运行的保障。城市轨道交通车辆均采用了以电制动为主、空气制动为辅的空电联合制动。电动车组主要有三种不同的制动工况，即电阻制动、再生制动和空气制动。

车辆的电气制动首选再生制动，如接触网电压过高或邻近供电区段无其他车辆吸收反馈能量，则电路自动转为电阻制动，把能量消耗在电阻上。再生制动时，电机处于发电机工况，且向电网反馈电能，它给出的能量等于电网吸收的能量。一般采用在电制动使车辆速度低于 8～10 km/h 时，通过控制系统自动切除电制动，代之以空气制动，直至列车停止在预定位置。

例如，2T4M 六节编组的列车中，拖车为两节控制车；动车的电制动力限制为 84 kN，控制车的机械制动力限制为 55 kN；列车正常运行时，为了减少制动部件的磨耗，首先充分使用电制动力，只有在下述情况时，再启动其他制动方式。

四辆动车的电制动力达到 336 kN，尚需更大的制动力时，拖车才开始施加机械制动力，但两辆拖车的机械制动力最大不超过 110 kN；如果制动力达到上述的限制值仍不够时，则启动四节动车中的机械制动；当动车中的电制动出现故障时，动车中的机械制动立即启动，以替代电制动；当轮轨黏着条件恶化到引起某二轴或四根轴滑动时，制动系统将会减少制动力，严重时会全部撤除，以抑制滑动的发展，一旦滑动消失，即恢复施加制动力；当遇紧急状态需要紧急停止时，施行紧急全机械制动，保证列车以最短距离停止。

为了实施上述情况下的机械制动，制动系统设有一个用于电-空制动和防止车轮滑行控制的微处理系统。

当列车在运行中施行制动时，将所有与制动有关的参数信号送入该微处理机中，计算出一个当时所需制动力的制动指令，这个指令由电-空转换器转换成一个与电指令成一定比例的控制空气压力，由控制空气压力使制动缸充入压力空气或者使制动缸排气，最终使制动缸压力与控制空气压力相对应，完成了制动控制的全过程。

1. 输入信号

（1）制动指令是微处理系统根据司机施行制动的百分比（常用全制动为 100%）所下达的指令，是脉宽调制信号（PWM）。

（2）制动信号表示进行制动，是制动指令的一个辅助信号。

（3）负载信号来自于空气弹簧，由空气弹簧的空气压力通过气-电转换器转换成电信号。

（4）电制动关闭信号是表示电制动即将消失，空气制动立即施加的信息信号。

（5）紧急制动信号是跳过电子制动控制系统，直接驱动制动控制单元中的紧急阀动作的安全保护信号。

（6）保持制动信号防止车辆在停止前的冲动，使车辆平稳地停车。它的功能分三个阶段实施。

第一阶段：当车速低于 10km/h 时，首先保持制动，然后电制动逐步消失，并开始接受空气制动。保持制动信号出现后，电制动的减小延迟 0.3s。动车和拖车的空气制动力只可达到制动指令的 70%。

第二阶段：当车速低于 4km/h 时，将制动缸压力降低，开始实施小于制动指令的保持制动，这个保持制动的级别取决于制动指令并与时间有关，是由停车检测状态决定的。

第三阶段：停车检测和保持制动信号共同产生一个固定的停车制动级别，直至平稳停车而与制动指令无关，与保持制动信号一起消除。

（7）停车制动信号：若在车辆运行时出现这一信号，则表示发生故障。信号传给故障诊断系统。

（8）速度信号：速度传感器以与速度相应的频率产生脉冲信号，提供给防滑系统。

2. 输出信号

输出信号包括电-空转换器控制信号、安全阀控制信号、故障信号、速度信号、公里信号、速度限制信号。

其中，电-空转换器控制信号是控制电-空转换器的入口和出口电磁阀门，以产生预控制压力；

控制信号是每公里提供一个脉冲给公里计数器；

公里信号是表示必须减小最大运行速度，如从 80km/h 减小到 60km/h。

如果多个故障同时发生，则所有故障以 3s 的周期依次显示出来，在按下某一键后，即使在电源中断的情况下，这个故障信号也得以保持。显示器上显示出的故障集中分为三个故障组，故障组 A 为非常严重的故障，故障组 B 为严重故障，故障组 C 为轻微故障。

2.4 直线电动机牵引传动系统

随着社会的发展，城市交通系统降低建设、维护和运营成本，提高其便利性和创造舒适环境的要求日趋强烈，采用直线电机牵引系统逐渐被广泛接受。广州地铁 4 号线与 5 号线采用的牵引电机是直线牵引电机。直线电机牵引系统避开了传统的利用轮轨黏着的驱动方式，避免了车辆牵引力与爬坡能力受限制等弊端。近年来，作为最有实用价值的非黏着驱动方式，直线牵引电动机在轨道交通车辆中的应用越来越受到世界各国的重视。

直线电动机无旋转部件，呈扁平形，可降低车辆高度，从而缩小地铁隧洞直径，降低工程成本。直线电动机运行不受黏着限制，可得到较高的加速度和减速度，噪声较小，这些都是适合轨道交通车辆应用的突出优点。

2.4.1 直线电动机的基本结构

图 2-51（a）和图 2-51（b）所示分别为一台旋转电动机和一台直线电动机的基本结构。直线电动机可以认为是旋转电动机在结构方面的一种演变，它可看做是将一台旋转电动机沿径向剖开，然后将电动机的圆周展成直线，如图 2-52 所示，这样就得到了由旋转电动机演变而来的最原始的直线电动机。由定子演变而来的一侧称为初级，由转子演变而来的一侧称为次级。

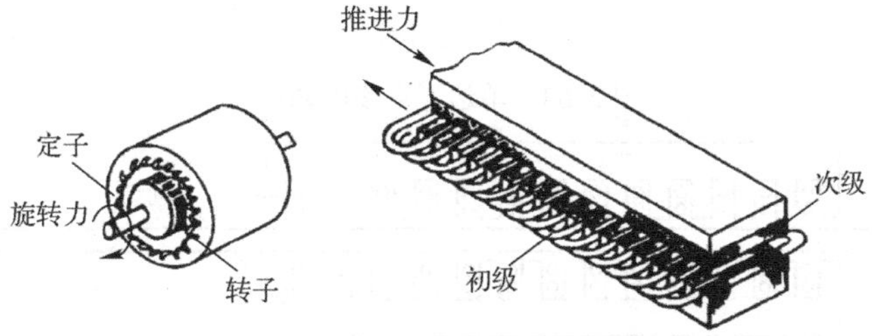

（a）旋转电动机　　（b）直线电动机

图 2-51　旋转电动机和直线电动机示意图

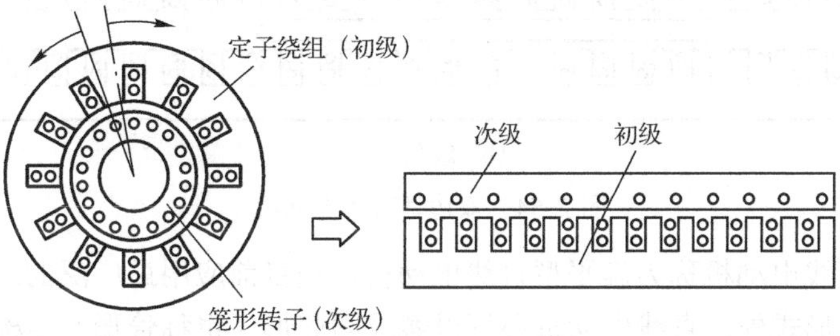

（a）沿径向剖开　　（b）把圆周展成直线

图 2-52　旋转电动机演变为直线电动机的过程

图 2-52 中所示由旋转电动机演变而来的直线电动机，其初级和次级长度是相等的，由于在运行时初级和次级之间做相对运动，如果在运动开始时初级与次级正巧对齐，那么在运动中，初级与次级之间互相磁耦合的部分将越来越少，以致不能正常运动。为了保证在所需的行程范围内初级与次级之间的磁耦合保持不变，在实际应用时，将初级与次级制造成不同的长度。在制造直线电动机时既可以是初级短、次级长，也可以是初级长、次级短。前者称为短初级长次级，后者称为长初级短次级。但是由于短初级在制造成本上、运行的费用上均比短次级低得多，因此，除特殊场合外，一般均采用短初级长次级的方式，如图 2-53 所示。

图 2-53 中所示的直线电动机中仅在一边安放初级，这样的结构形式称为单边型直线电动机。这种电动机结构的最大特点是在初级与次级之间存在着一个很大的法向吸力，这个法向吸力，在钢次级时约为推力的 10 倍。在大多数的场合下，是不希望存在这种法向吸力的。如果在次级的两边都装上初级，那么这个法向吸力可以相互抵消，这种结构形式称为双边型，如图 2-54 所示。

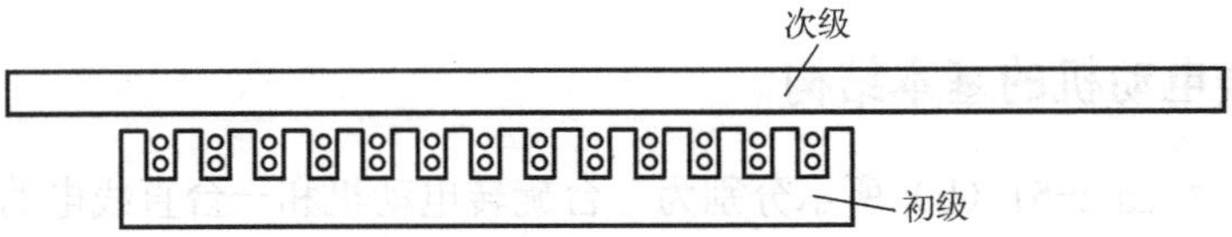

（a）短初级

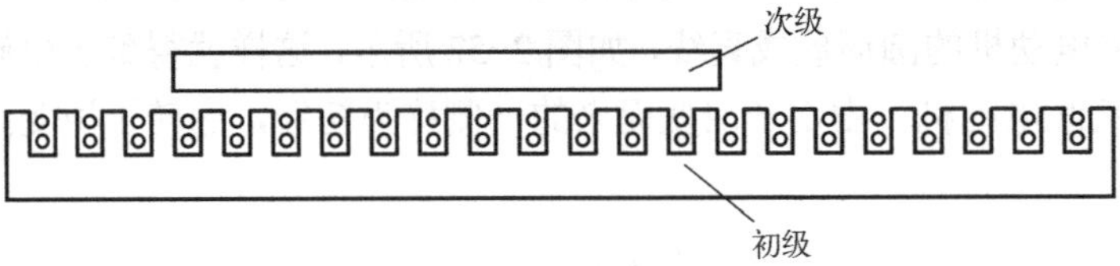

（b）短次级

图 2-53　单边型直线电动机

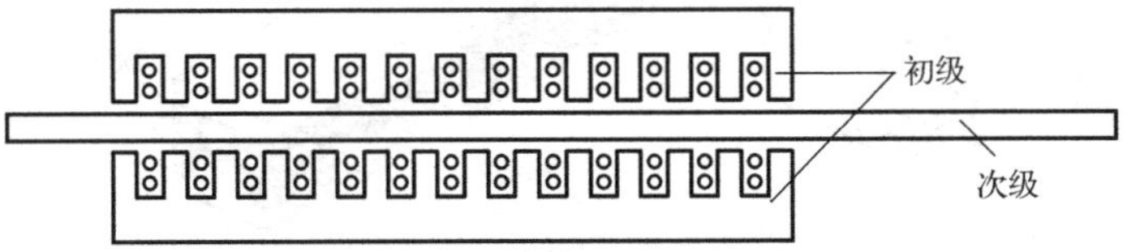

（a）短初级

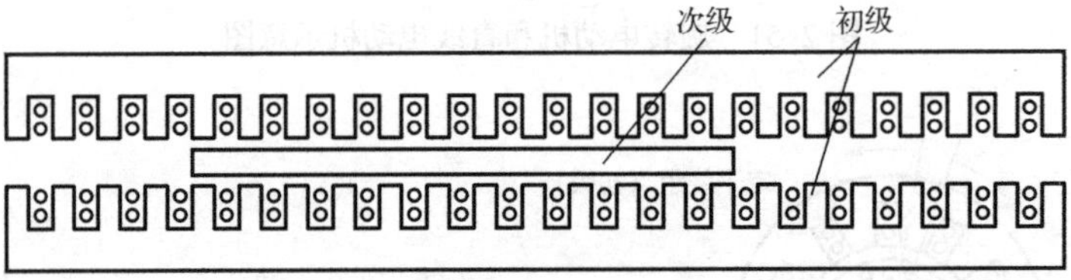

（b）短次级

图 2-54　双边型直线电动机

上述介绍的直线电动机称为扁平型直线电动机，是目前应用最广泛的。除了上述扁平型直线电动机的结构形式外，直线电动机还可以做成圆筒形（也称管形）结构，它也可以看做是由旋转电动机演变过来的，其演变的过程如图 2-55 所示。

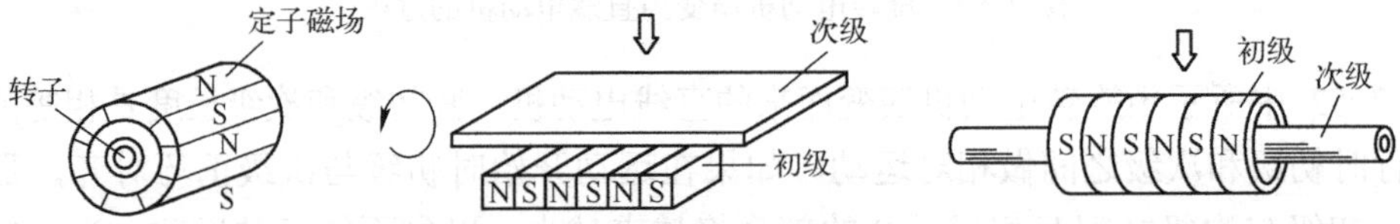

（a）旋转电动机　（b）扁平型单边直线电动机　（c）圆筒型（管型）直线电动机

图 2-55　旋转电动机演变为圆筒型直线电动机的过程

图 2-55（a）所示为一台旋转电动机以及由定子绕组所构成的磁场极性分布情况；图 2-55（b）所示表示转变为扁平型直线电动机后，初级绕组所构成的磁场极性分布情况；然后将扁平型直线电动机沿着和直线运动相垂直的方向卷接成筒形，这样就构成图 2-55（c）所示的圆筒型直线电动机。

2.4.2　直线电动机的工作原理

直线电动机不仅在结构上相当于是从旋转电动机演变而来的，而且其工作原理也与旋转电动机相似，遵循电机学的基本原理。下面以直线感应电动机为例，从旋转电动机的基本工作原理出发，引申出直线电动机的基本工作原理。

1. 旋转电动机的基本工作原理

一台简单的两极感应旋转电动机如图 2-56 所示。图中线圈 AX、BY、CZ 为定子 A、B、C 的三相绕组，当在其中通入三相对称正弦电流后，便在气隙中产生了一个磁场，这个磁场可看成是沿气隙圆周呈正弦分布的。

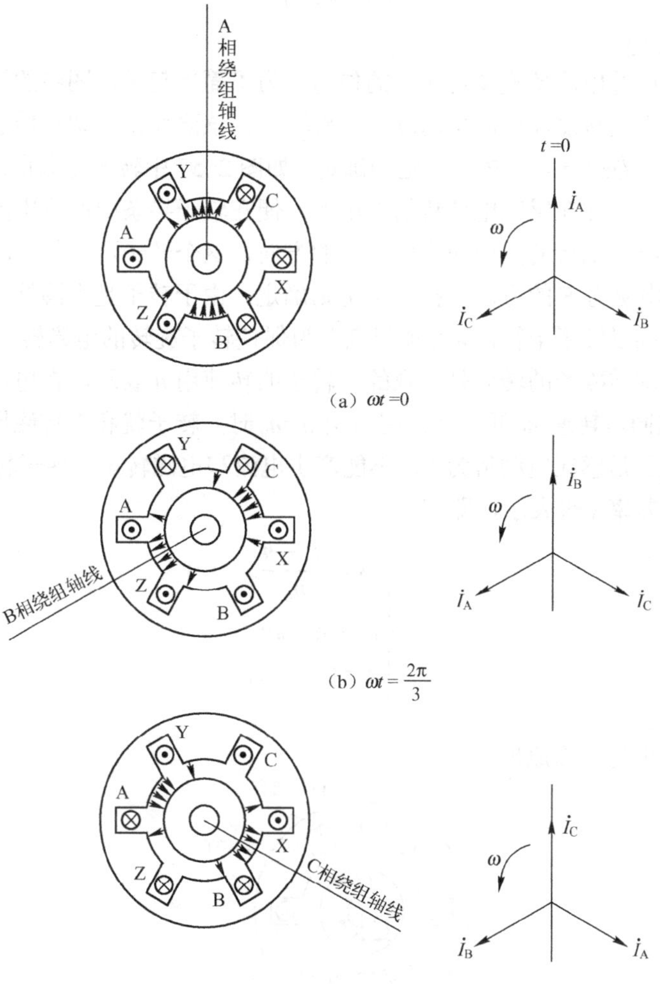

（a） $\omega t=0$

（b） $\omega t=\frac{2\pi}{3}$

（c） $\omega t=\frac{4\pi}{3}$

图 2-56　旋转电动机的旋转磁场

当 A 相电流达到最大值时，B 相和 C 相电流都为负的最大值的 1/2，这时磁场波幅处于 A 相绕组轴线上，如图 2-56（a）所示。经过 $t=\dfrac{2\pi}{3\omega}$ 时间后（其 ω 为电流的角频率），B 相电流达到最大值，这时 C 相和 A 相电流都为负的最大值的 1/2，而磁场波幅转到 B 相绕组轴线上，如图 2-56（b）所示。经过 $t=\dfrac{4\pi}{3\omega}$ 时间后，C 相电流达到最大值时，A 相和 B 相电流都为负的最大值的 1/2，磁场波幅又转到 C 相绕组轴线上，如图 2-56（c）所示。由此可见，电流随时间而变化，磁场波幅就按 A、B、C 的相序沿圆周旋转，电流变化一个周期，磁场转过一周这种磁场称为旋转磁场，它的旋转速度称为同步转速，用 n_0 (r/min)表示，它与电流的频率 f(Hz)成正比，而与电机的极对数 p 成反比，可表示为

$$n_0 = \frac{60f}{p} \tag{2-19}$$

如果用 v_s (m/s)表示在定子内圆表面上磁场运动的线速度，则有

$$v_s = 2\tau f \tag{2-20}$$

式中，τ——极距(m)。

从图 2-57 可以看出旋转磁场对转子的作用。为了简单起见，图中的笼形转子只画出了两根导条。当气隙中旋转磁场以同步速度几。旋转时，该磁场就会切割转子导条，而在其中感应出电动势，电动势的方向应按右手定则确定，如图 2-57 中转子导条所示。由于转子导条是通过端环短接的，因此在感应电动势的作用下，便在转子导条中产生电流，当不考虑电动势和电流的相位差时，电流的方向即为电动势的方向，这个转子电流与气隙磁场相互作用产生切向电磁力 F，电磁力 F 的方向应按左手定则确定。由于转子是个圆柱体，故转子上每根导条的切向电磁力乘以转子半径，全部加起来即为促使转子旋转的电磁转矩。由此可以看出，转子旋转的方向与旋转磁场的转向是一致的。转子的转速用 n 表示，在电动机运行状态下，转子转速 n 总要比同步转速 n_0 低一些，因为当 $n=n_0$ 时，转子就和旋转磁场相对静止，转子导条不切割磁场，于是感应电动势为 0，不能产生电流和电磁转矩。转子转速 n 与同步转速 n_0 的差值经常用转差率 s 来表示，即

$$\begin{cases} s = \dfrac{n_0 - n}{n_0} \\ n_0 - n = sn_0 \\ n = (1-s)n_0 \end{cases} \tag{2-21}$$

以上就是旋转电动机的工作原理。

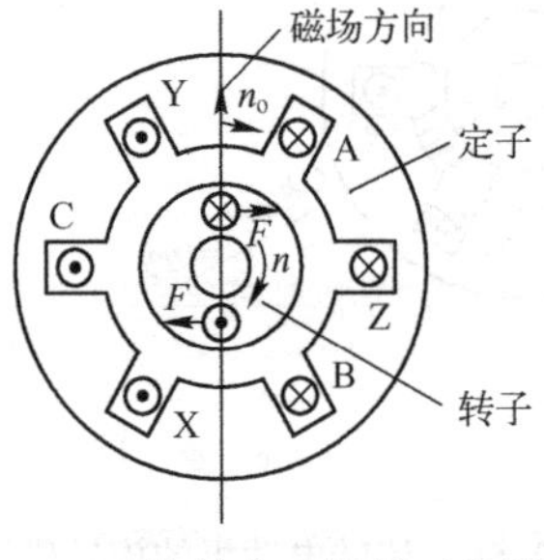

图 2-57　旋转电动机的工作原理

2. 直线电动机的工作原理

将图 2-57 所示的旋转感应电动机在顶上沿径向剖开并将圆周拉直，便成了图 2-58 所示的直线感应电动机。在这台直线感应电动机的三相绕组中通入三相对称正弦电流后，也会产生气隙磁场。当不考虑由于铁芯两端开断而引起的纵向边端效应时，这个气隙磁场的分布情况与旋转电动机的相似，即可看成沿展开的直线方向呈正弦分布。

当三相电流随时间变化时，气隙磁场将按 A、B、C 相序排列方向沿直线移动。这个原

理也与旋转电动机相似，两者的差异是：这个直线感应电动机的磁场是平移的，而不是旋转的，因此称为行波磁场。显然，行波磁场的移动速度与旋转磁场在定子内圆表面上的线速度是一样的，即为v_s (m/s)，称为同步速度，且$v_s = 2\tau f$。

再来看行波磁场对次级的作用。假定次级为栅形次级，图 2-58 中仅画出其中的一根导条。次级导条在行波磁场的切割下，产生感应电动势和电流。而所有导条的电流和气隙磁场相互作用便产生电磁推力，在这个电磁推力的作用下，如果初级是固定不动的，那么次级就顺着行波磁场运动的方向作直线运动。若次级移动的速度用v表示，转差率用s表示，则有

$$\begin{cases} s = \dfrac{v_s - v}{v_s} \\ v_s - v = s v_s \\ v = (1-s) v_s \end{cases} \qquad (2\text{-}22)$$

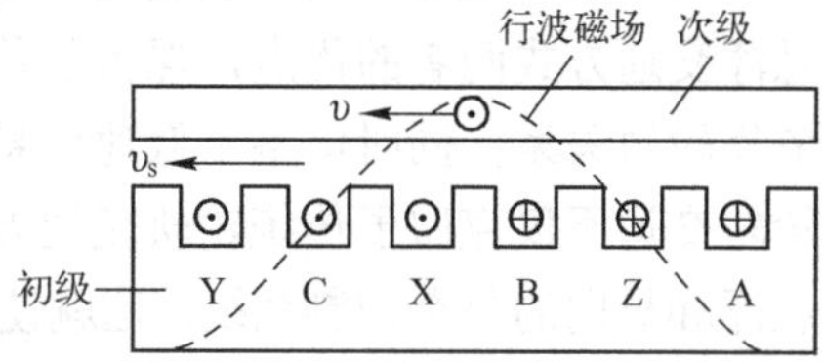

图 2-58　直线感应电动机的基本工作原理

应该指出的是，直线感应电动机的次级大多采用整块金属板或复合金属板，并不存在明显的导条。但在分析时，可以把整块金属板看成是无限多的导条并列安置，这样仍可以应用上述原理进行讨论。

图 2-59 中分别画出了假想导条中的感应电流及金属板内电流的分布，图中l_δ为初级铁芯的叠片厚度，c 为次级铁芯在l_δ长度方向伸出初级铁芯的宽度，它用来作为次级感应电流的端部通路，c 的大小影响次级的电阻。我们知道，旋转感应电动机通过对换任意两相的电源线，可以实现反向旋转，这是因为两相绕组的相序对换后，旋转磁场的转向也随之反向，使转子转向跟着反过来。同样，直线电动机对换任意两相的电源线后，运动方向也会反过来。根据这一原理，可使直线电动机做往复直线运动。

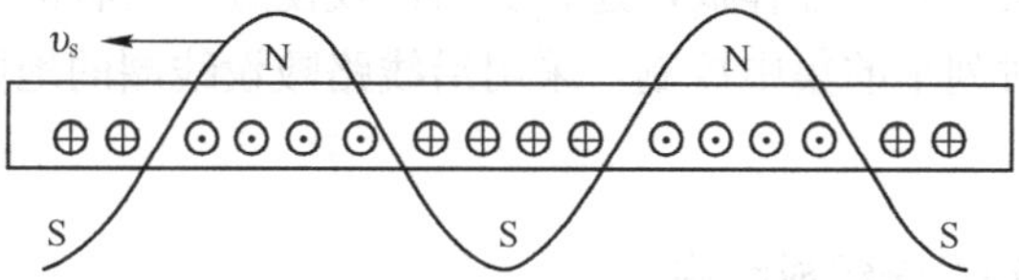

（a）假想导条中的感应电流

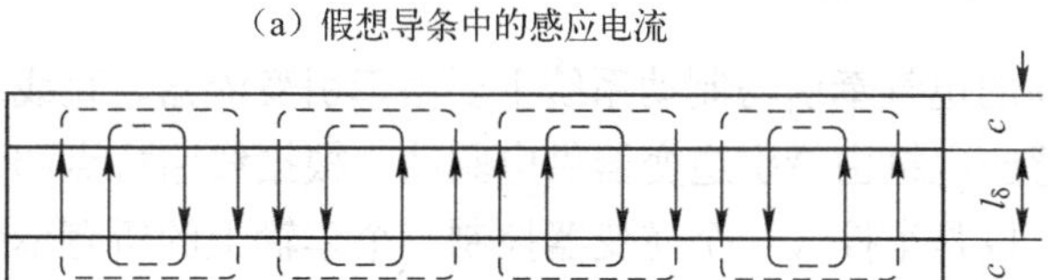

（b）金属板内电流的分布

图 2-59　次级导体金属板中的电流

直线电动机最主要的优点是直接产生直线运动而不需要中间转换装置；启动推力大，可实现大范围的加速和减速，零部件不受离心力的作用，直线速度不受限制；直线电动机的初级和次级的结构都很简单，特别是次级，有时甚至可直接利用部分设备本体或运行轨道；直线电动机可在条件恶劣（潮湿、粉尘、有害气体）的环境中使用；总体结构简单，扁平形部件高度低；噪声小，质量轻，维修容易。短初级平板形直线电动机的次级长，因而散热面大，材料的热负荷可以取得较高。

直线电动机的缺点主要有：效率和功率因数低（一般在 0.6～0.65 左右）；通常直线异步电动机的极距气隙比值要比旋转异步电动机大一倍左右，初级和次级之间的气隙大，需要的磁化电流大，所以空载电流大；边缘效应特别是纵向边缘效应减小了驱动推力，增大了损耗。除驱动推力外，直线电动机初级和次级间有吸引力，因而必须增加构架强度。

2.4.3 直线电动机牵引传动系统和制动系统

与磁悬浮交通不同，直线电机轮轨交通仍有轮轨接触，它结合了传统轮轨交通和低速磁悬浮交通方式两者的优点，保留了传统轮轨交通方式的钢轮和钢轨，列车的支撑和运行导向依靠轮轨关系；同时借鉴了低速磁悬浮直线感应电机传递牵引力的方式。这意味着直线电机轮轨交通不仅克服了传统轮轨交通方式依靠黏着牵引的缺点，也省却了低速磁悬浮交通方式悬浮和导向的复杂控制系统，这就使得直线电机轮轨交通方式既具有爬坡能力强、曲率半径小的优点，还具有控制简单、可靠且发生特殊情况时易于被传统轮轨列车救援的优点；另外，由于直线电机轮轨交通的钢轮不再利用黏着来传递牵引力，故可以减小钢轮直径，以降低列车的高度，这样挖隧道的土方面积就可减少约 31%。20 世纪 80 年代后，加拿大、日本、美国、马来西亚、中国等在部分城市轨道交通线路上都采用了直线感应电机驱动的轮轨交通系统。

直线牵引电动机应用于城市轨道交通车辆时，电动机可以设置在车上，也可以设置在地面，分别称为车载初级式和地面初级式。直线电动机没有旋转部件，不需要齿轮、轴承，不接触就可以传递动力。在城市轨道交通车辆中，利用直线电动机来实现非黏着驱动，突破了动轮和轨道之间依靠黏着传递动力的种种限制；同时可降低车辆高度，从而缩小地铁隧洞直径，降低工程成本。

城市轨道交通车辆较多采用车载初级式异步直线电动机，初级安装在车辆的转向架上，从地面接触网受电，电源的变换和控制设备都安装在车上，动车的重量比较大。而次级就是沿线路敷设在两根走行钢轨之间的导体板，建设费用比较便宜。对客流量很大的线路，为了减轻动车重量，实现地面对列车的集中控制，采用沿线路敷设线圈的地面初级式异步直线电动机比较有利。

1. 直线电动机牵引传动系统组成结构

直线电机轮轨交通的电气牵引与制动系统主要由牵引变流器、直线感应电机和牵引控制器三部分构成。直线感应电机由牵引逆变器供电驱动。根据线路特点和牵引计算，确定牵引逆变器的驱动方式，可以是车控（一个逆变器控制一个车辆上的所有牵引电机，一般 4 个电机）、架控（一个逆变器控制一个转向架上的所有电机，一般 2 个电机），或轴控（一个逆变器只控制一个轴上的电机，一般 1 个电机）。广州地铁 4 号线和北京机场线均采用架控方式，每辆车由 2 个逆变器电路组成，每个逆变器电路包括一个直流滤波电容器、一个牵引逆变器单元，分别向两台直线感应电机供电。每个牵引控制系统由一个牵引控制器实现控制。

目前传统旋转感应电机的控制方式主要有 VVVF 标量控制、矢量控制和直接转矩控制。从原理上来看直线感应电机与传统旋转感应电机有着相通性，都是通过三相交流电产生的磁场与导体相互作用产生驱动力，因而，用于传统旋转感应电机的控制方法也同样适用于直线感应电机。牵引逆变器采用大容量的 IGBT 模块作为开关器件，采用脉宽调制技术，按照控制方式的要求输出电压和频率，实现列车的启动、加速、匀速、惰行减速、制动减速、制动停车等。

2. 直线电动机制动系统

直线感应电机车辆和旋转电机车辆在驱动方式上有一定的差异，但它们对制动系统的基本性能和要求是完全一致的。由于直线感应电机的效率和功率因数大，能耗损失大，直线感应电机车辆的制动系统装置也应尽可能地从基础制动装置和电制动装置两方面来实现轻量化的要求。目前世界上的直线感应电机车辆实际使用的制动方式有电气制动（再生制动、电阻制动、反接制动）和摩擦制动（盘形制动、磁轨制动）。

磁轨制动的全称为电磁轨道制动。它是通过将车辆转向架上的电磁铁吸附在轨道上并使车辆在轨道上滑行产生的制动。磁轨制动属于非黏着制动，制动力不受轮轨间黏着因素的限制。磁轨制动时，电磁铁与钢轨间的摩擦表面远远大于滚动摩擦表面，因此，其摩擦力数倍于滚动摩擦力，其制动效率也远大于闸瓦制动和闸盘制动。磁轨制动主要作为一种辅助的制动方式，用于黏着力不够的高速旅客列车的紧急制动中。国外设计的长途旅客列车，速度在120km/h 以下时，一般不采用磁轨制动；当速度在 140km/h 及其以上时，才采用磁轨制动；当速度在 200km/h 以上时，就必须采用磁轨制动。

磁轨制动装置主要由励磁电路构架、制动梁、升降风缸、电磁铁等构成。励磁电路的阴、阳极引出口端子与提供电能的电池箱或集中供电电路相连接；构架焊接在转向架上，以传递制动力。制动梁的作用是保证两侧的电磁铁与轨道等距离，使其有相同的制动力。升降风缸用于提升或降落电磁铁，非制动时，升降风缸抬起电磁铁，距轨道 120～160mm，制动时，升降风缸落下电磁铁，距轨道约 10mm，此时励磁电路通电，电磁铁与钢轨相互吸引来产生摩擦力而达到制动。

磁轨制动时，由于电磁铁对钢轨的打磨作用，使得轮轨间的黏着系数明显增加，这一方面加强了盘形（或闸瓦）制动，另一方面减少了制动过程中轮对的滑行和擦伤，改善了轮轨间的黏着状态。在相同情况下，采用磁轨制动的列车比不采用磁轨制动的列车可提速 40 km/h 以上。另外，采用磁轨制动可缩短制动距离。试验表明，当初速度为 210km/h 时，若仅用盘形制动，则制动距离为 2500m；当增加了磁轨制动后，制动距离可缩短 20%～25%。磁轨制动还起到安全运行的作用，当列车员操作失误闯入闭塞区间时，安装在信号灯前方轨道上的感应电磁铁带电，该感应电磁铁与列车上的电磁铁相互吸引，产生制动作用，阻止列车继续驶入闭塞区间。

2.5 车辆牵引系统主要设备检修

2.5.1 实训项目 1 受流器的检修

1. 实训目的

通过受流器的检修项目的训练，使学生熟悉受电弓的作用、结构，能独立进行受电弓的检修，能进行车间电源安装和检修及碳滑靴式受流器的检修与维护。

2. 实训工具与所需物品

（1）实训工具：压力计（100～150 N•m）、扭力扳手、兆欧表（1500V）、牛顿弹簧秤、

1000V 绝缘兆欧表、受流器回退手柄、梅花扳手 M10 和 M13、棘轮、螺钉旋具、电动螺钉旋具、锤子、调试平台、测力表、硬刷、千分尺等。

（2）所需物品：红色记号笔、pH 值 7～10 的 $NaHCO_3$ 溶液、压缩空气、干净抹布、螺纹锁固胶、100%工业酒精、纯棉布、橡胶密封条、粘结剂 1521、红漆、油脂、LT5366 硅胶等。

3. 实训原理

（1）受电弓。受流设备是列车将外部电源引入车辆电源系统的重要设备。从接触导线（接触网）或导电轨（第三轨）将电流引入动车的装置称为受流装置或受流器，受流装置按其受流方式可分为杆形受流器、弓形受流器、侧面受流器、轨道式受流器和受电弓受流器。根据线路供电方式的不同，列车受流设备分为集电靴和受电弓两种形式。集电靴装置应用于第三轨方式供电的线路；而受电弓装置主要应用于以接触网方式供电的线路。受电弓从结构上可分为单臂型和双臂型两种形式，在驱动上可分为气动型及电动型。这里，主要介绍单臂气动受电弓的检修。

如前所述，受电弓主要由底架、铰链结构、集电头和升弓装置等组成，安装时应尽量靠近转向架回转中心，以避免车辆通过曲线时引起受电弓偏离接触网导线。广州及上海地铁等城轨列车通常为升双弓运行，考虑到接触网振动波的传播速度对后受电弓受流质量的影响，一般柔性接触网供电系统中的运营车辆受电弓布置在头车（可能是拖车），而刚性接触网供电系统不必考虑此影响，受电弓一般安放在动车，以减少高压线路在车辆之间驳接和对拖车乘客造成安全隐患。

由于受电弓安装在车顶，并且安装区域是开放式的，所以受电弓的工作环境相当恶劣，因此在日常检修作业中，受电弓是需要重点检查的部件之一。同时，每隔 5 年，应对受电弓进行大修。

（2）碳滑靴式受流器。碳滑靴式受流器应用于第三轨方式供电的线路。天津地铁就是采用了此种供电方式，供电电压为 750V 直流，速度为 80km/h。其结构如图 2-60 所示，受流器由一个主体和一个机构组成，该机构能使碳滑靴保持与第三轨相接触，主要受两个弹簧和两个弹性轴承控制，并使正常工作位置的接触压力为 120±24N。每个受流器安装有 2 个 750V、400A 的熔断器，由 2 条 $95mm^2$ 的电缆线连接在碳滑靴和熔断器之间。

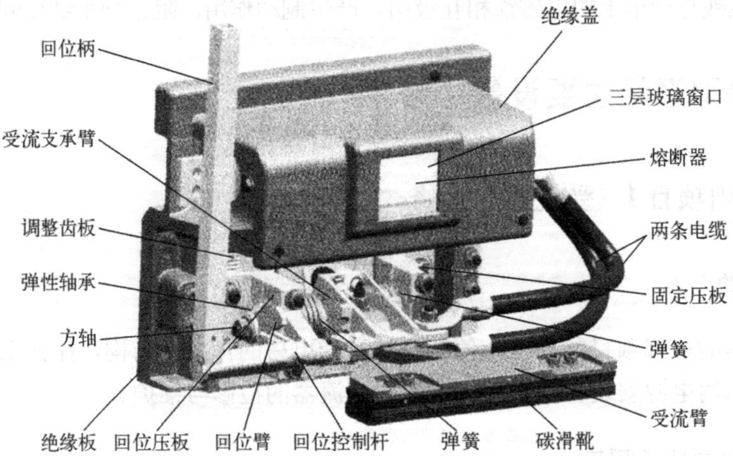

图 2-60　碳滑靴式受流器结构

受流器可以回位和锁定。虽然同一列车上使用受流器的定义和功能都相同，但受流器之间不能互换使用，一个确定的受流器位置是由不同的参数设置的。

天津地铁有 8 个动车受流器和 4 个拖车受流器。正常工作时，由 12 个受流器供电。

4. 实训内容与步骤

（1）受电弓检修。将受电弓从车顶拆卸下之前，应该使用固定挂钩将上部支撑固定在底部框架上。落车后，需要一专用平台来检修受电弓。

在分解受电弓之前应松开张力弹簧，然后依次拆除电桥连线、集电头、上部撑杆、下部撑杆以及驱动气缸。组装按相反的顺序进行。

① 部件清洁。受电弓分解完毕后，应清洗所有部件。在清洗时，选用中性清洁剂，并且小心清洗，以避免框架变形造成部件损坏。

② 部件检修。

a. 受电弓框架检修。

底部框架由方形管或型钢焊接而成，用于支撑整个框架，并通过轴承与下部的支杆即下臂相连。底部框架上还安装有铜接线排和连接列车主电源的电缆。

受电弓上臂及下臂需要在专用平台进行测量，如果发现有变形或弯曲，应采用冷整形方式检修，如果无法整形，则应该更换新的框架。

b. 轴承检修。轴承拆下后，检查轴承是否有锈蚀或点蚀现象，如有须更换轴承。对于大修作业来说，应更换所有的轴承。受电弓组装完成后，应对所有的轴承进行润滑。

c. 电桥连接线检修。电桥连接线一般用多股铜导线编织而成，在检修中应检查连接线是否有断股现象，如有应予以更换。对于所有的接线端子，需清洁并打磨接触表面。在安装电桥连接线时，在接线端子及框架上的安装区域涂抹含铜油脂，以保证接触面的良好导电性能。在大修作业中，应更换所有的电桥连接线。

d. 滑板检修。滑板是受电弓上最易磨损的部件。滑板直接与接触网接触，为了最大限度地减小接触导线的磨损，滑板的材质应较接触导线软。同时，列车在高速经过两个供电区段的断电器时，也较易对滑板造成损伤。所以在检修中主要检查滑板的磨损及损伤情况，当滑板磨损到最大磨损边界时，一般为底部离上部槽口 2～3mm，或者滑板上有较大的缺口时，必须更换滑板。

对于弓角，主要检查弓角的磨损。如磨损较大，则必须更换弓角。集电头是受电弓与接触网接触部分，主要由滑板、转轴、弓角、弹簧盒组成。由轻金属制成的弓角可以防止在接触网分叉处接触导线进入滑板底下，避免刮弓的情况发生。滑板由电石墨碳制成的接触部件及由轻金属制成的支撑物组成。弹簧盒中装有螺旋压缩弹簧，可为集电头在垂直方向提供一定的自由度。

e. 驱动气缸检修。由于驱动气缸内装有预紧弹簧，所以需要用专用夹具进行拆装。气缸分解后，应检查气缸活塞部件的磨损情况，更换所有的橡胶密封件。气缸组装完毕，应通气检查气缸工作情况。对于缓冲阀检修一般在大修时进行，主要是检查部件的磨损情况及更换橡胶密封件。

f. 绝缘子检修。绝缘子安装在底部框架上，一方面用于支撑底部框架，另一方面可将车体与受电弓隔离。绝缘子要求具有良好的电气绝缘性和机械性能，通常采用陶瓷或玻璃纤维聚酯压制而成。

在检修中，主要检查绝缘子外观是否有裂纹及损伤。如绝缘子表面有炭粉等污垢堆积，无法清除时，可采用抛光方式处理。对于表面有裂纹、有损伤的绝缘子应予以更换。绝缘子检查完毕后还应测试绝缘子耐压及绝缘电阻。

③ 油漆。受电弓组装完毕后，应进行油漆重涂作业。在涂油漆时，应注意对电桥连接线安装点及铰链处进行遮盖保护，以免影响轴承的工作及连接线的导电性能。

④ 受电弓调整。在受电弓组装完毕后，需要调整受电弓框架位置并检查集电头与接触网导线的接触压力。

a. 框架位置调整。框架位置调整时先调节下部导向杆，在最低位置时，下部导向杆应为水平。

b. 铰链部分调节。中间的铰链部分不能高于滑板的上部边缘或低于底部框架下部边缘。

c. 上部导向杆长度调节。在下部导向杆和接触力调整后，再调节上部导向杆长度，使得滑板的上部处于受电弓中间工作位置。

d. 接触压力调整。框架位置调整完成后，可通过调节主张力弹簧长度调整接触压力。在整条线路上接触网的高度是不同的，故要求受电弓在整个工作高度范围内的接触压力应基本一致。此外，根据不同季节的温度的改变，也需调整接触压力。

（2）碳滑靴式受流器的检修。

① 碳滑靴式受流器故障检测。在使用过程中，一旦发现受流器异常，一定要严格按照有关检测流程进行检测。由受流器引起的故障主要有以下三类：

a. 主电路中无电流检测流程，如图 2-61 所示。

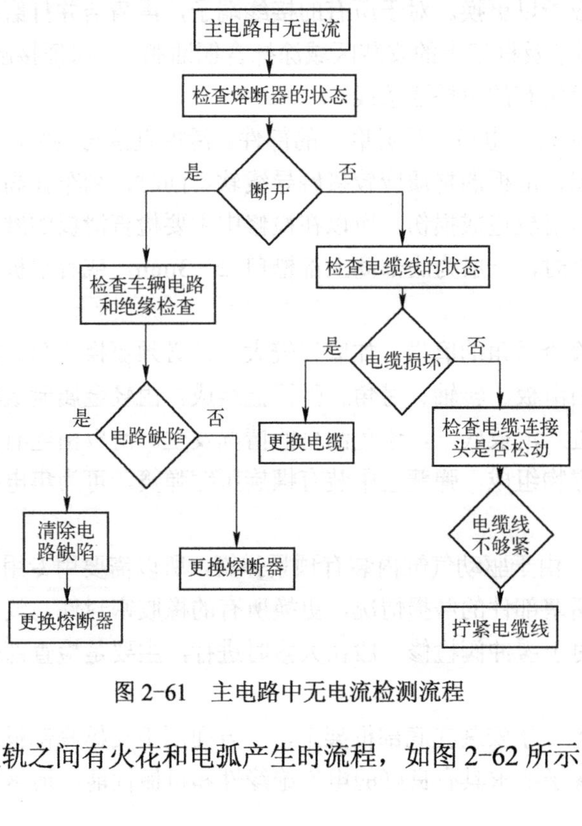

图 2-61　主电路中无电流检测流程

b. 碳滑靴和供电轨之间有火花和电弧产生时流程，如图 2-62 所示。

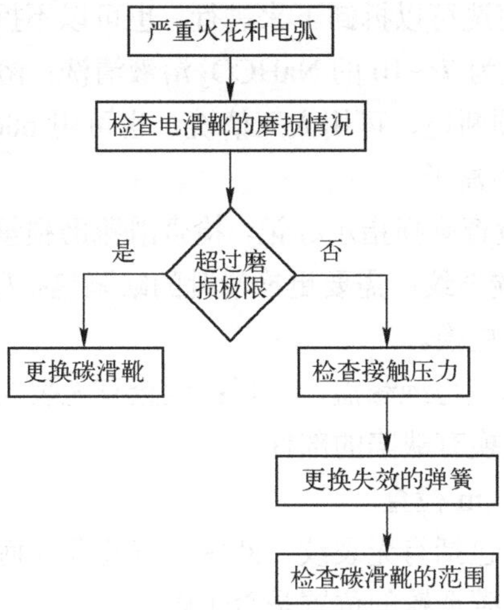

图 2-62　碳滑靴和供电轨之间有火花和电弧产生检测程序

c. 碳滑靴连接线烧损流程，如图 2-63 所示。

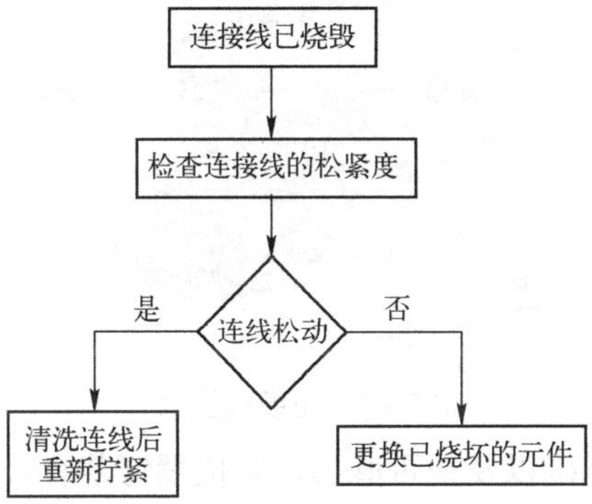

图 2-63　碳滑靴连接线烧损检测程序

② 碳滑靴式受流器检修维护。在对受流器进行检修时，必须首先对电路进行断电处理。

a. 受流器日检。观测熔断器：在熔断器（如图 2-60 中所示的熔断器）上的红色指示灯应亮，如不亮，应更换熔断器。

检查碳滑靴所处的位置是否正确：1 个碳滑靴、4 个螺母和 4 个垫圈应齐全无丢失（见图 2-64 所示）。

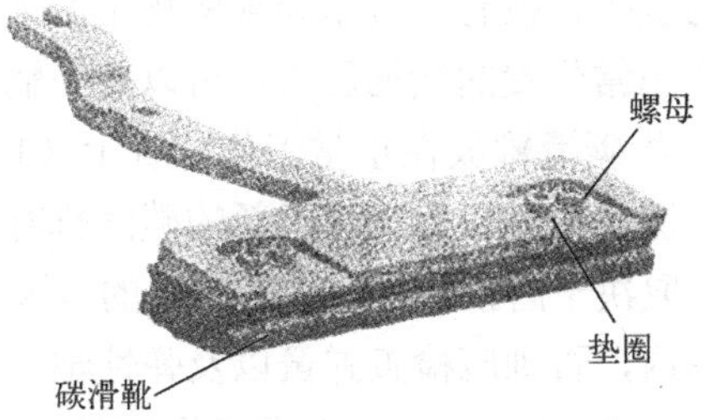

图 2-64　检查碳滑靴

b. 受流器月检。

- 受流器清洗。受流器清洗可以拆卸下来进行，也可以不拆卸就在转向架上进行。清洗产品时，应使用 PH 值为 7～10 的 $NaHCO_3$ 溶液清洗；溶液内不能有磨损物质和导电物质；清洗产品时必须断电，可用人工清洗，也可用 600kPa 以下的高压喷水清洗，注意不要损坏熔断器的盒子。
- 检查碳滑靴的状态。检查磨损指示标记，检查滑靴磨损量应均匀不过限。可接受的缺陷包括磨屑、划痕、碳裂纹；需要更换滑靴的缺陷包括碳滑靴部分损坏或丢失。

c. 受流器 5 万 km 检查与更换。

更换碳滑靴，检查绝缘底座与绝缘盖，包括：检查有无裂纹、断裂、气孔以及任何可能危害到保护熔断器的缺陷和更换有缺陷的部件。

d. 受流器半年检或 10 万 km 检查。

检查受流器的整体状态，包括有无裂纹、断裂、气孔及任何可能危害到熔断器保护的缺陷，更换有缺陷的部件，检查碳滑靴的位置是否正确。

电缆线检查，如图 2-65 所示，检查电缆线的整体长度，确保整个绝缘保护层没有破损、裂纹及其他缺陷和损坏，检查绝缘套有无松动。

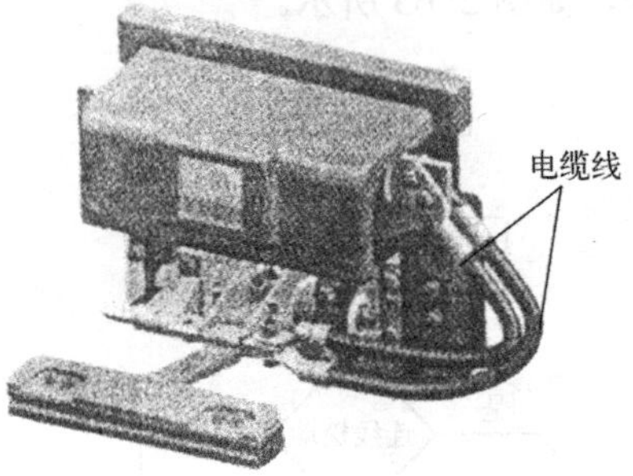

图 2-65　电缆线检查

检查限位螺钉位置是否正确以及是否磨损，限位螺钉若有毁坏、丢失、橡皮头老化或部分损坏则需更换。

e. 受流器 2 年或 25 万 km 检查。

检查绝缘性，做此项检查之前，整体部件必须进行清洗和干燥，此项检查是受流器在转向架上进行的，应回退受流器在断电位置，断开受流器外部的电缆线（连接熔断器盒到碳滑靴的电缆必须保持在原来位置），连接兆欧表一端到滑靴上，另一端到转向架上，兆欧表设置到最小的位置上。在兆欧表上显示的电阻读数应该大于或等于 100MΩ，否则应检查绝缘盖（如图 2-60 所示）的状态是否良好。

检查锁紧力矩。使用扭力扳手，按有关技术要求所规定的力矩检查锁紧力矩。

检查接触压力。受流器在正常位置的接触压力，可以在车辆上进行检查，为了检查更精确，也可以在维修车间进行。将碳滑靴放在正常工作位置上（140mm），将测力表放在碳滑靴的轴线上，轻轻放松滑靴，测量接触压力；使用新的碳滑靴时，按照 140mm 的规定高度进行测量；使用旧碳滑靴时，取决于磨损量，测力表放置的最大高度不得超过 140+20.6mm；测量值必须在 120±24 N 范围内，否则应检查弹簧以及弹性轴承。

检查滑靴位置范围。如图 6-66 所示，对应正常工作位置 140mm 的高度应是导轨的高度或支承轨的高度，自由位置应该在正常工作位置以下 30mm 处；回退位置在正常工作位置以上 55mm 处，否则应检查限位螺钉的状态或按有关规定调节限位螺钉。

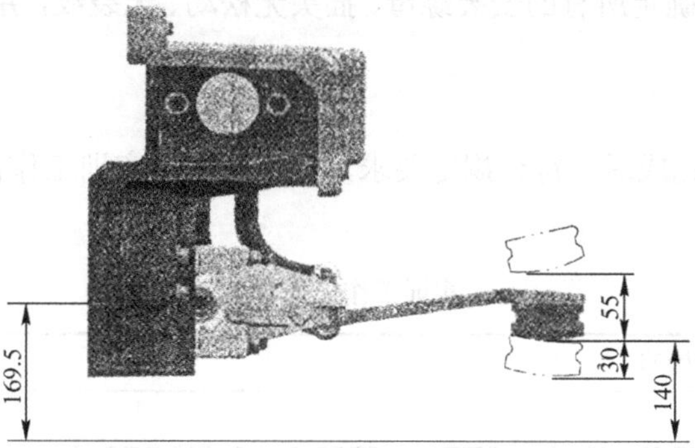

图 2-66　检查滑靴位置范围

f. 受流器每五年或车辆运行 50 万 km 后要进行的更换。更换限位螺钉、更换电缆线、更换弹性轴承、更换弹簧、更换绝缘盖的密封垫。

（3）车间电源检修。车间电源是列车辅助的受流设备，主要应用于列车在检修库内整车调试或部分设备需要带电检查时使用。外部电源通过电缆插头与列车车间电源插座相连，供电给列车电源系统。考虑到安全原因，车间电源与列车主受流设备之间是相互联锁的，不能同时向列车供电。车间电源只向列车辅助系统供电，一般通过隔离二极管或接触器与列车主电路隔离。

车间电源系统由电源插座盖、电源插座、熔断器、接触器及隔离二极管组成。车间电源系统一般安装在密闭的箱体内，所以检修周期间隔可以长一些。

① 车间电源插座及插座盖检修。对于插座及插座盖，主要检查接插件是否有损坏、过热或腐蚀现象，特别要注意端部连接处。

② 隔离二极管检修。将隔离二极管拆卸后，检查二极管电气特性，同时清洁二极管的散热片。在安装散热片时，接触面上应涂上一层薄薄的凡士林。

③ 电缆。对于车间电源系统中使用的电缆，在检修中主要检查电缆与接线端子连接是否良好，清洁并打磨接线端接触部分，同时还应检查电缆外部绝缘层是否有开裂或破损现象。

（4）避雷器检修。避雷器安装在车顶，防止雷雨季节列车在露天线路上行驶时遭到雷击，对受电系统及列车安全造成威胁。避雷器通常由火花间隙和非线性电阻两部分组成，在正常电压下火花间隙是不会击穿的，只有出现过电压时火花间隙才会击穿，过电压幅值越高火花间隙击穿得越快。避雷器为整体封装结构，检修时不做解体检查。在作业中主要对避雷器以下几个方面进行检查。

① 外观检查。检查避雷器有无损坏的地方，特别是凹陷、破裂等现象。

检查避雷器上有无污染物质，如有且聚集明显请用纯棉布擦拭干净，再用 100%工业酒精擦洗。检查与擦拭时请务必小心避雷器的接地一端，接地端子容易损坏且与瓷绝缘子底部的压力释放隔膜相连，安装、拆卸与擦拭时必须小心谨慎，不要松动瓷绝缘子底部的四个小螺母。

② 测量绝缘电阻。测量绝缘电阻时使用兆欧表 500V/200MΩ挡，标准的绝缘电阻应在 100MΩ以上。如果测量表显示无穷大，则可在记录表上填写：大于 200MΩ，说明该避雷器绝缘值符合技术要求。

③ 测试避雷器过电压功能。测试避雷器过电压功能是否正常。

④ 检查验收。检查确定所有的安装螺母、插头无松动、无裂纹，并打上明显的防松标记。

5. 实训报告

受流器的检修项目完成后，符合规定要求，签名并填写实训工作任务单，将处理及未处理故障等现象进行记录。

实训工作任务单

<table>
<tr><td>实训名称</td><td colspan="3">受流器的检修</td></tr>
<tr><td>故障现象</td><td colspan="3"></td></tr>
<tr><td>检修内容</td><td colspan="3"></td></tr>
<tr><td>班　　级</td><td></td><td>姓　　名</td><td></td></tr>
<tr><td>小　　组</td><td></td><td>工作时间</td><td></td></tr>
<tr><td colspan="4">所需知识</td></tr>
<tr><td colspan="4"></td></tr>
<tr><td colspan="4">所需工具与设备</td></tr>
<tr><td colspan="4"></td></tr>
<tr><td colspan="4">检修过程</td></tr>
<tr><td colspan="4"></td></tr>
<tr><td colspan="4">指导教师评价</td></tr>
<tr><td colspan="4"></td></tr>
<tr><td colspan="4">任务完成人签字：
指导教师签字：
日期：　　　年　　月　　日</td></tr>
</table>

2.5.2 实训项目 2 高速断路器的检修

1. 实训目的

通过高速断路器的检修项目的训练，使学生熟悉高速断路器的作用、结构，能独立进行高速断路器的检修。

2. 实训工具与所需物品

（1）实训工具：压力计（100～150 N•m）、扭力扳手、兆欧表（1500V）、牛顿弹簧秤、

1000V 绝缘兆欧表、受流器回退手柄、梅花扳手 M10 和 M13、棘轮、螺钉旋具、电动螺钉旋具、锤子、调试平台、测力表、硬刷等。

（2）所需物品：油脂、干净抹布、螺纹锁固胶、100%工业酒精、纯棉布、橡胶密封条、黏结剂 1521 等。

3. 实训原理

（1）高速断路器。高速断路器外形如图 2-67 所示，用来接通和分断电动列车的高压电路，是电动车辆的主要护保装置。当主电路发生短路、过载等故障时能够快速切断主电源。为了防止事故的扩大，要求高速断路器动作迅速、可靠，并具有足够的断流容量。由于电动车辆车下安装空间有限，要求高速断路器必须结构紧凑。

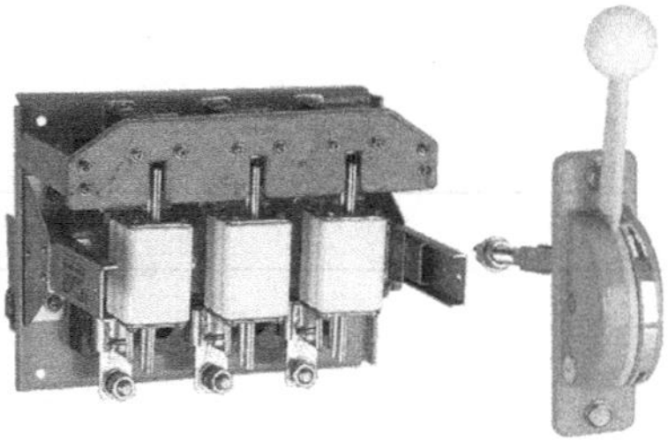

图 2-67　高速断路器

高速断路器装置主要由以下几个部件组成：基架、短路快速跳闸装置、过载跳闸装置、合闸装置、灭弧栅、辅助触点等。

4. 实训内容与步骤

高速断路器需要定期检查，检查周期可根据接通或断开操作工作量来定。高速断路器的检修内容如下。

（1）合闸装置检查。测量螺管线圈的阻值，若阻值与标称值不相符应更换线圈。检查线圈与铁芯之间是否有碰擦痕迹，检查铁芯是否动作自如。对机械联锁机构进行润滑，润滑能延长高速断路器的寿命，润滑脂应是专用油脂，不准混有其他油脂。

（2）动/静触点检查。检查动/静触点的“熔化”程度，如“熔化”厉害，应更换触点。触点应成对更换，更换完毕后还应检查动/静触点接触面接触情况。

（3）接线端检查。清洁、打磨主接线端及电缆的接触面，使两接触面的接触保持密贴，防止接触电阻增大而损坏电缆及主接线端。

（4）灭弧罩检查。将灭弧罩分解，检查灭弧栅片的情况，对于烧灼严重的灭弧栅片应更换。在灭弧栅片组装过程中，应注意栅片的安装角度。

（5）辅助开关检查。检查辅助开关时应测量开关触点的接触电阻值，同时还需检查机械部件的工作情况。此外，在高速断路器使用到一定期限时，应更换其内部所有的弹簧部件。

（6）调整过载跳闸装置整定值。高速断路器检修完成后，应对过载跳闸装置整定值进行调整。通过外接电源模拟过载电流，检查高速断路器是否能在整定值处断开。对于短路跳闸装置整定值的检查，由于普通电源设备无法模拟短路电流，所以一般在检修中不做短路电流检查，如果确实需要检查这个项目，可通过高速断路器制造厂商的专用设备来检查。

5. 实训报告

高速断路器检修项目完成后，符合规定要求，签名并填写实训工作任务单，将处理及未处理故障等现象进行记录。

实训工作任务单

<table>
<tr><td>实训名称</td><td colspan="3">高速断路器的检修</td></tr>
<tr><td>故障现象</td><td colspan="3"></td></tr>
<tr><td>检修内容</td><td colspan="3"></td></tr>
<tr><td>班　　级</td><td></td><td>姓　　名</td><td></td></tr>
<tr><td>小　　组</td><td></td><td>工作时间</td><td></td></tr>
<tr><td colspan="4">所需知识</td></tr>
<tr><td colspan="4"></td></tr>
<tr><td colspan="4">所需工具与设备</td></tr>
<tr><td colspan="4"></td></tr>
<tr><td colspan="4">检修过程</td></tr>
<tr><td colspan="4"></td></tr>
<tr><td colspan="4">指导教师评价</td></tr>
<tr><td colspan="4"></td></tr>
<tr><td colspan="4">任务完成人签字：
指导教师签字：

日期：　　　年　　　月　　　日</td></tr>
</table>

2.5.3 实训项目3 调频调压牵引逆变器检修（VVVF的检修）

1. 实训目的

通过调频调压牵引逆变器的检修项目的训练，使学生熟悉调频调压牵引逆变器的作用、结构，能独立进行调频调压牵引逆变器的检修。

2. 实训工具与所需物品

（1）实训工具：扭力扳手、调试平台、6号六角扳手、硬刷、锉刀等。

（2）所需物品：干布、螺纹锁固胶、100%工业酒精、纯棉布、橡胶密封条、砂纸（180号以上）等。

3. 实训原理

调频调压牵引逆变器一般包括电力电路及缓冲电路、控制电路、电力电子器件的门控电路。电力电路是利用电力电子器件进行能量变换的主体，缓冲电路与电力电子器件并联，用于吸收电力电子器件上的换流过电压；控制电路完成对主电路的控制，实现逆变，并使逆变器具有调压、调频，或稳压、稳频等良好的动、静态性能；电力电子器件的门控电路，包括设计门控电路中的过电流保护等部分。

由全控型电力电子器件构成的逆变电路不必另设强迫换流电路，主电路相对简单，结构犹如一个逆向工作的可控整流电路，把直流电能变为可变频调压的交流，送给单相或三相等负载；而且采用不同的全控型电力电子器件如 GTR（Giant Transistor，电力晶体管）、GTO（Gate Turn-Off Thyristor，可关断晶闸管）、IGBT 时，其主电路没有原则差别，差别主要在于门极（栅极）控制电路和保护方法有所不同。

调频调压牵引逆变器通常安装在一个独立的设备箱内，通常安装有半导体元件、控制板、散热片电缆等电气部件，这些部件基本实现了模块化安装。

4. 实训内容与步骤

对于变流设备的检修应重点对以下几方面进行检查。

（1）通风区域及散热片检查。大功率半导体元件在工作时会发热，为了保护元件，通常将这些元件安装在散热片上，而散热片是通风冷却，如果散热片上灰尘堆积过多，或者通风风道内有异物，都会影响元件散热。应经常对通风区域及散热片进行清洁，去除散热片上的灰尘和碎屑。在散热片间必须没有阻挡空气流进入的阻塞物。

（2）控制板检查。控制板通常为印制电路板，在检修中应小心清洁。在清洁过程中，检修人员应采取光电措施，保证电路板上元件不因受静电影响而损坏。如控制板上有接线端，应对端点进行清洁，必要时进行打磨，以保证与电缆、控制线接触良好。

（3）VVVF 逆变器箱体盖板和紧固件检查。逆变器的所有盖板应无损坏、变形，锁闭功能良好，如有必要需进行检修或予以更换；检查所有盖板的密封橡胶的弹性，如果存在 3mm 的裂缝或更大的永久变形，则需要更换；检查所有盖板的门锁，看能否正常工作和自由转动，如果有必要则予以更换。

（4）VVVF 逆变器外表及安装检查。检查逆变器箱的外表有无腐蚀、变形或其他损坏现象；检查安装螺母有无松动，安装支架有无损伤和裂缝；检查柜体的焊接有无裂纹，箱体接地线是否良好。

（5）VVVF 逆变器接线端子和电缆检修。接线端子应绝缘良好，无老化、开裂、损坏或脱落等现象，无异味，接线端子紧固良好，所有进出线状态应良好；检查散热片应无污垢、变形，必要时用硬刷和吸尘器进行清理。

（6）VVVF 逆变器箱体内部检修。外观应无缺陷，检查配电线有无变质、损坏；端子是否变形、褪色、开裂和损坏；端子螺栓是否松动；安装螺栓是否松动；清洁 VVVF 箱的内部，确保箱体内部没有灰尘，特别是箱体内部的安装部件有没有被灰尘覆盖；检查绝缘安装面、绝缘端子和绝缘柱等应无变色、开裂、损坏或脱层等现象。

（7）元件检查。电阻元件：检查电阻表面有无变色、开裂、损坏、起皮或脱层等现象，检查电阻接线端子是否紧固良好。

电容元件：检查充油的电容是否有漏油现象，检查电容接线端子的紧固是否良好。

（8）VVVF 逆变器的控制单元检修。控制单元外观应无缺陷，印制电路板应完好，检查印制电路板的安装状态是否良好，接线端子应整齐无损坏现象，电线电缆应无褪色、开裂、损坏、起皮等现象，检查电线电缆扎带排列是否良好、控制单元连接插头连接状态是否良好，必要时更换。

（9）动力单元与电源单元。检查动力单元与电源单元的接线是否良好，有无变形或污垢，电缆电线有无损伤、褪色、开裂、损坏、起皮等现象，电缆电线扣件排列是否整齐；PCB 印制电路板外观是否完好。

（10）VVVF 逆变器线路接触器检修。

① 将逆变器线路接触器的闭锁杠杆往上抬，从接触器上取下灭弧罩。

② 仔细观察灭弧室是否损坏，如有损坏及时报告。

③ 灭弧室如无损坏，仅有拉弧痕迹时，须用硬刷或干布擦拭灭弧罩至洁净。

④ 使用 6 号六角扳手，小心仔细拆下逆变器线路触点，特别应注意避免弄伤触点表面与箱内其他机构。

⑤ 仔细观察接触点上是否有过度烧蚀，触点允许的最大烧蚀范围如图 2-68 所示，如果超过范围则及时报告。

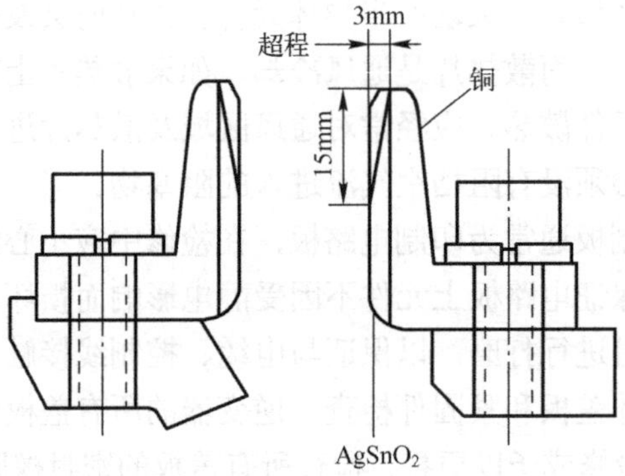

图 2-68 触点允许的最大烧蚀范围

⑥ 触点的烧蚀如未超过允许范围，仅有烧灼痕迹或是毛刺，可使用锉刀或手动方式去除毛刺，在拉弧触点面上用砂纸（180 号以上）轻轻打磨，特别注意不要损伤触点表面，不要露出铜制材料，打磨时请特别注意必须保持原有的灭弧角。

⑦ 在重新安装触点前，请仔细观察接触器基座上是否有异物，如有请务必清除，然后再使用 6 号六角扳手重新安装触点。

⑧ 在安装触点时，务必确认动/静触点位置对正，使用扭力扳手以 18 N•m 的力矩扭紧，如无扭力扳手，请熟练员工估计力矩。

⑨ 触点安装完毕后，请确认在不超过 0.5 mm 间隙的条件下闭合主触点和辅助触点。

⑩ 所有作业完成后，请确认所有装置已经回复至原位。

（11）继电器单元以及电压、电流传感器检修。继电器单元应接线良好，电缆电线扣件应排列整齐；继电器表面应没有损伤、褪色、开裂、损坏、起皮等现象，外观应完好，安装螺母应无松动；电压、电流传感器应安装良好，外观应完好，进出线正常，接线端子应无松动，排列有序。

5. 实训报告

调频调压牵引逆变器检修项目完成后，检查确定所有的安装螺母、插头应无松动、无裂纹，并打上明显的防松标记。更换所有已经使用 1 年的防爆胶泥或橡皮泥。签名并填写实训工作任务单，将处理及未处理故障等现象进行记录。

实训工作任务单

<table>
<tr><td>实训名称</td><td colspan="3">调频调压牵引逆变器的检修</td></tr>
<tr><td>故障现象</td><td colspan="3"></td></tr>
<tr><td>检修内容</td><td colspan="3"></td></tr>
<tr><td>班　　级</td><td></td><td>姓　　名</td><td></td></tr>
<tr><td>小　　组</td><td></td><td>工作时间</td><td></td></tr>
<tr><td colspan="4">所需知识</td></tr>
<tr><td colspan="4"></td></tr>
<tr><td colspan="4">所需工具与设备</td></tr>
<tr><td colspan="4"></td></tr>
<tr><td colspan="4">检修过程</td></tr>
<tr><td colspan="4"></td></tr>
<tr><td colspan="4">指导教师评价</td></tr>
<tr><td colspan="4"></td></tr>
<tr><td colspan="4">任务完成人签字：
指导教师签字：

日期：　　　年　　月　　日</td></tr>
</table>

2.5.4　实训项目 4　车辆牵引电动机的检修

1. 实训目的

通过车辆牵引电动机的检修项目的训练，使学生熟悉车辆牵引电动机的作用、结构，能独立进行车辆牵引电动机的检修与维护。

2. 实训工具与所需物品

（1）实训工具：吹扫工具、扭力扳手、兆欧表（1500V）、梅花扳手 M10 和 M13、螺钉旋具、硬刷、万用表、绝缘涂料等。

（2）所需物品：压缩空气、干净抹布、砂纸、100%工业酒精、纯棉布等。

3. 实训原理

牵引电动机可分为直流牵引电动机、交流牵引电动机和直线牵引电动机，交流牵引电动机又可分为交流异步牵引电动机和交流同步牵引电动机。目前在电力牵引系统中主要采用的是交流异步牵引电动机，只有在磁悬浮列车的牵引系统中采用交流同步牵引电动机。

牵引电动机与普通电动机的差别还表现在运用环境的不同。列车的牵引电动机悬挂在转向架上，需要承受巨大的振动和冲击力，因此其结构必然需要特殊设计；其次，牵引电动机一般都是2个或4个并联工作，因此要求各个电动机的参数一致性要好，否则各牵引电动机的负载分配不均匀，导致个别电动机过载、发热，甚至出现其他严重问题。

4. 实训内容与步骤

（1）牵引电动机整体检修。

① 吹扫。电动机在分解前应用高压空气对电动机外表面进行吹扫，吹扫应在带有吸尘装置的专用吹扫间内进行。

② 分解。用工具拆下电动机端盖螺钉，抽出转子。

③ 清洗。对电动机内部进行吹扫、清洗、擦拭。

④ 检查检修。检查电动机转子、定子和绕组有无烧灼、碰擦痕迹。对于有擦伤情况的，应检查轴承或轴承安装室是否有问题，轴承安装室一般位于电动机的端盖上，检修时应测量轴承安装室的直径，对于有磨损的安装室可采用喷涂的方法修复，对于磨损严重的，应更换端盖。对于有烧灼情况的，应测量其电阻值是否符合规定并检查匝间有无短路现象，如有应更换绕组。

检查轴承状态是否良好，并根据轴承使用寿命对其进行更换油脂或更换轴承。

⑤ 测量。测量三相绕组的电阻值是否一致，检测绕组状态是否正常。测试绕组对地绝缘电阻，检测绕组是否对地击穿。

⑥ 组装。按规定顺序组装定子、转子和端盖。

⑦ 试验。

a. 温升测试，应按照有关技术要求检测电动机各部发热是否正常。

b. 热态复测绕组对地绝缘，检测绝缘是否因发热而损伤。

c. 测试并记录电动机的特性曲线。检查电动机运行情况。

d. 振动测试。

e. 超速试验，检查电动机装配等是否完好。

f. 交流耐压测试，检查电动机各绕组及刷架等是否对地击穿或漏电。

g. 如有负载试验台，还应进行堵转试验。

（2）牵引电动机主要部件的检查测试。

① 绕组线圈的检修。

a. 使用干燥的压缩空气吹扫绕组线圈与连接线以及线圈与线框之间的缝隙里的灰尘。如有污垢可用棉纱擦拭，不得使用可能伤及金属或镀层表面的器具。

b. 检查绕组线圈和连接线有无损伤，引线的接点有无损伤。

c. 测定绝缘电阻。测定并记录接线端子与线框等接地之间的绝缘电阻。

d. 绕组线圈、连接线等表面镀层出现剥落时，应使用绝缘涂料进行修补。

② 铁芯的检修。

a. 铁芯底面、顶面的涂装出现剥落时，应进行涂装修补。

b. 铁芯底面不应有变形或者与异物的接触损伤。

c. 铁芯顶面不应有积水或锈蚀。积水应擦干，锈蚀处应用砂纸等除锈后进行绝缘。

③ 引线的检查。

a. 引线与线圈的连接部不应有绝缘剥落、污垢或损伤等异常。

b. 引线的外皮不应有龟裂或老化。

c. 接线端子表面不应有污垢或损伤，如有污垢应擦拭干净。端子绝缘台不应有裂纹或缺损。

5. 实训报告

车辆牵引电机检修项目完成后，签名并填写实训工作任务单，将处理及未处理故障等现象进行记录。

实训工作任务单

<table>
<tr><td>实训名称</td><td colspan="3">车辆牵引电动机的检修</td></tr>
<tr><td>故障现象</td><td colspan="3"></td></tr>
<tr><td>检修内容</td><td colspan="3"></td></tr>
<tr><td>班　　级</td><td></td><td>姓　　名</td><td></td></tr>
<tr><td>小　　组</td><td></td><td>工作时间</td><td></td></tr>
<tr><td colspan="4">所需知识</td></tr>
<tr><td colspan="4"></td></tr>
<tr><td colspan="4">所需工具与设备</td></tr>
<tr><td colspan="4"></td></tr>
<tr><td colspan="4">检修过程</td></tr>
<tr><td colspan="4"></td></tr>
<tr><td colspan="4">指导教师评价</td></tr>
<tr><td colspan="4"></td></tr>
<tr><td colspan="4">任务完成人签字：
指导教师签字：
日期：　　　年　　月　　日</td></tr>
</table>

2.5.5 实训项目 5 制动电阻器的检修

1. 实训目的

通过制动电阻器的检修项目的训练，使学生熟悉制动电阻器的作用，能独立进行制动电阻器的检修与维护。

2. 实训工具与所需物品

（1）实训工具：1000V 绝缘兆欧表、梅花扳手 M10 和 M13、螺钉旋具等。

（2）所需物品：红色线号笔、压缩空气等。

3. 实训原理

制动电阻用于地铁车辆的电阻制动，承担电动机电流中不能再生的那部分制动电流的消耗。目前制动电阻采用模块化设计，通常由框架、带状电阻条、绝缘子等部件组成。一个制动电阻单元可能由几个制动电阻模块组成。

当带状制动电阻条通过制动电流时，以发热的方式将能量传递出去。根据这一原理，制动电阻条除要求有良好的热容量、耐振动外，还要求其具有良好的防腐蚀性能，在高温下不生成氧化层。带状电阻条通过绝缘子安装在框架内。制动电阻冷却方式通常为强迫风冷。

4. 实训内容与步骤

（1）制动电阻及制动电阻箱清洁。定期清洁制动电阻及制动电阻箱，用压缩空气清洁电阻器，确保无污物附着。

（2）制动电阻外观检查。

① 制动电阻接线端子应接线牢固，导线和接地线外观完好，绝缘无老化、脱落、损坏等现象；更换有裂纹或者破损的绝缘子；对于接线端子，检修时应采用清洁、打磨等方法进行处理，保证与电缆接线端有良好的接触面。

② 检查电阻器单元之间应无异物，应无重联，并且必须保证电阻器和陶瓷间隔是清洁的，检查绝缘体和陶瓷间隔应无裂痕与损坏。

③ 检查电阻器内部连接的紧密性和有无腐蚀现象，检查电阻器单元是否有过热烧灼痕迹，损坏时需更换。

④ 检查带状电阻条是否有变形，如图 2-69 所示。

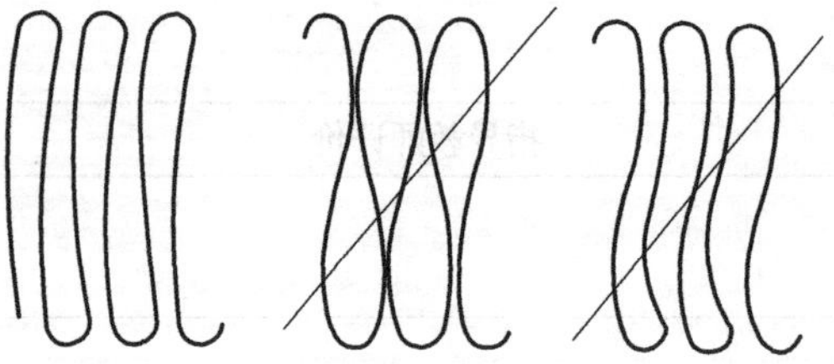

图 2-69 带状电阻条变形图

如果冷态下带状电阻条就有变形，一旦通过制动电流，其变形会更加严重，极易造成电阻之间的短路。

（3）测量制动电阻阻值。在端子间测量其阻值，应符合有关技术要求，否则应更换。由于带状电阻条的阻值很小，通常可通过电桥进行测量。

（4）绝缘测试。用1000V兆欧表检查绝缘状况，阻值应大于等于20MΩ。

5. 实训报告

制动电阻器检修项目完成后，检查确定所有的安装螺母、插头无松动、无裂纹，并打上明显的防松标记。签名并填写实训工作任务单，将处理及未处理故障等现象进行记录。注意，应更换所有已经使用1年的防爆胶泥或橡皮泥。

实训工作任务单

<table>
<tr><td>实训名称</td><td colspan="3">制动电阻器的检修</td></tr>
<tr><td>故障现象</td><td colspan="3"></td></tr>
<tr><td>检修内容</td><td colspan="3"></td></tr>
<tr><td>班　　级</td><td></td><td>姓　　名</td><td></td></tr>
<tr><td>小　　组</td><td></td><td>工作时间</td><td></td></tr>
<tr><td colspan="4">所需知识</td></tr>
<tr><td colspan="4"></td></tr>
<tr><td colspan="4">所需工具与设备</td></tr>
<tr><td colspan="4"></td></tr>
<tr><td colspan="4">检修过程</td></tr>
<tr><td colspan="4"></td></tr>
<tr><td colspan="4">指导教师评价</td></tr>
<tr><td colspan="4"></td></tr>
<tr><td colspan="4">任务完成人签字：
指导教师签字：

日期：　　年　　月　　日</td></tr>
</table>

本章小结

1. 城市轨道交通车辆中采用电动机驱动的电气传动部分称为车辆牵引传动系统，它以牵引电动机为控制对象，通过开环或闭环控制系统对电动机所产生的牵引力和速度进行调节，以满足车辆牵引和制动特性的要求，从而实现对车辆的运行控制。

2. 车辆牵引系统主要由 5 部分设备组成，即受流器、高压电器单元、变流设备、驱动设备和控制设备。

3. 直流串励牵引电动机一直作为各种铁道车辆的主要牵引动力。它具有启动性能好、调速范围大、过载能力强、功率利用充分、运行较可靠且控制简单等优点。

4. 直流电动机的机械特性与励磁方式有关，直流电动机的励磁方式有：串励、并励、复励等。

5. 直流传动的城市轨道交通车辆，其调速控制方式一般有两种基本形式：变阻控制和斩波调压控制。

6. 牵引逆变器的发展过程中根据中间直流环节电源性质的不同有两种类型的逆变器，即电压源型逆变器和电流源型逆变器。

7. 逆变电路一般包括三部分，第一部分是电力电路及缓冲电路，第二部分是控制电路，第三部分是电力电子器件的门控电路。

8. 直线电动机可以认为是旋转电动机在结构方面的一种演变，它可看做是将一台旋转电动机沿径向剖开，然后将电动机的圆周展成直线，这样就得到了由旋转电动机演变而来的最原始的直线电动机。

9. 直线电动机轮轨交通的电气牵引与制动系统主要由牵引变流器、直线感应电机和牵引控制器三部分构成。

习 题 2

一、判断题（对的在括号中打“√”，错的打“×”）

2.1 直流电动机调压调速是无级调速。（ ）

2.2 调速范围和静差率，这两项指标不是彼此孤立的，必须同时满足才有意义。（ ）

2.3 在直流脉宽调速系统中，一个周期中 IGBT 截止的时间的比率，称为负载率或占空比。（ ）

2.4 弱磁升速的调速方法能实现无级调速。（ ）

2.5 晶闸管调压器的控制方式分为通断控制、相位控制。（ ）

2.6 三相调压电路中，相邻两个晶闸管的触发信号相位差为 60°。（ ）

2.7 串级调速完全克服了串电阻调速的缺点，具有效率高、平滑调节，调速时机械特性较硬等优点。（ ）

2.8 给变频器主电路提供多种控制信号的电路，称为主电路。（ ）

2.9 在电流断续时，V-M 系统机械特性很软，理想空载转速翘得很高。（ ）

2.10 静差率与机械特性有关，机械特性越硬，静差率越小，稳定性越好。（ ）

2.11 由直流电动机机械特性可知，降低电压后，理想空载转速 n_0 下降。（ ）

2.12 比例环节具有响应速度快的特点，积分环节能依靠偏差的积累产生控制电压，实现静态的无偏差。（ ）

2.13 根据串级调速异步电动机转子回路中直流附加电动势获得方法的不同，可将串级调速系统分为电动机串级调速、晶闸管串级调速、机械串级调速三种基本类型。（ ）

2.14 交流异步电动机变极对数调速是无级调速。（ ）

二、填空题

2.15 由旋转电动机演变而来的直线电动机，其（ ）和（ ）长度是相等的，由于在运行时初级和次级之间做（ ）运动，如果在运动开始时初级与次级正巧对齐，那么在运动中，初级与次级之间互相磁耦合的部分将越来越（ ），而不能正常运动。

2.16 车辆牵引系统主要由（　　　）,（　　　）,（　　　）,（　　　）,（　　　）等5部分组成。

2.17 高压电器单元是将受流器从接触线路采集的电能引入车内，为牵引设备和其他设施提供（　　　）并进行高压系统的控制、检测和保护。高压电器单元主要包括（　　　）、（　　　）、（　　　）和（　　　）等。

三、综合题

2.18 分析比较二点式逆变器和三点式逆变器的工作原理及应用场合。

2.19 选取某一城市轨道交通车辆，分析其主传动电路原理及控制原理。

2.20 画出 IGBT 的结构图并说明通断原理。

2.21 对 VVVF 的含义加以说明。

2.22 请说明牵引控制系统的作用及原理?

2.23 请说明牵引控制系统的检测和检修方法?

2.24 为什么在直流传动系统中优先选择直流串励牵引电动机?

2.25 什么是牵引电动机的机械稳定性和电气稳定性?

2.26 根据直流传动主电路图，画出牵引工况和电制动工况时主电路的电流路径。

2.27 以直流串励牵引电动机为例，画图说明如何实现其由电动机向发电机的转换。

2.28 分析交流异步牵引电动机取代直流牵引电动机的原因。

2.29 列表分析交流异步牵引电动机的速度控制方式。

2.30 什么是矢量控制？矢量控制调速的原理是什么?

2.31 什么是直接转矩控制？直接转矩控制调速的原理是什么?

2.32 比较直线牵引电动机与旋转牵引电动机的优缺点。

2.33 根据直线电动机车辆电路图，说明牵引工况和电制动工况电路的工作原理和方式。

2.34 找出城市轨道交通车辆电气系统中常用的全控型电力电子器件的种类，试比较其优缺点。

2.35 分析比较升压斩波器和降压斩波器的工作原理及应用场合。

2.36 试说明斩波器在城市轨道交通车辆中的应用，并分析其工作过程。

2.37 对斩波器供电的谐波问题，简述常用的电路解决方案。

2.38 什么是逆变？典型的逆变电路包括哪几部分?

2.39 分析电压源型和电流源型逆变电路的工作原理。

2.40 什么是脉宽调制？分析正弦脉宽调制（SPWM）逆变电路的工作原理。

第 3 章　城市轨道交通车辆辅助供电系统

本章重点

- 辅助供电系统作用。
- 辅助供电系统电路原理。
- 辅助逆变器主要部件。
- 辅助供电系统检修方法。

3.1　认识车辆辅助供电系统

辅助供电系统是城市轨道交通车辆的一个重要组成部分，安装于拖车构架上，主要为除牵引系统以外的所有用电系统供电。当辅助供电系统供电正常时，输入的直流电源经辅助逆变器逆变为交流电源，并向通风机、空调设备、电加热器、电动刮雨器、空气压缩机等三相负载和客室照明系统及控制系统设备供电；经 DC-DC 变换器变换的直流电源供蓄电池充电及其他直流负载用电。辅助供电系统的负载设备对提高机车车辆的运行可靠性以及乘坐舒适性起着重要的作用。

传统地铁辅助逆变系统通常采用旋转式电动机-发电机组的供电方案。电动机从 DC750V 第三轨受电，发电机输出三相交流电压向负载供电。这种供电方式机组体积大、输出容量小、效率低，电源易受直流发电机组状况变化的影响，输出电压波动大，可靠性差。随着电力电子技术的发展，辅助逆变系统已从早期的旋转式电动机-发电机组改进为静止式变流机组，即所谓静止辅助逆变电源装置，克服了旋转式电动机-发电机组的供电方式存在的大体积、低效率、低可靠性等一系列问题。国际上先进的地铁车辆供应商如西门子、庞巴迪、阿尔斯通等都有相对成熟的辅助供电设备。

辅助逆变系统一般由受电电路、电容器充放电电路、三相逆变器、交直流滤波电路、变压器及相关控制电路等部分构成。辅助逆变器的单台额定容量一般在几十千伏安至二百多千伏安之间，属于中小功率的“直交”型变流器。辅助逆变系统通常需要满足如下基本要求：

（1）输出电压为三相四线制，输出电压和频率满足规定的精度要求。

（2）在宽输入电压变化范围内，输出额定容量的工作能力。输出电压与频率应能满足额定负载容量的正常工作能力。

（3）输出电压为正弦波形或准正弦波形。在整个输入电压范围内，输出电压的总谐波含量都要求小于规定值。

（4）较强的负载突变能力。具备允许空调压缩机、通风机、空压机等负载直接启动和切除的能力，并且其输出电压的瞬时变化不超过规定值及在规定的时间内恢复稳定，以满足在带有部分负载的情况下空调机、通风机、空压机等负载频繁切换的要求。

（5）一定的冗余度。一台辅助逆变器发生故障时，在切除部分负载的条件下，正常工作的辅助逆变器应可同时向相邻的故障负载供电。

3.1.1 辅助供电网络

电动列车辅助供电网络主要包括：辅助逆变器（给 AC 中压和 DC 低压供电）、蓄电池、低压总线、所有控制器、断路器、继电器、接触器。

1. 辅助逆变器（DC/AC 逆变）

辅助系统由 DC1500V（以 DC1500V 为例）接触网供电，经受电弓传输到列车总线，在线网电压正常情况下，受电弓将高压直流电通过列车总线同时传输给每节车的辅助逆变器。每节车的辅助逆变器处于并联工作状态，这样即使只有一只受电弓工作，所有逆变器都能正常工作，每个辅助逆变器是由接触网提供的 DC1500V 列车线经二极管供电的。在线网电压小于 DC1100V 情况下，为了避免逆变器在不正常情况下工作，此时逆变器将停止工作，如线网电压上升至大于 DC1100V 并持续 3s 以上时，逆变器重新启动工作。

电动列车在检修时需做某些测试工作，如空调试验等，考虑工作时的人身安全，此时将 DC1500V 接触网断电，采用车间外接电源供电，车间外接电源只有在受电弓落弓条件下，才能接通负载而得电，它们之间的联锁由受电弓落弓继电器完成，或由高压电源开关来选择电源（受电弓或车间电源插座）。如图 3-1 所示，受电弓供电接触器与车间电源供电接触器的电源互相联锁，在受电弓升弓情况下，SB_1 闭合，受电弓供电接触器得电吸合，接触网 1500V 直流电通过受电弓供电接触器主触头送到各台逆变器上，如图 3-2 中所示；当电动列车在调试线进行调试时，接触网就要断电，即断开 SB_1 受电弓落弓，开关 SB_2 闭合，车间电源短接线处相连，车间电源供电接触器吸合，车间 1500V 直流电通过车间电源供电接触器主触头送到各台逆变器上。

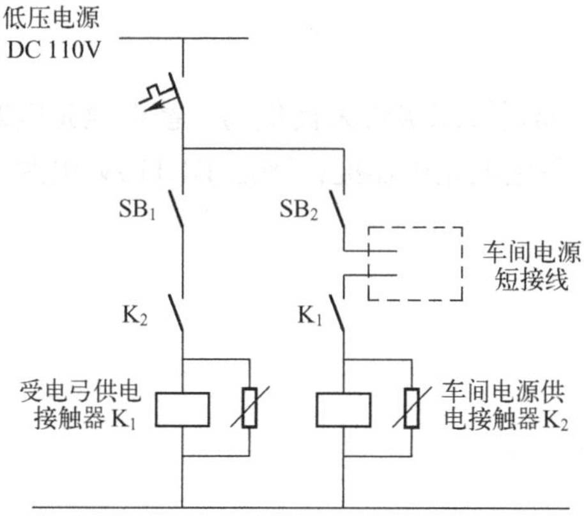

图 3-1　受电弓供电接触器与车间电源供电接触器联锁电路

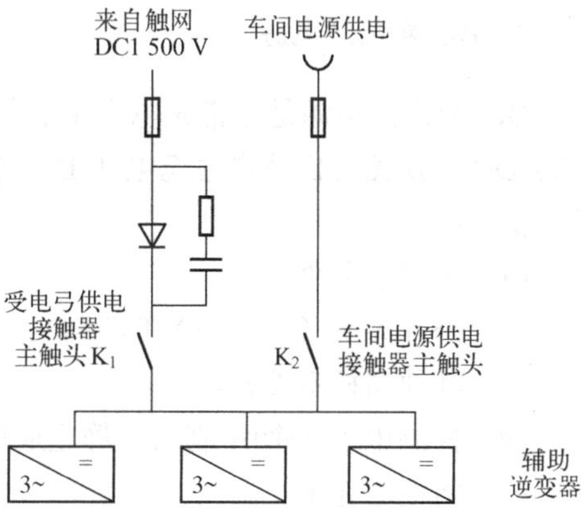

图 3-2　接触网与车间电源供电电路

辅助逆变器将接触网 1500V 直流电降压逆变为 AC380V，3 相，50Hz，有电隔离的交流中压，为下列设备提供电源：

（1）电机–压缩机单元。

（2）客室和司机室空调。

（3）牵引设备的通风。

（4）辅助逆变器的通风。

（5）在每个司机室和每列车的电气柜中都设置有一个 AC220V，50Hz，单相的方便插座，为维修人员检测设备提供电源。

2. 中压总线（AC380 V）和低压总线（DC110V）

列车内负载是由两组交流电源供电的，每组交流电源负责整列车一半的负载，当一组交流电源发生故障时，由它提供电源的一些重要 AC 负载会自动切换至另一组电源供电，保证这些 AC 负载能继续工作（如牵引箱的通风冷却风机等）。

主蓄电池作为低压电源一部分为列车提供紧急电源，主蓄电池的作用是列车启动时，主蓄电池为列车启动时的电气设备提供直流电源，直至列车辅助逆变器正常工作，此时主蓄电池将处于充电状态与一个蓄电池充电器相连，低压用电设备由辅助逆变器提供电能，而列车上的所有蓄电池通过二极管与负载反向隔离，保证电能只能从蓄电池向负载单向流动。在列车运行过程中，若整列车失去高压电源时，辅助逆变器停止工作，则主蓄电池的容量也能够为下列负载提供 45min 的电能。

（1）紧急照明。

（2）列车控制和监视设备。

（3）通信设备。

（4）头灯及尾灯。

（5）紧急通风。

在为以上负载提供电能的 45min 内，还要求能打开或关闭车门一次，这样在列车失去高压的紧急状况下，主蓄电池保证了列车上的必要设备能继续工作，给主要的直流负载、客室通风和紧急照明供电 45min，从而保障了列车的正常运行。

3. DC 网络的电源

DC 网络的电源是由带充电设备的蓄电池充电器通过二极管来提供的。蓄电池充电器内 AC / DC 变换器提供蓄电池充电和 DC 电源。DC 蓄电池充电器提供额定 DC110V 电源，直接提供至：

（1）内部紧急照明。

（2）外部照明（包括 24V DC / DC 变换器）。

（3）其他司机室设备。

（4）控制电子（牵引/制动，静止逆变器，车门等）。

（5）蓄电池充电。

（6）通信系统。

（7）维护和诊断系统。

（8）监测/控制电路。

3.1.2 辅助逆变器的负载及分类

1. 辅助逆变器负载

电动列车辅助逆变器系统主要由每节车厢的逆变器并联组成，并向空调通风、照明、蓄电池充电、设备冷却风机、低压电源提供电源，如图 3-3 所示：

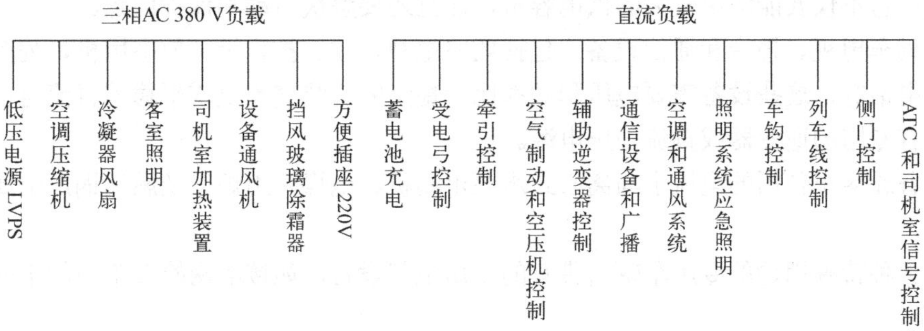

图 3-3 辅助逆变器的负载

为了保证在某台逆变器发生故障时，列车仍能可靠运行，在负载分配上采取了以下措施：将整列车的辅助逆变器按其负载的性质分成二组供电系统，一组供电系统为整列车的空调提供电源，这组供电系统由整列车中的几台辅助逆变器并联组成，分别提供本单元每节车辆 1 台通风空调（每节车有 2 台通风空调系统）的电源，这样当 1 台逆变器发生故障时，能保证在每一节车辆上有 1 台通风空调系统能得电工作，从乘客的乘坐舒适性及必须的车厢通风考虑，这样负载分配方式是极其必要的。

另一组供电系统由剩余的几台辅助逆变器组成，它为整列车的下列设备提供电源：

（1）内部照明。

（2）外部照明。

（3）司机室设备（除空调）。

（4）控制设备。

（5）蓄电池。

（6）通信系统。

（7）维护及诊断系统。

（8）监控 / 控制回路。

（9）自动列车控制。

（10）主要电气设备冷却通风。

在正常工作状态时，该组供电系统内的几台辅助逆变器各负担全列车一半的冷却通风负载。当有一台辅助逆变器发生故障后，该逆变器所承担的负载自动切换至另一台逆变器承担，以保证整列电动列车主要电气设备的冷却通风正常工作。

2. 车辆的电气负载类型

（1）照明电光源。新型客车主要采用交流荧光灯，特殊部位和事故灯采用白炽灯。光源的形状和规格很多，如棒形、椭圆形、球形、环形和 U 形等。对于 AC220/380V 供电系统，荧光灯可以采用民用的启辉电路；对于 DC48V 供电系统，荧光灯则采用专门的逆变器点燃。照明电光源使用过程中，白炽灯为电阻性负载，荧光灯在低频工作时则为电感性负载。

（2）空气调节装置的电气设备。主要是制冷压缩机、冷凝器排风扇和空调通风机的直流或交流电动机，取暖加热用的各种管式电热元件以及电磁控制元件等。由于制冷压缩机的电动机和电热元件所消耗的功率较大，因此，空气调节与制冷装置的电气设备成为车辆突出的电气负载，它不仅要能解决较大的供电容量，而且还要解决启动和保护问题。

（3）列车电视、播音和通信设备。包括闭路电视，收、扩、录、放多用机，列车有线电话或无线电话等，这些设备需要电压和频率比较稳定的正弦交流电或平稳的直流电。为此，车上还设有专用的逆变器或直流稳压电源。

（4）普通客车使用的电风扇与离心式水泵电动机、电煤两用炉以及燃油锅炉附属的各种电气设备。

（5）各种特殊用途的专用车辆所带有的专用电气设备，如接触网检查车用的不间断电源（UPS）等。

在决定供电系统的总容量时，必须考虑电气负载的需要功率、效率、功率因数与功率利用系数。一般的电气设备，在其产品目录和说明书上都标有它的额定功率和效率。由电热元件构成的电气负载，其功率即需要功率；对于电动机，产品目录上所标有的功率，是指电动机在正常工作状态下，本身轴上所具有的有效机械功率。

3.2 辅助逆变器及其控制

3.2.1 辅助逆变器主要部件

现代辅助供电系统主要有变压器隔离和变流两个功能部分。变压器隔离是将电网上的高压与低压用电设备进行电气隔离，尤其是常需人工操作的控制电源的设备，在电气电位上实现隔离。通常采用变压器进行电气隔离，同时也可通过设计不同的匝数比以满足电压值的需要，变流部分则是用来进行电能形式的转换，辅助用电设备大都需要三相 380V、50Hz 交流电源，所以要将波动的直流电压逆变为恒压恒频的三相交流电。上述两部分构成了完善的辅助逆变系统。

1. 现代辅助逆变系统主要特点

（1）采用 IGBT 或 IPM 技术。早期的辅助逆变器采用的功率器件有晶闸管、大功率晶体管和门极可关断晶闸管 GTO 等。IGBT，即绝缘栅双极晶体管，具有高开关频率，功率损耗低，自我保护能力强，电路结构简单，无须换流和吸收电路，控制电路简单等优点，它的使用减少了输入与输出滤波器的体积和质量，减少了元件的数量，增加了使用的可靠性。

IPM（智能功率模块）是一种先进的功率开关器件，兼有 GTR（大功率晶体管）高电流、低饱和电压和高耐压的优点，以及 MOSFET（场效应晶体管）高输入阻抗、高开关频率和低驱动功率的优点。IPM 与以往 IGBT 模块及驱动电路的组件相比具有如下特点：

① 内含驱动电路。设定了最佳的 IGBT 驱动条件，驱动电路与 IGBT 间的距离很短，输

出阻抗很低，因此，不需要加反向偏压。所需电源为下桥臂 1 组，上桥臂 3 组，共 4 组。

② 内含过电流保护（OC）、短路保护（SC）。由于是通过检测各 IGBT 集电极电流实现保护的，故不管哪个 IGBT 发生异常，都能保护，特别是下桥臂短路和对地短路的保护。

③ 内含驱动电源欠电压保护（UV）。每个驱动电路都具有 UV 保护功能。当驱动电源电压 V_{CC} 小于规定值 U_V 时，产生欠电压保护。

④ 内含过热保护（OH）。OH 是防止 IGBT、FRD（快恢复二极管）过热的保护功能。IPM 内部的绝缘基板上设有温度检测元件，检测绝缘基板温度，当温升超过报警额定值时通过驱动电路封锁栅极信号并报警。

（2）模块化的设计。可以实现模块化和简单系统化的目标，并且充分地利用既有空间，体积小，维护方便，成本较低，可适应各种不同的地铁车辆，满足用户要求。

（3）高质量的输出电压。使标准的工业电机与压缩机负载和其他设备在地铁车辆中得到可靠应用。

（4）采用微机数字控制。随着计算机技术的发展，系统控制以高性能微机为基础，在以 PWM（脉宽调制）控制为中心的控制运算中心部分采用数字信号处理器 DSP，其强大功能促进了控制方式的不断发展，具有良好的稳定性、快速的动态响应性能，适应性不断得到提高和优化。

2. 辅助逆变器组成及原理

本书以庞巴迪公司（Bombardier Inc）生产的上海地铁一号线增购车辆配有的辅助变流器为例来予以说明，辅助变流器安装在 C 车的 PA 电气设备箱中，其辅助变流器的原理图见图 3-4 所示。说明如下：来自受电弓的 1500 V 接触网电压经由 B 车 PH 电气设备箱中的高压设备送入 C 车的 PA 电气设备箱中，给牵引变流器（MCM）和辅助变流器（ACM）供电。进入到辅助变流器（ACM）中的直流线网高压首先经由 ACM 线路感应器（ACM LINE INDUCTOR）进行滤波，然后进入预充电电路（CHARGING CIRCUIT），预充电电路包括主接触器和预充电接触器，之后相对稳定的直流母线电压进入辅助逆变器单元进行逆变（AUXILIARY CONVERTER MODULE），将直流电逆变成幅值和频率固定的三相 380V、50 Hz 交流电。辅助逆变器出来的三相交流电还需要进行滤波和变压处理，即分别经过三相线路感应器和三相变压器（AUXILIARY FILTER AND TRANSFORMER），最后输出。三相输出配有电压检测设备，以供辅助逆变器驱动控制单元（DCU）以及保护电路使用。

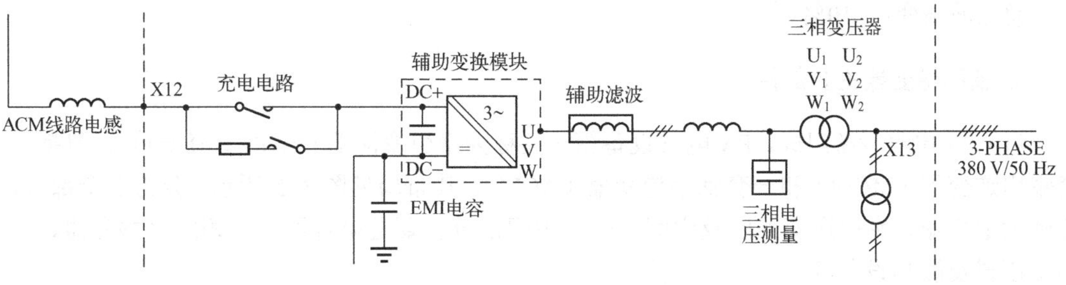

图 3-4　辅助变流器电路原理图

其中辅助逆变器模块、ACM 线路感应器、ACM 输出滤波器、ACM 输出变压器的技术参数分别如下。

（1）ACM 线路感应器的技术参数为：

感应系数：350A 时最小 5 mH（±5%）。

电阻：30 mΩ。

持续电流：210A。

最大电流：350A。

制冷：自身对流（0m/s）。

（2）ACM 输出滤波器技术参数为：

三相线路感应器：

感应系数：700μH（±5%），50Hz。

持续电流：205A，50Hz。

最大电流：250A。

运行频率：50Hz。

制冷：强制空气制冷。

电容器：

电容：3×50μF（±5%）。

额定：AC 电压 AC1 200V。

运行频率：50Hz。

（3）ACM 输出变压器：

一次电压：660V。

二次电压：380V。

运行频率：50Hz。

二次额定功率：最大 220kV·A。

制冷：强制空气制冷。

（4）辅助逆变器模块：

输出电压：3×380V，50Hz。

额定输出功率：220kV·A。

功率因数：>0.8。

切换频率：最大 1000Hz。

总谐波畸变：<10%。

3. 辅助逆变器主要部件

（1）PA 电气设备组成。PA 电气设备箱（又称为牵引变流器—辅助变流器箱），包括一套牵引逆变器（MCM）和一套辅助逆变器（ACM），其布局见图 3-5 所示，分为 3 个部分，即辅助逆变器、牵引逆变器以及中间部分。中间部分主要是电容器、三相线路感应器、三相变压器及散热设备等。

（2）逆变器。其结构示意图见图 3-6 所示，实物图见图 3-7 所示。逆变器模块是 ICON/M 类型，是独立单元，包括：1 个电容器、3 个逆变器箱、1 个过压斩波器箱 1 个 DCU / A、1 个电源单元、IGBT 门极驱动单元、测量输出相电流的 2 个电流传感器、1 个 DC 链接电压传感器、放电电阻。辅助逆变器模块的设计与电机逆变器模块大体相同，不同点在于它的 IGBT 参数不同，导致低感应总线的一个不同布局，并且有 1 个 IGBT 用于过压保护，代替 MCM 中的 2 个制动断路器。ACM 中没有关于电机温度、速度传感器和制动电阻风扇控制和监督的模拟和数字信号。

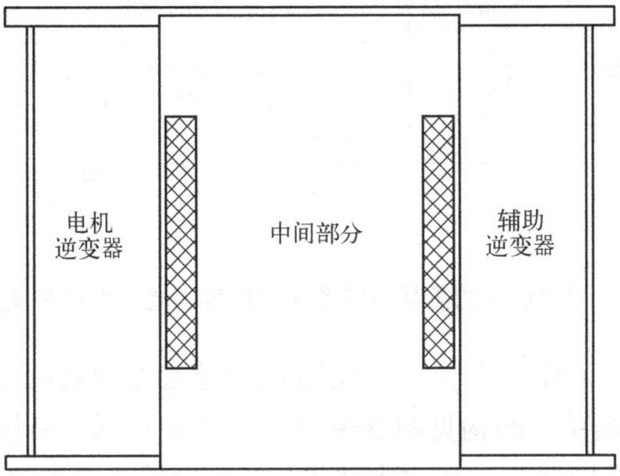

图 3-5 PA 电气设备布局

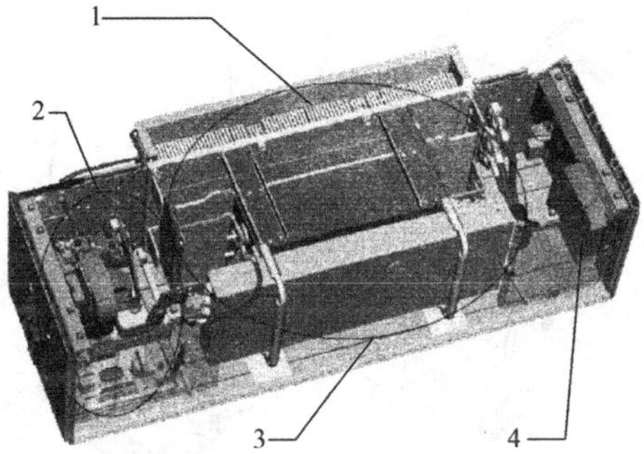

1—朝向中间部分的冷却器；2—DC 接触器单元；
3—逆变器模块（MCM 或 ACM）；4—外部风扇

图 3-6 逆变器部分的结构

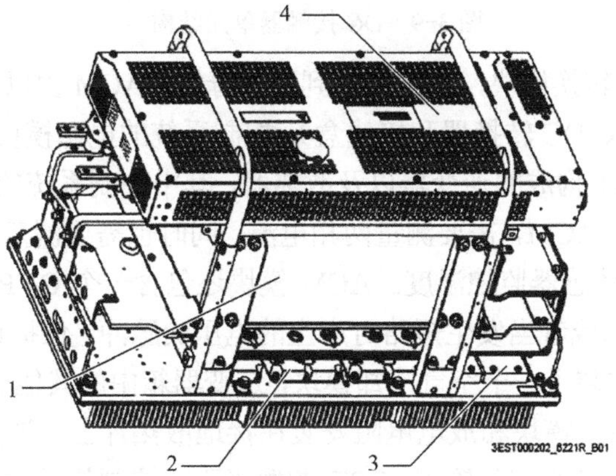

1—DC 链接电容器；2—逆变器 IGBT；3—放电电阻；4—电子箱组成

图 3-7 ACM 中的逆变器的外形图

图 3-8 所示是 ACM 的一个简易电路图，其中三相线路感应器（即过滤器）可以削弱所有逆变器中的谐波，因此总的谐波畸变少于基础频率 50Hz 的 10%。三相变压器将逆变器的输出电压转换成辅助系统的额定电压，另外它还起到隔离的作用。

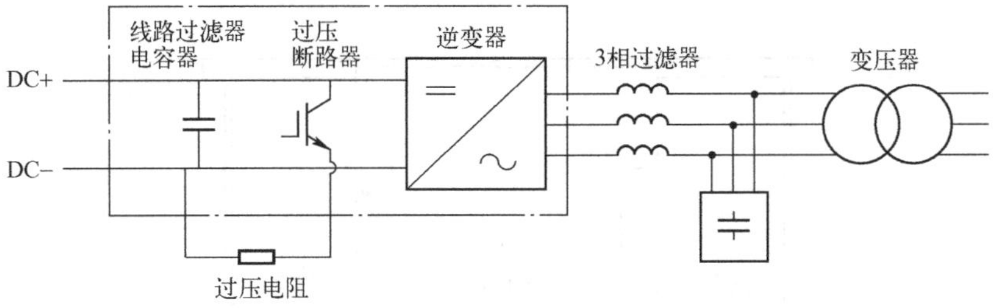

图 3-8　一个 ACM 的简易电路图（包括输出滤波电抗和变压器）

PA 逆变器箱中的 MCM 线路感应器、ACM 线路感应器和制动电阻应该分别单独安装在列车底架下面。DC 接触器单元结构见图 3-9 所示，主要包括线路接触器（带有灭弧罩和接触器辅助触点）、预充电接触器、EMI 电容器等。这部分输入是来自于线网的 1500V 直流高压，输入电压会有一定的波动。

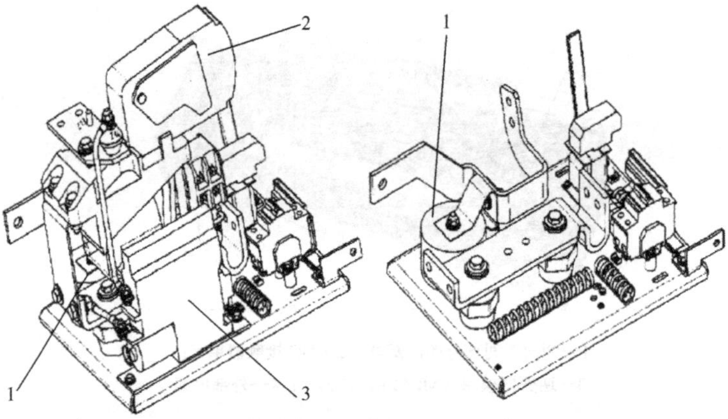

1—EMI 电容器；2—线路接触器；3—充电接触器

图 3-9　DC 接触器单元结构

ACM 是一个完整的转换模块，直接连接到直流母线。ACM 由以下几部分组成：驱动控制单元（包括了 DCU，DC/DC 转换器和接线盒）、控制系统的电源模块、门极驱动装置 GDU、电压与电流互感器、IGBT 构成的逆变器以及散热器，其中控制系统的电源模块由 110V 蓄电池供电。为了控制和保护 ACM，需要测量两相电流，同时也需要测量三相辅助电压和 DC 链接电压以及通过 PT100 传感器监控温度。ACM 模块还包含一个 OVP（过压保护），OVP 的作用是消除线路中产生的或者当发生短路时产生的电压尖脉冲，保护设备不会被损坏。ACM 设计时，在逆变器箱中安装了一个空气冷却模块，逆变器箱中的其他 ICON-M 模块可以共同使用这个冷却设备。IGBT 模块和放电电阻安装在接地散热片上。逆变器箱中其他设备可以使用内部循环空气冷却。从光缆传输到 IGBT 的栅极驱动控制信号实现 IGBT 的导通和关断控制。ACM 通过多功能车辆总线 MVB 总线实现与列车的通信。

ACM 的主电路图见图 3-10 所示的包括：DC-Link 电容器、三相转换器、过电压斩波器、驱动控制单元（DCU）、低电压电源模块等。

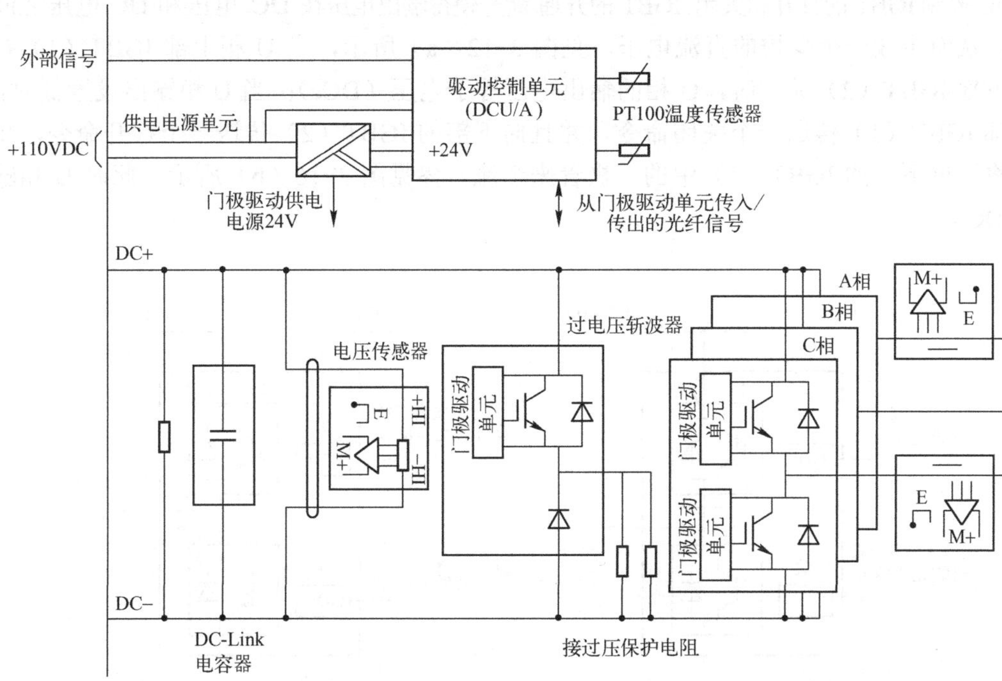

图 3-10　ACM 原理示意图

（1）DC-Link 电容器。ACM 中的 D C-Link 电容器是一个能量缓冲器，电容器稳定 DC 链接电压，足够大的电容使 DC 链接电压波动在允许的范围内，并使得能够精确控制逆变器：DC-Link 电容器由两个并联的电容器组成，两个电容放在相同的外壳内，可以看成是一个电容器。

（2）放电电阻。两个放电电阻与 DC-Link 电容器并联。如果正常放电出现故障，放电电阻将对 DC-Link 电容器放电，使 DC-Link 电容器电压在 5min 内降到 5V 以下。

（3）逆变器。ACM 逆变器由 6 个 IGBT 构成三相逆变桥结构，同一桥臂的上下两个 IGBT 构成一相，共有 3 个一样的逆变器相引脚，分别为 U、V 和 W，如图 3-11 所示。

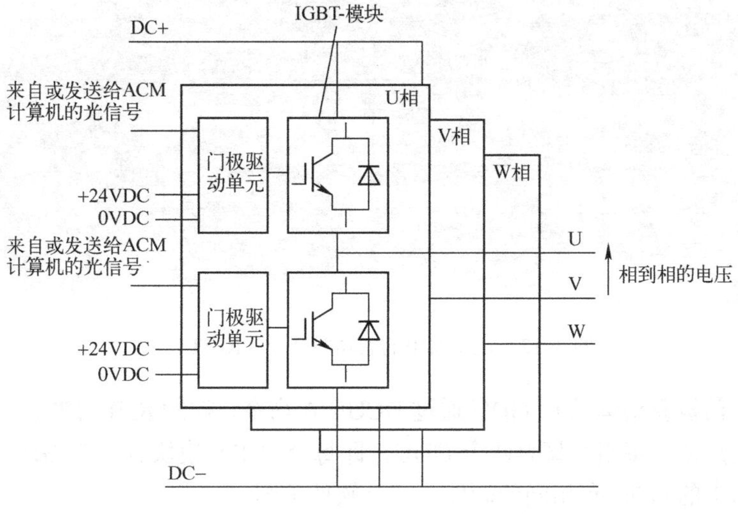

图 3-11　ACM 三相相引脚

（4）IGBT 模块。每相引脚有两个 IGBT 模块，每个 IGBT 带有一个反向并联的二极管，通过 GDU 控制 IGBT 的打开和关闭。IGBT 的开通/断开使得输出电压在 DC_+电压和 DC_-电压之间变化，从而生成一个受控的直流电压，见图 3-12（a）所示，当 U 相上部 IGBT（1）打开和下部 IGBT（2）关闭时，U 相的输出电压等于电压（DC_+）；当 U 相输出设置低时，向上部 IGBT（1）传送一个关闭命令，并且向下部的 IGBT（2）传送一个打开命令，相电流将通过下部的 IGBT（2）中的二极管来续流，参见图 3-16（b）所示，此时 U 相输出为 DC_-。

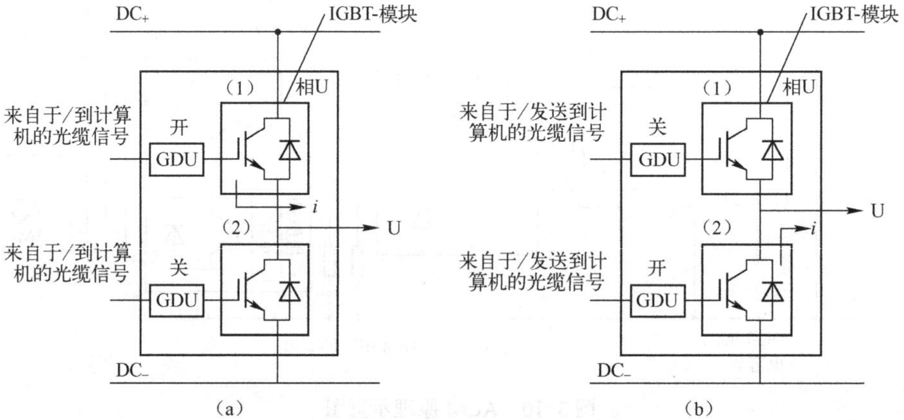

图 3-12　U 相电压输出极性的变化（正相电流）

如果相电流是负的，转换期间电流变成反向，为了产生一个 AC 电压，不依赖于 DC 链接电压，需要进行脉宽调制。

图 3-13 所示为三相逆变器主电路的 6 个 IGBT 和过压保护斩波电路的两个 IGBT 实物图，8 个 IGBT 固定在同一块散热片上，图 3-14 所示为 ACM 逆变电路中 IGBT 的布置情况说明图。

图 3-13　逆变器中的大功率开关（IGBT）

（5）GDU（门极驱动单元）。GDU 通过 DCU / A 命令，控制 IGBT 的打开和关闭。GDU 也可以检查相位短路。每相引脚有两个 GDU，即每个 IGBT 模块有一个 GDU。逆变器相引脚和过压斩波器上的 GDU 有相同的硬件，但是软件不同。

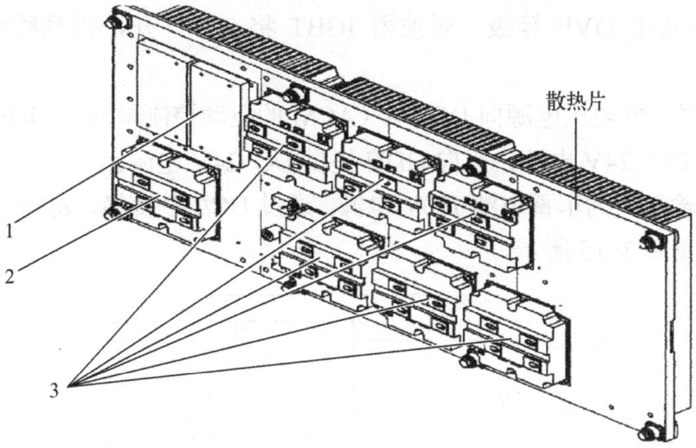

1—OVP 电阻；2—OVP 过压保护 IGBT；3—6 相主电路 IGBT

图 3-14　散热片上的 IGBT（单模块版本、OVP 和蓄电池充电器）

从低压电源模块向 GDU 供电+24V。GDU 应尽可能与 IGBT 模块靠近，使门极和监控电缆尽量短。IGBT 开关命令从 DCU/A 中，通过光缆传送。IGBT 模块电缆使用一个插销与 GDU 连接，使用环形端子把电缆连接到 IGBT 模块上。GDU 上的门极端子是短路验证。GDU 配有一个反馈。因此，DCU/A 将得到一个 GDU 和 IGBT 的状态的快速响应。在 DCU/A 中，反馈可以快速记录短路。两个 LED 指示 GDU 的状态，参见表 3-1。

表 3-1　LED 指示 GDU 的状态表

LED 颜色	GDU 状态或者事件	LED 情况
绿色	供电 OK	当它不断闪烁
绿色	IGBT ON	闪烁，1Hz
红色	供电故障	当它不断闪烁
红色	门极发射器终端短路	当它不断闪烁
红色	主电路断路	闪烁，1Hz
红色	与 IGBT 错误连接	闪烁，1Hz
绿色和红色	CPLD 没有被编程	两个 LED 不断闪烁
绿色和红色	CPLD 编辑了测试程序	LED 同时闪烁
绿色和红色	当 GDU 确认主电路短路或者与 IGBT 错误连接时接收到 IGBT ON 命令	LED 交替闪烁
绿色和红色	供应 DC 24V 消失	两个 LED 都是暗的
绿色和红色	GDU 5V 消失	两个 LED 都是暗的
绿色和红色	两个二极管都故障	两个 LED 都是暗的

（6）过压保护。过压保护电路由一个 IGBT 模块、与逆变器相同的 GDU 和一个电阻构成，IGBT 配有续流二极管。

过压保护 OVP 操作过程为：限制 DC 链接电压在一个允许值，防止发生快速增大电压，例如，由于控制单元故障或者逆变器负载突然下降导致的 DC 链接电压突然增大，如果 DC 链接电压超出 OVP 等级，斩波器 IGBT 将立即打开，直到瞬时电压低于 OVP 关闭等级为止。

（7）低电压电源。低电压电源向 DCU/A（ACM 的驱动控制单元）、电压测量传感器和电流测量传感器提供 DC±24V 电源，也向 GDU 提供 DC+24V 电源。

低电压电源的输入为列车蓄电池 110V 电源，通过 DC/DC 变换，将输入电压转换成以上提及的输出电压，见图 3-15 所示。

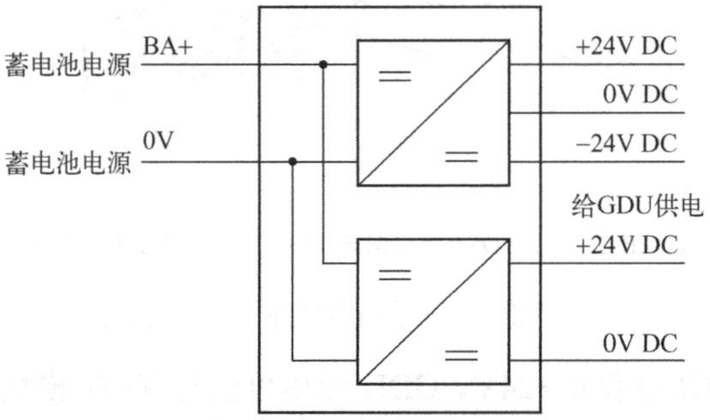

图 3-15　ACM 中低电压电源模块示意图

（8）DCU/A（驱动控制单元）。DCU/A 是一个分布式控制的微机，主要功能是控制和监控 ACM 中的所有设备，例如逆变器控制、电压和电流测量传感器、散热片温度传感器等等。DCU / A 组成包括：电路板、应用软件、光板以及操作系统 TRACSOS+，外形见图 3-16 所示。

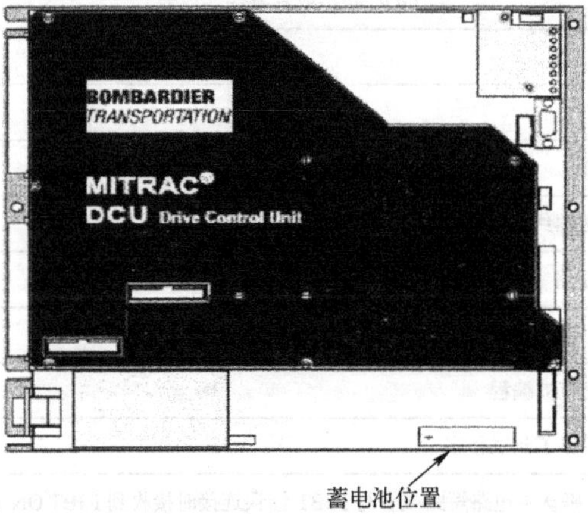

图 3-16　ACM 中 DCU / A（驱动控制单元）

（9）MVB 信号。通过控制板上 MVB 连接器与 DCU 通信，有两个 MVB 连接，分别连接 MVB 输入信号和 MVB 输出信号，见图 3-17 所示。

（10）光缆输入/输出。DCU/A 产生的 IGBT 控制脉冲信号（PWM 信号）需要通过 GDU（门极驱动单元）进行光电隔离和功率放大。在 GDU 的光纤板中，电压基本信号被转换成光信号（光脉冲），光缆传送光信号，在光缆的另一端，这些光信号被转换成电压信号。使用光缆的目的是为了隔离微机产生的弱控制信号，从而减少电源电路对这些弱控制信号的干扰。

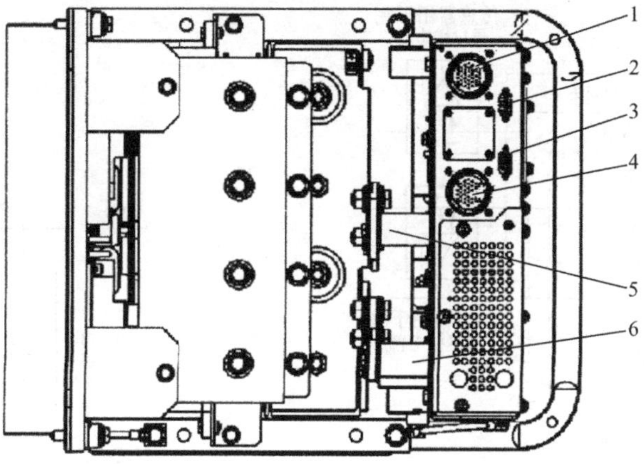

1—X3，蓄电池供电；2—Xl，MVB 输出信号；
3—X2，MVB 输入信号；4—X3，模拟和速度传感器输入；5—DC_-；6—DC_+

图 3-17　ACM 电源输入和信号连接

（11）LED 指示器。DCU/A 有 4 个显示状态的 LED，其状态说明如表 3-2 所示。

表 3-2　DCU/A4 个 LED 的状态说明

LED 标签	颜　色	注　释	功　能
POW	绿色	由硬件控制	电源 OK
OK	绿色	由 MCU 软件控制	SW 运行
ERR 故障	红色	由 MCU 软件控制	故障
WARN 警告	黄色	由 MCU 软件控制	警告

（12）便携式测试单元。为了确定逆变器故障位置，可以使用一个便携式 PC 与 ACM 中的控制微机（DCU/A）相连，通过测试设备可以读取 ACM 的状态。另外一个模拟测试信号输出板可以与 DCU/A 连接，从而可以进行故障追踪。PC 被连接到控制微机的 RS-232 接口上，当使用 RS-232 连接时，右面的两个 LED 都闪烁，一个 LED 显示用来传送数据，另一个 LED 显示接收数据。为了进一步的故障诊断，可以使用一个功能更加全面的故障诊断试验台，此时需要把 ACM 模块从列车上取出，并且放到试验台上进行测试。

（13）电流传感器。ACM 中有 2 个电流传感器，如图 3-18 所示它们分别用来测量 U 相和 V 相的相电流。W 相上的电流可以在 DCU/A 中通过 U 相和 V 相的相电流计算获得。

DCU/A 对相电流进行实时监控，如果相电流超出最大允许值，电压输出暂时减小。DCU/A 为相电流传感器提供±24V 电源，电流传感器检测的电流模拟信号送入 DCU/A 中的微机进行判断处理，实现保护和牵引电机控制的功能：电流传感器用霍尔元件制成，它可以测量 AC 和 DC 电流。

（14）电压传感器。DC 链接电容器的电压由一个电压传感器测量，电压传感器测量的 DC 电压实时送入 DCU/A 中进行判断和处理，实现过压保护功能，电路如图 3-19 所示。

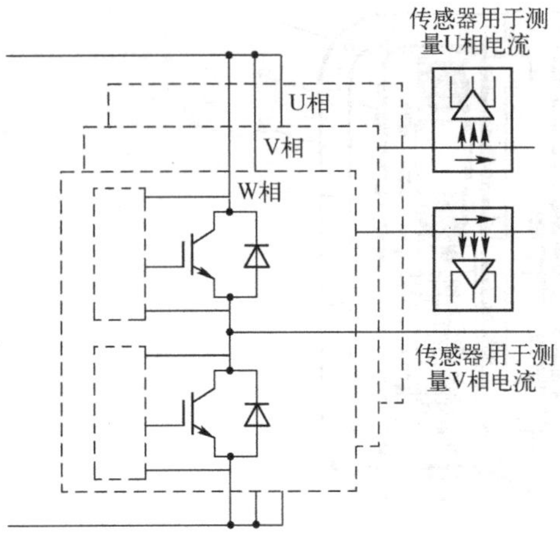

图 3-18　检测相电流的电流传感器

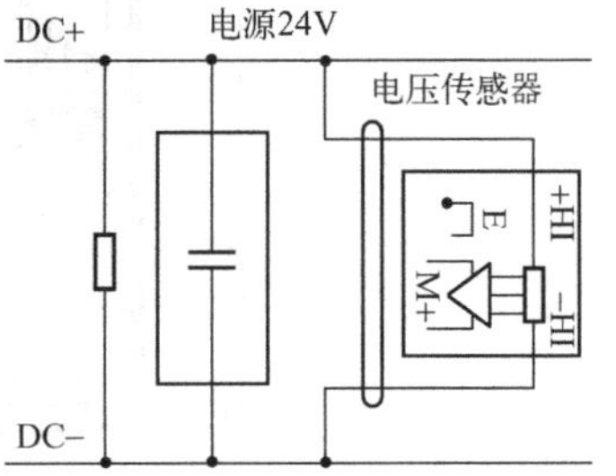

图 3-19　电压传感器

（15）温度传感器。逆变器散热片温度由 DCU/A 中安装在散热片上的 PT100 温度传感器测量，见图 3-14 所示。DCU/A 使用信号控制逆变器箱中冷却系统，并且检测过温故障。如果传感器指示散热片温度过高，限制 ACM 输出电压，如果温度持续增加则封锁 ACM 逆变器，从而起到温度保护功能。

3.2.2　辅助逆变电路结构

城市轨道交通车辆中常见辅助逆变器结构有不同的形式，根据城市轨道交通车辆供电电压、安全性能要求及成本构成等，选择不同的辅助逆变电路结构形式和设备。

1. 辅助逆变器的电路形式

（1）结构形式一。电路结构如图 3-20 所示，输入直流电源经过 LC 线路滤波器 1，抑制直流输入回路的谐波。由升/降压斩波器 2 将直流调节到逆变器要求，经滤波器 3 送给逆变器 4，目的是使得逆变器有一个稳定的输入电源。逆变器的三相 50Hz 交流电经过三相交流 LC 滤波器 5 滤波、三相交流隔离变压器 6 将滤波后的电压变为 380V 电压，同时还起到将负载回路和电源回路相互隔离的作用。变压器有两路输出，一路提供三相带中点的 50Hz、AC380V 电源 8，另一路经过整流滤波（7、9）输出 DC110V 电压。

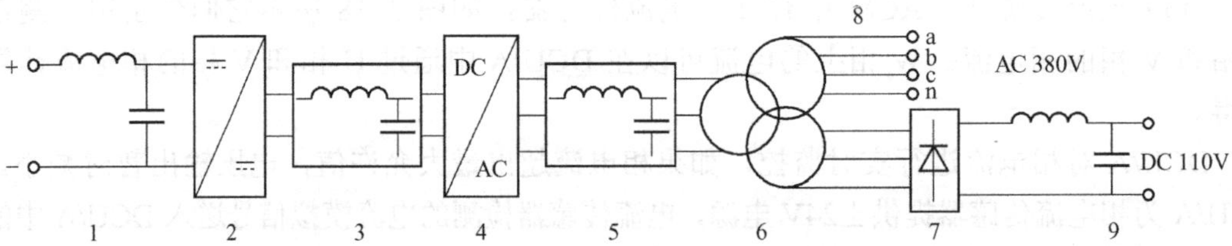

1—LC 线路滤波器；2—升/降压斩波器；3—滤波器；4—逆变器；5—LC 滤波器；
6—隔离变压器；7—二极管整流桥；8—带中点的 AC380V 电源；9—输出滤波器

图 3-20　辅助逆变器电路结构形式一

（2）结构形式二。电路结构如图 3-21 所示，直流输入经线路滤波器 1→降压斩波器 2→滤波器 3→逆变器 4→交流滤波器 5→隔离变压器 6→输出带中点的 AC380V 电源 7。

直流输出分两路：

从 AC380V 输出→降压变压器 8→二极管整流滤波 9→输出 DC110V。

从 AC380V 输出→降压变压器 10→二极管整流滤波 11→输出 DC24V。

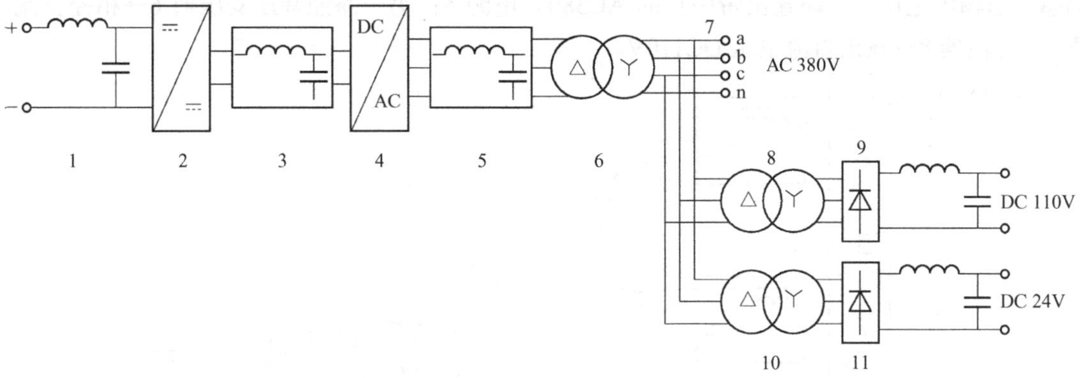

1—线路滤波器；2—降压斩波器；3—滤波器； 4—逆变器； 5—交流滤波器

6—隔离变压器 7—带中点的 AC380V 电源 8、10—降压变压器 9、11—二极管整流滤波

图 3-21 辅助逆变器电路结构形式二

（3）结构形式三。电路结构如图 3-22 所示。直流输入经线路滤波器 1→逆变器 2→交流滤波器 3→隔离变压器 4 输出。

隔离变压器二次绕组分两组输出，一组输出带中点的 AC 380V 交流电 5；另一组输出经二极管整流 6→滤波电路 7 后输出 DC 110V。

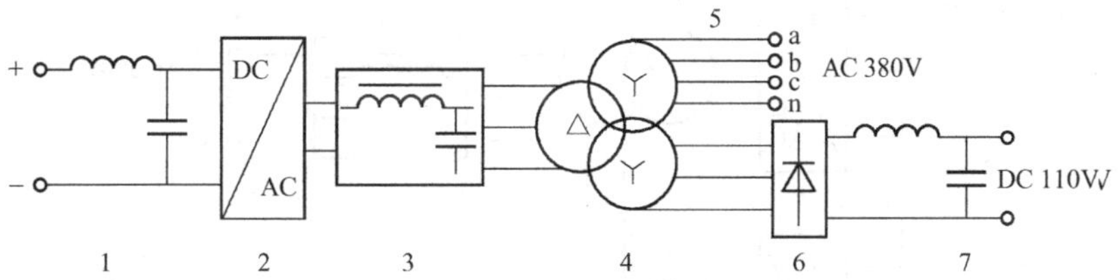

1—线路滤波器；2—逆变器；3—交流滤波器；4—隔离变压器；5—带中点 AC380V 电源；

6—二极管整流；7—滤波电路

图 3-22 辅助逆变器电路结构形式三

（4）结构形式四。电路结构如图 3-23 所示。直流输入经线路滤波器 1→逆变器 2→交流滤波器 3→隔离变压器 4。隔离变压器二次侧一组输出带中点 AC380V 电源 5，另一组输出经降压变压器 6，降压二极管 7 整流，滤波后输出 DC110V。

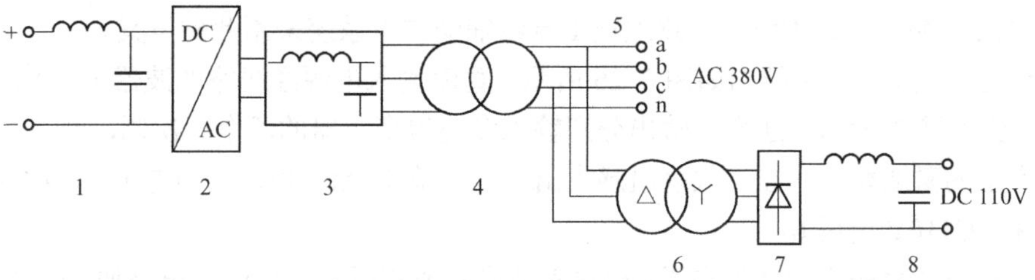

1—线路滤波器；2—逆变器；3—交流滤波器；4—隔离变压器；5—带中点的 AC380V 电源；

6—降压变压器；7—相控整流桥；8—输出滤波器

图 3-23 辅助逆变器电路结构形式四

（5）结构形式五。电路结构如图 3-24 所示，直流输入电源经线路滤波器 1→两台串联的逆变器 2→分别经过两台独立的交流滤波器 3→隔离变压器 4→输出交直流电源。隔离变压器有两个独立的一次绕组，一个二次绕组，两个一次绕组输入产生的磁通在铁芯内叠加，二次侧感应出输出电压，一路输出带中点的 AC380V 电源 5；另一路经降压变压器 6→相控整流桥 7→滤波器 8→输出直流电压 DC110V。

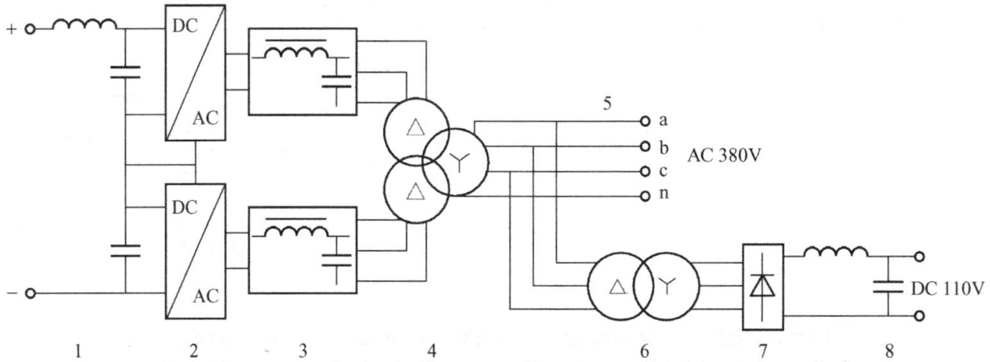

1—线路滤波器；2—逆变器；3—交流滤波器；4—隔离变压器；5—带中点的 AC380V 电源；
6—降压变压器；7—相控整流桥；8—滤波器

图 3-24　辅助逆变器电路结构形式五

（6）结构形式六。电路结构如图 3-25 所示，直流输入经线路滤波器 1 电容分压→两台串联的逆变器 2→阻式降压隔离变压器 3 双重逆变输出，经过滤波器 4 输出带中点的 AC380V 电源。

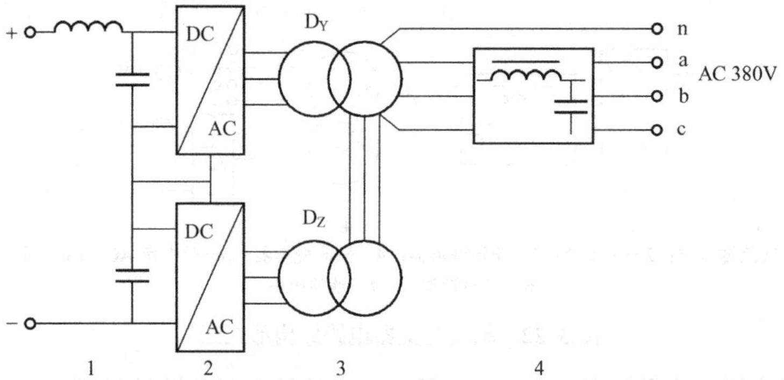

1—线路滤波器；2—逆变器；3—隔离变压器；4—带中点的 AC380V 电源

图 3-25　辅助逆变器的电路结构形式六

这种形式没有从 AC380V 直接变换为 DC110V 输出，另外设有一个由电网直接供电的 DC/DC 变流器，输出 DC110V。广州地铁 1 号线辅助供电系统采用此种方案。

（7）结构形式七。电路结构如图 3-26 所示。直流输入电源经线路滤波器 1→两台串联的逆变器 2→变压器 3 输出。逆变器输出分别输入多绕组变压器的两个一次侧，两个一次绕组在铁芯中产生的磁通叠加，在二次绕组感生出电压，输出 AC380V 三相电压 4、AC220V 单相电压 5 和 DC110V 电压 6。

形式七与形式六的不同之处在于：形式六是将两个变压器二次侧输出叠加，是电路叠加；形式七则是磁路的叠加。这两种电路中，逆变器的输出电压都有一个相位差，这样叠加后输出侧电压波形的低次谐波就小，对滤波器要求就低。

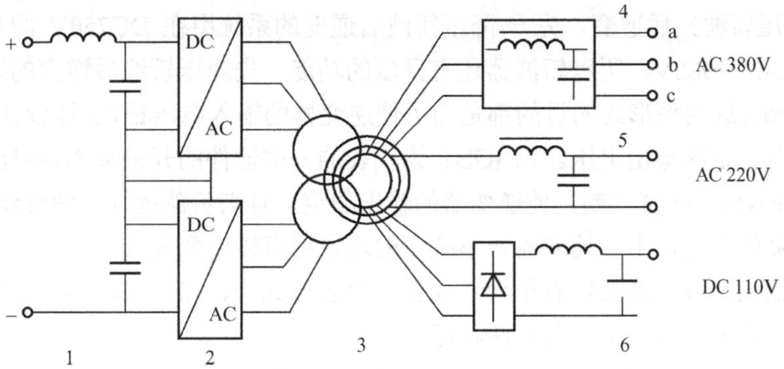

1—线路滤波器；2—逆变器；3—变压器；4—AC380V 三相绕组；
5—AC220V 单相绕组；6—DC110V 三相绕组

图 3-26　辅助逆变器的电路结构形式七

（8）结构形式八。电路结构如图 3-27 所示，由电网直接供电→电容线路滤波器 1 分压→两台串联的单相半桥、高频逆变器 2→分别输入各自高频变压器 3→分别经各自的高频整流器 4→两台整流器分别输出后并联，滤波器 5 输出 DC110V。

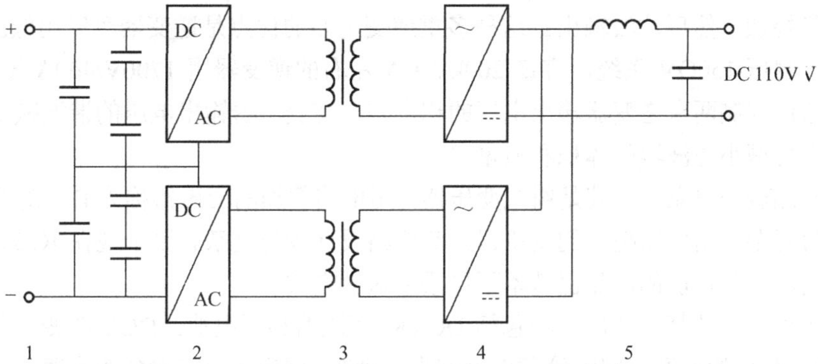

1—线路滤波器；2—单相高频逆变器；3—高频变压器；4—高频整流器；5—滤波器

图 3-27　辅助逆变器电路结构形式八

（9）形式九。电路结构如图 3-28 所示，该形式是由 AC380V 供电的 AC/DC 系统经中间变换（输出 DC110V）。由 AC380V 电源 1 供电→滤波器 2→相控整流桥 3→滤波环节 4→单相高频逆变器 5→单相高频隔离变压器 6→高频整流器 7→滤波器 8→输出直流电压 DC110V。

采用高频逆变技术可以大大缩小隔离变压器的体积，但变压器的设计、制造技术要求较高。

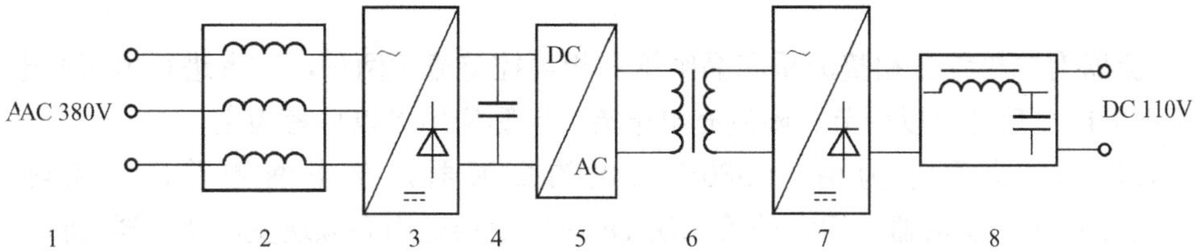

1—AC380V 电源；2—滤波器；3—相控整流桥；4—滤波环节；5—单相高频逆变器；
6—隔离变压器；7—高频整流器；8—滤波器

图 3-28　辅助逆变器的电路结构形式九

2. 辅助供电系统的电路结构和设备的选择

（1）变流器系统的选择。变流器系统有两种形式，一种是直接逆变，另一种是先斩波（升

/降压斩波或降压斩波）后逆变。先升/降压斩波后逆变的系统用在 DC750V 的系统，因其网压波动范围为 500～900V，所以斩波器还有升压的功能。先降压斩波后逆变的则用于网压为 DC1500V 的系统。这两种形式的目的都是为了使逆变器的输入电压稳定，即使在负载变化时，也保证斩波器有稳定的输出电压。以 IGBT 为代表的开关器件的开关频率足以满足在网压波动范围内，用 PWM（脉宽调制）使逆变器的输出稳定，且满负荷运行。考虑到多一个环节，多一个发生故障的可能，上述的变流器系统一般均采用直接逆变方式。

（2）逆变器的选择。逆变器有单台逆变器（上述形式一、二、三、四、九）和两台逆变器串联（上述形式五、六、七、八）两种形式。

① 单台逆变器。对于网压 1500V，容量约 200kV·A 左右的辅助逆变器一般均使用 3300V/400A 的 IGBT 器件。这种结构电路形式简单、可靠，逆变器采用 PWM 调制控制，可使输出电压的谐波含量在限制值以内；而且随着 IGBT 性能的不断完善，将会进一步简化逆变器主电路，减少使用器件，提高电路可靠性，降低制造成本，简化调试工作等。这是目前辅助系统逆变器普遍采用的形式。

② 两台逆变器串联。两台逆变器输出至隔离变压器，隔离变压器输出通过电路叠加，或者通过磁路叠加，然后滤波输出。这种多重逆变电路的优点是逆变器可以用低压的 IGBT 器件（如对于网压 150OV 系统，容量 200kV·A 左右的逆变器用 1700V/400A 器件即可）；另外，可以通过控制两台逆变器输出电压的相位差，使变压器输出电压的谐波减少，提高基波含量，从而可减小滤波器的体积和质量。

但这种电路较为复杂，尤其是组式变压器，用电路叠加的变压器称为 D_Y-D_z 变压器，其二次绕组较为复杂；用磁路叠加的变压器，其磁路设计较为复杂。鉴于现在 IGBT 的耐电压水平已足够高，因此目前的产品已基本不再采用这种方式。

（3）低压电源的选择。低压电源包括 DC/DC 变流器和蓄电池。DC/DC 变流器在列车运行时作为 DC110 V 的电源，同时给蓄电池充电。列车上有两台 DC/DC 变流器，工作若一台故障，另一台能满足全列车所有 DC110V 负载使用，只有在应急情况下，才由蓄电池提供 DC110V 电源。

① 目前 DC110V 电源多由辅助逆变器供电，有的是从隔离变压器的一组二次侧经整流、滤波后输出（上述形式一、三、七），有的是由辅助逆变器从 380V 电源经变压器降压、整流、滤波后输出（上述形式二、四、五），前者隔离变压器稍复杂些，后者需增加一个变压器，各有利弊。

② 整流器有二极管三相整流桥和晶闸管三相可控整流桥两种，前者进行恒压充电，但充电电流不可控；后者可以调节、限制充电电流，实际应用多以后者为主。

③ 上述形式九所示为由 AC380V 供电的变流器，从电网侧看，它实际上是 DC-AC-DC-AC-DC 变流器，但它的第二次 DC/AC 变换是用高频逆变，变压器为特殊的高频变压器（铁芯用铁氧等材料制成），整流器使用高频管（用快速恢复整流二极管），技术要求比较高。

④ 上述形式八是直接由 DC1500V 供电的、独立的 DC/DC 变换器，它经过两个串联的逆变器，这是一种半桥单相逆变器，即逆变器的一个桥臂用 IGBT，而另一个桥臂用高频电容代替。因此它的输出隔离变压器也是高频变压器，其整流器也由快速恢复二极管构成。

3.3 辅助供电系统电路分析

3.3.1 辅助供电系统供电电路应用

1. 辅助供电系统电路在城市轨道交通车辆中的应用分析

（1）先经升/降压稳压后逆变的原理电路框图如图 3-29 所示，我国上海地铁 1、2、4 号线车辆逆变器就是采用这种方式。图中，CHO 为升/降压器，一般有斩波降压（上海地铁 1 号线，见图 3-33）和逆变降压（上海地铁 2、4 号线，见图 3-30）两种方式，其作用一方面是稳定逆变器输入电压，另一方面对逆变器进行保护。INV 为逆变器，它的输出经电感电容滤波网络 FIL 滤波后输入到隔离变压器 T_0，隔离变压器为Δ-丫连接，输出三相四线电压 AC380V，50Hz。另有两个变压器 T_1、T_2，由 AC380V 供电，分别经降压、整流和滤波后输出 DCl10V 和 DC24V。

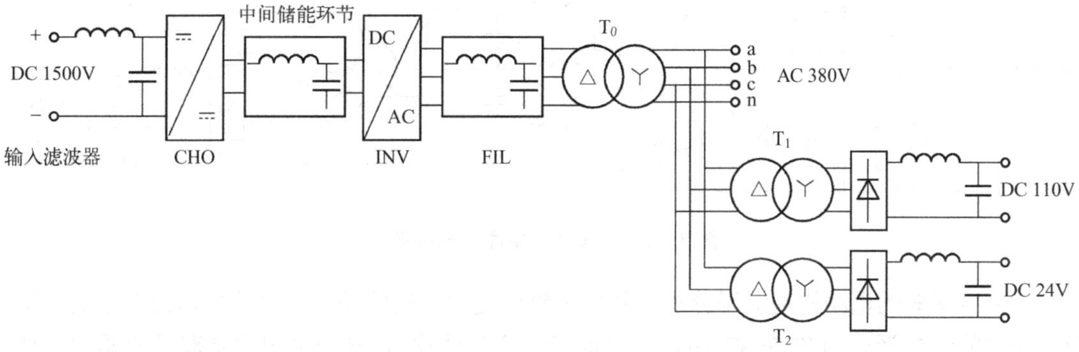

图 3-29　先经升/降压稳压后逆变的原理电路框图

INV 逆变器采用 PWM 调制，它的开关频率要兼顾两方面：频率过高则开关损耗较大而影响逆变器的效率，还会由于正、负换流所需的 “死区”影响占空比，影响逆变器输出波形的谐波含量；若频率过低也会使输出电压波形谐波含量较大。一般采用 SPWM 调制，将开关频率控制在 2.5kHz 左右。

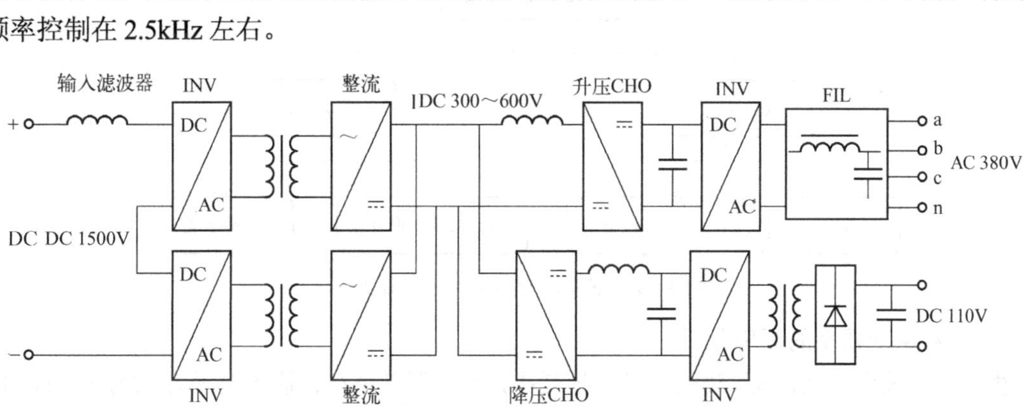

图 3-30　上海地铁 2、4 号线辅助逆变原理电路框图

目前随着元器件水平与控制技术的提高，已经很少采用升/降压环节，即使对于 DC750V 的供电系统来说，它的网压波动范围-33.5%～+20%与 DC1500V 供电系统一致，所以对于 DCl500V 系统能做到的，对于 DC750V 系统同样能做到。

直接逆变是城市轨道交通车辆辅助逆变电源最简单的电路结构形式，原理如图 3-31 所示。我国上海地铁 3 号线和轻轨车辆，广州地铁 1、2、3 号线车辆，武汉轻轨和天津轻轨滨海线等车辆的逆变器均采用这种方式。开关器件采用大功率 GTO、IGBT 或 IPM，辅助逆变电源采用直接从受电弓或第三轨受流方式，逆变器按 U/f 等于常数的控制方式，输出的三相脉宽调制电压采用变压器隔离向负载供电。这种电路的特点是电路结构简单，器件使用数量少，控制方便，缺点是逆变器电源输出电压容易受电网输入电压波动的影响，功率电子器件（如 IGBT）换流时承受的过电压较大，特别是在高电压情况下（DC1500V 供电系统再生制动时，网压可达 2000V）更为突出。

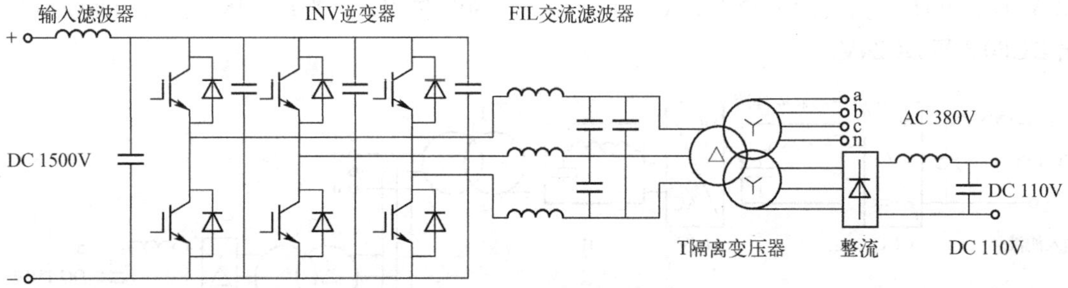

图 3-31　直接逆变电路结构框图

（2）逆变器的电路构造应用分析。从城市轨道交通车辆辅助逆变器的电路构造分类，辅助逆变器的结构形式如图 3-32 所示。目前我国广州地铁 1 号线采用的是双逆变器型（如图 3-33 所示），其他基本上采用单逆变器型（例如广州地铁 2 号线，上海地铁 1、2、3、4 号线和轻轨，武汉轻轨和天津滨海线，如图 3-29、图 3-31 所示）。

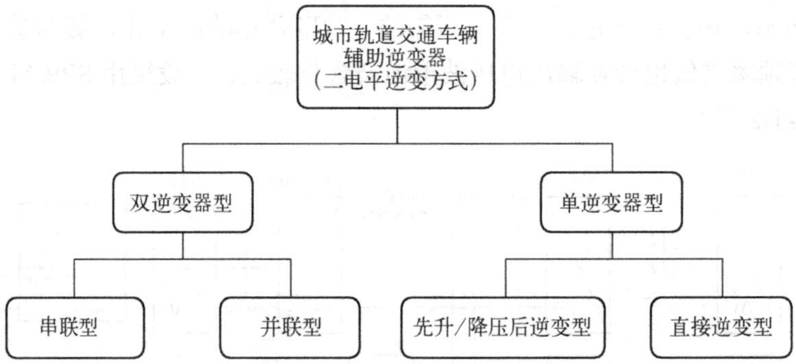

图 3-32　辅助逆变器结构形式分类

① 对双逆变器型的评价分析。

优点为开关频率低，仅 150Hz，开关损耗小，逆变器效率高；输出电压为 12 阶梯波，电压的最低次谐波为 11 次，对输出滤波器要求低。

缺点为电路复杂，使用元器件多。两台逆变器串联，动态均压要求高，故障率高。

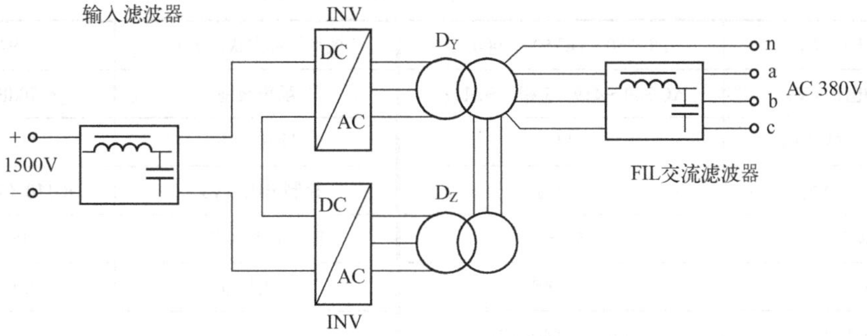

图 3-33　广州地铁 1 号线辅助逆变器结构框图

每台逆变器输出电压为 6 阶梯波，因而不论是 D_Y、D_Z 变压器或是 T 变压器，它们的一次绕组输入电压的谐波含量高，变压器中的谐波损耗大；

变压器结构复杂，对于电路叠加型的 D_Z 变压器，它的二次绕组为曲折连接，对于磁路叠加型的变压器，两个一次绕组由不同相位的电压分别输入，需特殊设计。

② 对单逆变器的评价分析。

优点为电路简单，使用器件少，可靠性高；PWM 调制，输出电压的谐波含量小，而且可以设计优化的 PWM 调制，使谐波含量达到要求；逆变器电压输出先经交流滤波网络滤波后输入隔离变压器，故输入变压器电压的谐波含量低，变压器中谐波损耗小；变压器结构简单，不需特殊设计。

缺点为关频率较高，相对于双逆变器方案，开关损耗较大，逆变器效率较低；功率器件（如 IGBT）换流时承受的过电压（du/dt）较大，特别是在高电压情况下（DC1500V 供电系统再生制动时，网压可达 2000V）更为严重。

目前城市轨道交通车辆的辅助逆变器多数采用单逆变器型。

（3）DC/DC 变流器形式比较。城市轨道交通车辆 DC/DC 变流器有两种形式：直接变换型和间接变换型。直接变换工作可靠性高，且与辅助逆变器无关，采用半桥高频逆变降压后整流输出（一般为 DC 110V 和 DC 24V），广州地铁 1、2 号线车辆采用直接变换。间接变换由辅助逆变器供电经降压、整流的形式，广州地铁 3 号线，上海地铁 1、2、3、4 号线，上海轻轨，武汉轻轨和天津滨海线等的车辆采用间接变换形式。

2. 城市轨道交通车辆辅助电路实例分析

以我国武汉轻轨车辆辅助供电系统为例，对其供电电路进行分析。

（1）系统概述。武汉城轨车辆采用 DC750V 供电制式、第三轨受流。辅助供电系统采用东芝公司以 IGBT 逆变器为核心的成熟产品，安装于拖车上，用于将 DC750V 逆变为 PWM 波形的三相 AC380V 电源，供给列车上的空气压缩机、空调、照明、电热器等设备，同时将 380V 交流电源通过整流器整流输出 DC110 V 和 DC 24V，给列车控制设备供电，并对蓄电池进行充电。每列车配有两套辅助供电系统，交叉对列车供电，总输出功率为 140kV · A。

（2）辅助供电系统主要技术规格。辅助供电系统主要技术规格见表 3-3。

表 3-3　辅助供电系统主要技术规格

额定输入电压（V）	DC 750（DC 500～900）	效率（额定状态下）	94%
额定输出电压（V）	AC 380～419（3 相，50Hz）	噪声级别	＜70dB（A）
额定输出功率（kV·A）	140	冷却方法	自然风冷
额定输出畸变	＜5%	控制电压（V）	DC110（77～121）
额定输出频率（Hz）	50±1	环境温度（℃）	-18～+42
负载变化	0～100%	应用标准	IEC1287
过载能力	150%，持续 10s		

（3）辅助供电系统构成。辅助供电系统主回路如图 3-34 所示，系统主要由逆变器单元、半导体断路器、驱动控制单元 DCV/A、电磁接触器（CTT 和 DCHK）、滤波电抗器（L_1）、滤波电容器（C_1）、隔离开关（K_1）和主熔断器箱（FU_1，FU_2）、交流滤波器和交流变压器、电流检测装置（DCCT，CTU，CTW）、电压检测装置（DCPT）、避雷器等设备组成。除隔离开关和主熔断器箱外，其他设备全部集成在辅助电源箱中。

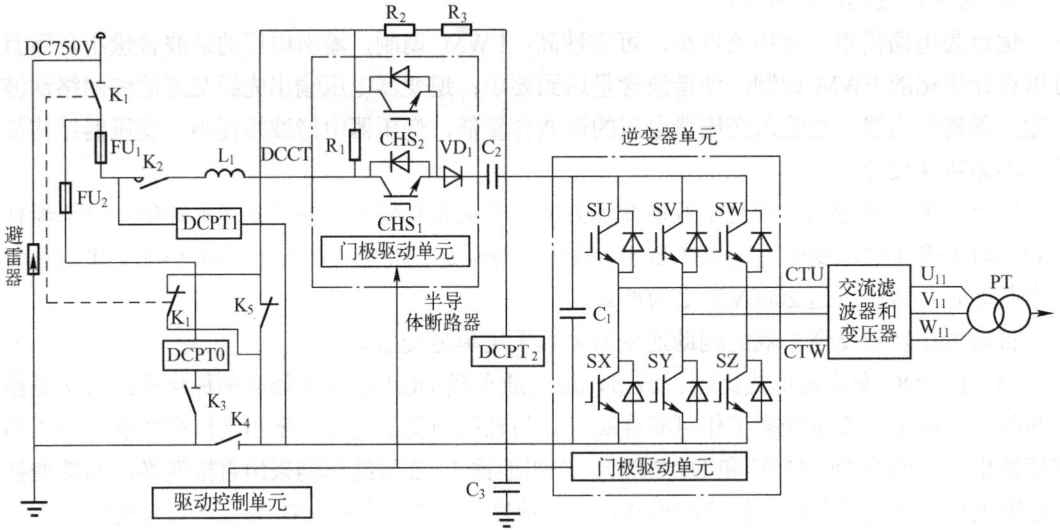

图 3-34　辅助供电系统主回路

逆变器单元是辅助供电系统的核心，由 IGBT 功率模块、门极电路单元（GDV）等组成。逆变器采用三相桥式逆变电路，180° 导通型，输出三相交流方波。为了减少高次谐波，使方波更接近于正弦波形，输出电压保持在一个恒定水平上，不随输入电压和负载的变化发生波动，单元采用 PWM 控制技术，将方波分为若干脉冲并控制脉冲的宽度。

半导体断路器向逆变器单元输送直流电源的 IGBT 模块，由 CHS_1、R_1、CHS_2、门极电路，以及逆向电流保护二极管（VD_1）合并成一个单元，型号规格为 1700V/1200A。如果逆变器设备出现过电流或其他不正常现象，CHS 立即切断电流。当 CHS（CHS_1）切断直流电源时，CHS（CHS_2）保护其免于过电压的损坏。

DCV/A 控制单元用于逆变器保护、门极电路控制、故障显示和记录等，由 32 位 CPU 进行控制。

电磁接触器 K_2 用于连接 750V 直流电与逆变器单元，实现向逆变器单元供电，出现不正常情况时断开连接。K_5 主要用于当逆变器单元停止工作时对滤波电容器放电。K_2 和 K_5 分为切换主电路的接触器和用于操作检查信号（回复）的辅助接触器。

滤波器由滤波电抗器 L_1 和滤波电容器 C_1 组成 LC 滤波器，用于抑制直流输入回路谐波。交流滤波器为三相交流 LC 滤波电路，对逆变器单元输出的三相 310V 电压滤波；交流变压器为三相交流变压器（Δ-Y 连接），用于将滤波后的 310V 电压升压为 380V 电压，同时还起到隔离负载回路和电源回路的作用。

（4）辅助电源故障保护功能。辅助供电系统具有过电流、过电压、过载、过热等完备的自诊断和故障保护功能，以保证系统的可靠性，主要保护功能见表 3-4。

表 3-4 辅助电源保护功能表

故障现象	检测仪	保护动作			备注
		GATE off	CHS off	K_2 off	
输入过电流	DCCT	0	0	0	10s 自动复位，在 2min 内保护作用 2 次则锁闭，在启动时保护起作用立即锁闭
输入滤波电容器过电压	$DCPT_2$	0	0	0	10s 自动复位，在 2min 内保护作用 3 次则锁闭
滤波电容器低电压	$DCPT_2$	0	0	0	10s 自动复位，在 2min 内保护作用 2 次则锁闭
CHS 不能打开	$DCPT_1$ $DCPT_2$	0	0	0	10s 自动复位，在 2min 内保护作用 2 次则锁闭
CHS 短路*	DCCT	—	—	0	10s 自动复位，在 2min 内保护作用 2 次则锁闭
IGBT 输出过电流	CTU CTW	0	0	0	10s 自动复位，在 2min 内保护作用 2 次则锁闭
过载	CTU CTW	0	0	0	在2min内保护作用2次则锁闭
输出过电压	PT	0	0	0	10s 自动复位，在 2min 内保护作用 2 次则锁闭
输出欠电压	控制板	0	0	0	10s 自动复位，在 2min 内保护作用 2 次则锁闭
过热	温度传感器	0	0	0	2s 自动复位，在 1h 内保护作用 3 次则锁闭

注：“0”表示动作；“-”表示不动作。

3.3.2 城市轨道交通车辆供电分配

1. 城市轨道交通车辆 AC400V 和 DC110V 供电分配

（1）城市轨道交通车辆辅助供电方式。城市轨道交通车辆辅助供电有分散供电和集中供电两种供电方式。集中供电和分散供电根据一个单元配置静止辅助逆变器的数量区分。在 2M1T（3 节车辆）构成单元的地铁车辆（整列车由两个单元，即 6 节编组构成）中，若每节车辆均配备一台静止辅助逆变器，则每单元共用一台 DC110V 控制电源，这种供电方式为分散供电。若每单元只配一台静止辅助逆变器，一台直流 110V 控制电源，则这种供电方式为集中供电。轻轨车辆大都采用 1M1T（2 节车辆）构成单元，由两个单元构成一列车（所谓 4

节编组），每单元配备一台静止辅助逆变器的集中供电方式。

我国早期引进的地铁车辆辅助供电多采用分散供电方式，如上海地铁 1、2 号线车辆，如图 3-35 所示，广州 1 号线车辆，如图 3-36 所示。

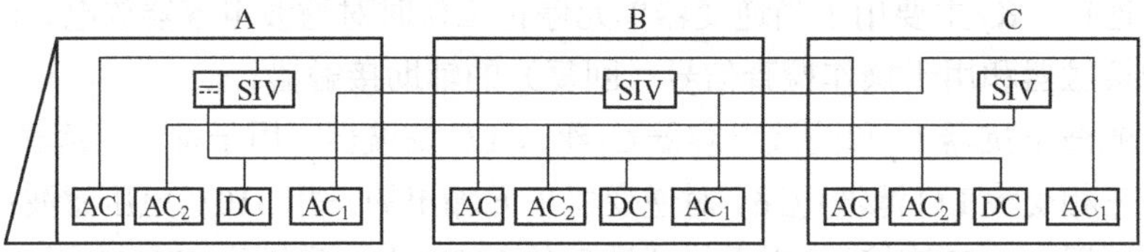

图 3-35　上海地铁 1、2 号线车辆辅助供电框图

图 3-35 中所示，每节车配置 1 台“SIV”辅助逆变器，A 车的 SIV 提供三节车辆共用的直流设备用电和每节车的其他交流设备用电；B 车的 SIV 提供三节车辆每节的“AC_1”空调、空气压缩机和风机交流负载用电；C 车的 SIV 提供三节车辆每节的“AC_2” 空调、空气压缩机和风机交流负载用电。

图 3-36 中，“SIV”为辅助逆变器，A 车的“SIV”提供共用的“DC”直流设备——DC/DC 变流器用电，DC/DC 变流器采用半桥高频逆变降压后整流输出。“AC_1 和 AC_2”为每节车的空调、空气压缩机和风机交流负载。在每单元车中，A 车电气柜内的 220V 交流插座的电源由 B 车的 DC/AC 提供，B 车电气柜内的 220V 交流插座的电源由 A 车的 DC/AC 提供，C 车电气柜内的 220V 交流插座的电源由自身的 DC/AC 提供。

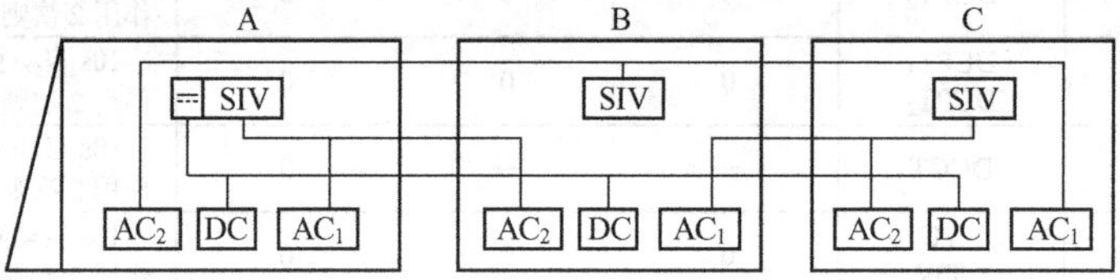

图 3-36　广州地铁 1 号线车辆辅助供电框图

上海地铁 2 号线后引进的车辆中，其辅助供电多采用集中供电方式，即每个单元由一台辅助逆变器供电。图 3-37 所示为广州地铁 2 号线车辆辅助供电方式，辅助逆变器配置在 C 车与主逆变器一起，DC/DC 设备配置在 A 车上采用直接变换方式。图 3-38 所示为上海地铁 4 号线车辆辅助供电方式，辅助逆变器在 A 车上，DC/DC 采用间接变换方式。

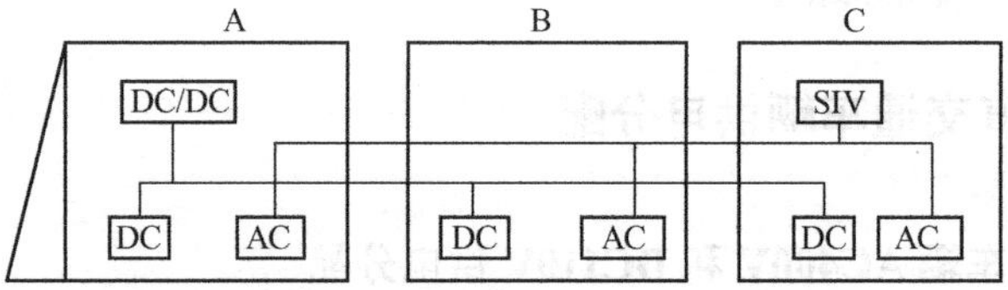

图 3-37　广州地铁 2 号线车辆辅助供电框图

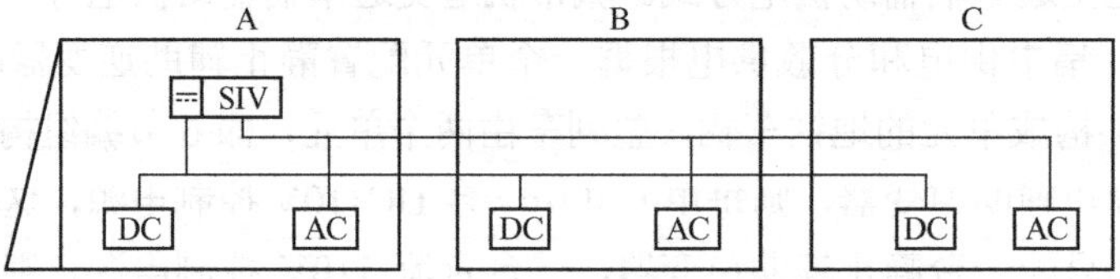

图 3-38　上海地铁 4 号线车辆辅助供电框图

广州地铁 3 号线车辆采用两动一拖组成一列车，A 车为带驾驶室的动车，B 车为拖车，两台辅助逆变器（在一个箱体中）配置在 B 车上，DC/DC 设备作为辅助逆变器的组件共两个，同时为整个 3 节编组列车内的直流负载供电，同时对蓄电池充电。图 3-39 所示为广州地铁 3 号线车辆的辅助供电方式，正常运行时两个辅助逆变器系统相互独立工作，一个辅助逆变器的三相交流输出可以为一节 A 车和半节 B 车供电。当一个辅助逆变器故障时，通过断开相应输出接触器将故障辅助逆变器与三相配电回路隔离，10s 后耦合接触器闭合，先前被隔离的三相回路将被组合到一个系统中，由另一个有效辅助逆变器供电，此时需降载使用，即每节车关闭一个空调单元，关闭故障辅助逆变器供电的空气压缩机。

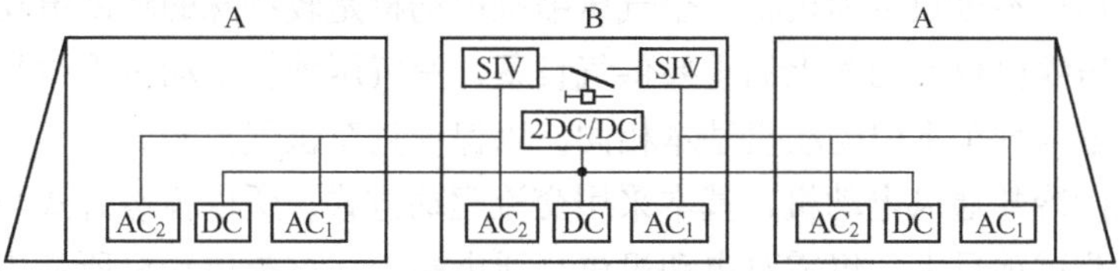

图 3-39　广州地铁 3 号线车辆辅助供电框图

（2）城市轨道交通车辆负载分配实例。

以上海地铁 1 号线车辆（直流传动）为例，其辅助供电系统回路如图 3-40 所示。

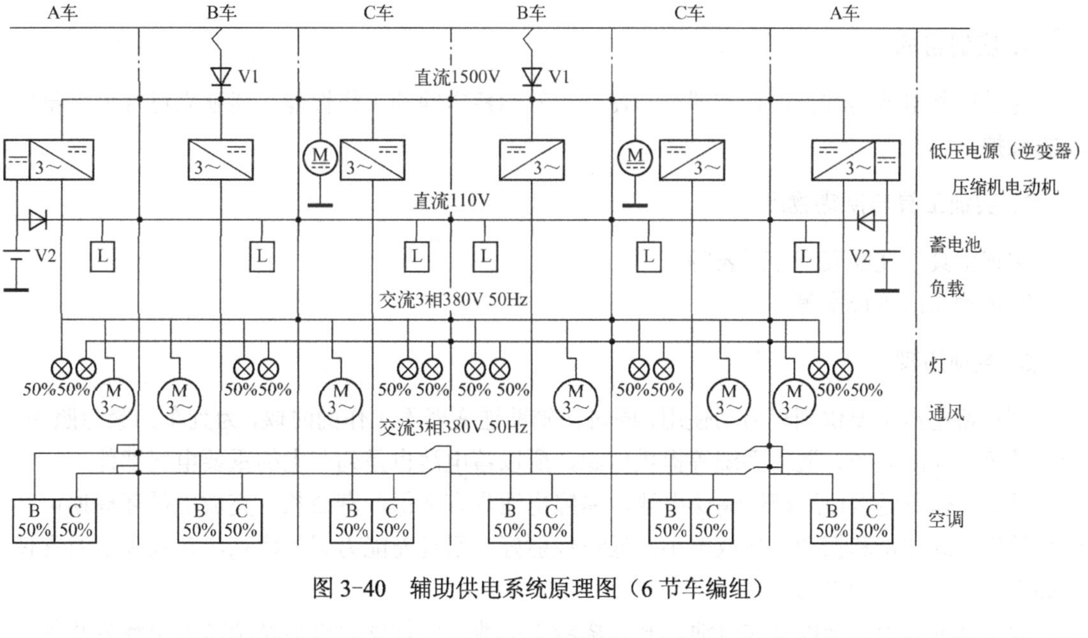

图 3-40　辅助供电系统原理图（6 节车编组）

DC1500V 接触网电流经受电弓、列车导线和隔离二极管向每节车的静止逆变器馈电，静止逆变器按车辆类型分为 A 车（拖车）——14.3 型，B、C 车（动车）——14.4 型。14.3 型逆变器输出为 DC110V 和三相 AC 380V，50Hz。DC110V 向 A 车上的蓄电池充电，并提供列车 DC110V 控制用电；三相 AC380V，50Hz 向列车提供照明及通风，每个 A 车逆变器负担 50%的列车照明和通风。14.4 型逆变器仅输出三相 AC380V，50Hz，它们向列车提供空调机组电源，B 车和 C 车上的逆变器分别向全列车一半的空调机组供电。

3.4 辅助供电系统的检修

辅助逆变器的结构与牵引逆变器相似，其检修方法也基本一致。检修主要是对通风区域、散热片、半导体元件的安装等进行清洁检查，并视工作环境的情况检查清洁控制板。在清洁过程中，应采取防静电措施；同时，如控制板上有接线端子，应对接线端子进行清洁，必要时需进行打磨，以保证与电缆、控制线接触良好。

辅助牵引电动机也是车辆上的重要设备。从气路系统中的空气压缩机电动机，到主要电气设备中的通风电动机以及空调系统中的各类电动机，归纳起来起到驱动、冷却和通风的作用，是车辆正常运行不可缺少的设备。空气压缩机电动机是较特殊的辅助电动机，通常是恒转速运转。空气压缩机也是列车上的重要供气设备，空气压缩机电动机无论是直流的还是交流的，其检修内容与列车牵引电动机基本相同，以保证列车供气正常。

对于列车上的冷却通风电动机，基本采用交流驱动方式，所以检修方式与交流电动机基本一致，只是在测试项目上，仅需对电动机进行通电检查。这类电动机所使用的轴承多为双面密封，仅在电动机大修时予以更换。

辅助逆变器及辅助牵引电动机的检修这里不再赘述。

实训项目6 蓄电池的维护

1. 实训目的

通过对蓄电池的维护项目的训练，使学生熟悉蓄电池的工作性能，能独立进行列车蓄电池的维护。

2. 实训工具与所需物品

实训工具：兆欧表、万用表等。

所需物品：蒸馏水等。

3. 实训原理

列车蓄电池主要供列车启动使用，同时在辅助逆变器不工作的时候，为列车的紧急照明、紧急通风、控制系统、通信系统等提供电源，所以蓄电池也是列车上的重要电气部件。

目前，列车通常使用碱性镉镍电池，镉镍电池具有环保，寿命长，充放电循环周期可高达数千次，耐冲击和振动，自放电小，低温性能好，耐过充能力强等优点，在列车上通常使用镉镍电池作为启动电源。

蓄电池可分为有极板盒式电池、开口烧结式电池、圆柱密封电池及全密封电池等几种，有极板电池是各种类型镉镍电池中最成熟的一种电池，其特点是牢固，可靠，寿命长，可在很宽的温度范围内使用，有良好的荷电保持能力，可以在任何条件下长期存储而无损坏，成本比其他镉镍电池低很多，基本能满足列车使用需要。

4. 实训内容与步骤

（1）检查电解液液面高度。在日常维护中应重点检查电解液的液面高度，一般要求液面高度位于最高刻度线处，但不能高于最高刻度线，同时，液面也不能低于最低刻度线。当液面低于最低刻度线较多时，可通过加注蒸馏水的方法来补液。蒸馏水的纯度必须符合 1989—IEC993 的规定。

（2）电解液密度的测定。电解液的密度直接影响蓄电池的容量，对于密度低于规定值的，应将蓄电池中的电解液全部排空后，重新配置加注电解液。在重新加注前，需彻底清洗蓄电池内侧壳体及极板，在更换电解液时应采取必要的防护措施，以免对人体造成伤害。

（3）蓄电池容量测试。蓄电池容量的测试应严格按照蓄电池生产厂家的要求进行，容量测试完成后，应按测试结果对蓄电池进行分组，容量相差较大的蓄电池不应混装在一起使用。容量测定时，应剔除容量低的电池。充、放电电流应采用 $0.2C$ (C 为电池容量)设定，充电电压按 $1.55n$（n 指串联电池的个数）来设定。

5. 实训报告

蓄电池的维护项目完成后，对接线排进行清洁、打磨处理，保证蓄电池之间连接良好。签名并填写实训工作任务单。注意：蓄电池必须由有资格的电工进行维护工作，使用符合电规程和电防护措施的绝缘工具。

实训工作任务单

<table>
<tr><td>实训名称</td><td colspan="3">蓄电池的维护</td></tr>
<tr><td>故障现象</td><td colspan="3"></td></tr>
<tr><td>检修内容</td><td colspan="3"></td></tr>
<tr><td>班　　级</td><td></td><td>姓　　名</td><td></td></tr>
<tr><td>小　　组</td><td></td><td>工作时间</td><td></td></tr>
<tr><td colspan="4">所需知识</td></tr>
<tr><td colspan="4"></td></tr>
<tr><td colspan="4">所需工具与设备</td></tr>
<tr><td colspan="4"></td></tr>
<tr><td colspan="4">检修过程</td></tr>
<tr><td colspan="4"></td></tr>
<tr><td colspan="4">指导教师评价</td></tr>
<tr><td colspan="4"></td></tr>
<tr><td colspan="4">任务完成人签字：
指导教师签字：
日期：　　　年　　月　　日</td></tr>
</table>

本章小结

1. 辅助供电系统是城市轨道交通车辆的一个重要组成部分，安装于拖车构架上，主要为除牵引系统以外的所有用电系统供电。

2. 电动列车辅助供电网络主要包括辅助逆变器、蓄电池、低压总线、所有控制器、断路器、继电器、接触器等。

3. 变流器系统有两种形式，一种是直接逆变，另一种是先斩波（升/降压斩波或降压斩波）后逆变。

4. 逆变器由 6 个 IGBT 构成三相逆变桥结构，同一桥臂的上下两个 IGBT 构成一相，共有 3 相电压引脚。

习 题 3

一、判断题（对的在括号中打“√”，错的打“×”）

3.1 在列车运行过程中，若整列车失去高压电源时，辅助逆变器停止工作，则主蓄电池的容量也能够为负载提供 10min 的电能。（ ）

3.2 IPM（智能功率模块）是一种先进的功率开关器件，兼有 GTR（大功率晶体管）高电流、低饱和电压和高耐压的优点，以及 MOSFET（场效应晶体管）高输入阻抗、高开关频率和低驱动功率的优点。（ ）

3.3 ACM 逆变器由 6 个 IGBT 构成三相逆变桥结构，同一桥臂的上下两个 IGBT 构成一相。（ ）

3.4 每个 IGBT 带有一个反向并联的二极管，通过 GDU 控制 IGBT 的打开和关闭。（ ）

3.5 逆变器单元是辅助供电系统的核心，由 IGBT 功率模块、门极电路单元等组成。（ ）

二、填空题

3.6 辅助逆变器将接触网 1500V 直流电降压逆变为（ ）V，（ ）相，（ ）Hz。

3.7 逆变器模块是独立单元，包括：（ ）、（ ）、（ ）、（ ）、1 个电源单元、IGBT 门极驱动单元、测量输出相电流的 2 个电流传感器、1 个 DC 链接电压传感器、放电电阻。

3.8 电动列车辅助供电网络主要由（ ）、蓄电池、（ ）、所有控制器、（ ）、继电器、（ ）等组成。

3.9 电动列车在检修时需做某些测试工作，如空调试验等，考虑工作时的人身安全，此时 DC1500V 接触网（ ），采用（ ）供电。

3.10 辅助逆变器的单台额定容量一般在几十千伏安至二百多千伏安之间，属于中小功率的（ ）型变流器。

三、综合题

3.11 逆变器应急启动的原因是什么？有何要求？

3.12 辅助逆变器系统的常见故障有哪些？

3.13 城市轨道交通车辆辅助供电系统的保护方式有哪些？

3.14 城市轨道交通车辆辅助供电系统的供电方式选择原则是什么？

第 4 章　电动列车常用电气控制系统及其控制方法

本章重点

- 城市轨道交通车辆常用低压电器
- 常用电气设备符号及电路图识图
- 电动列车激活控制
- 电动列车初始条件设置控制
- 牵引和制动控制电路

4.1　城市轨道交通车辆常用低压电器

城市轨道交通车辆的电气控制主要有两种，一种是传统的有接点电路控制方式，通过一系列接触器、继电器等器件的“接通”和“断开”来传递控制与检测信号，从而实现整车的控制，这种控制线路也称为继电器控制线路，这种控制方式技术成熟，应用也比较广泛。如图 4-1 所示为某城市轨道交道车辆电气控制柜内部接触继电器控制外观图。我国早期的城市轨道交通车辆，上海地铁 1、2 号线和广州地铁 1 号线等电动客车的列车控制采用的都是传统的 110V 有接点电路控制方式，驾驶室设有各种控制按钮开关，实现对列车的控制。

图 4-1　车辆电气控制柜内部接触继电器控制外观图

另外一种是总线控制的方法，总线控制是基于计算机技术的控制，包括列车总线系统 WTB 和车辆多功能总线系统 MVB。总线控制时，列车所有的控制监测信号包括车门控制和监测信号、气制动检测信号等均通过总线进行传输，并由列车控制系统通过软件实现启动联锁保护功能。总线控制的国际标准 IEC60375 已于 1999 年正式通过。

继电器控制线路是一种逻辑电路，属于低压直流小功率电路，主要由驾驶控制器、低压电器、主电路与辅助电路中各电器的电磁线圈及其联锁、开关等组成，通过驾驶操纵台上各扳键开关和驾驶控制器手柄操纵，实现对主电路、辅助电路中各电气设备的控制，完成对城轨车辆的牵引、制动和控制。

4.1.1 继电器

继电器是一种能实现自动控制和保护功能的电器，它是根据外界输入信号的变化，接通或断开小电流电路的电器。其特点是额定电流小，不需要灭弧装置，节点数量较多，体积小。

继电器主要由感测机构、中间机构和执行机构组成。按照工作原理继电器分为电磁式继电器、电动式继电器、电子式继电器、热继电器等；按照功能分为中间继电器、时间继电器、温度继电器、压力继电器、欠压继电器等。

1. 电磁继电器

电磁继电器是利用电磁铁芯与衔铁间产生的电磁吸力作用而工作的一种电气元件，它主要由电磁线圈、触头和二极管组成，当在电磁线圈两端通上额定电压时，电磁铁铁芯与衔铁间产生吸力作用，继电器动作，常开触点闭合，常闭触点断开。

在电路图中电磁继电器的表示符号如图 4-2 所示，图中长方形表示电磁线圈，A_1、A_2 是电磁线圈的两端，其中 A_1 接+110V，A_2 接电路负端，K 是二极管的阴极，A 是二极管的阳极。二极管与电磁线圈反向并联，用以在线圈断电后，线圈上的持续电流通过二极管放电。13-14 和 43-44 是常开触点，21-22 和 31-32 是常闭触点，当 A_1-A_2 接通 DC+110V 电压时，继电器动作，常开触点 13-14 和 43-44 闭合，常闭触点 21-22 和 31-32 断开。数字 02116 表示该继电器的一组常开触点（13-14）在电路中的具体位置。

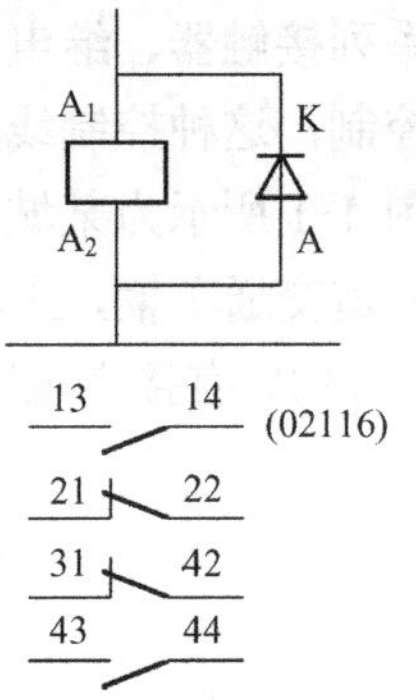

图 4-2　电磁继电器

2. 时间继电器

时间继电器的作用在于能按预定的时间接通或分断电路，实质上是一个定时器。按结构不同可分为机械式和电子式时间继电器；按工作方式不同可分为通电延时和断电延时时间继电器。

大多数的时间继电器都是电子式，其利用 RC 电路电容的充放电特性，即电容器充电时，电容器上的电压逐渐上升的原理作为延时基础，通过改变充放电时间常数 τ 的大小，来调节延时时间，实现延时功能。这种继电器的优点是延时范围广、精度高、体积小、耐振动。

如图 4-3 所示为 3K15 断电延时继电器。Z_1、Z_2 短接，当 A_1 端接通 DC+110V 时，继电器动作，常开触点 15-18 和 21-24 闭合，延时 2s 后，A_1 脚仍然有 DC+110V，但此时触点 15-18 和 21-24 会自动断开。此继电器为启动限制继电器，用于控制空气压缩机的启动。

如图 4-4 所示为 3K18 通电延时继电器，Z_1、Z_2 短接，当 A_1 端接通 DC+110V 时，继电器不动作，延时 2s 后动作，常开触点 15-18 和 25-28 闭合，直到 A_1 端取消 DC+110V 时，继电器失电，常开触点才断开。

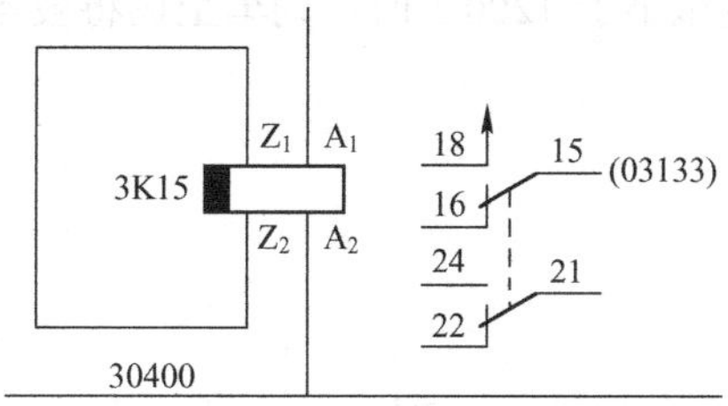

图 4-3　3K15 断电延时继电器

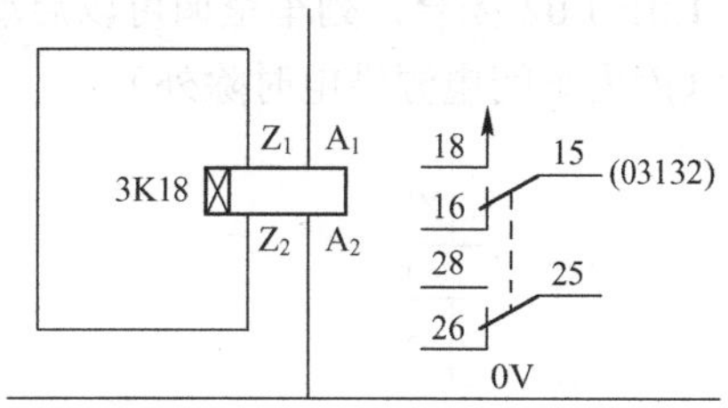

图 4-4　3K18 通电延时继电器

图 4-5 所示也是一种断电延时继电器，只有当 A_1 和 B_1 都接通 DC+110V 时，继电器才动作，常开触点闭合；当 A_1、B_1 中任何一端取消 DC+110V，继电器延时 t 秒后常开触点断开。以图中 2K40 为例，当 A_1、B_1 均接通 DC+110V 时，继电器动作，常开触点 15-18 闭合；当 B_1 端取消 DC+110V，3s（可以设定 0～10s）延时后触点 15-18 断开。

如图 4-6 所示是一种脉冲（闪烁）继电器，当 A_1 端接通 DC+110V 时，继电器动作，常开联锁闭合，经 t 秒延时，常开触点断开，又经 t 秒延时，常开触点第二次闭合。常开触点不停地断开闭合，直到 A_1 端取消 DC+110V 时止。车门电路中的车门灯闪烁继电器 8K42 就是这种继电器。当 A_1 端接通 DC+110V 时，继电器动作，常开触点 15-18 闭合，车门灯亮，0.5s 后该触点断开，车门灯灭，经过延时 0.5s 后该触点又闭合，灯又亮，如此反复，形成车门灯闪烁提示。

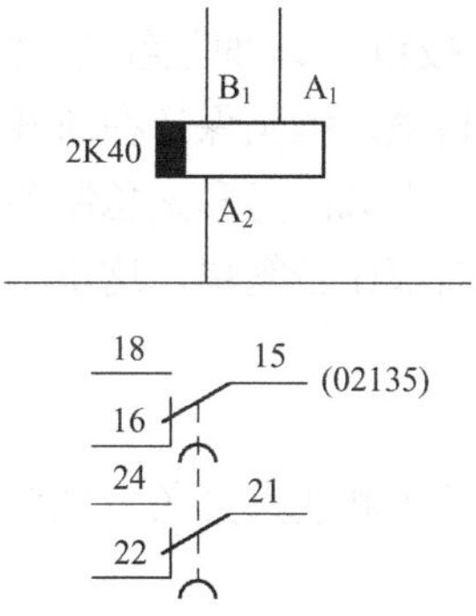

图 4-5　断电延时继电器

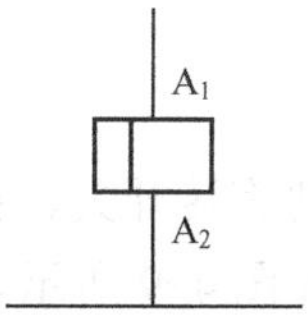

图 4-6　脉冲（闪烁）继电器

3. 欠压继电器

欠压继电器一般用在电路中起欠压保护作用，当继电器线圈接通+110V 时，继电器动作，当电压小于设定值时，继电器失电断开。如图 4-7 所示为 3K05 欠压继电器，当 01 端的电压小于 8 V 时，常开触点 06-07 断开，切断了连接蓄电池的 110V 列车线，防止蓄电池过度供电。

如图 4-8 所示，是列车上常用的另外一种欠压继电器 7U01，用来监控网压。该继电器监控的电压较高，需要一个变压器（1U01）配合使用。

图 4-8 中，1U01 变压器把接触网的高电压按一定比例变换成低电压，在继电器 7U01 内部，该低电压的大小决定触点 1.01-1.02 和 2.01-2.02 的状态。在实际电路中，触点 2.01-2.02 串联在受电弓升弓检测电路中，当网压大于 1000V 时，联锁 2.01-2.02 闭合，受电弓升弓按钮

灯亮，表示受电弓升起。触点 1.01-1.02 串联在列车空调启动电路中，当网压大于 1200V 时，触点 1.01-1.02 闭合，列车空调可以启动，当接触网电压小于 1200V 时，列车空调将被自动关断（库内车间电源供电时除外）。

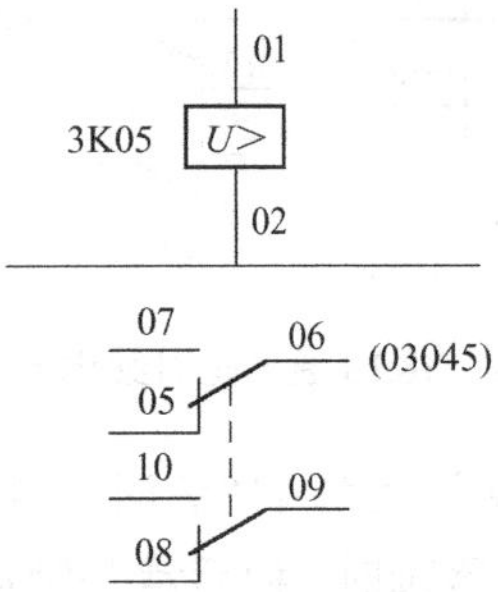

图 4-7　3K05 型欠压继电器

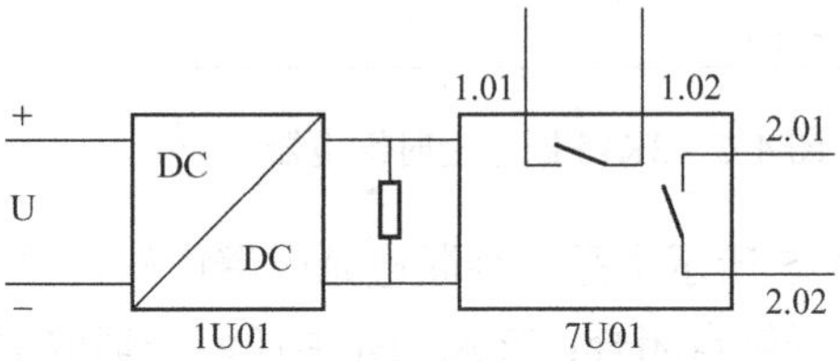

图 4-8　特殊欠压继电器

4.1.2　主令电器

主令电器是指在电气控制系统中用来发出指令的电器，主令电器按功能分为五类，即按钮、开关、主令控制器（驾驶控制器）、组合开关和其他主令电器等。

1. 按钮

按钮是一种手动且一般可自动复位的主令电器，列车上的按钮分为普通按钮、带显示灯按钮和拍打按钮。拍打按钮又叫“紧急按钮”或“蘑菇按钮”，表面呈红色，安装在驾驶室里，正、副驾驶台各有一个，当用力拍打此按钮时，它会自锁，触头保持在断开状态，只有在逆时针方向旋转后它才会复位。要注意，拍打紧急按钮会造成降弓和紧急制动，所以，在非紧急状态下不能拍打该按钮。普通按钮、带显示灯的按钮都比较简单，这里不介绍。

2. 开关

开关分为普通旋转开关、自复位旋转开关、行程开关和钥匙开关。城市轨道交通车辆上常用的开关种类如图 4-9 所示。

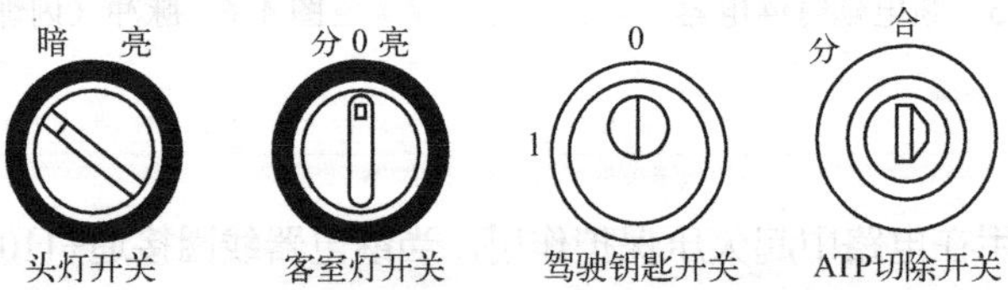

图 4-9　城市轨道交通车辆常用开关

（1）普通旋转开关。当开关旋转到某一位置时能固定在该位置上的开关，如控制驾驶室灯的开关就是普通的旋转开关。

（2）自复位旋转开关。是一种有回复力的开关，当开关被旋转到任一位置时松开手，它会自动旋回到原来的位置，如开断蓄电池的开关 3S01 就是自复位旋转开关，当把它旋转到“合”或“开”位置上松开手，它会自动旋回到“零”位。

（3）行程开关。又称限位开关，用以控制机械设备的行程及限位保护，其原理是根据运动部件的行程位置而切换电路。例如用来检测车门状态的行程开关。

（4）钥匙开关。是需要特定的钥匙才能打开或关闭的，如驾驶台的钥匙开关需要用到78#钥匙。

4.1.3 接触器

接触器作为执行元件，是一种用来频繁地接通和分断主电路、辅助电路以及较大容量控制电路的自动切换的电磁开关。它的特点是能进行远距离自动控制，操作频率较高，通断电流较大。接触器按主触头通过电流种类的不同，可分为交流接触器和直流接触器两种。

接触器主要由主触头、传动机构、灭弧装置、辅助接点组成。

主触头是接触器的执行机构，直接关系到接触器工作的可靠性。触头有四种工作状态：触头闭合状态、触头闭合过程、触头断开状态和触头断开过程。触头磨损有机械磨损、化学磨损和电气磨损三种，其中电气磨损是主要的，它发生在触头闭合电流的过程和触头开断电流的过程中。触头熔焊主要发生在触头闭合电流的过程和触头处于闭合状态时。触头熔焊后就不能执行断开电路的任务，甚至会引起严重故障。

辅助触点与主触头同步工作，用于信号逻辑判断与控制。在触头开断电流时，一般在两触头间会产生电弧。电弧是空气被电离后产生的一种导电离子体，并伴随高温产生。电弧对电气元器件的危害主要有：一是由于电弧的高温，会将电器接触点的表面金属熔化、熔焊，其周围的绝缘材料可能也会因高温而炭化和损坏；二是因电弧具有导电性，易引起弧短路。所以地铁列车上的接触器都有灭弧装置。

直流接触器和交流接触器因开断电流不同，灭弧方法亦不同。对于交流接触器灭弧方法主要有以下两种。

1. 电动力灭弧

利用触头分断时本身的电动力将电弧拉长，使电弧热量在拉长的过程中冷却而迅速熄灭。

2. 栅片灭弧

由灭弧栅和灭弧罩组成，利用金属栅片将长弧分割成若干短弧，增加电弧的电压降，使电弧无法维持而熄灭。

对于直流接触器，由于直流电弧不像交流电弧有自然过零点，所以更难熄灭，故通常采用磁吹式灭弧。

4.2 常用电气设备符号及其电路图识图

继电器控制线路是综合线路中最复杂的线路，线路图样数量多，有几十个继电器和大量的开关按钮、指示灯、电磁阀等。面对这样一套错综复杂的线路图，最重要的就是要利用电工原理，理出一条清晰的思路来，化繁为简，化难为易，学会识读和分析控制线路。

4.2.1 常用电气设备符号及其说明

在城市轨道交通车辆控制线路中，要用到大量的电气元器件，如电磁继电器、时间继电器、电磁阀、各类开关和按钮等，为识图方便，将书中线路图中通用的符号按新国家标准进行总结，如表 4-1 所示。由于各城轨车辆电气控制采用的技术不同，电气线路的作图标准也有所不同，因此本表仅就采用国家标准的城市轨道电气线路的电气设备符号加以说明。

表 4-1　常用电气设备图形符号及其说明

顺序	图形符号	说明	顺序	图形符号	说明
1	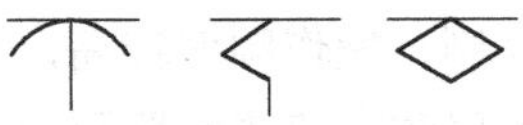	受电弓	12		双绕组变压器
2		接地 接机壳	13		熔断器
3		插头和插座	14		电阻
4	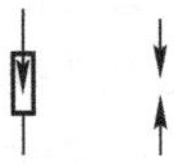	避雷器，火花间隙	15	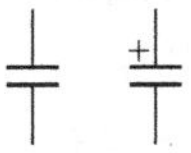	电容
5		扼流圈电抗器	16	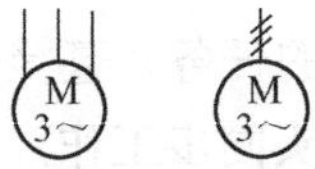	三相鼠笼型异步电动机
6	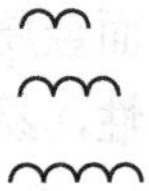	换向或补偿绕组 串励绕组 并励或他励绕组	17	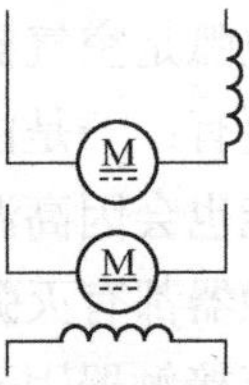	直流串励电动机 直流他励电动机
7	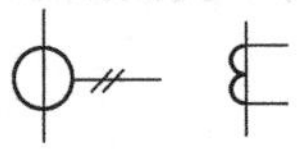	电流互感器 脉冲变压器	18		常开触点一般开关
8	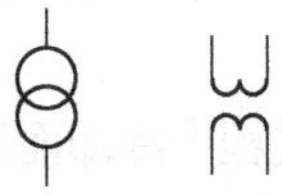	电压互感器	19		常闭触点
9	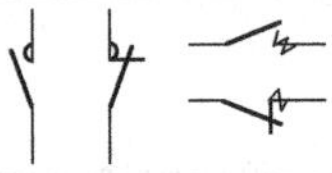	接触器主触头	20	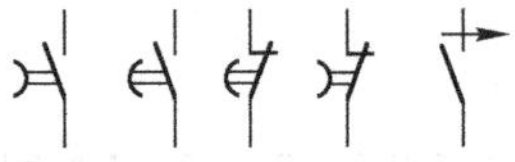	延时触点
10		断路器	21		具有自动释放的负荷开关
11	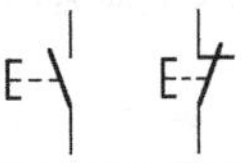	动合按钮 动断按钮	22	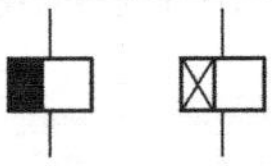	时间继电器线圈

（1）各电气设备在电气线路图中除按表内符号表示外，在符号旁边还应标明相应电气设备在电路中的代号，且在所有该设备的各联锁旁边也标注同一代号，说明是同一电器在电路中不同位置的控制关系，或在该电器线圈图形符号的下方，给出该电器所有联锁及其连接，如图 4-10 所示，2K07 线圈下方列出了 2K07 的 8 组联锁及位置。

（2）导线也是电气线路图中的一部分，特别是一些重要的导线应在电路图中标明导线代号，不同类型和不同作用的导线可用不同字母或汉字表示，如图 4-10 所示，30400 就是直流电源负端线的线号。

（3）常开联锁、常闭联锁（也称正联锁、反联锁）是对电器的工作线圈未通电、电器处于释放状态时的触点位置而言，若其触点是打开的即为常开联锁（正联锁），若其触点是闭合的即为常闭联锁（反联锁）。当电器工作线圈通电，电器动作后，常开触点闭合，常闭触点则打开。

（4）并不是所有的电器联锁都有常开、常闭的状态。对于某些组合电器的联锁，除标出其所属电器的代号外，还应表明该联锁的接通位置，此类联锁又称位置联锁，如主控制器联锁。

（5）对于凸轮控制器或鼓形控制器，在电路图中将这类触头闭合次序沿轴向展开为一个平面的触头闭合电路图，简称展开图。在某工作位置联锁是接通的，则在该位置相应的导线下方以黑点（或黑线段）表示。

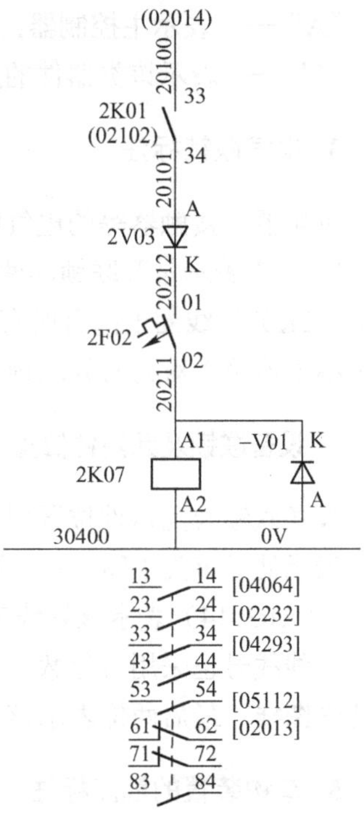

图 4-10　城市轨道交通车辆控制线路示例

4.2.2　城市轨道交通车辆控制系统电路图标注

1. 电路类型标注

在城市轨道交通车辆的电路图中，一般分为九类电路，为了区分不同电路，通常采用两位数字编号进行分类，见表 4-2。

2. 设备及元器件的标注

城市轨道交通车辆设备和元器件的标注采用流水号的标注方法。一般为三位，用数字与字母组合而成。第一位是数字，表示电路类型；第二位是字母，表示设备及元器件类型，表 4-3 列出了电路设备及元器件常用符号的含义；第三位是数字，表示该设备及元器件的序号。

表 4-2　城市轨道交通车辆控制系统电路图电路类型编号

数字编号	电路类型
01	主电路（高压电路）
02	牵引/制动控制电路
03	辅助供电电路与辅助电路
04	检测和信息电路
05	照明电路
06	空调电路
07	辅助设备电路
08	车门控制电路
09	特殊设备电路

表 4-3　城市轨道交通车辆电路设备及元器件常用符号的含义

A——主控制器
F——自动空气开关
K——接触、继电器
S——按钮和转换开关
Y——车钩电气接线盒
B——传感器
H——指示灯
R——电阻
VD——二极管
P——压力继电路

例如，主控制器 2A1，其中，“2”——表示器件属于牵引/制动控制电路；

“A”——表示主控制器；

“1”——表示该类器件的第一个设备。

3. 电气联锁标注

继电器、接触器等的电气联锁用两位数字标注，第一位表示联锁顺序；第二位则成对出现，“3、4”表示常开联锁的两个节点，“1、2”表示常闭联锁的两个节点。例如图 4-10 中继电器“2K07”线圈下部有所有联锁的标注，共有 8 对联锁，6 对常开，2 对常闭。“13-14”表示继电器第 1 对为常开联锁，“61-62”表示继电器第 6 对为常闭联锁。

4. 设备联锁及元器件位置、导线线号标注

设备联锁及元器件位置用带括号的五位数字标注，前两位表示其所在电路的类型，中间两位表示处于该类电路的第几张图样，最后一位表示其处在该张图样中的第几区。例如，图 4-10 中（02014）表示该导线来源于牵引/制动控制电路第 1 张图样的第 4 区。

导线线号也采用五位数字标注，第一位数字表示电路类型，第二、三位表示该类电路的第几张图样，最后两位表示该导线的编号。

5. 车钩装置的触点标注

自动车钩与永久车钩不同，永久车钩采用弹性触点连接形式，自动车钩为了保证可靠连接采用弹性触点并联连接形式。如图 4-11（a）所示，9Y06 为 C 车 2 位端车钩电气接线盒的连接，63 与 64 为不可伸缩触点，263 与 264 为可伸缩弹性触点，在另一单元的 C 车 2 位端车钩电气接线盒与之相连接的分别是可伸缩触点和不可伸缩触点，这样保证列车过曲线横向振动时每对触点都能够可靠连接。

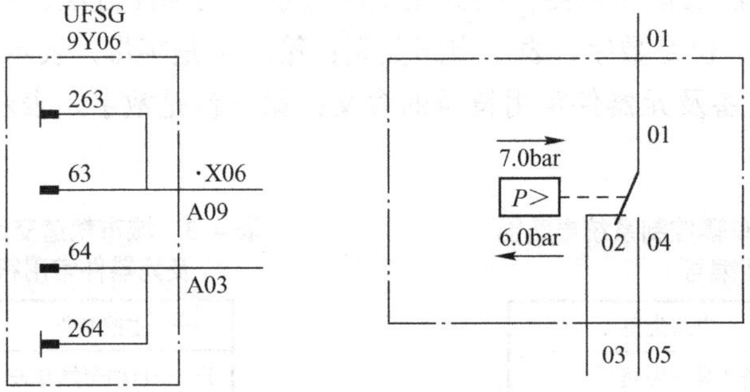

（a）车钩触点　　（b）压力开关

图 4-11　城市轨道交通车辆车钩触点和气压开关电路符号

6. 压力开关标注

压力开关在电路图中的标注符号如图 4-11（b）所示。压力开关符号上下的参数为其动作整定值，图示当气压大于 7.0bar 时，触点“01-04”闭合；当气压小于 6.0bar 时，节点“01-02”闭合；当气压处于 6.0～7.0bar 之间时，节点保持先前状态，图中箭头方向即为节点分合的方向。

7. 电路图的分区

为了查找方便，城市轨道交通车辆电路图借用平面坐标形式定位，横向用数字“1、2、3、4、5、6、7、8”均分；纵向用字母“A、B、C、D、E、F”均分。每张电路图有文字区描述电路功能，说明电路的类型、代号和页码，具体描述如图 4-12 和图 4-13 所示。

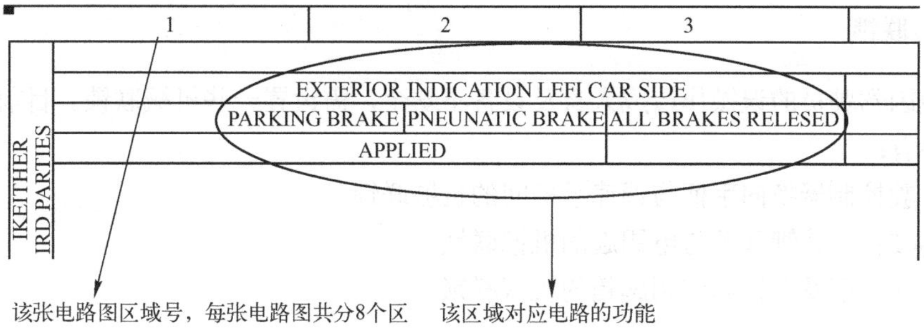

图 4-12　车辆电路图上部的分区和功能指示

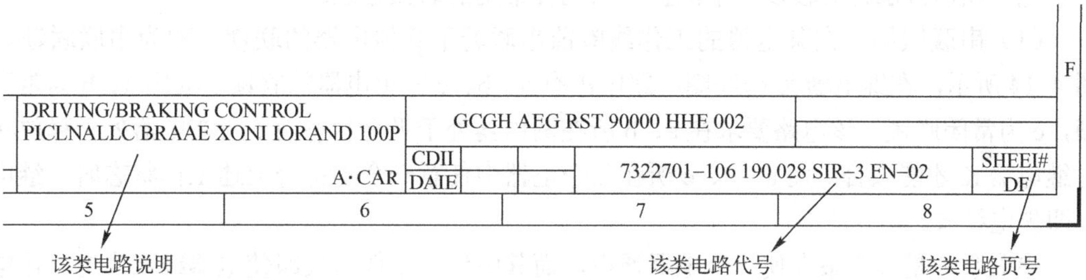

图 4-13　车辆电路图下部的分区和标题框信息指示

8. 电路的结构及逻辑顺序

借用逻辑函数方法来描述电路的结构及逻辑顺序。

（1）电路中有关导线、开关、联锁和电器工作线圈一律用该电器的各车辆规定代号表示。

（2）电路中串联连接的元器件用逻辑与（“・”）表示其电路结构，并联连接的元器件用逻辑或（“+”）表示。

（3）描述控制电路一般从控制电源正极端开始，但有时为了简明和叙述方便可从重要导线开始。

（4）继电器、接触器、开关、按钮等的常开联锁用该电器的代号书写，常闭联锁在该电器的代号上加一短直线表示逻辑非，电磁线圈用该电器的代号外加方框表示。

上述应用见 4.3 节电路分析。

4.2.3　常用联锁方法

控制线路必须满足主、辅线路的控制需求，如电器按一定次序动作，驾驶员按一定顺序操作，因此必须设置一些联锁来满足控制线路的逻辑要求。

在设置控制线路的联锁时，首先必须满足线路的控制要求，在此前提下应尽量减少联锁数目，因为多设一个联锁就增加了线路发生故障的可能性，同时也增加了分析处理故障的难度。另外，对于需要在列车有故障时维持运行的车辆，同样要在控制线路中作相应考虑。对于可能由于误操作造成事故的现象，也应在线路中予以避免或设法补救。因此在设置控制线路的联锁时应统筹考虑，权衡处理。

常用联锁方法有两大类，即机械联锁与电气联锁。

1. 机械联锁

为避免因驾驶员的误操作造成人身及设备不安全，需设置一些机械联锁。目前采用的机械联锁主要有：

（1）驾驶控制器换向手柄与调速手柄间的机械联锁。

（2）驾驶台上按键开关与电钥匙的机械联锁。

（3）换向手柄及电钥匙与钥匙箱的机械联锁。

2. 电气联锁

电气联锁方法种类较多，下面仅介绍几种常用的联锁方法。

（1）串联联锁。在某电器的工作线圈前串联若干其他电器的联锁，称为串联联锁。如图 4-14 所示，在继电器 K 的线圈电路中串有 a、b、c 三个电器的联锁，其中 a、b 为常开联锁，c 为常闭联锁。该电路要求在 a、b 所在两电器处于吸合状态而 c 所在电器处于释放状态时继电器 K 才能吸合，而 a、b、c 所在三个电器中任意一个不符合上述工作状态时，继电器 K 即失电释放。

串联联锁是多个条件使一个电器通电，而其中任一条件消失即使电器线圈失电。在电路中凡要求满足多个条件才能接通电路的环节一般采用串联联锁电路。但串联联锁越多，可靠性越低，故应尽量减少串联联锁的数量。

（2）并联联锁。在某个电器工作线圈前并联若干其他电器的联锁，称为并联联锁。如图 4-15 所示，在继电器 K 的线圈前并有 a、b、c 三个电器的联锁，其中 a、b 为常开联锁，c 为常闭联锁。该电路要求在 a、b 所在两电器处于释放状态而 c 电器处于吸合状态时继电器 K 的线圈不通电处于释放状态，而 a、b、c 所在三个电器中任意一个不符合上述工作状态时，继电器 K 即得电吸合。

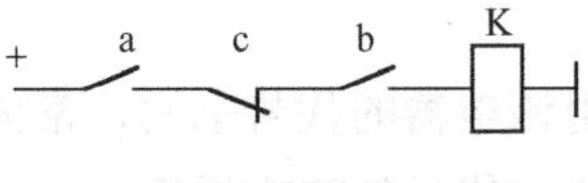

图 4-14　串联联锁

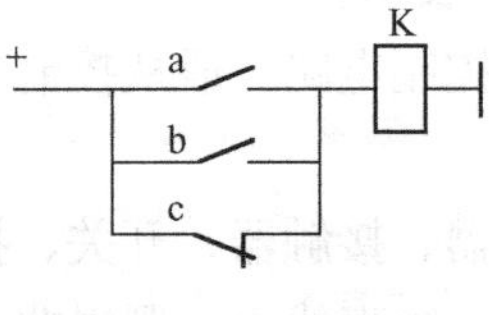

图 4-15　并联联锁

并联联锁是多个条件中的任一条件成立则该电器线圈得电，只有全部条件消失该电器线圈才失电。这种联锁方法对电器的动作顺序没有固定要求，电路中常用这种联锁作为双重供电线路，以保证重要电路供电的可靠性。

（3）自持联锁。在某电器工作线圈前的电路中并联有该电器本身的常开联锁，称为自持联锁。如图 4-16 所示，在继电器 K 的线圈电路中并联有 a、k 两个联锁，当 a 所在电器处于吸合状态时其常开联锁闭合，继电器 K 的线圈得电，该继电器吸合，其本身的常开联锁也闭合，此后，即使 a 所在电器释放，继电器 K 的线圈也仍可由自身的常开联锁供电保持吸合状态；只有在其常开联锁以外的电路断开时，继电器 K 的线圈才会失电。这种电路的特点是：电器吸合时需要一定的条件，在电器吸合后这种条件可能消失，但电器此时仍能保持吸合状态，只有在电路的其他部分断开时，才能使该电器释放。

自持联锁常用于电器工作的条件可能构成后又消失，但又需要在构成条件消失后，必须保持该电器持续工作的场合。如列车启动继电器控制电路中继电器 2K01 的（14-13）联锁即为自持联锁（可见后续图 4-21）。

（4）延时联锁。延时联锁是指某电器的线圈得失电与其联锁动作不同步。其实现方法有多种，如采用在电器铁芯上加短路铜套，或在继电器本身某些联锁上加装钟表机构，二者的不同之处在于前者的所有联锁都具有延时性，后者仅加有钟表机构的联锁有延时而其他联锁不具有延时。在要求有短暂延时时，也可以在要求滞后动作的电器线路中多串一个要求先动作电器的常开联锁实现，或者在电器的工作线圈旁并联一电容，在线圈断电后，电容通过电器线圈放电，使线圈延时失电，电器延时释放。延时联锁有四种，表示方法如图 4-17 所示。

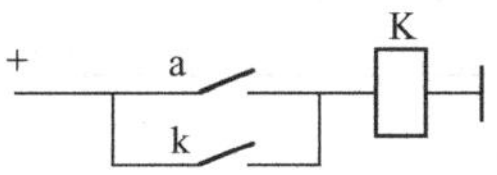

图 4-16　自持联锁

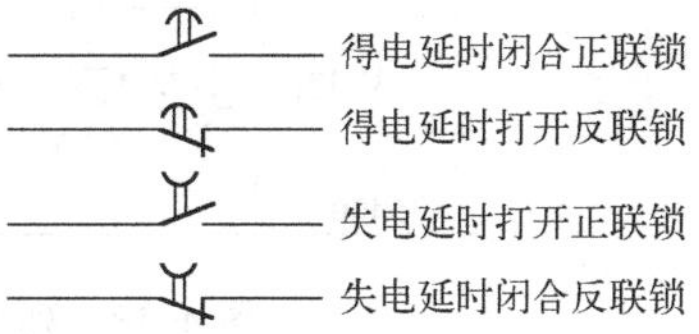

图 4-17　延时联锁

4.3　轨道交通车辆激活控制

4.3.1　列车激活（蓄电池接通）控制

城市轨道交通车辆的控制电路电源电压为 DC110V，在升弓前由蓄电池提供 DC 110V，升弓后由辅助供电系统 DC/DC 模块提供。启动或激活列车时，必须先接通列车蓄电池，其控制电路如图 4-18 所示。将蓄电池开关 3S01 置接通（ON）位置。其控制过程为：

列车控制继电器 3K11 的线圈经 3S01（23-24）联锁→车辆控制继电器 3K12（61-62）联锁→车辆分断激活继电器 3Kl3（22-21）联锁而得电自持，控制电路为：

30412 • 3S01（23-24）• $\overline{\text{3K12}}$（61-62）• $\overline{\text{3K13}}$(22-21) • $\boxed{\text{3K11}}$ • 30400

3K11 动作，接通牵引/制动控制电路的紧急制动回路和零速继电器（速度监控继电器）回路，受电弓才能升弓取流。3K11 的自持电路为：

30412 • [3S01(23-24)+3K12(54-53)] • 3K11(13-14) • $\overline{\text{3K13}}$(22-21) • $\boxed{\text{3K11}}$ • 30400

上述电路走向顺序中的“ • ”表示串联；“+”表示并联。

同时，一组列车控制继电器 3K11 联锁（33-34），通过 3S01（13-14）联锁使列车线 X05 激活，该线通过车钩传递（9Y02～9Y06），使图 4-19 中 C 车激活继电器 3K14 得电。图 4-19

中，若车辆车钩连挂继电器 9K01、车辆所有车钩都连挂好继电器 9K02 和车辆车钩解钩继电器 9K03 状态显示连挂正常时，车辆激活列车线通过 3K14 联锁（14-13）接通自持。

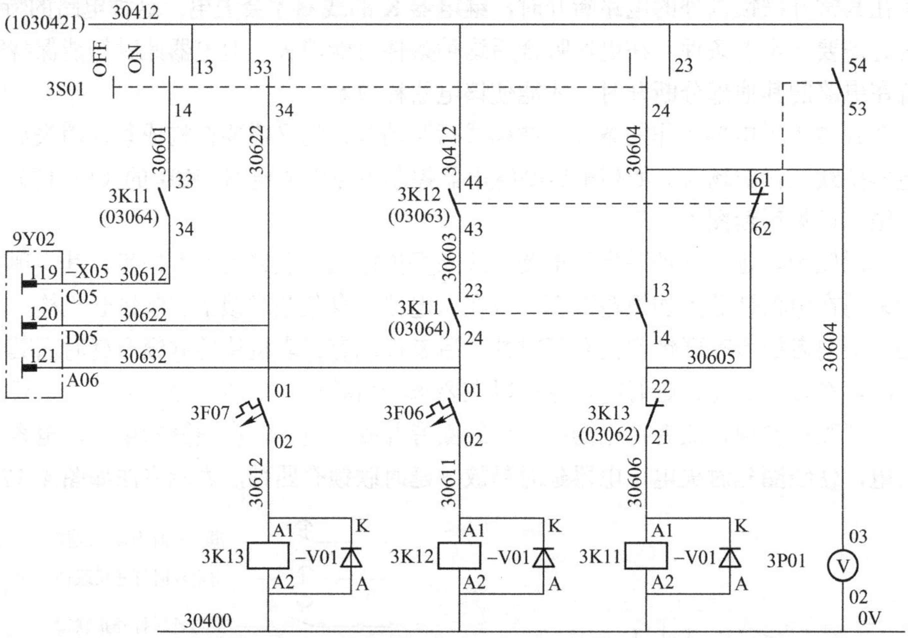

图 4-18　列车激活控制电路图（一）

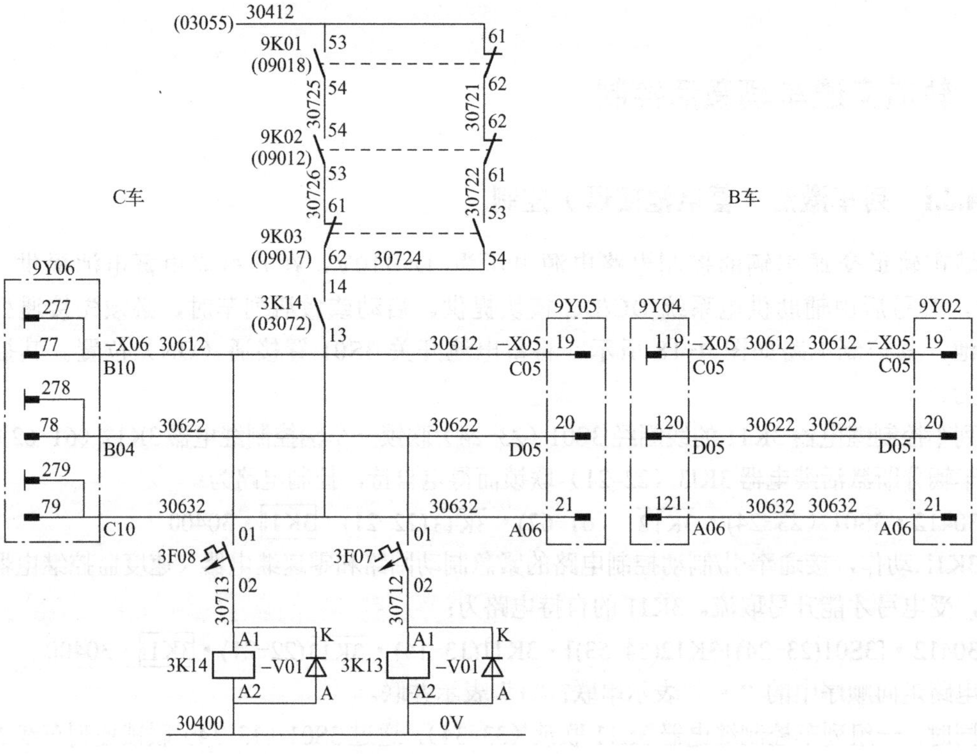

图 4-19　车辆激活控制电路（二）

车辆激活列车线得电后通过车钩传递回A车，使得A车的车辆控制继电器3K12被激活，电路为：

9Y02 • 30632 • 3F06(01-02) • [3K12] • 30400

3K12得电动作，并保持自持，自持电路为：

30412 • 3K12(44-43) • 3K11(23-24) • 3F06(01-02) • [3K12]

这样可保证在激活端A车内的3K11和3K12继电器线圈保持得电状态，即使3S01按钮被缓解或回到零位（中性位置），由于自持电路的作用也能使3K12和3K11继续保持得电状态。列车激活自保持，列车线保持接通，此时列车两个A车的3K12继电器都被激活。

蓄电池电压表3P01通过3K12的（54-53）联锁接到DC110V车载供电系统中，以方便驾驶员和检修人员监控蓄电池电压。

当需要关闭列车激活列车线时，需通过操作3S01开关置断开（OFF）位进行，此时电路为30412经蓄电池开关3S01(33-34)→3F07(01-02)→车辆分断激活继电器3K13线圈得电，继电器动作，其一组联锁（22-21）断开，使3K11线圈失电，3K11失电，则13-14和23-24两组联锁断开，使继电器3K12失电，从而使列车的蓄电池电源被断开。

此时，在两个A车中车辆分断激活继电器3K13都得电动作，电路为：

30412 • 3S01(33-34) • 3F07(01-02) • [3K13] • 30400

通过3K13的(22-21)联锁隔离3K11继电器，列车激活自保持列车线将失电，所有3K12继电器将断开，列车被关闭。

总结列车的激活控制，可以这样理解：驾驶员通过操纵蓄电池开关3S01进行激活控制。激活电路是由列车线激活控制继电器3K11、车辆控制继电器3K12、C车激活继电器3K14控制；关闭电路则是由车辆分断激活继电器3K13控制。“激活”简单理解就是给操纵控制电路接通DC110V电源，“关闭”则是切断DC110V供电电源。

4.3.2 蓄电池充电与供电控制

蓄电池充电与供电的控制原理如图4-20所示，DC110V控制电源线有两种类型：一种是电磁电源线（有联锁控制电路电源线），为车辆接触继电器线路和DC110V供电负载（主要是紧急照明、列车两端的头尾灯、紧急通风和门控电动机）提供电源；另一种是电子电源线，为车辆所有电子设备提供DC110V电源。

分析图4-20电路可知，电路中3G02是列车低压电源变换器，用以在列车升弓后将接触网电源转换为DC110V电源；3G03是蓄电池组；3K05是蓄电池低压继电器；3K06是蓄电池接触器；3F05、3F04是自动空气开关。

图中，直流变换器输出的DC110V电源一方面通过蓄电池充电器3Q03-F03（蓄电池熔丝）给3G03蓄电池组充电；另一方面通过3Q03-F01和3Q03-F02向列车提供车载电压DC110V，即通过3Q03-F01、3V02将DC 110V电源送到列车线30410，为所有电子设备提供DC110V。通过3Q03-F02、3K06常开联锁01-02和3V03将DC110V电源送到列车线30420，为接触器、继电器电路和DC110V供电负载提供电源。

当蓄电池充电器断开，则由蓄电池为电磁电源线提供DC110V供电电源，即图4-18中所示的DC 110V电源就是由蓄电池正端线30412提供，而电子电源线30410经自动空气开关3F05、二极管3V04将变换器的DC110V电源也送到列车线30412，为列车激活电路提供控制电源。

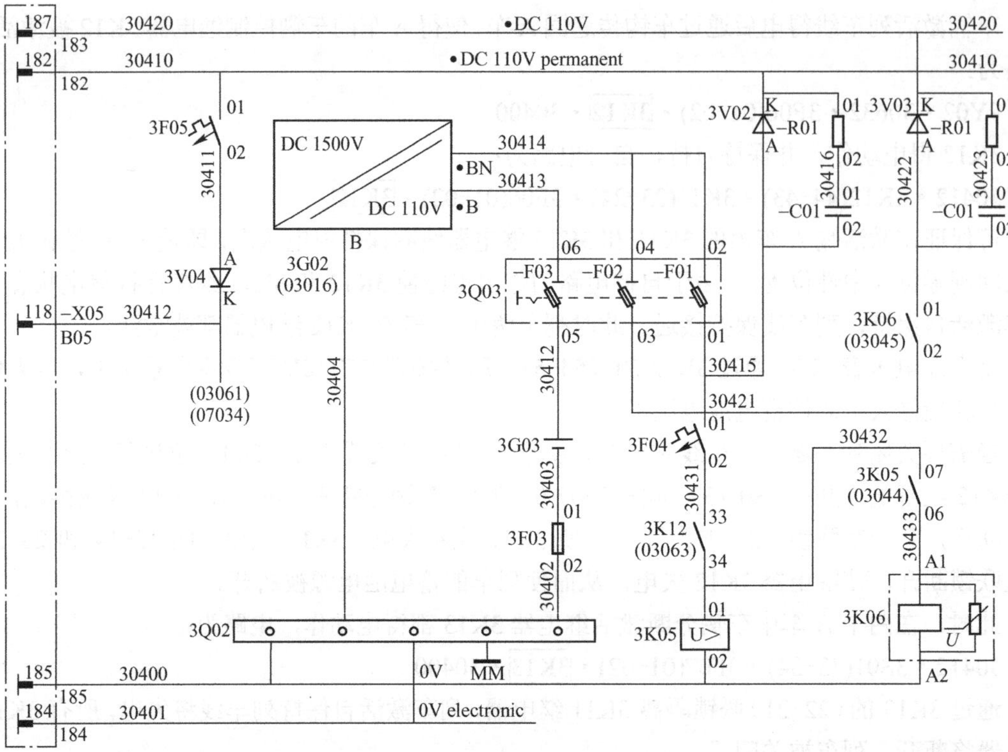

图 4-20　蓄电池充电和供电电路

为列车主要用电设备供电，即给列车线 30420 供电，受制于蓄电池接触器（3K06）的得失电状态。当列车激活蓄电池电源通过空气开关 3F04→车辆控制继电器 3K12 的（33-34）联锁→蓄电池低压继电器 3K05 线圈得电，当蓄电池电源大于 85V 时，继电器 3K05(07-06)联锁闭合，使蓄电池接触器 3K06 线圈得电，其常开联锁（01-02）闭合，蓄电池电源经该联锁传送到电源列车线 30420，这样列车才被真正激活，使车辆电路加上 DC110V 电源。如果蓄电池电压下降至低于限制值，则蓄电池低压继电器 3K05 失电打开，蓄电池接触器 3K06 失电断开，列车线无电源。

图 4-20 中二极管 3V02 和 3V03 隔离位于 A 车的两个蓄电池供电单元，3Q02 是蓄电池阴极电路的基极星形配电盘，30400 是列车线 30420 供电的用电设备的蓄电池阴极（电源负端）线，30401 是列车线 30410 供电的用电设备的蓄电池阴极（电源负端）线。

4.3.3　列车驾驶台激活控制

1. 驾驶台的激活

城市轨道交通列车有两个驾驶室，为了便于管理和有序的控制，当一个有效激活后另一个则为无效。用 78#钥匙插入驾驶台侧的钥匙开关（3S01）中，逆时针旋转至位置“1”，该端的列车驾驶台便被激活。列车被激活后，钥匙被锁死在钥匙开关中，此时可以进行以下操作：

（1）缓解或施加停车制动。

（2）闭合或断开高速断路器。

（3）升起或降下受电弓。

（4）开起或关断列车空调。

当进行以上操作后，即使关断了驾驶台钥匙开关，（将钥匙顺时针方向旋转至位置“0”），由于激活了接触器的逻辑控制，停车制动、高速断路器、受电弓和列车空调都能保持原有的状态。对列车驾驶台的激活是为了确定列车的主从驾驶端，从而确定了列车的操作端和非操作端，只有在操作端才能有效地对列车进行操作。

2. ATC（列车自动控制系统）的激活

ATC 单元直接和蓄电池连接，但因其内部有电源，能独立于蓄电池工作。激活驾驶台的同时也激活了 ATC 设备。

3. 牵引保护（ATP）的激活

正常状态下要激活牵引保护，必须符合如下条件。

（1）ATC 设备已激活。

（2）ATP 钥匙开关处于“合”的位置。

（3）相应的驾驶台已被激活。

轨旁 ATP 故障时要激活牵引保护，必须符合如下条件：

（1）ATC 设备已激活。

（2）ATP 钥匙开关处于“合”的位置。

（3）相应的驾驶台已被激活。

（4）列车启动前按下“RM”（人工驾驶模式）按钮。

在这种情况下，列车只能人工驾驶（RM 模式）。

库内动车保护必须符合如下条件：

（1）ATC 设备已激活。

（2）ATP 钥匙开关处于“合”的位置。

库内只能人工驾驶，如果轨旁 ATP 和车载 ATP 之间没有数据传输，系统将自动转为 RM 模式，这种情况下，无须去按“RM”按钮。若列车在正线运营时出现轨旁 ATP 故障，列车将采取在库内一样的保护。

列车从正线进入库内的过程中，需要转换成 RM 模式。在离开正线之前，显示屏会提醒驾驶员按下“RM”按钮。进入 RM 模式，列车才能够进库。

如果 ATP 发现有危险的操作状态，它会立刻触发紧急制动，直到列车完全停止。如果 ATP 触发了紧急制动，必须在列车停止后按下“RM”按钮，以解除列车的紧急制动状态。

4. 列车启动继电器控制

如图 4-21 所示，列车启动继电器控制由列车电源线正端线 30420 提供 DC110V，经过列车控制空气自动开关 2F01 提供给列车线 20100，为后续的列车运行方向、制动控制电路和列车牵引控制电路供电。操作驾驶台主控制器钥匙开关，转至启动位，使 2A01 的 S01 行程开关闭合，电源通过二极管 2V01、车辆控制启动继电器 2K07 常闭联锁（62-61），使 2K01～2K03 列车启动继电器得电，控制逻辑为：

$$30420 \cdot 2F01 \cdot 20100 \cdot 2A01\text{-}S01(01\text{-}02) \cdot 2V01 \cdot (\overline{2K07}+2K01) \cdot (\boxed{2K01}+\boxed{2K02}+\boxed{2K03}) \cdot 30400$$

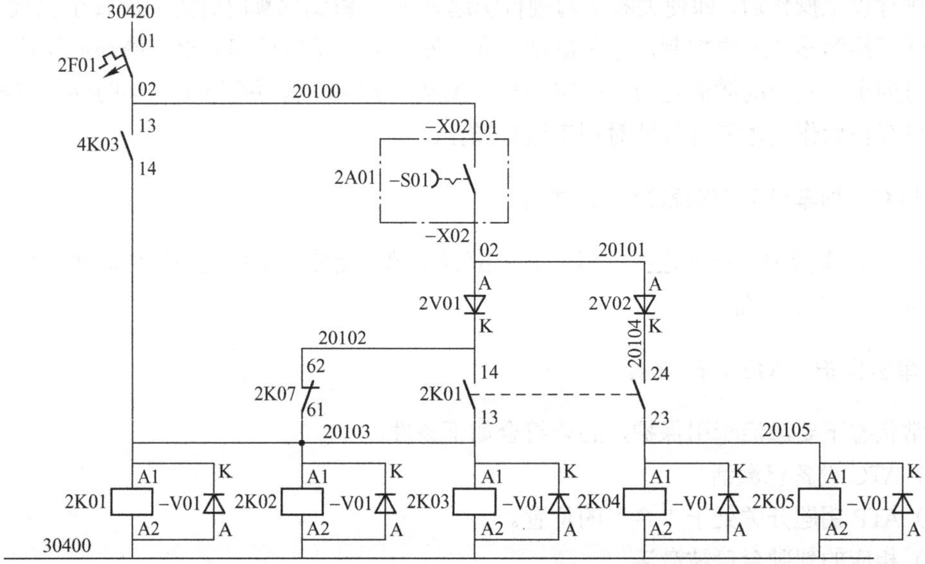

图 4-21　列车启动继电器控制电路

2K01 得电后其一组常开联锁（14-13）使上述控制电路自持，另一处常开联锁（24-23）闭合，电源由二极管 2V02、继电器 2K01 常开联锁，使列车控制启动继电器 2K04、2K05 得电，控制电路逻辑为：

$$20101 \cdot 2V02 \cdot 2K01(24\text{-}23) \cdot (\boxed{2K04}+\boxed{2K05}) \cdot 30400$$

此时由于驾驶台被激活，车辆控制屏（TMS-MMI）被置于显示状态，同样驾驶台的指示灯也被置亮，显示设备状态，如受电弓、HSCB 等。

5. 车辆启动继电器控制

随着驾驶台被激活，驾驶台的开关按钮就可以操作，但每辆车的控制操作还需要本节车的车辆控制启动继电器 2K07 得电才行，控制电路如图 4-22 所示。通过 2K01 的常开联锁（33-34）闭合，电源线 20100 经过二极管 2V03、空气自动开关 2F02 使得 A 车的 2K07 得电，控制电路逻辑为：

$$20100 \cdot 2K01(33\text{-}34) \cdot 2V03 \cdot 2F02(01\text{-}02) \cdot \boxed{2K07} \cdot 30400$$

列车车辆控制总线 20212 通过车钩电气连接器使以后各节车辆控制接通继电器 2K07 得电吸合，控制电路逻辑为：

$$20212 \cdot 9Y02\text{-}9Y03 \cdot 2F02 \cdot \boxed{2K07} \cdot 30400;$$

$$20212 \cdot 9Y04\text{-}9Y05 \cdot 2F02 \cdot \boxed{2K07} \cdot 30400;$$

$$20212 \cdot 9Y06. \cdots$$

空气自动开关 2F02 用以对该环节进行过电流保护。

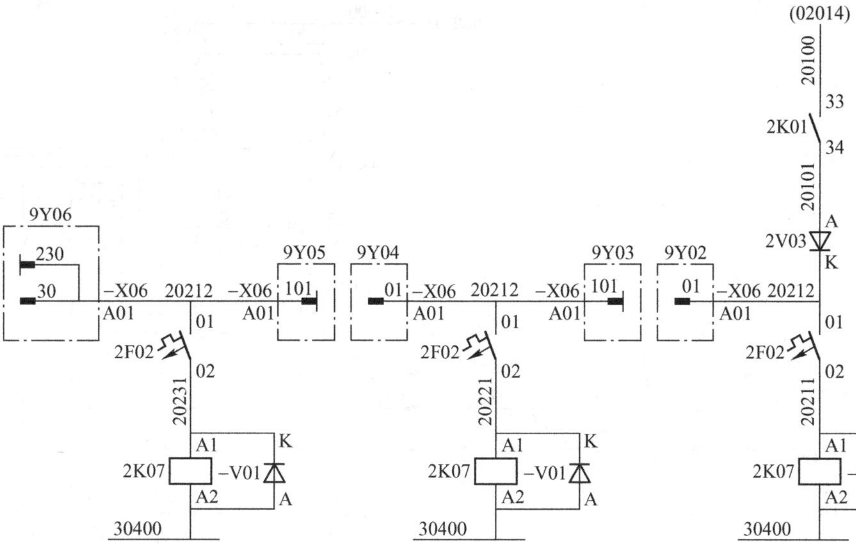

图 4-22　车辆启动继电器控制电路

6. 驾驶台互锁控制

当驾驶员将钥匙开关 2A0l-S0l 闭合，控制 A 车的 2K07 的常闭联锁（62-61）被 2K01 的常开联锁旁路，列车控制启动继电器 2K01～2K05 处于自持及吸合状态；此时在另一端驾驶室，钥匙开关 2A01-S01 的作用无效，此时即使钥匙开关 2A0l-S01 闭合，由于车辆控制继电器 2K07 已吸合，其常闭联锁（62-61）断开，各列车控制启动继电器 2K01～2K05 不能得电，即实现了防止另一个驾驶室被激活的功能。这样通过线路联锁设计保证了列车两端驾驶室不能同时使用，只允许一端驾驶室得电操作，否则将引起电气动作紊乱，使列车安全失去保障。

在特殊运行模式（自动运行时的折返）时，前面提到的驾驶钥匙开关功能被 4K03 联锁（13-14）所取代，这时只有 2K01、2K02、2K03 三组列车控制继电器被接通，从而保证车辆的基本运行控制操作和运行保护功能。

4.4　轨道交通车辆初始条件设置控制

4.4.1　列车方向控制

只有当车辆处于静止时才能预先选择车辆的运行方向，如果驾驶员需要设置列车方向，应在激活的驾驶台将驾驶员控制器方向手柄推向前（F）位或者向后（R）位，其控制电路如图 4-23 所示。

在驾驶台被激活（使用 2A01-S01 钥匙开关）、2K01～2K05 列车控制启动继电器得电后，可以通过操作主控制器 2A01 中的方式/方向手柄带动相应的行程开关（S12～S14）闭合，便可以预先选择车辆的运行方向。方向继电器的控制系统与车辆控制系统一起通过 2F01 由列车电源（DC110V）正极供电。

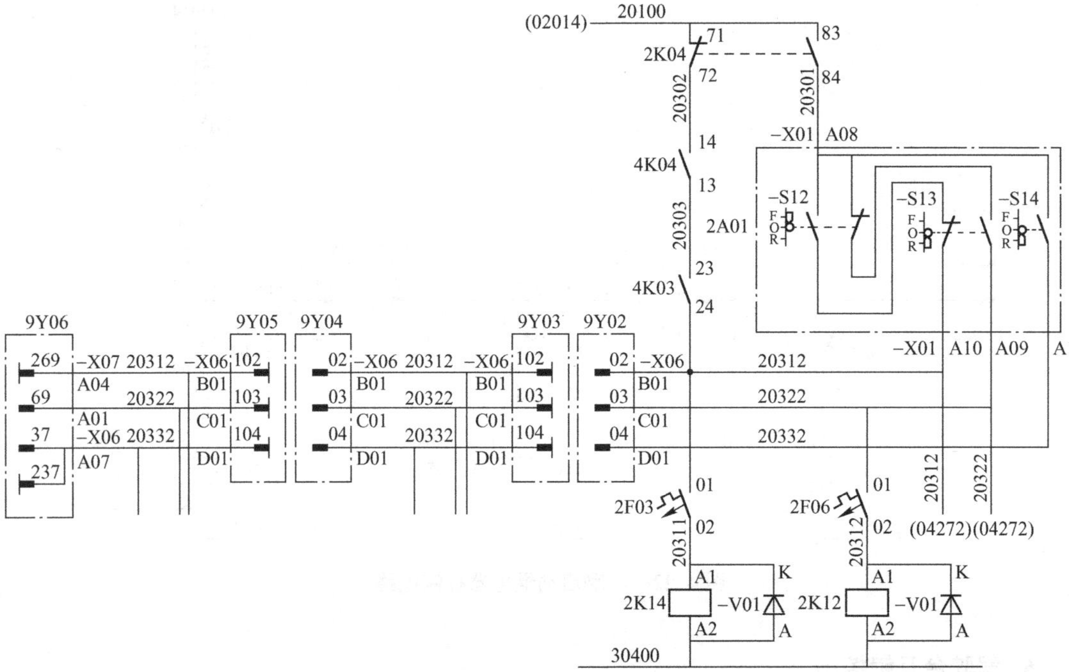

图 4-23　列车方向控制电路

如果设定为“F”（前行）位，则行程开关 S12 闭合，电源经由空气保护开关 2F03，“前行”接触继电器 2K14 得电，“前行”列车控制线 20312 被接通。

如果设定为“R”（后退）位，则行程开关 S13 闭合，电源经由空气保护开关 2F06，“后退”接触继电器 2K12 得电或被激活，“后退”列车控制线 20322 被接通。

在非头车的 A 车中，由于位于 C 车端部半自动车钩处的列车控制线交叉布置，因此与之相对应的反向列车控制线和接触继电器被接通，并将相应的信息通过列车线传递给牵引控制单元（1A1）和电子制动单元 BECU(2A03)。

在 B、C 车的每个驱动控制回路中，有一对速度继电器的反联锁使牵引控制单元（DCU）无动作，该联锁防止列车在运行过程中发生换向动作，所以只有在列车完全停稳后，速度继电器确认失电状态下，才能改变列车方向。

在手动方式或 ATC 方式下，方向“向前”指令通过控制继电器传送到工作端的 A 车 ATC 单元。

在特殊操作模式（自动运行时的折返）情况下，非头车 A 车运行方向是由 ATC 系统通过 4K03 常开联锁（23-24）闭合和 4K04 常开联锁（13-14）闭合预先设定的。

4.4.2　受电弓控制

受电弓控制分为气路控制和电路控制。受电弓电路控制如图 4-24 所示，由列车电源线（DC110V）正端 30420 提供电源，由受电弓和高速断路器控制保护空气开关 2F30 进行过电流保护。当列车激活后，列车控制系统进入工作准备状态，列车控制启动继电器 2K04 和紧急制动继电器 2K10 分别得电工作，驾驶员可以操作升弓开关 2S01 来执行“升弓”指令，操作降弓控制开关 2S02 来执行“降弓”指令。

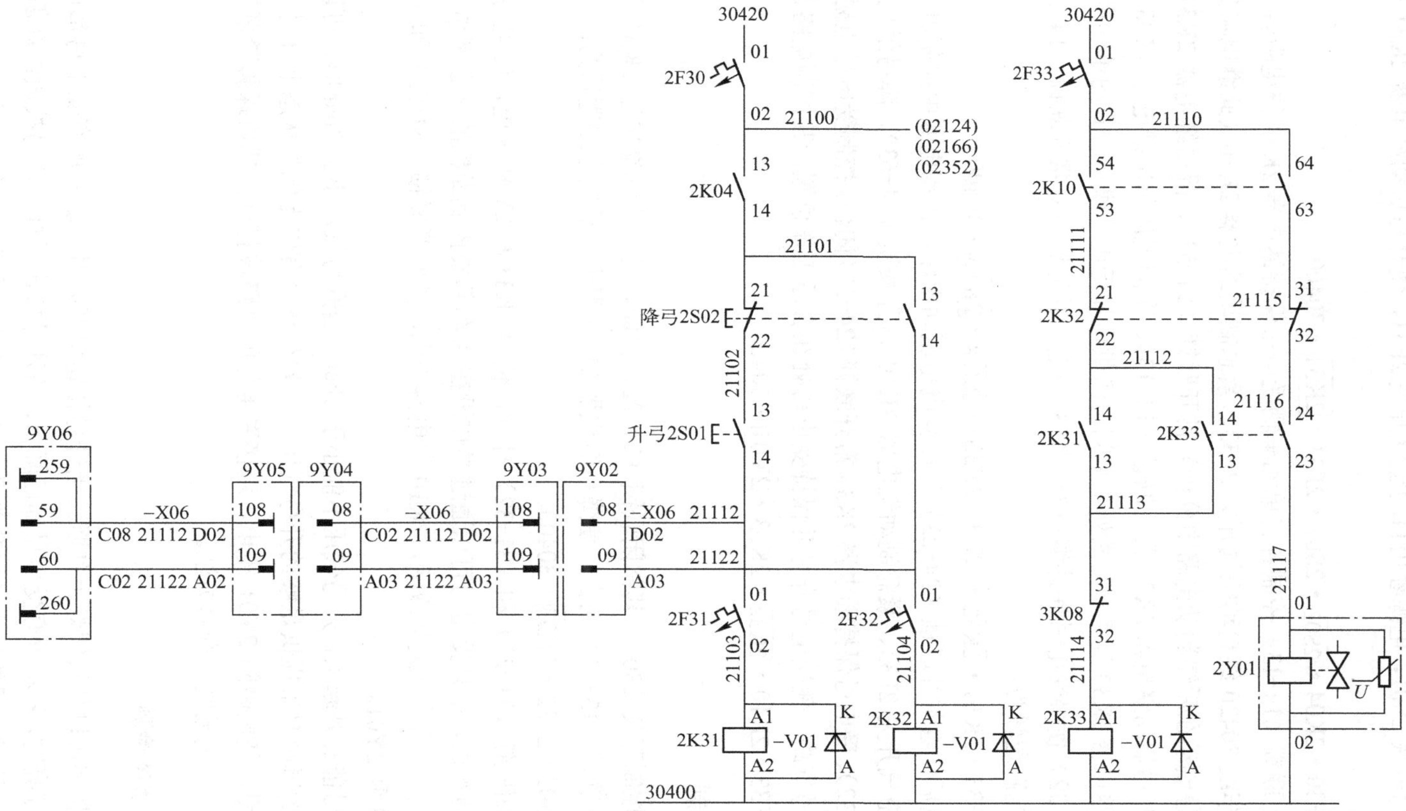

图4–24　受电弓电路控制

1. 升弓控制

当按下升弓开关 2S01，电源经由自动空气开关 2F31，使升弓启动继电器 2K31 得电，控制电路逻辑为：

30420 • 2F30 • 2K04 • $\overline{\text{2S02}}$ • 2S01 • 2F31 • $\boxed{\text{2K31}}$ • 30400

一组 2K31 联锁（14-13）控制各自单元车辆受电弓保持继电器 2K33 得电吸合。具体电路为：电源列车线 30420 经自动空气开关 2F33、紧急制动继电器 2K10（此继电器失电启动紧急制动，紧急制动在后续制动电路中分析）常开联锁（54-53）、降弓继电器 2K32 常闭联锁（21-22）、升弓启动继电器 2K31 常开联锁（14-13）、车间电源供电继电器 3K08（此继电器与升弓保持继电器 2K33 互锁，完成列车车间电源供电和受电弓供电方式的单一供电形式）常闭联锁（31-32）使得受电弓保持继电器 2K33 得电，并通过自身常开联锁（14-13）完成自持。其控制电路逻辑为：

30420 • 2F33 • 2K10 • $\overline{\text{2K32}}$ • (2K3l+2K33) • $\overline{\text{2K08}}$ • $\boxed{\text{2K33}}$ • 30400

2K33 得电后一组常开联锁（24-23）开启受电弓驱动电路，控制电源由控制电源列车线 30420 经自动空气开关 2F33、紧急制动继电器 2K10 常开联锁（64-63）、降弓继电器 2K32 常闭联锁（31-32）、受电弓保持继电器 2K33 常开联锁（24-23）闭合，控制受电弓电磁阀 2Y01 得电，开通升弓气路，使受电弓升弓并保持受电弓处在合适工作位置。其控制电路逻辑为：

30420 • 2F33 • 2K10 • $\overline{\text{2K32}}$ • 2K33 • $\boxed{\text{2Y01}}$ • 30400

2. 降弓控制

按下降弓控制开关 2S02，其常闭联锁（21-22）分断，升弓启动继电器 2K31 失电，同时 2S02 的常开联锁（13-14）闭合，使降弓继电器 2K32 得电，控制电路逻辑为：

30420 • 2S02 • 2F32 • $\boxed{\text{2K33}}$ • 30400。

其一组常闭联锁（21-22）和（31-32）打开，使得 2K33 和 2Y01 失电，受电弓（2K6）落弓。在紧急情况时，单只受电弓可以通过操作设在 A 车驾驶控制面板的紧急制动开关使受电弓降弓（双弓），当该开关被激活，2K10 继电器失电，其常开联锁（54-53）和（64-63）直接分断 2K33 和 2Y01。

要使受电弓能够升起来，升弓气压不能小于 3bar，当升弓气压小于 3bar 时，可以利用 A 车 8 号座位下的脚踏泵来提供足够的升弓气压。当列车在“有电无气”状态下升弓时，可以先按下升弓按钮，使电磁阀 2Y01 得电，连接受电弓的气路被打开，然后踩脚踏泵升弓，这就是通常说的“有电无气”升弓方法。

3. 受电弓状态检测

受电弓的状态可以从按钮灯上判断。当升弓按钮绿灯亮时，表示所有受电弓都已升起；当降弓按钮红灯亮时，表示所有受电弓都已降下；当升弓按钮绿灯和降弓按钮红灯都不亮时，表示两个受电弓处于不同的状态（如升单弓）。列车对受电弓“升弓”和“降弓”状态的检测方式是不同的，“升弓”状态是通过电压继电器 7U01 来检测，如图 4-8 特殊欠压继电器所示，1U01 是变压器，它把接触网的高电压按一定比例变换成低电压，在继电器 7U01 的内部，该低电压的大小决定触头 1.01-1.02 和 2.01-2.02 的状态，触头 2.01-1.02 串联在受电弓升弓检测电路中，当电压>1000V 时，触头 2.01-2.02 闭合，受电弓升弓按钮绿灯亮，表示受电弓升起。“降弓”状态是通过位置传感器 7B01 来检测的，当受电弓物理位移接近 7B01 时，其连接电路的两接点 1.3-2.4 导通，受电弓降弓按钮红灯亮，表示受电弓降下。

4.4.3 高速断路器控制

高速断路器 1Q02 的启动控制由列车电源线（DC110V）正端 30420 供电，由受电弓和高速断路器控制自动空气开关 2F30 进行过电流保护，其控制电路如图 4-25 所示。

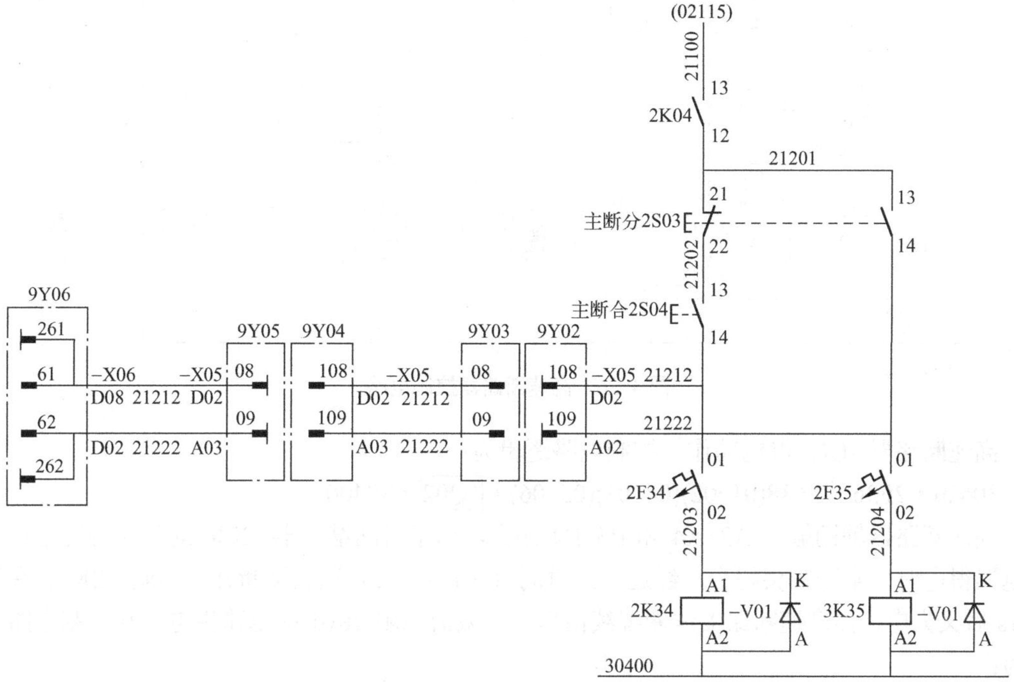

图 4-25 高速断路器合闸启动控制电路

1. 合闸控制

用高速断路器“合”按钮开关 2S04 来吸合高速断路器（HSCB）1Q02，当该开关置“合”位，通过 2S04 的常开联锁（13-14）施加于列车导线 21203，使高速断路器“合”启动继电器 2K34 得电吸合，控制电路逻辑为：

$21100 \cdot 2K04 \cdot \overline{2S03} \cdot 2S04 \cdot 2F34 \cdot \boxed{2K34} \cdot 30400$

2K34 得电后，高速断路器启动，“合”列车线 21212 被激活，并通过车钩传递到另一单元激活相应的高速断路器“合”启动继电器。

高速断路器控制电路分成两个阶段，一个是高速断路器驱动线圈启动阶段；另一个是高速断路器保持阶段，其控制原理如图 4-26 所示。当高速断路器“合”启动继电器 2K34 得电后，控制电源由列车线 30420 提供，经过自动空气开关 2F36、启动继电器 2K34 的常开联锁（13-14），使 HSCB 启动限制时间继电器 2K36 得电，其控制电路逻辑为：

$30420 \cdot 2F36 \cdot 21300 \cdot 2K34 \cdot \boxed{2K36} \cdot 30400$

一组 2K36 常开联锁（15-18）使高速断路器线圈 2K38 得电动作，其控制电路逻辑为：

$21502 \cdot \overline{2K35} \cdot 2K33 \cdot 2K10 \cdot 2K36 \cdot \boxed{2K38} \cdot 30400$

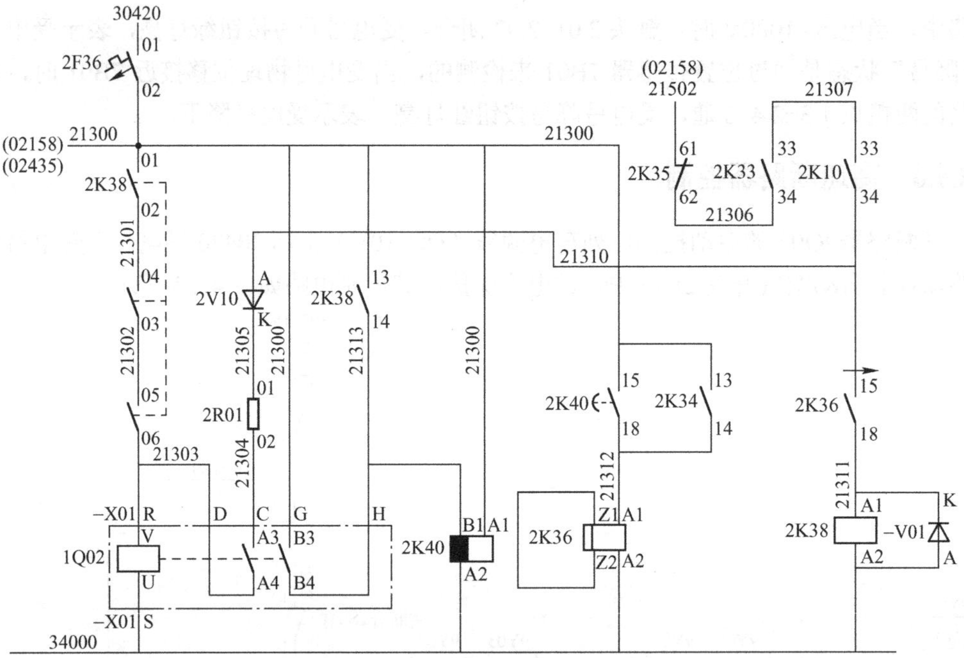

图 4-26　高速断路器控制电路

高速断路器 1Q02 得电动作，控制电路逻辑为：

30420 • 2F36 • 2K38(01-02)(04-03)(05-06) • 1Q02 • 30400

高速断路器辅助触头 A3-A4 和 B3-B4 闭合，由于时间继电器 2K36 的动作特性是：当继电器得电时，常开触头闭合，经过一定时间后（1s），常开触头又断开。因此，2K38 在得电 1s 后又失电，而高速断路器线圈继续由串接了限流电阻 2R01 的电路供电，其控制电路逻辑为：

30420 • 2V10 • 2R01 • 1Q02(A3-A4) • 1Q02 • 30400

这样就保护了高速断路器线圈不会长时间通电而造成烧损。

2. 分闸控制

当要分断高速断路器时，可以用高速断路器"分"按钮开关 2S03 来人为分断高速断路器（HSCB）1Q02。见图 4-25 所示，当该开关在"分"位置，通过 2S03 联锁（21-22）先断开高速断路器"合"启动继电器 2K34 回路，然后通过 2S03 的（13-14）常开联锁接通列车导线 21204，使高速断路器"分"启动继电器 2K35 得电吸合，其控制电路逻辑为：

21100 • 2K04 • 2S03 • 2F35 • 21204 • 2K35 • 30400

2K35 得电后，高速断路器启动"分"列车线 21222 被激活，通过车钩传递到另一单元激活相应的高速断路器"分"启动继电器，见图 4-26 所示，一组 2K35 常闭联锁（61-62）断开，高速断路器线圈失电，高速断路器主触头断开。

高速断路器作为主电路总的电源开关和保护电器，分断的电流大、电压高，故在实际运用中不能频繁地合闸操作，一般高速断路器重复合闸之间至少要保证相隔 30s 时间，否则会影响高速断路器的使用寿命。电路中 2K40 是 HSCB 启动封锁继电器，与 2K36 共同作用保护高速断路器。当高速断路器线圈 1Q02 未能成功启动时，再按下 2S04 后，高速断路器线圈驱动继电器 2K38 无法得电，因为 2K36 在上次启动后没有失电，靠 2K40（其得电是由前一次启动时 2K38 的常开联锁 13-14 使得 2K40 得电工作）的延时断开联锁（15-18），一直保持 2K36 线圈得电，这样就由 2K36 的通电延时联锁（15-18）切断了 2K38 线圈回路，高速断路器线圈无法得电闭合。

由于高速断路器在合闸时需要的转矩较大，而在合上后保持转矩较小，故在启动时 1Q02 线圈接通的是 DC110V 电压，在保持时线圈串接了限流电阻 2R01 工作，起到保护高速断路器的作用。在启动时，由 2K38 的三个常开联锁（01-02）、（04-03）和（05-06）串联供电，这样可以提高可靠性，减少误动作的可能性。

高速断路器 1Q02 分断或跳闸有两类情况：

（1）手动操作。通过按下高速断路器“分”按钮开关 2S03，2S03 的（13-14）联锁经列车控制线 21204 使高速断路器“分”继电器 2K35 得电，2K35 分断高速断路器 1Q02 线圈的供电回路，使高速断路器跳闸。

（2）保护性分闸。如图 4-26 所示，主回路过电流超过高速断路器设定的电流值会造成跳闸。

主回路短路时，形成快速自动跳闸，其最大分断电流为 35kA，由牵引控制单元 DCU 进行控制。

在电路图 4-26 中的列车线 21502 是由牵引控制单元 DCU（2A03）和主牵引逆变器 1A01（VVVF 箱）外部的接口引出（如图 4-27 所示），没有对其内部的连接进行标注。为了能够更清晰地掌握高速断路器的保护，下面对电路图作一些补充说明。

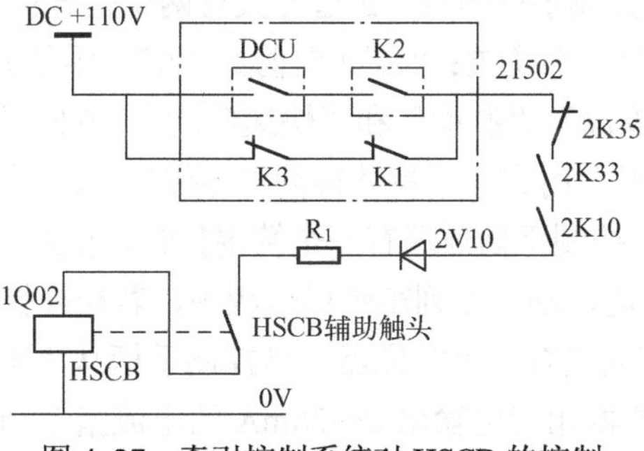

图 4-27　牵引控制系统对 HSCB 的控制

以 B 车为例，其内部的连接如图 4-27 中点划线框所示，图中 DCU 内的触头实际上是 A328 电子板的一个小继电器，当 DCU 通电时该触头闭合，K2 触头是在差动电流不大于 50 A 时闭合，正常情况下，激活驾驶台后，这两对触头都是闭合的。当列车处于牵引状态时，K1 得电动作，它的常闭触头断开，电流只能通过 DCU 和 K2 的常开触头，使高速断路器保持闭合。若 DCU 检测到某种严重故障，需要断开高速断路器时，其内部的小继电器常开触头就会断开，从而导致高速断路器失电跳闸，故 DCU 也能断开高速断路器。另外，若差动电流大于 50A，K2 的常开触头断开，也会导致高速断路器失电跳闸。

3. 断路器状态显示

高速断路器的状态可以从按钮灯上判断：当主断合按钮绿灯亮时，表示所有高速断路器已处于闭合状态；当主断分按钮红灯亮时，表示所有高速断路器已处于断开状态。若主断合按钮绿灯和主断分按钮红灯都不亮，则表示所有高速断路器不处于同一状态。

4.5 轨道交通车辆牵引和制动控制

4.5.1 牵引/制动控制设备

牵引/制动控制设备主要包括驾驶控制器、ATO/ATP、RVC、ECU 和 DCU，这些设备在列车上的分布如图 4-28 所示。

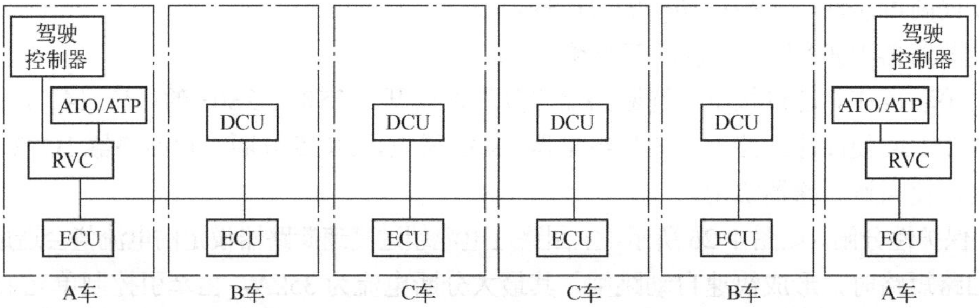

ATO/ATP—列车自动驾驶/列车自动防护；RVC—参考值转换器；DCU—牵引控制单元；ECU—制动控制单元

图 4-28　牵引 / 制动控制设备的分布

驾驶控制器是驾驶员用来控制列车牵引或制动的设备，安装在驾驶台上。驾驶控制器主要由钥匙开关、方向手柄和控制手柄组成。钥匙开关有两个位置："0"和"1"，分别表示"关断"和"开启"。方向手柄有三个位置："F"（向前）、"0"（零位）和"R"（向后）。控制手柄有四个位置："牵引"、"零位"、"制动"和"快速制动"。方向手柄和控制手柄间有机械联锁，只有当控制手柄在"零位"时方向手柄才能回"零位"，只有当方向手柄确定运行方向后控制手柄才能离开"零位"。控制手柄顶端有一个警惕按钮，在人工驾驶时，只有按下警惕按钮并推动控制手柄，列车才能启动。在列车牵引过程中，若松开警惕按钮超过 3s，列车会产生紧急制动。控制手柄底部连接有一个电位器，当控制手柄从"零位"移向"100%牵引位"或"100%制动位"时，该电位器相应地输出 0～20mA 的电流指令，送给 RVC（Reference Value Convener，参考值转换器）。

在列车牵引/制动过程中，驾驶控制器给出的是电流信号，而牵引控制单元 DCU 和制动控制单元 ECU 接收的是脉冲信号，RVC 就是把给定的电流信号转换成脉冲信号的器件。RVC 输出的是 DC60V/400Hz 的脉宽调制信号，脉宽 T_1 从给定值的 7.5%到 45%，分别对应输入 0～20mA，如图 4-29 所示。

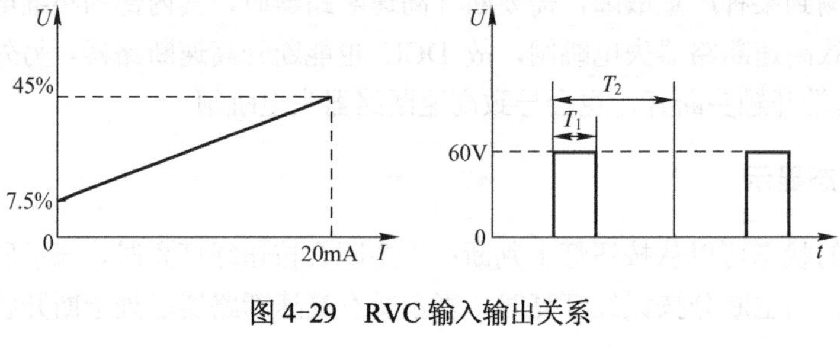

图 4-29　RVC 输入输出关系

4.5.2 车辆牵引控制

在设有 ATC 系统的线路中，列车既能人工驾驶，也能够自动驾驶。ATC 系统是列车自动控制系统，它包括列车自动防护子系统 ATP（ATP 系统是保证行车安全、防止列车进入前方列车占用区段和防止超速运行的设备）、列车自动监控子系统 ATS（ATS 系统监控列车运行及调整、自动建立进路）和列车自动驾驶子系统 ATO（ATO 系统根据控制中心的指令自动使列车正点、安全、平稳运行）。

城轨列车的驾驶模式分为如下四种：

（1）自动驾驶模式（ATO）。一般用于正线运行，在轨旁 ATP 设备和车载 ATP 设备等都正常工作的情况下使用。

（2）ATP 监督下的人工驾驶模式（SM）。是在 ATP 故障时使用。在该模式下，驾驶员在 ATP 的监督下行车，当列车超过 ATP 允许的速度时发出警告，继而紧急制动。

（3）限制式人工驾驶模式（RM）。即 ATP 提供一定的速度防护，列车超过此速度时，ATP 将紧急制动，列车由驾驶员驾驶，运行安全由驾驶员负责。

（4）人工驾驶模式（URM）无 ATP 防护，运行安全完全由驾驶员控制。

通常情况下，列车运行都要受 ATP 的保护。表 4-4 说明了 ATP、ATO 和人工驾驶之间的关系。

表 4-4 ATP、ATO 和人工驾驶之间关系

轨旁 ATP 设备和车载 ATP 设备工作正常（两者有数据连接）			轨旁 ATP 设备故障，列车只受车载 ATP 设备保护	ATP 切除
ATO 自动驾驶	ATO 自动折返	人工驾驶且列车限速 60km/h	人工驾驶且列车限速 25km/h	人工驾驶，无限速

牵引控制电路采用继电器联锁方式，对车门、停放制动、疏散门、气制动等实行联锁控制保护。要实现列车的牵引，必须给定牵引方向、牵引指令、牵引参考值。

1. 牵引方向

列车牵引方向由驾驶控制器方向手柄给定。在列车静止状态，必须先推动方向手柄确定列车的运行方向。如果在列车运行过程中改变方向手柄的位置，DCU 将会封锁牵引指令。与此同时，“电制动准备好”信号被 DCU 取消，不能施加电制动，以确保牵引或电制动工况的唯一性，但气制动仍然有效。如果把方向手柄重新推回至原来牵引时的位置，列车将恢复到原来的牵引状态。

2. 牵引指令

列车通过牵引控制保护电路输出牵引指令，列车牵引指令控制主要包括驾驶控制器警惕按钮控制和牵引启动联锁控制。

3. 警惕按钮控制

警惕按钮装是在驾驶控制器主手柄头上的“蘑菇”形按钮。设置警惕按钮控制环节，主要是用来防止驾驶员在驾驶途中精神不集中，失去意识，神志不清。它是通过警惕按钮2A01-S02，由警惕继电器 2K09 来防止发生事故。在牵引过程中一旦松开警惕按钮，3～5s时间内未重新按下，列车将立即启动紧急制动并鸣笛报警。因此要求驾驶员在驾驶过程中必须每隔几秒钟按一下，或者一直按着。该控制环节电路如图 4-30 所示，分析如下。

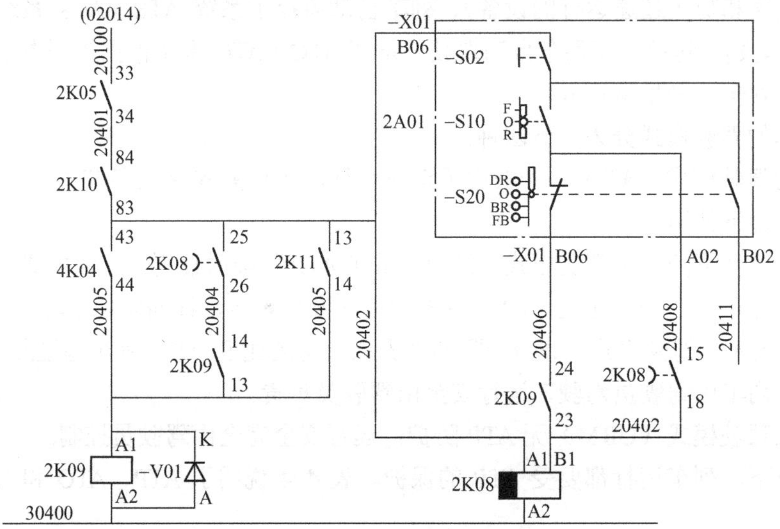

图 4-30　驾驶控制器警惕按钮控制电路

（1）人工驾驶状态。在人工驾驶状态下，随着列车激活，列车安全回路正常且列车处于静止状态，警惕继电器 2K09 得电，控制电路逻辑为：

20100 • 2K05 • 2K10 • 2K11 • 2K09 • 30400

因为启动列车前，必须预先选择运行方向（2A01-S10），并需要一直操作警惕按钮2A01-S02，这样牵引控制才能构成回路。通过一组 2K09 常开联锁（24-23）接通 2K08 警惕延时继电器电路，并由 2K08(15-18）联锁保持自持，控制电路逻辑为：

20100 • 2K05 • 2K10 • 2A01-S02 • (-S10) • ($\overline{\text{-S20}}$ • 2K09+2K08) • 2K08 • 30400

一组 2K08 警惕延时断开联锁(25-26)构成 2K09 列车非零速供电，控制电路逻辑为：

20100 • 2K05 • 2K10 • 2K08(25-26) • 2K09(14-13) • 2K09 • 30400

当列车正在运行或正在移动时(-S20 离开零位)，2K08 警惕延时继电器由自持供电，2K11打开，2K09 改由 2K08 供电。只有继电器 2K09 得电或接通时才能使紧急制动无效。但列车正在运行或正在移动时，警惕按钮只被短时间缓解（3～5s），如果接近整定时间就能立即听到信号（鸣笛）声，此时驾驶员只要及时地按下警惕按钮就可以缓解报警声并维持牵引状态；如果超过了由 2K08 警惕延时继电器设置的时间限制，则 2K08 延时断电联锁（25-26）断开，2K09 失电，列车施加快速紧急制动直到列车完全停止。

人工驾驶启动时，控制电源由列车启动继电器 2K05 的一组常开联锁（33-34）、紧急制动继电器 2K10 的一组常开联锁（84-83）、经零速继电器 2K11（列车速度 v = 0 动作）的一组联锁（13-14）使继电器 2K09 得电。也就是说 2K09 的得电启动需要三个条件：

① 列车已激活。

② 紧急继电器被激活（没有中断列车安全回路，紧急制动未施加）。

③ 列车处于静止状态。

（2）自动驾驶模式。在自动驾驶模式下，警惕按钮不起作用，被 ATC 旁路。由图 4-30 可知，在自动运行时，此功能可以通过继电器 4K04 的一组常闭联锁（61-62）切断手动回路，一组常开联锁（43-44）使 2K09 得电，一组常开联锁（53-54）接通 ATO 自动驾驶回路。

4. 牵引指令

牵引/制动控制器（主控制器）2A01-S20 必须被设置在牵引槽外面的位置，在列车启动时激活 2K08，运行时该支路由 2K08 的（15-18）联锁短接，控制电路如图 4-30 所示。

图 4-31 所示为牵引指令控制电路，列车需要牵引运行就需要 2K06 得电，2K06 得电有两条途径：

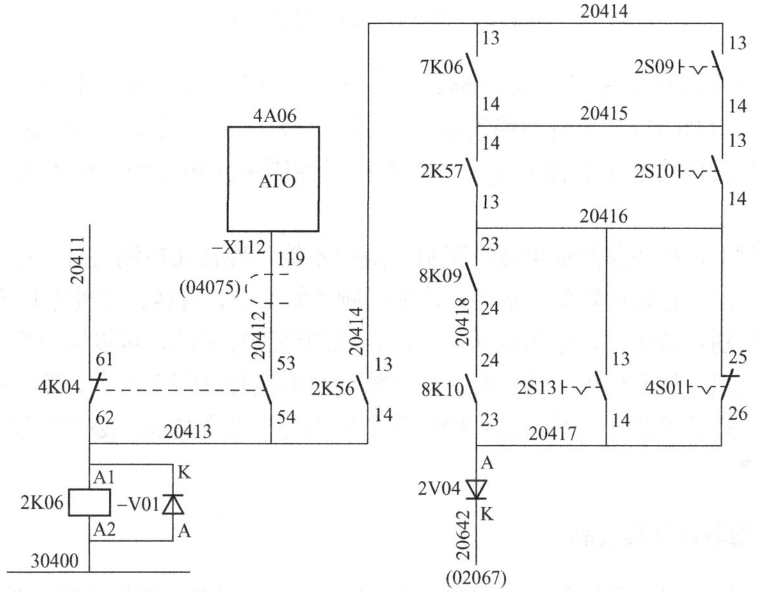

2K06—牵引指令构成继电器；2K56—列车主风缸压力监测继电器；7K06—疏散门检测继电器；2K57—停车制动检测继电器；8K09—列车左边车门监测继电器；8K10—列车右边车门监测继电器；2S09—疏散门旁路开关；2S10—停车制动旁路开关；2S13—车门旁路开关；4S01—ATP 切除开关

图 4-31　牵引指令控制电路

（1）手动驾驶时控制电源由驾驶控制器传递给导线 20411，经 ATO 模式继电器 4K04 的一组常闭联锁（61-62）送到 2K06 线圈，控制电路逻辑为：

$20411 \cdot \overline{4K04} \cdot \boxed{2K06} \cdot 30400$

（2）自动驾驶时控制电源由 4A06（ATC 系统的自动运行控制 ATO）功能模块传递给导线 20412，经 ATO 模式继电器 4K04 的一组常开联锁（53-54）送到 2K06 线圈，控制电路逻辑为：

$4A06 \cdot 20412 \cdot 4K04 \cdot \boxed{2K06} \cdot 30400$

在自动驾驶模式时，ATO 驾驶模式激活后 4K04 线圈得电动作，因此 4K04 的（53-54）联锁闭合。

从图 4-31 中可看出，列车牵引指令的发出，需经过 4 个联锁：列车主风缸压力继电器 2K56 联锁，当主风缸压力大于 7.0bar 时吸合；停车制动检测继电器 2K57 联锁，当检测到所有列车的停车制动均已缓解时闭合；7K06 检测列车疏散门已关好时闭合；8K09、8K10 检测所有列车车门已关好时闭合。列车牵引条件必须满足的启动联锁逻辑关系如图 4-32 所示。牵引指令发出的控制电路逻辑为：

20413 • 2K56 • 7K06 • 2K57 • 8K09 • 8K10 • 2V04 • 20642

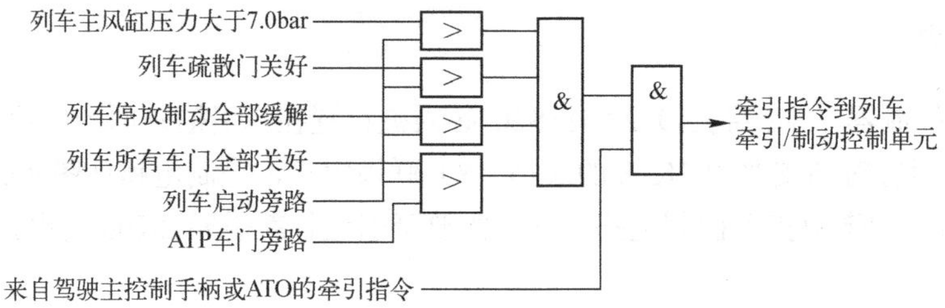

图 4-32　启动联锁内部逻辑关系

列车牵引指令通过牵引指令线 20642 将信号送到车辆的电子制动控制单元（EBCU）和牵引控制单元（DCU），牵引回路构成。牵引力的大小则由驾驶控制器通过参考值转换器（RVC）转换后传输给牵引控制单元，并由牵引控制单元传递到逆变器输出转矩，进行列车牵引。

在故障情况下，如各监测继电器出现故障烧损不能正确传递检测信息，而列车实际上处于正常状态时，为了避免对列车正常运行造成影响（如晚点、清客、救援等），列车设置了四个旁路开关，分别对疏散门、停车制动、车门、气制动进行旁路，可以取消启动联锁保护功能，进行应急处理，保证列车启动运行。城市轨道交通运行过程中对于旁路开关的操作有着严格的规定，在打开旁路开关时，必须确认列车状态处于正常情况，必须得到行车调度的授权才能操作旁路开关。

5. 五个启动联锁及其控制

（1）主风缸压力启动联锁保护。如图 4-33 所示，为列车主风缸压力检测控制电路，6 节车主风缸压力检测通过 6 个压力开关进行。各车辆的压力检测开关检测的是列车风管压力，其动作值为：当主风缸压力大于 7.0bar 时闭合，小于 6.0bar 时断开。由于主风管检测列车线相互连通，故 6 节车的主风缸压力检测开关相互并联，形成“或”的关系，即只要有一节车的主风缸压力检测开关闭合，主风缸压力检测继电器 2K56 即得电吸合。该启动联锁主要是监测主风缸压力，一旦列车主风缸压力小于 6.0bar，6 节车的主风缸压力检测开关都断开，使主风缸压力检测继电器 2K56 失电打开，列车牵引指令中断，封锁列车牵引。

（2）疏散门启动联锁保护。城市轨道交通列车在每个 A 车驾驶室正中设有一紧急疏散门，用于在紧急情况下疏散乘客。列车必须随时监测疏散门的状态。只有两个 A 车的疏散门全部都关好，列车疏散门监测继电器 7K06（如图 4-31 所示）才得电，列车才能进行牵引，否则，列车牵引指令中断，封锁列车牵引。

（3）停车制动启动联锁保护。停车制动是列车在库内停车时为防止在非正常情况下的滑动而施加的一种机械制动。停车制动采用弹簧制动方式，停车制动气缸充气缓解，排气施加。只有在 6 节车的停车制动全部缓解后，列车才能进行牵引。因此，列车通过监测停车制动气缸压力来监测停车制动的状态。

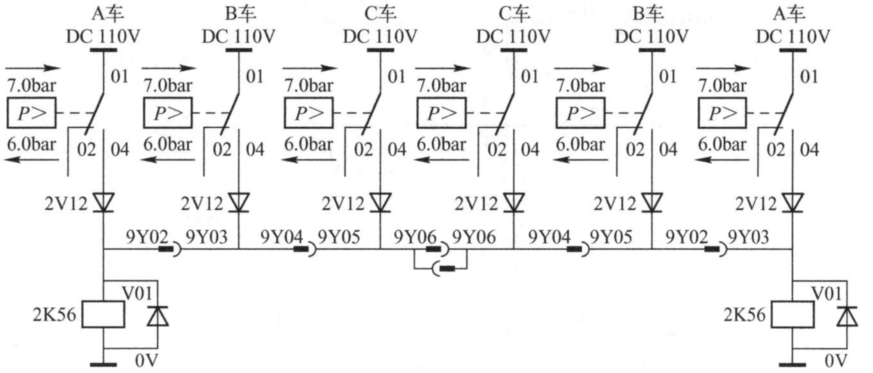

图 4-33　列车主风缸压力检测控制电路

单节车停车制动检测控制环节如图 4-34 所示，图中 2K51 为每节车停车制动缓解继电器，2K50 为每节车停车制动施加继电器，停车制动气缸压力检测开关在 2Y02 中，其动作值为停车制动气缸压力大于 4.5bar 时闭合，小于 3.5bar 时断开。检测控制过程分析如下。

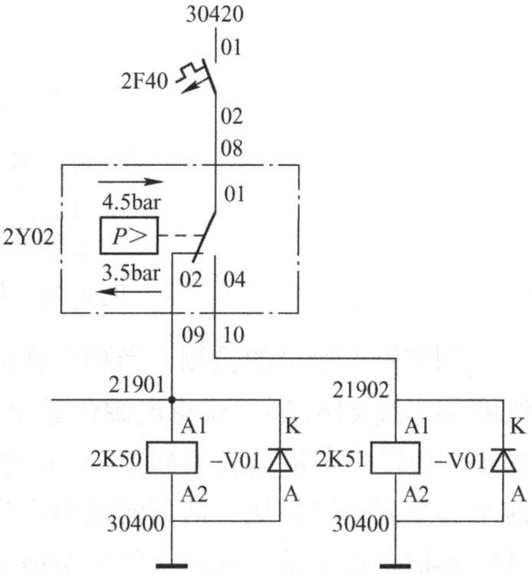

图 4-34　单节车停车制动检测电路

（1）当停车制动气缸气压小于 3.5bar。时，2Y02 中停车制动气缸压力检测开关打开，即（01-02）接通，2K50 单节车停车制动施加继电器得电动作，控制电路逻辑为：

30420 •2F40 •2Y02(01-02）•21901 •[2K50] •30400

2K50 得电后通过列车线 21901 将信息送到电子制动控制单元 EBCU 中。

（2）当停车制动气缸压力大于 4.5bar 时，2Y02 中停车制动气缸压力检测开关闭合，即（01-04）接通，2K50 单节车停车制动施加继电器失电，断开施加指令，2K51 单节车停车制动缓解继电器得电动作，停车制动风缸充风缓解，控制电路逻辑为：

30420 • 2F40 • 2Y02(01-04) • 21902 • [2K51] • 30400

停车制动也可以手动施加与缓解，操作电路如图 4-35 所示，驾驶室驾驶员控制面板上设置有操纵停车制动施加按钮 2S06 和停车制动缓解按钮 2S05，通过驾驶室操作按钮控制停车制动气缸的风管电磁阀 2Y02 来实现。按下停车制动施加按钮 2S06，电磁阀 2Y02 制动线圈得电，控制电路逻辑为：

21100 • 2K04 • 2S06(13-14) • 2F39 • [2Y02 制动线圈] • 30400

电磁阀 2Y02 开通制动气缸和大气的通路，制动气缸排气，在弹簧作用下停车制动施加。按下停车制动缓解按钮 2S05，电磁阀 2Y02 缓解线圈得电，控制电路逻辑为：

21100 • 2K04 • 21601 • $\overline{\text{2S06}}$(21-22) • 2S05 • 2F38 • [2Y02 缓解线圈] • 30400

电磁阀 2Y02 开通列车风管和制动气缸的通路，给气缸充气，压缩空气克服弹簧作用缓解停车制动。

另外，还有一种应急缓解停车制动的操作，是通过拉动停车制动气缸的手动缓解拉杆，进行人工缓解。

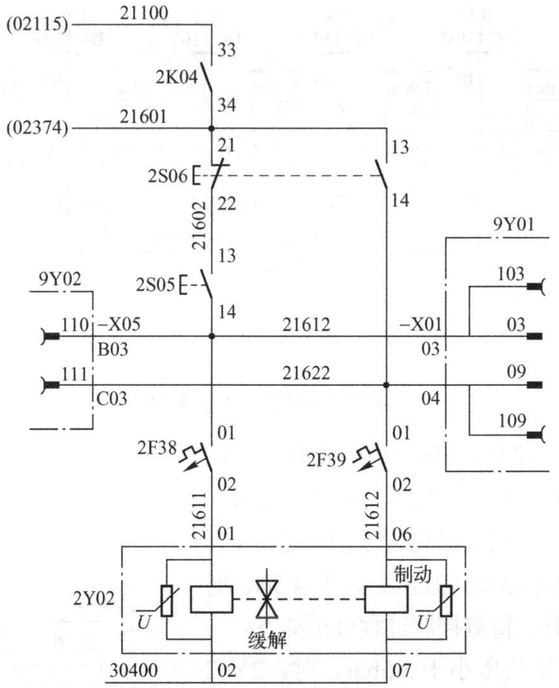

图 4-35 停车制动缓解与施加控制电路

列车停车制动的检测。当列车在激活端操纵停车制动施加和缓解按钮时，通过停车制动缓解列车线 21612、车钩将电源传递至各个车辆的 2Y02，控制本节车的四个停车制动器缓解；同理，通过停车制动施加列车线 21622、车钩将电源传递至各个车辆的 2Y02，控制本节车的四个停车制动器施加，从而实现整个列车同时进行施加和缓解的动作。通过 9Y01 可以在连挂时将信息传递给相互连挂的列车或车辆。电路示意图如图 4-36 所示。

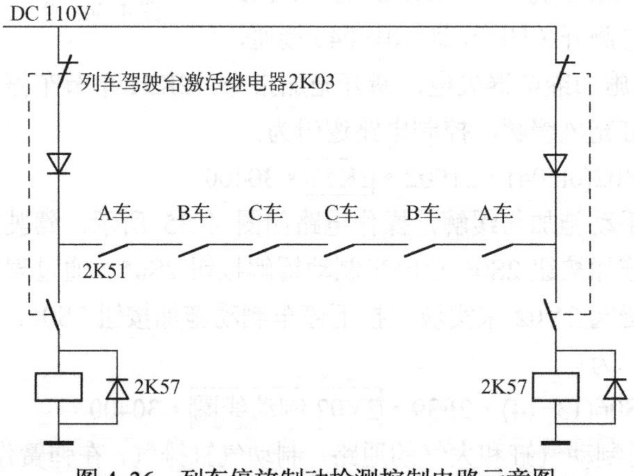

图 4-36 列车停放制动检测控制电路示意图

停车制动缓解按钮 2S05 和停车制动施加按钮 2S06 是带指示灯的按钮，在驾驶控制面板上的指示灯反映列车停车制动的状态。列车停车制动检测控制电路如图 4-37 所示，当全列车施加停车制动时，各车辆的 2K50 都得电，此时停车制动指示灯亮，控制电路逻辑为：

9Y06 • 23604 • 2K50 • 9Y05-9Y04 • 2K50 • 9Y03-9Y02 •

2K50 • 2K03(14-13) • 2S06-R02 • 2S06-R01 • 2S06 • 30400

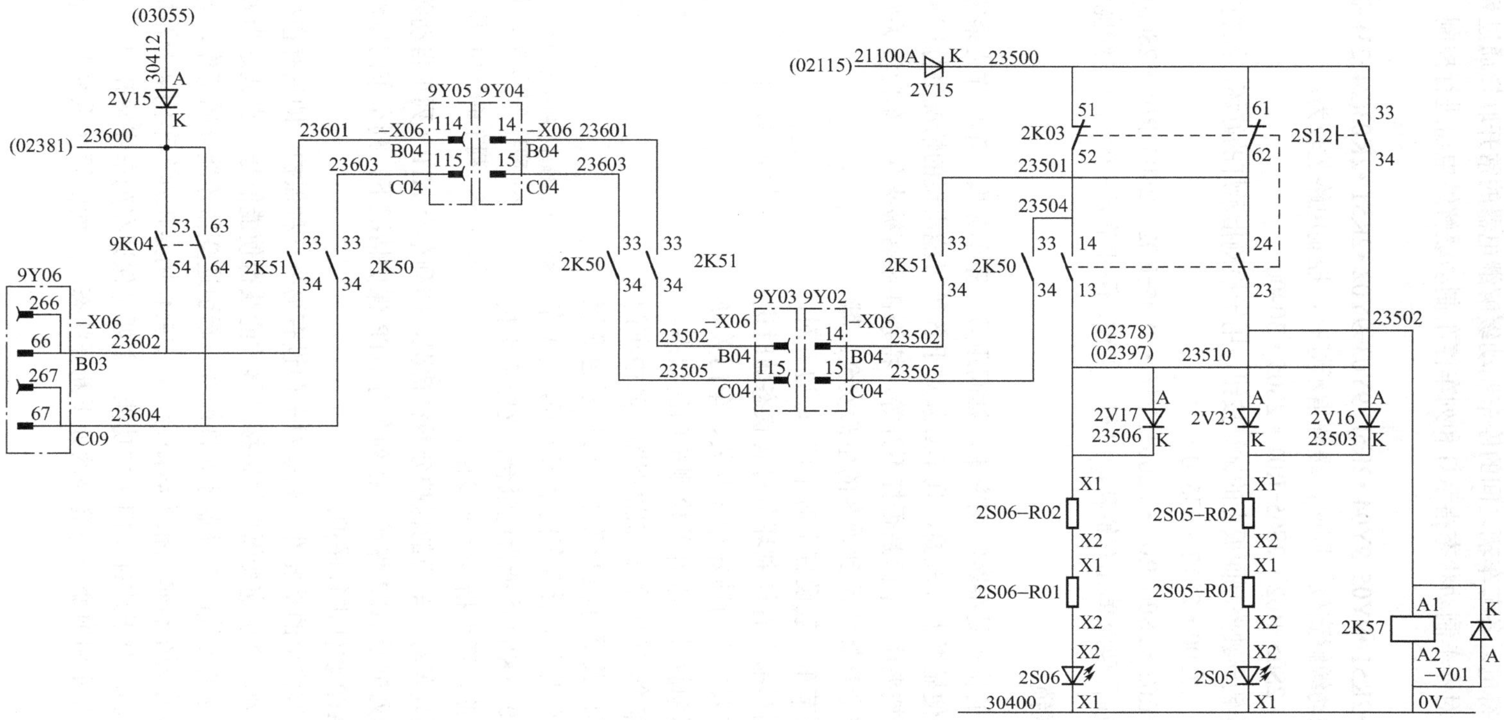

图4-37　列车停车制动检测控制电路

只有在所有六节车的停车制动全部缓解，即每节车的 2K51 均得电，列车停车制动缓解继电器 2K57 才能得电，各节车辆之间的停车制动缓解继电器的常开联锁通过列车线串联形成“与”的关系，对停车制动状态指示灯和列车停车制动缓解继电器进行控制，控制电路逻辑为：

9Y06 •23602 •2K51 •9Y05-9Y04 •2K51 •9Y03-9Y02 •2K51 •2K03(24-23) •2K57 •30400

全列车停车制动缓解到位。同时，缓解指示灯亮，控制电路逻辑为：

23502 • 2V23 • 2S05-R02 • 2S05-R01 • 2S05 • 30400

按钮 2S12 是车辆驾驶控制面板上的试灯按钮，用于检测指示灯的好坏，控制电路逻辑为：

21100 • 2V15 • 23500 • 2S12 • 23510 •

(2V17 • 2S06-R02 • 2S06-R01 • 2S06+2V16 • 2S05-R02 • 2S05-R01 • 2S05) • 30400

继电器 9K04 在需要对单元车辆移动时得电工作，保证单元车辆的列车线能够形成回路。

6. 车门启动联锁

城市轨道交通的特点是乘客特别密集、站间距短、停车频繁。车门作为乘客进出列车的通道，其安全保障便显得十分重要，列车必须对于各种可能出现的情况进行监测，如车门是否关好、乘客是否被夹住、车门是否打不开等，特别在乘客被夹住、车门没关好的情况下，列车一旦启动，将会直接危及到乘客的生命安全。城市轨道交通列车每节车一般设有十对车门，每边五对，对于每对车门，列车都设有控制环节对其状态随时进行检测。该环节主要由车门锁好行程开关、车门关好行程开关和车门紧急解锁行程开关检测车门的状态，如图 4-38 所示为单个车门检测控制原理图，其中车门锁好行程开关和车门关好行程开关串联后与紧急解锁行程开关并联，只有当列车所有车门全部关好，列车车门关好继电器 8K10、8K09 才能得电吸合，这时牵引指令回路才能形成通路，牵引指令才能发出。

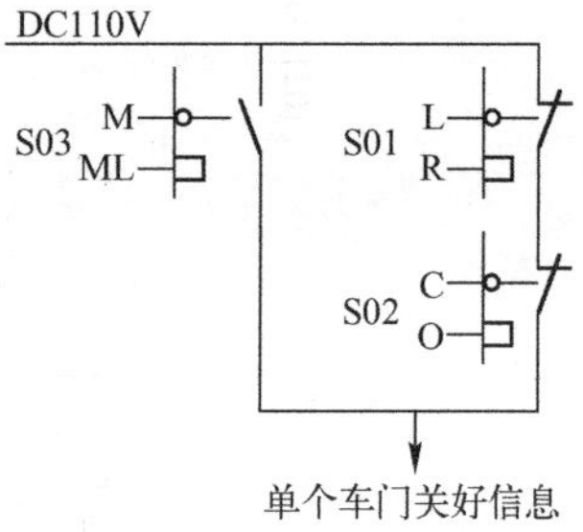

S01—车门锁好行程开关；S02—车门关好行程开关；S03—车门紧急解锁行程开关

图 4-38　列车单个车门检测控制原理图

城市轨道交通列车对于车门的保护分两种情况，即列车有 ATP（列车自动防护系统，由信号控制）保护和列车无 ATP 保护。在列车有 ATP 保护情况下，列车车门监测信号直接送给 ATP 系统，由 ATP 软件进行保护。

由于车门对乘客安全的重要性，列车对车门设有另外一种保护，即只有在列车牵引指令信号为高电平时，列车牵引逆变器中线路接触器才能获得使能信号。也就是当列车所有车门全部关好后，牵引逆变器线路接触器才允许闭合，牵引逆变器才能开始工作，列车才能进行牵引。2K06 继电器在列车有牵引指令时闭合，其主要作用是在列车车门被旁路情况下，保证列车能启动而设置的。对于这种车门保护功能，主要是保证在列车停站开门后，牵引逆变器线路接触器断开，使牵引逆变器与接触网处于断开状态，从而保障在乘客上、下车时列车不能启动。

7. 气制动启动联锁保护

城市轨道交通列车制动系统包括电制动和气制动，其中常用制动以电制动为主，在电制动动力不足，或低速停车时（8km/h），才施加气制动。为了防止在列车牵引时气制动不能缓解而给轮对造成危害，必须对列车气制动状态随时进行检测。图 4-39 所示为单节车气制动检测控制电路，图中 2B02、2B03 分别为一节车两个转向架的气制动压力检测开关，其动作值为：当气制动压力大于 1.2bar 时断开，小于 0.8 bar 时闭合。2K52 为气制动监控继电器（第一转向架气制动缓解），2K53 为单节车气制动施加继电器，2K54 为本节车气制动缓解继电器，2K55 为本节车全部制动（所有摩擦制动）缓解监控继电器（包括停车制动、气制动）。当两个转向架的气制动检测开关联锁（01-02）全部闭合时（即气制动全部缓解），气制动缓解继电器 2K54 才能得电吸合，通过 2B03 转向架气制动压力检测开关和 2K52 的常开联锁串联，组成“与”的关系，控制电路逻辑为：

21900 • 2B02(01-02) • [2K52] • 30400

21900 • 2B03(01-02)-2K52 • [2K54] • 30400

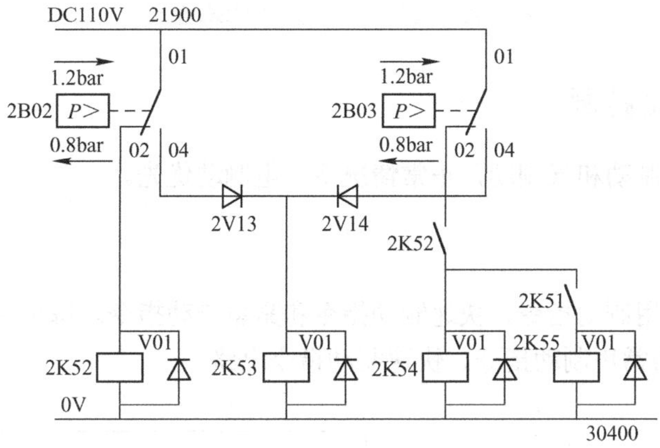

图 4-39 单节车气制动检测控制图

当两个转向架的气制动检测开关一组联锁（01-04）中任意一个或两个闭合时（即气制动施加），本节车气制动施加继电器 2K53 就能得电吸合，通过 2B02、2B03 气制动压力检测开关的联锁（01-04）与二极管 2V13、2V14 组合形成“或”的关系，控制电路逻辑为：

21900 • [2B02(01-04) • 2V13+2B03(01-04) • 2V14] • [2K53] • 30400

通过“与”和“或”的关系，反映气制动的原理，即只要有一组气制动检测开关联锁(01-04)闭合，即气制动施加就认为车辆气制动施加，必须所有气制动缓解才能认为车辆气制动缓解，同理也能够推广到整列车。当本节车气制动缓解继电器 2K54 满足得电条件时，本节车的停车制动缓解继电器 2K51 得电吸合后，本节车所有摩擦制动缓解监控继电器 2K55 才能得电，这样通过 2K55 的状态就能知道车辆的气制动情况。摩擦制动缓解监控继电器 2K55 得电的控制电路逻辑为：

21900 • 2B03(01-02）• 2K52 • 2K51 • [2K55] • 30400

通过对图 4-39 的分析并结合图 4-31 可以看出，只有当 6 节车的气制动全部缓解，或者操作气制动旁路开关，列车气制动缓解信号才能有效。列车气制动缓解 MBG 信号如图 4-40 所示，列车牵引控制单元在列车启动后，发出气制动缓解指令，如果在列车启动后 5s 内，牵引控制单元不能接收到列车气制动缓解信号，则马上封锁牵引指令，列车启动失败。此保护功能由牵引控制单元软件实现。

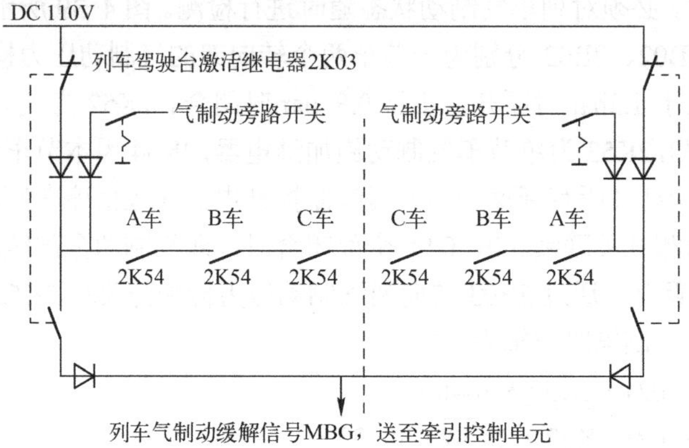

图 4-40　列车气制动缓解 MBG 信号

4.5.3　车辆制动控制

列车制动分为电制动和气制动，正常情况下，电制动优先。

1. 电制动指令

电制动指令有常用制动指令、快速制动指令和紧急制动指令。每个制动指令都是低电平有效，图 4-41 所示为常用制动指令、快速制动指令电路。

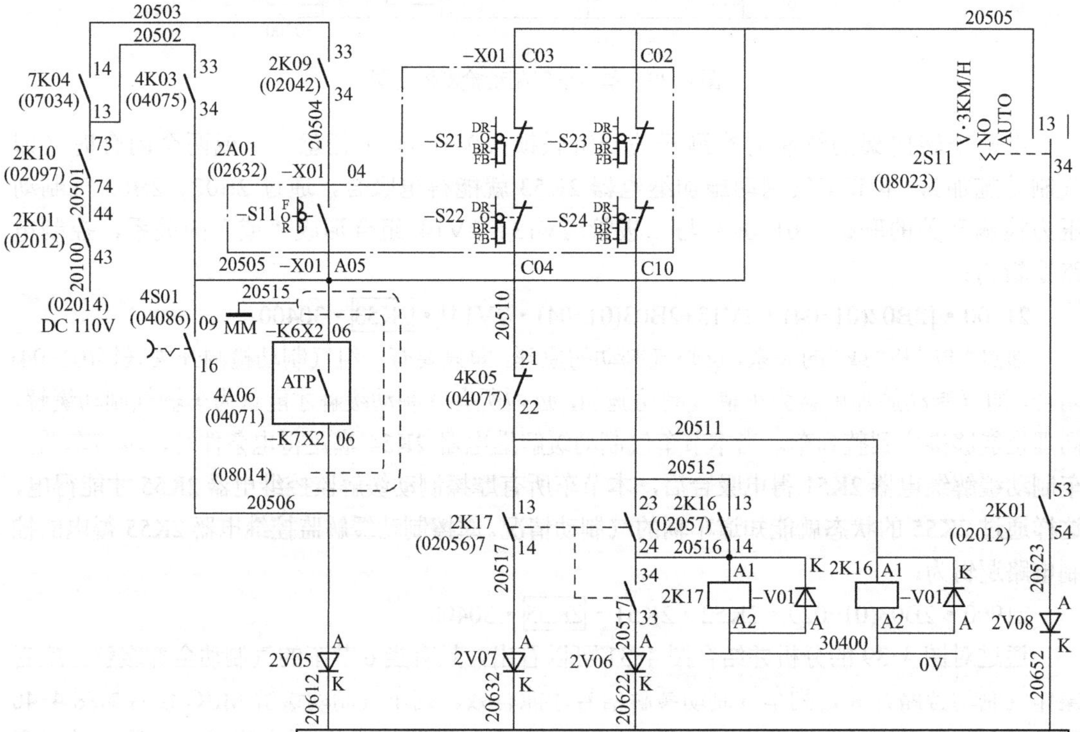

图 4-41　常用、快速制动控制指令电路图

（1）常用制动指令。当驾驶员将牵引/制动手柄拉到常用制动位，2K16 线圈失电，并导致常用制动控制列车线 20632 变为低电平，该信号输入到每节车的电子制动控制单元（EBCU），则列车施加常用制动。

（2）快速制动指令。当牵引/制动手柄拉到快速制动位，2K16、2K17 线圈均失电，并导致常用制动控制线 20632、快速制动线 20622 变为低电平，该信号输入到每节车的电子制动控制单元（EBCU），则列车施加快速制动。

常用制动指令和快速制动指令的发出必须在列车紧急制动未施加的情况才能有效，即无紧急制动列车线 20612 为高电平，该信号输入到每节车的电子制动控制单元（EBCU），则列车才能通过操纵牵引/制动手柄完成常规制动和快速制动。列车激活后 2K01、2K10 继电器得电，手动驾驶时由 7K04（车间电源电器盒盖好后由受电弓供电时得电）、2K09（警惕按钮按下时得电）和方式方向手柄控制。自动驾驶时由 4K03（自动驾驶模式得电）控制，通过 ATP 防护单元（此时 4S01 ATP 切除按钮旁路）激活无紧急制动列车线。

（3）紧急制动指令。如图 4-42 所示为紧急制动控制电路，列车在运行中只要紧急制动继电器 2K10 失电，列车就会启动紧急制动，直到车速为零后才能缓解。而 2K10 得电的控制电路是，列车合上蓄电池开关 3S01 后列车控制继电器 3K11 得电，DC110V 控制电源经过 3K11 常开联锁（54-53）、驾驶控制台的“蘑菇”按钮 2S07 和 2S08（联锁串联增加可靠性）、车钩 9Y02-05 电气接线盒、全部车钩连挂好检测继电器 9K02（半自动车钩连挂好后得电）常开联锁（83-84）、解钩继电器 9K03（用于激活单元车时将单元车的紧急回路连通，按压 3S02 时得电）常闭联锁（72-71）后，通过车钩 9Y06 电气接线盒与另一单元连通，控制电路逻辑为：

20100 • 3K11 • $\overline{2S07}$ • $\overline{2S08}$ • 9Y02-9Y03 • 9Y04-9Y05 • 9K02 • $\overline{9K03}$ • 9Y06 • 另一单元

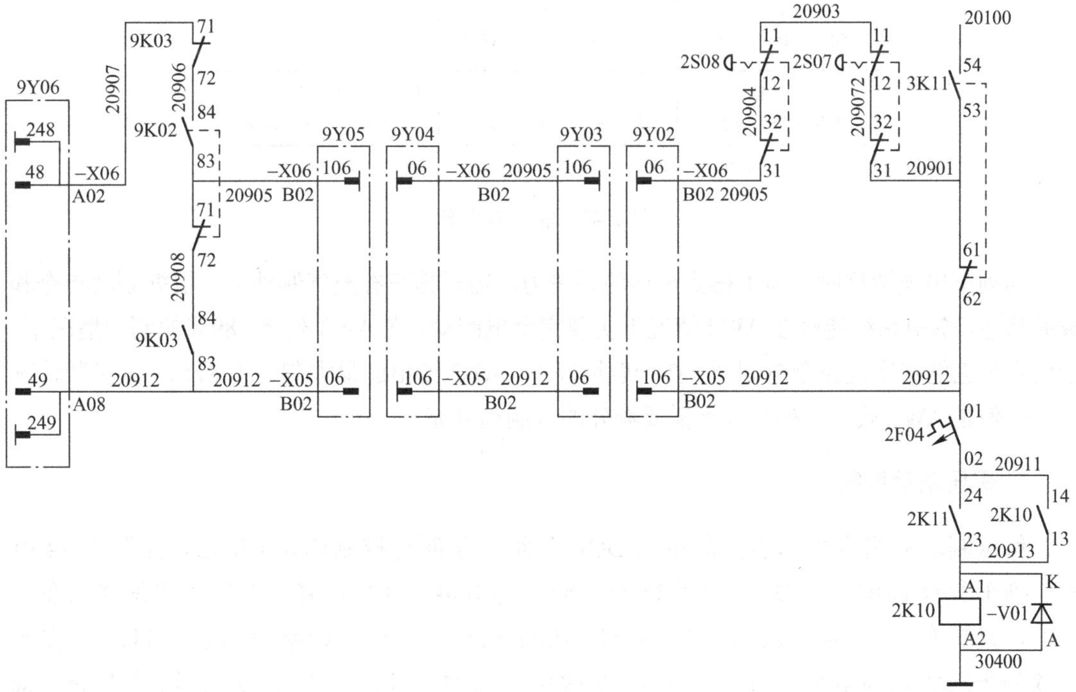

图 4-42　紧急制动控制电路

由于另一单元列车为非激活端，故其3K11失电，则经过3K11常闭联锁（61-62）将控制电源送给本单元A车的2K10，并通过本单元车钩9Y02-06电气接线盒连接送回到激活端，激活端通过车钩9Y06-02电气接线盒将控制电源送给2K10，从而激活整列车的紧急制动继电器2K10。其控制电路逻辑为：

另一单元$\overline{\text{3K11}}$（61-62）• 本单元9Y06-9Y02 • 2F04 • (2K11+2K10) • $\boxed{\text{2K10}}$ • 30400

紧急制动继电器控制回路通过列车车钩形成一条贯穿整列车的安全监控环线，如果列车安全环线中任一个2S07/2S08紧急制动按钮断开或列车编组中断，那么2K10则立即失电，通过紧急制动控制回路控制车辆一直保持紧急制动施加状态，受电弓降弓，直至列车停车。

在需要某个单元车移动时必须在单元车的C车电气柜中按压3S02激活单元车，通过车钩连挂检测继电器和C车解钩继电器的配合，才能形成单元车的安全回路。

2. 制动力分配

在正常情况下，列车载荷为AW0～AW2时，电制动能提供100%的制动力。但是如果出现电网电压过低或者轮对打滑，仅靠电制动力就不能满足制动要求，这时气制动会补充制动力。

在AW2～AW3载荷状态下，施加100%制动时，制动力的分配如图4-43所示。

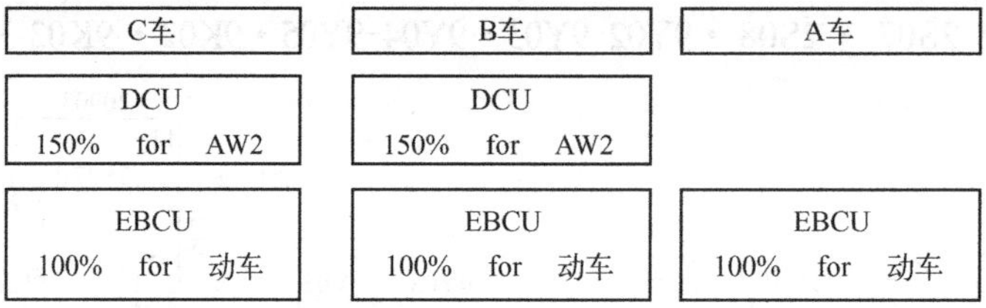

DCU—牵引控制单元；EBCU—电子制动控制单元

图4-43　制动力分配

当列车出现滑行时，为了得到最佳的黏着力，需对拖车补充气制动力。根据制动指令和载荷状态，牵引系统能够在AW2情况下实现完全电制动。在AW3载荷，89%的制动情况下，牵引系统也能够实现完全电制动。在一般情况下，ATO给出的最大制动为81%，大多数情况下，即使是AW3载荷，列车都不需要额外的气制动补充。

3. 保压制动控制

保压制动的指令由牵引控制单元DCU传给电子制动控制单元EBCU，如图4-44所示。列车所有EBCU和DCU的“Release holding brake”（保压释放）信号线是并联在一起的，只要有一个DCU发出“Release holding brake”指令，即给出高电平110V，保压释放列车线就是高电平，所有EBCU缓解保压制动。只有当所有DCU取消“Release holding brake”指令，“Release holding brake”列车线才会变为低电平，ECU才施加保压制动。

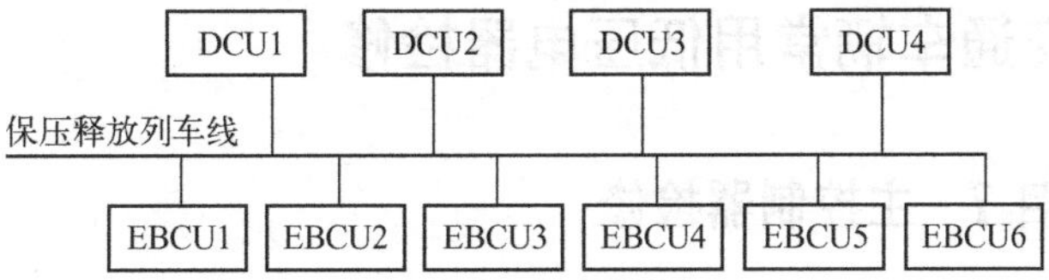

DCU—牵引控制单元；EBCU—电子制动控制单元

图 4-44 保压制动控制

保压制动是列车在停车过程中施加的制动，因此当列车施加制动，并且速度小于某一值时，将会出现电制动向气制动转换。城市轨道交通列车的转换速度有一初始设定值，如有的设定为 12km/h，一般在运用中会整定到 8km/h 左右，转换速度可以在 DCU 软件中更改（0～12km/h）。故当列车施加制动，并且速度小于 8km/h 时，DCU 取消“Release holding brake”信号，ECU 开始施加保压制动，电制动逐渐减小，气制动逐渐增加。

4. 列车牵引控制的其他功能

（1）ATP 保护下的牵引。

① 正常状态下牵引保护的激活。激活条件为：ATC 设备已激活；ATP 钥匙开关处于“合”的位置；相应的驾驶台已被激活。

② 轨旁 ATP 故障时牵引保护的激活。激活条件为：ATC 设备已激活；ATP 钥匙开关处于“合”的位置；相应的驾驶台已被激活；列车启动前按下“RM”按钮。在这种情况下，列车只能人工驾驶（RM 模式）。

③ 库内动车保护。库内动车保护必须符合的条件是：ATC 设备已激活；ATP 钥匙开关处于“合”的位置。

库内只能人工驾驶，如果轨旁 ATP 和车载 ATP 之间没有数据传输，系统将自动转为 RM 模式，这种情况下，无须去按“RM”按钮。若列车在正线运行时出现轨旁 ATP 故障，列车将实行在库内一样的保护。

④ 从正线进库的牵引。列车从正线进入库内的过程中，需要转换成 RM 模式，在离开正线之前，显示屏会提醒驾驶员按下“RM”按钮。进入 RM 模式，列车才能够进库。

⑤ ATP 触发的紧急制动。如果 ATP 发现有危险的操作状态，它会立刻触发紧急制动，直到列车完全停止。如果 ATP 触发了紧急制动，必须在列车停止后按下“RM”按钮，以解除列车的紧急制动状态。

（2）列车的全自动驾驶。

① 全自动驾驶的启动。启动条件为：主控手柄在“0”位；方向手柄在“F”位；ATP 钥匙开关处于“合”的位置。

在以上条件均符合的情况下，按下副驾驶台上的“ATO 启动”按钮。

② 全自动驾驶的终止。当列车在下一个站停车，ATO 自动开门时，全自动驾驶终止。

当碰到如下情况时，全自动驾驶被中断：主控手柄离开“0”位；方向手柄离开“F”位。

列车在全自动驾驶状态下推动主控手柄，列车立刻转换为人工驾驶模式，当“启动全自动驾驶”的条件符合时，按下“ATO 启动”按钮，列车又会重新进入全自动驾驶模式。

4.6 城市轨道交通车辆常用低压电器检修

4.6.1 实训项目 7 主控制器检修

1. 实训目的

通过主控制器的检修的训练，使学生熟悉主控制器的工作原理、结构及主要作用，能独立进行主控制器的检修。

2. 实训工具与所需物品

实训工具：扭力扳手、兆欧表、万用表等。

所需物品：压缩空气、100%工业酒精、纯棉布、润滑油等。

3. 实训原理

驾驶员操纵主控制器手柄，使列车按驾驶员意图控制运行。驾驶员操纵的主控制器实际上是一组转换开关，能够控制主电路，通过搬动两根不同的轴，控制凸轮及与之组合开关相应的触点的分合，然后通过控制电路来控制列车的运行状态及方向，实现列车前进、后退、牵引、制动和惰行工况的转换。

主控制器主要由主控制手柄、方式/方向手柄、组合开关、凸轮、转动轴、电位器电阻等部件组成。

为了保证列车的安全，通常在主控制手柄顶部安装有警惕按钮，驾驶员只有按下该按钮后方能向列车发出指令；在列车运行过程中，如果驾驶员放开警惕按钮一定时间后不能及时再次按下，列车将实施紧急制动。

通常主控制器还与驾驶员钥匙开关相互联锁，保证在钥匙未打开前，主控制器处于锁定状态；而如果主控制器处于工作状态时，钥匙是不能被拔出的。主控制器手柄与方式/方向手柄之间也相互联锁，在主控制器手柄处于牵引或制动位置时，方式/方向手柄无法改变状态；方式/方向手柄不工作时，主控制器手柄被锁定，无法置于牵引或制动位上。

4. 实训内容与步骤

（1）检查凸轮外表是否有磨损痕迹，如有就更换。对转轴经常进行清洁和润滑，表面应经常擦拭。

（2）检查转换开关，测量转换开关触点阻值是否正常。在大修中应更换所有的转换开关。

（3）检查电位器工作情况。电位器电阻值在整个工作范围内的变化应是平滑的，对于阻值有跳动的电位器应更换。在大修中应更换电位器。

（4）主接触器组装完成后，应检查各部件的联锁功能，同时还应检查在不同工作模式下相对应的转换开关工作是否正常。

5. 实训报告

主控制器检修项目完成后，签名并填写实训工作任务单。

实训工作任务单

<table>
<tr><td>实训名称</td><td colspan="3">主控制器检修</td></tr>
<tr><td>故障现象</td><td colspan="3"></td></tr>
<tr><td>检修内容</td><td colspan="3"></td></tr>
<tr><td>班　　级</td><td></td><td>姓　　名</td><td></td></tr>
<tr><td>小　　组</td><td></td><td>工作时间</td><td></td></tr>
<tr><td colspan="4">所需知识</td></tr>
<tr><td colspan="4"></td></tr>
<tr><td colspan="4">所需工具与设备</td></tr>
<tr><td colspan="4"></td></tr>
<tr><td colspan="4">检修过程</td></tr>
<tr><td colspan="4"></td></tr>
<tr><td colspan="4">指导教师评价</td></tr>
<tr><td colspan="4"></td></tr>
<tr><td colspan="4">任务完成人签字：
指导教师签字：
日期：　　年　　月　　日</td></tr>
</table>

4.6.2　实训项目8　继电器检修

1. 实训目的

通过继电器检修项目的训练，使学生熟悉继电器的作用、结构及原理，能独立进行继电器的检修。

2. 实训工具与所需物品

（1）实训工具：电烙铁、螺丝刀、万用表、油光锉、小刀、硬刷等。

（2）所需物品：100%工业酒精、纯棉布、汽油、四氯化碳、润滑油等。

3. 实训原理

继电器同接触器都是一种自动控制电器。不同的是，继电器一般不直接控制主电路，而是接在控制电路中，因此，它通过的电流较小；同接触器相比，继电器没有灭弧系统，结构简单，接触容量小，对动作的准确性要求高。

继电器主要由感测机构、中间机构和执行机构组成，感测机构接收输入量，并将其转变为继电器工作所必需的物理量，如电压、电流、压力等；执行机构用以改变原来所处状况，其结构多采用板式和桥式的点接触银质触头，银质触头通常焊在弹簧片上（磷铜片），弹簧片既产生触头压力，又作为传导电流的触头支架；触头是继电器的执行机构，必须工作可靠。对继电器触头的主要要求是：耐振动和冲击，不产生误动作；触头接触电阻要小，以便接触可靠；耐机械磨损和电磨损，抗熔焊；使用寿命长等。

4. 实训内容与步骤

（1）感测机构的检修。对于电磁式（电压、电流、中间）继电器，其感测机构即为电磁系统，电磁系统的故障主要集中在线圈及动、静铁芯部分。

① 线圈故障检修。线圈故障通常有线圈绝缘损坏；受机械损伤形成匝间短路或接地；由于电源电压过低，动、静铁芯接触不严密，使通过线圈电流过大，线圈发热以致烧毁。修理时，应重绕线圈，如果线圈通电后衔铁不吸合，可能是线圈引出线连接处脱落，使线圈断路，检查出脱落处后焊接上即可。

② 铁芯故障检修。铁芯故障主要有通电后衔铁吸不上。这可能是由于线圈断线，动、静铁芯之间有异物，电源电压过低等造成的。应区别情况修理。

通电后，衔铁噪声大。这可能是由于动、静铁芯接触面不平整，或有油污染造成的。修理时，应取下线圈，锉平或磨平其接触面；如有油污应进行清洗。

噪声大可能是由于短路环断裂引起的，修理或更换新的短路环即可。

断电后，衔铁不能立即释放，这可能是由于动铁芯被卡住、铁芯气隙太小、弹簧劳损和铁芯接触面有油污等造成的。检修时应针对故障原因区别对待，或调整气隙使其保持在0.02～0.05mm，或更换弹簧，或用汽油清洗油污。对于热继电器，其感测机构是热元件，常见故障是热元件烧坏，或热元件误动作和不动作。

热元件烧坏：可能是由于负载侧发生短路，或热元件动作频率太高造成的。检修时应更换热元件，重新调整整定值。

热元件误动作：可能是由于整定值太小、未过载就动作，或使用场合有强烈的冲击及振动，使其动作机构松动脱扣而引起误动作。

热元件不动作：可能是由于整定值太小，使热元件失去过载保护功能所致。检修时应根据负载工作电流来调整整定电流。

（2）执行机构的检修。大多数继电器的执行机构都是触点系统，通过它的“通”与“断”，来完成一定的控制功能。触点系统的故障一般有触点过热、磨损、熔焊等。引起触点过热的主要原因是容量不够，触点压力不够，表面氧化或不清洁等；引起磨损加剧的主要原因是触点容量太小，电弧温度过高使触点金属氧化等；引起触点熔焊的主要原因是电弧温度过高，或触点严重跳动等。触点的检修顺序如下：

① 打开外盖，检查触点表面情况。

② 如果触点表面氧化，对银触点可不修理，对铜触点可用油光锉锉平或用小刀轻轻刮去其表面的氧化层。

③ 如果触点表面不清洁，可用汽油或四氯化碳溶液清洗。

④ 如果触点表面有灼伤烧毛痕迹，对银触点可不必整修，对铜触点可用油光锉或小刀整修。不允许用砂布或砂纸来整修，以免残留砂粒，造成接触不良。

⑤ 触点如果熔焊，应更换触点。如果是因触点容量太小造成的，则应更换容量大一级的继电器。

⑥ 如果触点压力不够，应调整弹簧或更换弹簧来增大压力。若压力仍不够，则应更换触点。

（3）中间机构的检修。对空气式时间继电器，其中间机构主要是气囊，常见故障是延时不准。这可能是由于气囊密封不严或漏气，使动作延时缩短，甚至不延时；也可能是气囊空气通道堵塞，使动作延时变长。修理时，对于前者应重新装配或更换新气囊；对于后者应拆开气室，清除堵塞物。

对速度继电器，其胶木摆杆属于中间机构，如反接制动时电动机不能制动停转，就可能是胶木摆杆断裂，应予以更换。

5. 实训报告

继电器检修项目完成后，签名并填写实训工作任务单。

实训工作任务单

<table>
<tr><td>实训名称</td><td colspan="3">继电器检修</td></tr>
<tr><td>故障现象</td><td colspan="3"></td></tr>
<tr><td>检修内容</td><td colspan="3"></td></tr>
<tr><td>班　　级</td><td></td><td>姓　　名</td><td></td></tr>
<tr><td>小　　组</td><td></td><td>工作时间</td><td></td></tr>
<tr><td colspan="4">所需知识</td></tr>
<tr><td colspan="4"></td></tr>
<tr><td colspan="4">所需工具与设备</td></tr>
<tr><td colspan="4"></td></tr>
<tr><td colspan="4">检修过程</td></tr>
<tr><td colspan="4"></td></tr>
<tr><td colspan="4">指导教师评价</td></tr>
<tr><td colspan="4"></td></tr>
<tr><td colspan="4">任务完成人签字：
指导教师签字：
日期：　　年　　月　　日</td></tr>
</table>

4.6.3 实训项目9 接触器检修

1. 实训目的

通过接触器检修的训练，使学生熟悉接触器的作用、结构，能独立进行接触器的检修与维护。

2. 实训工具与所需物品

（1）实训工具：螺丝刀、钢锉、铁锉、万用表、螺钉旋具、电烙铁等。

（2）所需物品：润滑油、干净抹布、焊锡等。

3. 实训原理

接触器是一种用来频繁地接通和分断主电路、辅助电路以及较大容量控制电路的自动切换的电磁开关。它的特点是能进行远距离自动控制。

4. 实训内容与步骤

（1）接触器相间短路故障检修。造成接触器相间短路故障的主要原因有：接触器在潮湿、尘土、水蒸气或者有腐蚀性气体的环境下工作造成短路；接触器灭弧罩损坏或者脱落；负载短路造成接触器触点同时短路；正、反接触器操作不当，加上连锁、互锁不可靠，造成换向时两只接触器同时吸合等。检修方法如下：

① 改善工作环境，保持清洁。

② 重新选配接触器灭弧装置。

③ 处理负载短路故障。

④ 重新检查接触器互锁电路，并改变操作方式。

（2）接触器触点熔焊检修。造成接触器触点熔焊故障的主要原因有：接触器负载侧短路；接触器触点超负荷使用；触头表面有异物或者金属颗粒凸起；触头弹簧压力过小；接触器线路接触不良，使接触器瞬间多次吸合释放等。检修方法如下：

① 首先断电，用螺丝刀旋具把熔焊的触点分开，修正触点接触面，排除短路故障。

② 更换容量大一级的高质量接触器。

③ 用钢锉把接触器触点表面修平整并清除异物。

④ 重新调整好弹簧压力。

⑤ 检查接触器线圈控制回路接触不良处，重新把线路接通或更换电气元器件，使其通断良好。

（3）接触器铁芯吸合不上。造成接触器铁芯吸合不上的主要原因有：电源电压过低；接触器控制线路有误或者接不通电源；接触器线圈断线或者烧坏；接触器磁铁部分不灵活及动触头卡住；触头弹簧压力过大等。检修方法如下：

① 如果测得值与线圈额定电压差别太大，则要从电源上查找原因并调整电压达到正常值。

② 更正接触器的控制电路，按正确线路连接；更换损坏的电气元件。

③ 用万用表电阻挡在接触器线圈断电情况下，测量线圈电阻，如电阻过大、线圈短路或者断路，应更换线圈。

④ 修理接触器机械故障，去除生锈部分，并在机械动作机构处加些润滑油；更换损坏的电气元器件。

⑤ 按技术要求重新调整触头弹簧压力。

（4）接触器铁芯释放缓慢或者不能释放的。造成接触器铁芯释放缓慢或者不能释放的主要原因有：接触器铁芯端面有油垢造成释放缓慢；反作用弹簧损坏造成释放缓慢；接触器铁芯机械动作机构被卡住或者生锈，动作不灵活；接触器触点熔焊造成不能释放等。检修方法如下：

① 拆开接触器，把动铁芯取出，用抹布反复擦拭铁芯端面，把油垢擦净，重新装配好。

② 更换新的反作用弹簧。

③ 拆开接触器，检查机构卡住原因，修理或者更换损坏零件；清除杂物及除锈。

④ 用螺钉旋具把动、静触点分开，并用铁锉修整触点表面，修好后要查出熔焊原因，对应处理。

（5）接触器线圈过热或者烧毁的检修。造成接触器线圈过热或者烧毁的主要原因有：电源电压过高；操作接触器过于频繁；环境温度过高；接触器铁芯端面不平；接触器动铁芯有机械故障，使其通电后不能吸合，匝间短路等。检修方法如下：

① 测量接触器上的工作电压是否与接触器线圈的额定电压相符，若过高或者过低，将其调整到正常电压值。

② 改善工作环境温度，加强散热。

③ 清洗擦拭接触器铁芯端面，严重时更换铁芯。

④ 检查接触器机械部分动作是否灵活，修复后如线圈烧毁应更换同型号线圈。

⑤ 排除造成接触器线圈机械损伤的原因，更换接触器线圈。

（6）接触器工作时噪音大的检修。造成接触器工作时噪音大的主要原因有：接触器在环境温度过高的场合长期工作；操作过于频繁；触头超程太小；触头表面有杂质或不平；触头弹簧压力过小；三相触头不能同步接触；负载侧短路等。检修方法如下：

① 用万用表测量接触器线圈的电源电压是否低于所要求的额定电压值，如过低应在线路上查找原因，并调整电压达到正常值。

② 用细砂纸打磨接触器的吸合端面，清除杂物，必要时在端面涂少许机油，并重新装配。

③ 重新装配、修理接触器动作机构。

④ 焊接短路环并重新接上。

⑤ 更换接触器铁芯。

⑥ 重新调整接触器弹簧压力，使其适当为止。

5. 实训报告

接触器检修项目完成后，签名并填写实训工作任务单。

实训工作任务单

<table>
<tr><td>实训名称</td><td colspan="3">接触器检修</td></tr>
<tr><td>故障现象</td><td colspan="3"></td></tr>
<tr><td>检修内容</td><td colspan="3"></td></tr>
<tr><td>班　　级</td><td></td><td>姓　　名</td><td></td></tr>
<tr><td>小　　组</td><td></td><td>工作时间</td><td></td></tr>
<tr><td colspan="4">所需知识</td></tr>
<tr><td colspan="4"></td></tr>
<tr><td colspan="4">所需工具与设备</td></tr>
<tr><td colspan="4"></td></tr>
<tr><td colspan="4">检修过程</td></tr>
<tr><td colspan="4"></td></tr>
<tr><td colspan="4">指导教师评价</td></tr>
<tr><td colspan="4"></td></tr>
<tr><td colspan="4">任务完成人签字：
指导教师签字：
日期：　　年　　月　　日</td></tr>
</table>

本 章 小 结

1. 城市轨道交通车辆的电气控制主要有两种，一种是传统的有接点电路控制方式，另外一种是总线控制方式。

2. 继电器的分类按照工作原理分为电磁式继电器、电动式继电器、电子式继电器、热继电器等；按照功能分为中间继电器、时间继电器、温度继电器、压力继电器、欠压继电器等。

3. 主令电器是指在电气控制系统中用来发出指令的电器。主令电器按功能分为五类，即按钮、开关、主令控制器（驾驶控制器）、组合开关和其他主令电器。

4. 城市轨道交通车辆设备和元器件的标注采用流水号的标注方法，一般为三位，用数字与字母组合而成。

5. 城市轨道交通列车有两个驾驶室，为了便于管理和有序地控制，当一个有效激活后另一个则为无效。

6. ATC 单元直接和蓄电池连接，但因其内部有电源，能独立于蓄电池工作。激活驾驶台的同时也激活了 ATC 设备。

7. 列车启动继电器控制由列车电源线正端线 30420 提供 DC110V，经过列车控制空气自动开关 2F0l 提供给列车线 20100，为后续的列车运行方向、制动控制电路和列车牵引控制电路供电。

8. 高速断路器的状态可以从按钮灯上判断。当主断合按钮绿灯亮时，表示所有高速断路器已处于闭合状态；当主断分按钮红灯亮时，表示所有高速断路器已处于断开状态。

9. 牵引/制动控制设备主要包括驾驶控制器、ATO/ATP、RVC、ECU 和 DCU。

10. 牵引控制电路采用继电器联锁方式，对车门、停放制动、疏散门、气制动等实行联锁控制保护。要实现列车的牵引，必须给定牵引方向、牵引指令、牵引参考值。

11. 列车制动分为电制动和气制动，正常情况下，电制动优先。

习 题 4

一、判断题（对的在括号中打“√”，错的打“×”）

4.1 总线控制是基于计算机技术的控制，包括列车总线 WTB 和车辆多功能总线系统 MVB。（ ）

4.2 继电器控制线路是一种逻辑电路，属于高压直流小功率电路。（ ）

4.3 时间继电器的作用在于能按预定的时间接通或分断电路，实质上是一个定时器。（ ）

4.4 按钮是一种手动且一般可自动复位的主令电器。（ ）

4.5 电磁阀是一种用电路来控制气路的元件，通常情况下，电磁阀处于关闭状态，气路不通，当通电以后，由于电磁力的作用，电磁阀打开，气路能够通过电磁阀。（ ）

4.6 在设置控制线路的联锁时，首先必须满足线路的控制要求，在此前提下应尽量减少联锁数目，因为多设一个联锁就增加了线路发生故障的可能性，同时也增加了分析处理故障的难度。（ ）

二、填空题

4.7 城市轨道交通车辆的电气控制主要有两种方式，一种是传统的（ ）电路控制方式，另外一种是（ ）控制的方式。

4.8 继电器是一种实现自动控制和保护功能的电器，它是根据外界输入信号的变化，（ ）或（ ）小电流电路的电器。

4.9 继电器主要由（ ）、（ ）和（ ）组成。

4.10 主令电器是指在电气控制系统中用来发出指令的电器。主令电器按功能分为五类，即（ ）、（ ）、（ ）、（ ）和其他主令电器等。

4.11 接触器主要由（ ）、（ ）、（ ）和（ ）组成。

4.12 常用联锁方法有两大类，即（ ）和（ ）。

三、综合题

4.13 说明电动列车电气控制电路分类及作用。

4.14 分析蓄电池开关与列车钥匙开关有什么不同？

4.15 画出受电弓电路中欠压继电器的电气结构图，并分析其工作原理。

4.16 比较城市轨道交通车辆控制类型，区分其优缺点。

4.17 简述接触器触头的工作状态，触头的磨损方式。

4.18 说明为什么在电路图中继电器线圈都并联二极管？

4.19 说明电动列车启动操纵控制电路，分析常见电路故障及处理。

4.20 简述车辆启动顺序，为何按这样的顺序。

4.21 分析车辆有几种启动联锁，为什么要设置这些联锁？

4.22 试列举城轨车辆运行中可能造成紧急制动的原因。

4.23 车间电源供电与受电弓有何联系？请从原理上进行分析。

4.24 若不升弓时，能否合上高速断路器？请从电路控制原理进行分析。

4.25 为什么高速断路器不能频繁操作？请从电路控制原理进行分析。

4.26 列车牵引指令的发出，需要经过哪些联锁？请写出电路并进行分析。

第 5 章　列车微机控制系统及车辆故障诊断系统

本章重点

- 列车微机控制系统的结构组成。
- 微机控制系统的结构模型。
- 微机控制系统在我国轨道交通车辆中的应用。
- 车辆故障检测方法。
- 车辆故障诊断系统总体结构。
- 车辆故障诊断及显示。
- 列车信息与诊断系统原理。

5.1　列车微机控制系统

列车微机控制系统是列车的核心部件，它包括以实现各种功能控制为目标的单元控制机、实现车辆控制的车辆控制机（列车控制机）和实现信息交换的通信网络。

列车微机控制系统的发展过程从系统功能上来看经历了由单一的牵引控制到车辆（列车）控制，到现在的信息控制的阶段；从系统的结构上来看，列车微机控制系统从单机系统发展为多机系统，现在已经进入分布式控制系统的发展阶段。

随着牵引动力的交流化和列车运行速度的提高，列车上采用微机实现智能化控制的部件或装置也越来越多。各微机系统间的协调和信息交换显得越来越重要，因此在微机系统间就需要进行通信。特别是对动力分散型的动车组和提高旅客列车的舒适度来说，各种辅助装置的控制和服务装置的控制都必须纳入到这个微机控制系统中来，于是分散型控制系统或者说是分布式控制系统就成为当前研究开发的重点。

列车对微机控制系统的基本要求可以归结为控制的实时性、系统的高可靠性、环境的强适应性以及结构的开放性和标准化。

1. 实时性

是运行控制的基本要求，即微机系统能对运行过程中所发生的各种事件和变化有迅速和及时的反应能力，使列车能安全运行，这就要求微机系统需具有时间驱动和事件驱动的能力，为此配置实时多任务操作系统是较好的选择。

2. 高可靠性

是车载微机系统的最基本要求，一般来说要求高的运行效率（约>90%以上）；低故障率，MTBF（即平均故障间隔时间）要求大于 1 万小时以上；而为了减少故障修复时间 MTTR，冗余技术得到了普遍的应用。

3. 环境适应性

即为系统的抗干扰性和抗污染性。列车的微机系统必须要有宽的工作温度范围（-25℃～+70℃）和极高的电磁兼容性能，尤其要有很高的抗电磁干扰性能。

4. 开放性

是现代工业控制用计算机的一个十分重要的概念，特别是对于需要编组的城市地铁与轻轨列车来说尤为重要。开放性首先是指结构和器件，即在系统的结构设计上要兼顾通用的基本设计和用户的特殊要求设计，并且在器件上能有向上的兼容性，在结构上能自由伸缩，以适应器件的不断更新和用户要求的提高。其次，开放性是向不同用户层次开放，根据用户的不同需求配置成不同功能的系统。

5. 结构的标准化

是保证开放性的前提和措施，结构的标准化包括：总线的标准化，即采用标准化总线；机械结构的标准化，功能模板的标准化，即按通用功能来划分和设计模板。结构的标准化也十分有利于系统的调试和维修。

5.1.1 列车微机控制系统的结构

如图 5-1 所示，是现代列车微机控制系统的结构示意图。系统通过两层通信网络将多个单元控制机组成一个完整的控制系统，而各类控制系统只是在通信网络的使用、各单元控制机的结构和功能以及子系统的组织有所不同，从而形成各种不同的控制系统。

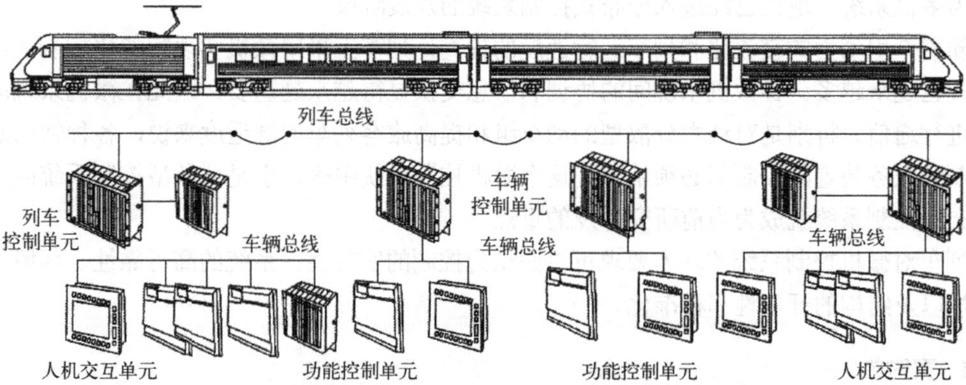

图 5-1　列车微机控制系统结构示意图

1. 微机控制系统的结构模型

列车的微机控制系统从本质上来说应该属于一种分布式计算机控制系统。从结构上来看它应该是也必须是一个分层的结构。

随着强有力的微处理器的出现和控制网络的广泛应用，列车控制系统的结构模型应该是将控制单元（控制机）和控制网络有机地结合在一起的层次模型，这个结构模型包括三层：列车控制层、功能控制层和设备控制层，如图 5-2 所示。

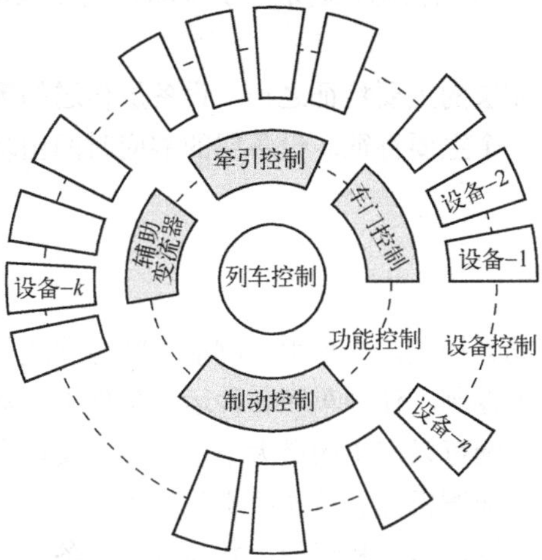

图 5-2　微机控制系统的结构模型

（1）列车控制层。列车控制层的主要作用是决策。列车控制系统的最根本目标是控制列车运行的速度，但运行速度是由当前时刻的多方面因素决定的，它要受到列车运行图，区间状况，线路状况，列车上各功能设备的状态，舒适度，安全性等多项条件的约束。列车控制层的任务就是根据这些约束条件进行综合处理并形成最终的结果：列车应该以何种方式或何种速度运行，并将这个决策贯彻到整个列车控制系统的每一个控制单元上去。

为了迅速地做出切实可行的决策，尽可能多的信息和尽可能快的传送信息是必须的。信息的共享和信息的处理是这一层的主要特征。列车控制层的响应时间应该是毫秒级的。

列车控制层还是一个信息的接口层，是列车和周围信息环境的接口。列车控制层通过无线方式与地面联网，从而满足大系统调控的要求和旅客信息服务的要求。列车控制层需要提供一个良好的人机界面，使操作者（司机）能随时了解整个列车的运行状态和各主要单元部件的工作状态，以便操作者在必要的时刻进行人工干预。由于列车控制层的作用可以使操作者在操作时，只需发出一些简单的命令，而不必知道命令由谁来执行，从而降低了对操作者的素质要求。从控制系统的这种透明性要求出发，列车控制层应该是一个本质意义上的分布式控制系统。因此我们需要在列车控制层选择带有操作系统软件和大容量存储器的高级控制机来作为控制机，并选择传送信息量大又具有实时性的网络来连接它们。由于列车经常会有重新编组的情况，因此要求列车控制层的网络能够随时实现重构。

（2）功能控制层。功能控制层的主要任务是根据列车控制层给出的命令对各功能子系统进行调控，在各个功能级上（如牵引控制，制动控制等）保证运行要求的实现。功能控制层的主要特征是控制，即控制策略和控制手段的实现。数学模型化的控制方法和传统的 PID 调节在机车控制中已经获得了重要的成果，但是由于控制参数的多变量和离散性，系统的非线性以及子系统结构的可变性，加大了 PID 调节的复杂和困难。因此基于人工智能原理的各种控制方法得到了广泛的研究应用，特别是在网络环境下的控制方法和算法更需要进一步探索和创新。功能控制层需要的是实时控制，因此每一个功能控制的子系统都要求是一个强实时控制系统。功能控制层的响应时间必须小于列车控制层的响应时间。

功能控制层是处在列车控制层和设备控制层之间的中间层次，因此功能控制层的网络必须起到传输各类数据的作用，包括变量（过程数据）的传输、消息数据的传输和管理数据的传输。但是功能控制层网络上的信息量相对列车控制层来说要小得多，因此功能控制层网络的主要考虑出发点应该是网络的连接和实时响应。

（3）设备控制层。设备控制层的设备是指那些直接面向现场完成 I/O 处理或者是能实现直接数字控制的智能化装置。设备控制层的主要功能是将现场的各种过程变量实现数字化转换并将这些变量送往功能层的相应的控制子系统，在某些场合下设备也能完成一些局部的单一的自动控制（如单回路调节等）。把设备联网是一个较新的概念，这是由于现场总线（Field Bus）技术的发展和广泛应用的结果。

由于设备的多样性，较强的开放性就成为设备控制层的主要特征之一。设备层传送的数据量在三层结构中是最小的，因此实时性就是它的另一个主要特征。设备层的响应时间由功能层中各功能子系统的采样周期来决定。

2. 微机控制系统的功能结构

列车微机控制系统的功能主要包括实现牵引（制动）控制，即牵引（制动）特性曲线的实现和牵引（制动）功能的优化；实现列车牵引的黏着控制，使列车在各种运用条件下，都能保持轮轨间的牵引力，并尽可能地使机车运行在轮轨间可以产生的最大牵引力上；实现在列车运行过程中各种可能需要的功能关联和电路连接，即逻辑控制功能；实现列车运行过程中的故障信息处理，即进行故障信息的采集、处理、传输、显示和记录，并为列车乘务员提供故障的现场处理和排除的信息提示。列车微机控制系统还可以提供列车运行的状态信息。列车控制系统的功能结构如图 5-3 所示。

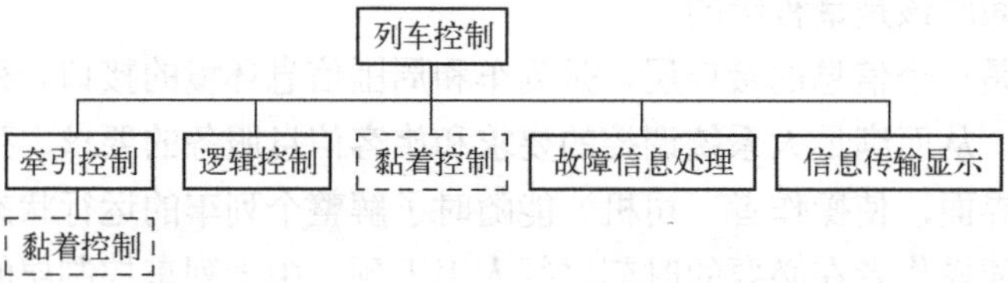

图 5-3　控制系统的功能结构

黏着控制是一个独立的功能模块，可以看成是列车控制的一部分，也可以认为是牵引控制中的一个独立的功能单元。黏着控制从一个独立的装置发展为牵引系统中的一个功能模块，是一个牵引控制系统中不可或缺的、重要的功能模块。

5.1.2 车载微机 MCV 的组成

列车微机控制系统是由一个一个的控制微机构成的，在列车上使用的控制微机称之为车载微机 MCV（Micro-Computer on Vehicle）。车载微机属于工业控制计算机范畴，是工业控制计算机在列车这个特定环境下运用的一类控制微机。车载微机在系统组成方面最大的特点在于要求有各种各样的丰富的 I/O 功能，称之为 I/O 子系统；由于用途和使用环境的特殊性，车载微机在系统结构、设计思想、使用方法、开发工具等方面都有鲜明的特征。

1. 车载微机的功能结构

车载微机的组成结构分为处理器单元、系统支持单元、存储器 MEM、I/O 子系统、网络通信单元、系统电源和系统总线。车载微机的功能结构如图 5-4 所示。

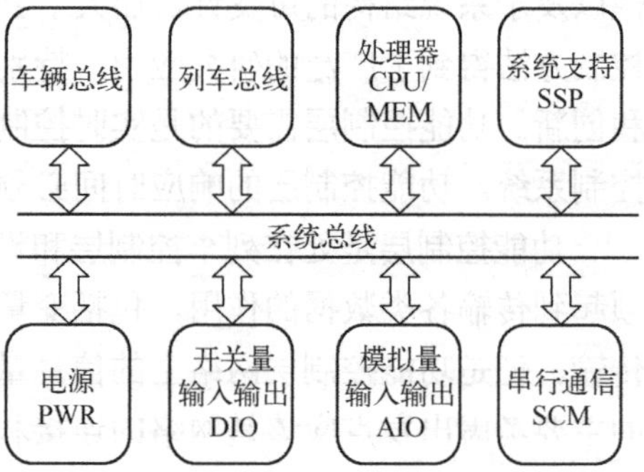

图 5-4　车载微机功能结构

处理器单元中的核心是 CPU：车载微机的 CPU 经历了 8 位、16 位和 32 位的运用过程，其中 16 位处理器在相当长的一段时间内得到应用；20 世纪 90 年代以后逐步向 32 位 CPU 过渡，目前列车控制系统基本都是 32 位的处理器，例如 Motorola 公司的 68040、Intel 公司的 80486 等。

对存储器的要求是在够用的前提下尽可能减小容量。MEM 存储器一般采用 EPROM（Flash ROM）和 SRAM 构成，基本不采用动态 RAM（DRAM）。CPU 和 MEM 可以合成在一个功能单元内，也可以把 MEM 单独成为一个功能子单元，还可以在 CPU 单元内设置一些 MEM，再加上 MEM 子单元共同构成系统的存储器单元。

系统支持功能主要包括监控定时器（Watchdog）、电源掉电检测、安全的后备存储器、实时日历时钟、总线匹配等。监控定时器主要作用是当系统因干扰或软故障原因出现异常时，监控定时器可以使系统自动恢复运行，从而提高系统可用性；电源掉电检测可以及时发现运行过程中出现电源掉电故障，并能保护当前运行中的主要数据和寄存器状态，一旦供电恢复后微机能从断点处继续运行；安全的后备存储器的容量不大，但需要和基本存储器物理上分开，这部分的存储记录必须是非挥发性的，安全后备存储器用于监控定时器和掉电检测中需要保留的数据的安全存放体；实时日历时钟是系统的基本参数，而且是非挥发性的，因为控制微机一般都需要具有时间驱动能力和事件的时间记录功能；而总线匹配是使系统总线可靠运行的一些辅助措施，例如 OC 门总线上的上拉电阻、用以克服传输过程中的信号反射和干扰信号的总线滤波网络等。

MCV 的系统电源是一种采用 DC/DC 变换技术的电源，其输入是列车上产生的 110V 直流电源，输出电压一般为 5V、12V、24V 等，主要取决于系统的设计。系统电源的输入输出之间需要具有良好的电气隔离，同时还需要有良好的电磁兼容性（EMC）性能。

列车总线单元和车辆总线单元分别是列车网络和车辆网络的接口单元，即网络适配器，不同的列车控制网络需要采用不同的网络适配器。目前列车总线运用比较广泛的是绞线式列车总线 WTB，车辆总线则普遍采用多功能车辆总线 MVB。

串行通信 SCM 单元主要是 RS-485 串行通信和 RS-232 串行通信的接口，另外也包括一些现场总线的通信接口，如 CAN 总线，这些串行通信接口用于 MCV 与那些没有车辆总线接口的设备进行信息交换。SCM 单元不是 MCV 的必需单元，这取决于系统设计。

I/O 子系统是 MCV 与现场直接联系的界面，包括了 A/D，D/A 和开关量 I/O，主要完成车载微机 MCV 与外部的数据信息交换以及控制功能的实现。I/O 子系统内的功能单元一般按信号的传输方向和信号性质来划分，即开关量输出（DO）、开关量输入（DI）、模拟量输入（AD）、模拟量输出（DA），也可以将输入输出合在一个功能单元中，如图 5-4 所示的 DIO 和 AIO。任一种 I/O 功能单元，基本上都应包含如下部分。

（1）信号隔离。为了保证 MCV 系统工作的可靠性，避免现场产生的各种干扰进入 MCV 系统，必须使 MCV 系统在电气连接上与现场的对象断开，即 MCV 系统不能与现场环境在电气上有任何直接连接。电气隔离的方式有：光电隔离、变压器隔离、继电器隔离等。

（2）信号匹配。I/O 子系统的信号匹配主要包括三方面内容：各种电平间的互相转换，如，TTL 电平与 CMOS 电平的转换；信号调理，即现场信号与 I/O 功能单元之间的信号配合；输出信号的放大与驱动。

（3）信号的缓冲与读/写控制。MCV 系统与现场情况是不可能同步的，而且现场的运行过程相对比较慢，因此在I/O功能单元中必须设置缓冲器，以便与系统进行同步。I/O功能单元还必须提供必需的读/写控制，使系统能正确地与外界交换信号。

系统总线是车载微机MCV的重要组成部分，一般可以认为系统总线的性能决定了车载微机MCV的性能，几乎现在所有的MCV都采用总线结构形式，因为这是成为开放式系统，简化设计和产品标准化的唯一方法。总线是一组信号线的集合，是一种传送规定信号的公共通道。系统总线的作用是将各个单元模块连成一个整体，各模块通过总线相互影响。为了在总线上有效、可靠地进行信号交换，对总线信号及其传送规则和传输这些信号的物理介质做了一系列规定，称为总线规约。MCV 的生产商可以自行制定总线规约，从而获得这种系统总线的 MCV，但这种方法不利于系统的开放性。系统总线可以采用一些标准总线，即国际组织制定的总线标准，例如国际电工委员会IEC（International Electric Committee）标准、电子电气工程师协会IEEE（Institute of Electrical and Electronics Engineers）标准、美国国家标准协会ANSI（American National Standard Institute）的总线。目前在车载微机MCV上运用的总线标准有ISA总线、PCI总线、VME总线等。

2. 车载微机的机械结构

车载微机的机械结构方式一般都采用总线母板和功能单元插件板构成，总线母板就是按照各类总线定义的线数实现一个公共通道，将各模板插座上的数据线、地址线、控制线以及电源线和地线，一一对应地连接起来。对总线母板的要求是不失真地传送各类信号，因此在设计总线母板时要考虑的因素有：低阻抗，即连线的宽度和电源容量；总线母板的分布电容，即降低线间耦合和串扰；总线母板的终端阻抗，即需要减小信号反射。

早期总线母板是采用双面印制板，电源线和地线呈粗线或栅格状分配，进一步采用信号线与地线间隔分布。现在总线母板一般都采用多层母板，中间两层为大面积的电源和地线，电源线、地线和信号层面采用多点连接，减小电源压降。四层母板可以运用于高速时钟和多CPU系统。

插板结构现在通用欧洲标准的模板（Eurocard），主要采用的模板有3U、6U和4U结构的模板，模板采用连接器（插针）与总线母板连接，主要有96 pin和48 pin两种连接器。

插板结构的优点是便于系统的模块化，一个功能单元集中在一块模板上，对于功能单元的设计、改进、提高极为方便和有利，便于组成开放式系统，每个功能单元相对独立，组成一个系统只要将相关功能的模板插入至总线母板上。对于不同的系统可以有不同的模板选择。另外，插板结构还非常有利于系统的调试和维修，系统的调试可以分解为模板调试和系统调试，在保证每块模板工作正常的情况下，系统调试就很简单和方便了；维修则归结为模板的维修，此方式简单，方便。

3. 车载微机的软件结构

MCV 软件的基本结构为：系统软件+应用软件，如图 5-5 所示。系统软件即为操作系统（OS）软件，应用软件是面向控制功能的使用软件，应用软件必须建立在操作系统的基础上。车载微机的操作系统基本上要求采用实时多任务操作系统（RTOS）。

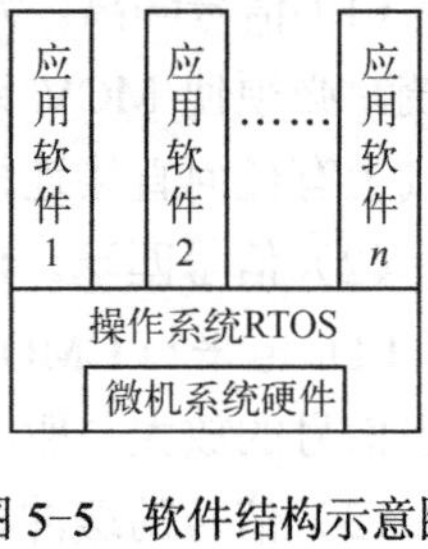

图 5-5　软件结构示意图

操作系统其本质是一组计算机程序的集合，用来有效地控制和管理计算机的硬件和软件的资源，即合理地对资源进行调度，并为用户提供应用接口。操作系统能够为应用软件提供运行环境，即为应用程序的编写提供开发环境，主要是对编程、调试的支持和用户文件的管理。而实时多任务操作系统除了具有一般操作系统的功能外，其主要特点是具有实时性，系统对于任何激励的响应都能在一个有确定上限的时间内实现。实时多任务操作系统这种功能是由系统内部的事件驱动方式和任务调度机制所决定的。通过高效的实时多任务调度、中断管理，实时的系统资源管理以及实时的任务间通信，从而达到应用软件的要求。列车控制系统中常用的 RTOS 有 VRTX、PSOS、QNX、VxWorks 等，这些 RTOS 的内核很小，一般只有几十 KB 甚至十几 KB，只占用了很小的存储空间；并且系统具有高度的可裁减性，保证了系统能以较高的效率运行。

应用软件是针对控制对象的控制软件，其本质是一个数字控制器的工程实现。列车上的数字控制器基本上都采用闭环系统，其算法基本为 PID。PID 数字控制器的工程实现可以分为 5 个基本环节，即给定值处理环节、控制量（反馈量）处理环节、差值处理环节、控制算法环节和输出控制量处理环节。

（1）给定值处理环节。给定值是数字控制器的输入量，也就是数字控制器的控制目标值。给定值可以由操作人员给定，也可以由上位机通过网络传输给定。列车上大部分控制器的给定值都是由系统通过网络给定的，只有驾驶员操作台的命令是控制器直接给定。为了减少给定值突变对控制系统的扰动，防止比例、微分饱和，以实现平稳控制，需要对给定值的变化率加以限制。变化率大小的选取要适中，过分小会使响应变慢，过大则达不到限制的目的。这是给定值处理环节处理的主要内容。

（2）控制量（反馈量）处理环节。控制量与给定值系同一个物理量，例如给定值是力矩，则反馈量是被控对象（列车或车辆）的实际力矩值。在控制量处理环节中为了安全运行，需要对控制量进行限值处理，以限制控制量超越系统的处理范围，同时为了防止状态频繁变化还需要设置一定的限制死区。另外，为了实现平稳控制，也需要对参与控制的被控量的变化率加以限制，变化率的选取要适中，过小会使响应变慢，过大则达不到限制的目的。

（3）差值处理环节。差值处理环节主要产生给定值与控制量（反馈量）的差值ε，该差值ε即为控制器的调节量。在这个环节中ε的处理表现为$K\varepsilon+\gamma$，在该表达式中若系数K对不同的ε有不同取值时，则表现出非线性的特性；若$\gamma=0$时，则表示进行输入补偿，可以分别实现前馈控制和纯滞后（Smith）补偿控制。

（4）控制算法环节。该环节执行控制算法，是数字控制器的核心环节。PID 算法是经典的控制算法，但它有很大的局限性。在数字控制器中我们可以利用现代控制理论的成果，充分发挥计算机的“计算”功能，实现各种智能控制，如模糊控制、自适应控制、自寻优控制等。

（5）输出控制量处理环节。数字控制器的控制量在输出之前需要进行各项处理和判断，以便扩展控制功能，实现安全平稳操作。输出控制量处理环节可以实现输出补偿，利用输出补偿，可以扩大实际应用范围，灵活组成复杂的数字控制器，以便组成复杂的自动控制系统。为了实现平稳操作，仍然需要对控制量的变化率加以限制，并且需要在特定的条件下使现时刻的控制量等于预置的安全输出量，以保证系统的安全。

5.1.3 城市轨道交通列车微机控制系统的应用

目前国内外在轨道交通列车控制领域已经有了一些成功运用的列车微机控制系统，主要有 SIBAS 系统、MITRAC 系统、AGATE 系统和 TIS 系统。

1. SIBAS 系统

SIBAS 系统是德国 SIEMANS 公司的列车控制系统，能够实现列车的牵引系统控制、信息传输、运行监控和诊断等全部控制任务。SIBAS 控制系统目前有 SIBAS-16 和 SIBAS-32 两个系列，主要运用在我国早期的西门子进口城市轨道交通地铁车辆中，如上海地铁 1、2 号线车辆使用的 SIBAS-16 控制系统；广州地铁 1 号线车辆使用的 SIBAS-32 控制系统。

SIBAS-16 是典型的第一代微机控制系统，核心部分是由 16 位的 8086 型微处理器构成的中央计算机、存储器组件以及一个或多个子控制机（8088，80C188）组成，采用集中式机箱和插件式机械结构，数据的传输采用了 16 位并行总线和 RS-485 标准物理接口及 RS-422 串行总线技术。控制系统由中央控制器集中管理，采用分层结构，即列车控制层、机车控制层和传动控制层。尽管采用了多个串行总线系统，但在传输速率和运行记录方面都能满足列车控制的响应要求。SIBAS-16 本质上还不能算是一个分布式的列车控制系统，SIBAS-16 的编程工具为 SIBASLOG。系统提供了大量的标准程序模块，为控制软件的编制提供了有利的条件。

20 世纪 90 年代，SIEMANS 公司在 SIBAS-16 的基础上进一步推出了采用 32 位芯片（Intel 486）的 SIBAS-32 系统，并保持与 SIBAS-16 系统的接口兼容。为了减少传统机车车辆布线，SIBAS-32 系统设有智能外围设备连接终端，即 SIBAS KLIP 站。采用 SIBAS KLIP 可以迅速综合信息和控制指令，并且通过一根串行总线传输给中央控制装置。KLIP 站可以很自由地分布在各类车辆上。

SIBAS-32 具有以下主要特点：

（1）采用高集成度的芯片如 ASIC、LCA 等用于控制装置，通过软件来完成硬件的功能，简化了硬件系统。存储器容量扩大，加速了存储器的存取。

（2）采用网络技术，引入了 TCN 标准的列车通信网络，大大减少了导线、管路、电缆、连接点和接头数量。

（3）提供了更加完整方便的软件开发环境，全图形设计，开发了 SIBAS G 语言作为设计工具，采用简单的工具（个人计算机）就可以有效支持整个设计过程，并支持软件的在线下载功能。

（4）提供了完善的故障诊断和显示功能。具有瞬态记录仪功能的测量组件，通过各种各样的触发方式，可以把记录限制在故障前后相当大的范围内。测量信号和测量参数与触发参数的调节，可通过个人计算机上的图形方式选择也可以通过个人计算机进行测量显示、处理和存储归档。

如图 5-6 所示是 SIBAS 系统在地铁列车控制系统中一个应用的结构示意图。

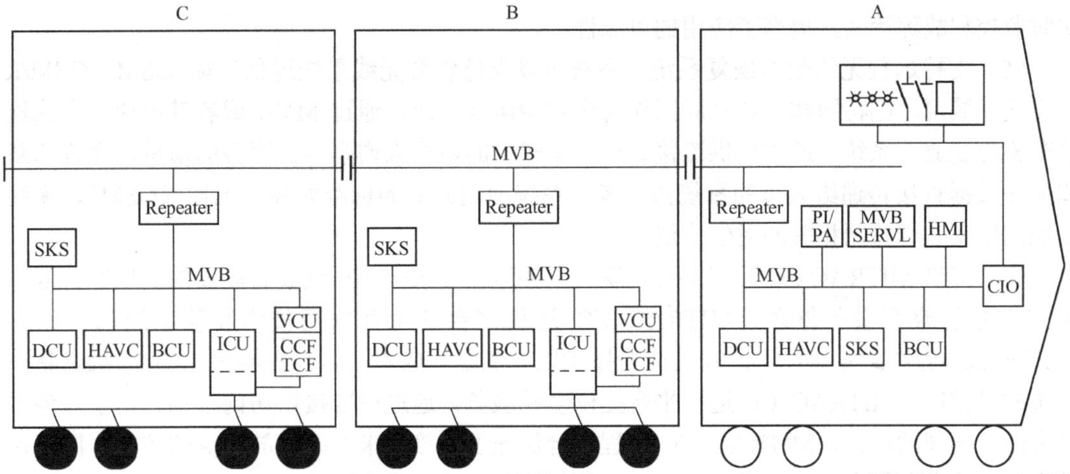

VCU—车辆控制单元；DCU—车门控制单元；BCU—制动控制单元；SKS—KLIP 站；HAVC—空调控制单元；ICU—变流器控制单元；CCF—中央控制功能；TCF—牵引控制功能；HMI—人机对话接口；CIO—Compact 输入输出单元；PI/PA—客车广播/信息系统；MVB Serve—MVB 总线服务接口；Repeater—MVB 总线重复器

图 5-6　SIBAS 控制系统

2. MITRAC 系统

MITRAC 系统是 Bombardier 公司的系列化产品，其中包括 MITRAC TC（IGBT 牵引逆变器）、MITRAC CC（列车控制系统）、MITRAC AU（辅助逆变器）和 MITRAC DR（牵引驱动器）。MITRAC CC 是 MITRAC 系列中的列车控制系统，而该系统是在 ABB 公司 MICAS-S2 系统的基础上，研制开发的新一代的基于 MVB 总线的分布式、实时的列车控制与通信系统。Bombardier 公司为了适应不同用户，推出了 MITRAC 500 系，1000 系和 3000 系。500 系主要用于城际之间的有轨列车，1000 系主要用于高速地铁列车，且具有良好的适应恶劣环境的性能，3000 系主要用于大功率机车。在广州地铁 2 号线、深圳地铁 1 号线一期庞巴迪地铁车辆中就使用了 MITRAC 控制系统。

MITRAC CC 列车控制系统是一个分布式列车车辆控制系统，涵盖了干线铁路车辆、城市轻轨车辆 LRV 和地铁车辆。MITRAC 列车控制通信系统的核心是 TCN 标准，允许不同用户之间的互操作。交换信息使用的传输介质为屏蔽双绞线或者光纤，列车上所有 MITRAC CC 器件都连在同一个网络上，从而可以交换程序和诊断数据，很容易增加新的设备。在 MITRAC 中没有控制柜和机箱，而是各个控制单元或 I/O 单元均自成一体封装在一个具有较好的电磁兼容性能的机壳中，每个壳体均有自己的电源和车辆总线接口。

MITRAC CC 主要具有以下特点：

（1）符合国际标准（EN 50155：车辆上的电子设备标准；ENV 50121-3-2：铁路应用电磁兼容性标准；ENV 50204：数字无线电话电磁场辐射标准；IEC 61375-1：列车通信网络标准；IEEE1473-1999 中关于列车通信协议标准；UIC 556/557 列车中信息传输的诊断标准），具有开放接口。

（2）MITRAC CC 器件结构紧凑，电源直接由列车蓄电池提供，可以实现分布式安装，而且不需要额外的加热和制冷，器件配线最少，重量显著降低。

（3）用线少，通过冗余增强系统可用性，传感器的短距离连接和 I/O 设备接口减少了冲突。可测量性和模块化使得系统配置灵活，并可兼容和连接以前不同的列车控制系统。

（4）MITRAC CC 具有自诊断功能。诊断功能组合在监控系统中，通过数据可视化的远程交互式诊断、车辆跟踪详细目录、GPS 系统、货物跟踪、旅客载量数据搜集等方式，进行实时监控和故障诊断，提高了应用的可靠性。

（5）支持远程无线数据恢复系统。系统可以支持轨旁无线系统通信，如 GSM，GSM/R 和无线局域网。因特网和企业互联网作为客户端访问介质，通过 MVB 或者其他通信方式连接车辆控制通信系统。通过提供连接到运输车辆上的数据来增强维护服务的质量，允许诊断和操作数据直接传递给列车的系统操作者，系统使用开放的标准如移动电话（GSM），无线局域网以及和因特网相关的通信协议。

（6）提供 MITRAC CC 远程平台。现代车辆运作要求全部车辆具有高度的实用性、低成本和良好的旅客服务体系，MITRAC CC 远程平台使用互联网技术和移动通信，结合 Bombardier 的铁路专业技术，开发出新技术以降低维护成本（减少保养停工期），推进整个系统的可靠性。MITRAC CC 远程平台提供多种服务，通过标准接口访问车辆。由于服务本身来源于不同的厂商，MITRAC CC 远程平台保证了不接受未经授权的厂商的访问，同时保证在线的控制通信系统不冲突。

（7）MITRAC 系统的列车控制网络采用 TCN 标准。MITRAC 列车控制通信系统的核心是 TCN（Train Communication Network，列车通信网络）标准，允许不同用户之间的互操作。交换信息使用的传输介质为屏蔽双绞线或者光纤，列车上所有 MITRAC CC 器件都连在同一个网络上，从而可以交换程序和诊断数据，很容易增加新的设备。在 MITRAC 中没有控制柜和机箱，而是各个控制单元或 I/O 单元均自成一体封装在一个具有较好的电磁兼容性性能的机壳中，每个壳体均有自己的电源和车辆总线接口。如图 5-7 所示是 MITRAC CC 系统在广州地铁 2 号线上运用的一个系统结构图，图中标识含义见表 5-1。

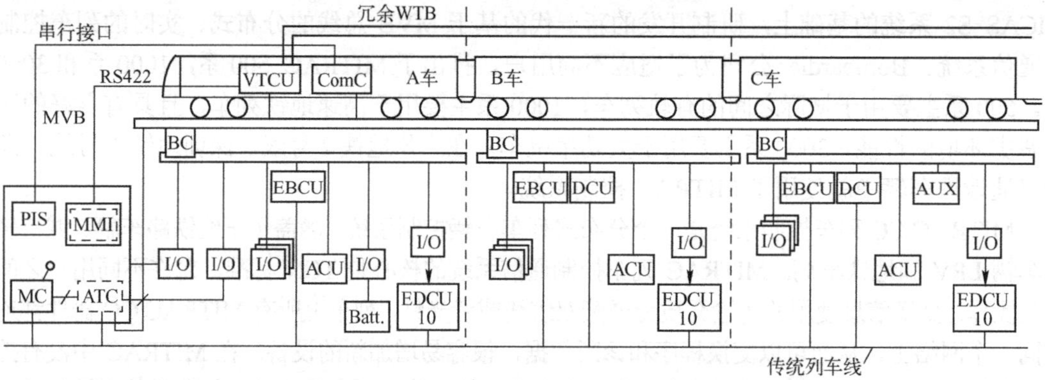

图 5-7 广州地铁 2 号线列车 MITRAC CC 的微机控制系统总体框图

表 5-1 广州地铁 2 号线列车 MITRAC CC 的微机控制系统标识含义

序号	代号	名 称	序号	代号	名 称
1	ACU	空调控制单元	10	I/O	标准输入/输出单元
2	ATC	列车自动控制	11	MC	主控制器
3	AUX	辅助变流器控制单元	12	MMI	驾驶室显示单元（人机接口）
4	ComC	通信控制器	13	MVB	多功能车辆总线
5	Batt	蓄电池充电控制	14	PIS	乘客信息系统
6	BC	总线连接器	15	TCC	列车控制与通信
7	DCU	车门控制单元	16	VTCU	列车控制单元
8	EDCU	电动车门控制单元	17	WTB	列车总线（冗余）
9	EBCU	制动控制单元			

如图 5-7 所示的列车微机控制系统主要由列车总线（WTB）和多功能车辆总线（MVB）两部分组成，它们在关键区域提供冗余，即 WTB 或 MVB 中的单点故障不会导致列车运行停止。列车控制分为列车控制级、车辆控制级以及子系统控制级三级（包括牵引控制、气制动控制、辅助电源控制、门控制、空调控制、乘客信息系统控制等）。列车控制级上的 WTB 通过安装在每个单元的 VTCU 中的大功率网关与 MVB 相连，进行数据交换。列车控制级和车辆控制级与每个 3 节车构成的控制单元 VTCU 构成一个整体，执行如下主要功能：通过 WTB 进行列车控制；总线管理和过程数据通信；监督和诊断；通过 MVB 在各个子系统之间进行通信；提供与外部 PC 机之间的服务端口等。各部分功能描述如下。

① 列车总线（WTB）与多功能车辆总线（MVB）。列车总线连接着两个 3 节车单元的 VTCU，两个 VTCU 之间通过 WTB 进行通信。多功能车辆总线 MVB 与车辆及列车控制单元 VTCU 直接相连，VTCU 包括多功能车辆总线控制器、大容量的事件记录器等，可以对车辆总线通信进行管理。VTCU 通过 MVB 与车辆所有子控制系统进行数据交换，实现列车控制和车辆控制。车辆控制级、子系统控制级（如牵引/制动控制级）以及本车与同一单元的其他车之间通过本地车辆总线进行通信和数据传输。

② 车辆及列车控制单元 VTCU。车辆及列车控制单元 VTCU 为具有集成诊断功能和控制功能的车辆与列车控制装置，每个 3 节车单元拥有一个 VTCU（一列车有两个），作为总线管理主机，它是一个带有 32 位数字处理器、8MB 闪烁内存的微机控制单元，还包含静态电池缓冲 RAM、串行接口、独立的电源。

VTCU 具有硬件自我检测功能以及 Watchdog（保护和监控）功能，并在软件故障后能自动重新启动。VTCU 负责组织所有连接通道上的数据交换，处理接收的数据以及负责向子控制系统发出指令并完成诊断功能。它主要完成或参与的控制功能有管理多功能车辆总线、列车的故障诊断和存储、DC/AC 及 DC/DC 电源负载分配监控（正常与故障状态）、用于牵引/制动控制的列车控制、支持列车自动驾驶 ATC 功能、监视安全制动装置、速度中央控制、里程记录、驾驶显示器的控制、提供列车乘客信息系统指令和数据、参与防滑/防空转保护控制等。

③ 列车管理系统（TMS）。列车管理系统（TMS）是以 VTCU 为核心的一个列车控制系统，是列车微机控制和网络系统的重要组成部分，它由列车控制级和车辆控制级的多台计算机系统和一些专门开发的高处理速度的微机组成。TMS 负责列车的控制、监控和诊断，该系统可以为列车各子控制系统和模块提供各种实时控制信号。

当一个或多个列车控制系统的部件故障时，列车管理系统能定义并被切换到预定的状态继续工作。如当 WTB 或一个网关故障时，列车将被切换至 TCC 限制模式进行工作；又如，当 MVB 或一个 VTCU 故障时，列车将被切换至 TCC 备用模式进行工作。

TCC 限制模式和备用模式是 TRB（TCC Restrict/Backup）模式的两个子模式，在广州地铁 2 号线列车上体现为同一个模式开关 TRB。在列车出现故障情况下，驾驶员通过显示器上有关故障信息进行处理，将列车转换到 TRB 模式继续运行。TRB 运行模式下，驾驶员在 ATP 的监督、速度指示限制范围内控制列车运行，如果超越这个速度限制，ATP 将激活紧急制动使列车停下来。在 TRB 运行模式下，两个 VTCU 之间将不会通过 WTB 直接通信，也就是说牵引/制动力指令不能通过 WTB 从激活的驾驶室传输到其他地方。牵引/制动力指令通过连接主控制器的 4 条列车线传递，即通过硬线通信。这 4 条列车线为：100%牵引力指令、大约 50%的牵引力指令、100%的制动力指令和大约 50%的制动力指令。TCC 备用模式与 TCC 限制模式不同的是：TCC 备用模式时，有 MVB 或一个 VTCU 失效，因此在 TCC 备用模式下只可以利用 50%的牵引力。

④ 列车故障诊断。VTCU 通过列车微机控制和网络系统接收从各个子控制系统或 I/O 控制单元传来的故障报告，并附带所选择的环境数据和相应的时间参数。所有列车运行所需的关键的诊断信息则是通过安装在驾驶室驾驶台上的 TFT（薄膜晶体管）液晶彩色触摸式显示器来显示，显示器的内容分别有中、英文显示，对不同的使用者设置了不同的权限，分为驾驶模式界面和检修模式界面。

列车故障诊断系统根据故障对子系统或列车的性能或安全性的影响划分为不同的故障等级。而在子部件系统单个故障发生时，故障诊断系统可根据整列车的故障情况及该子部件故障对列车运行的影响程度，对故障综合评估，输出列车故障等级，并在驾驶室显示器上给予驾驶员适当的处理建议。

列车故障诊断系统对所有重要的故障信息的记录均给出了跟踪数据，并通过分析数据能显示出连续的牵引/制动曲线图形。对于每个直接连到 MVB 总线上的子控制单元，均要求诊断系统能诊断并显示出最小可更换部件的故障。

3. AGATE 系统

AGATE 系统是法国 ALSTOM 公司开发的列车控制系统，它主要由 AGATE link（列车监控），AGATE Aux（辅助控制），AGATE Traction（牵引控制）和 AGATE e-Media（乘客信息系统）四个部分组成。在南京地铁 1 号线车辆中就使用了 AGATE 微机控制系统

AGATE 牵引控制系统主要是实现实时的机车牵引控制和产生制动命令。其主要特点是模块化设计实现安全快速的操作；主要功能的子装配系统标准化；采用 WorldFIP 总线网络，并实现和主要数据网络（TCN、CAN、FIP、LON）的通信网关；具有自测试功能；使用 EASYPLUG 技术；包含了最新技术 FPGA 器件和 PCI 总线接口。

AGATE 辅助控制系统是实现对列车上静态逆变器和电池充电的控制，其特点是结构紧凑，模块化，低成本，低噪音和快速保护等。

AGATE e-Media 乘客信息系统是在列车运行中，提供实时的多媒体信息和休闲娱乐，为乘客提供便利性和舒适性，同时还可以作为一种高效广告媒体，能带来新收益。AGATE e-Media 主要功能有：用发音系统自动报站，并在屏幕上以有色信息显示，具有动力学线路地图，也可显示广告和新闻。当系统突然中断或者意外情况发生的时候，优先直接向乘客广播实时信息。

AGATE Link 管理和监视列车上在线的电子模块，是整列车辆维护的有效工具。通过监视列车各子系统的运行状况来提供迅速准确的列车故障诊断，从而减少了检查时间和成本，缩短了停工维护时间。AGATE Link 的突出特点是改善了列车生命周期成本（LCC）。AGATELink 根据应用需要对基本部件进行来组合，如远程输出模块、司控台、GPS 定位模块、无线电数据传输模块和在线通信网络，系统易于扩展。

AGATE 系统的控制网络 WorldFIP 总线是从 FIP 总线发展而来的。FIP 总线是一种面向工业控制的通信网络，其主要特点可归纳为实时性、同步性、可靠性。WorldFIP 的设计思想是：按一定的时序，为每个信息生产者分配一个固定的时段，通过总线仲裁器逐个呼叫每个生产者，如果该生产者已经上网，应在规定时间内应答。生产者提供必要的信息，同时提供一个状态字，说明这一信息是最新生产的，还是过去传送过的旧信息。消费者接收到信息时，

可根据状态字判断信息的价值。AGATE 系统采用 WorldFIP 总线完整地实现了列车控制的所有功能。如图 5-8 所示为 AGATE 控制系统的结构示意图。

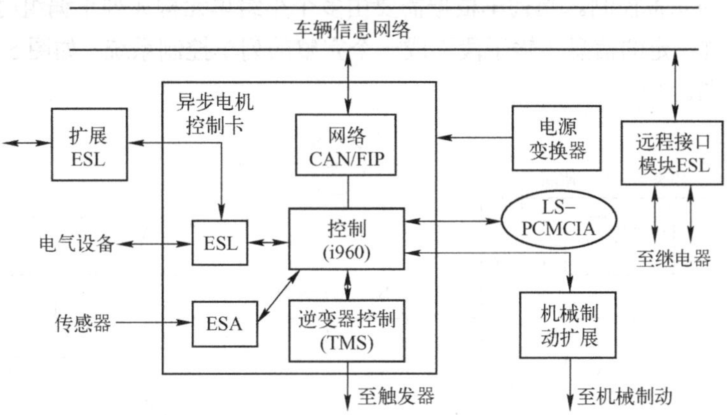

图 5-8　AGATE 控制系统的结构示意图

4. TIS 信息系统

TIS（Train control Information management System）信息系统是日本新干线各型列车上装备的信息控制与传输系统。TIS 系统由列车通信网络、各车厢通信网和功能单元控制机组成。在各车厢内设有一终端站，它是列车通信网上的节点，也是本车厢信息传输的主站，各车厢内功能单元的信息均通过这个终端站（节点）向列车通信网络发送或从列车通信网接收信息。列车通信网上的节点中有两个主节点(中央站),运行时根据驾驶室的位置激活其中的一个(另一个则为从节点)。中央站连接显示器，并且驾驶台的信息也从中央站输入网络。如图 5-9 所示是中央站的机箱结构图。

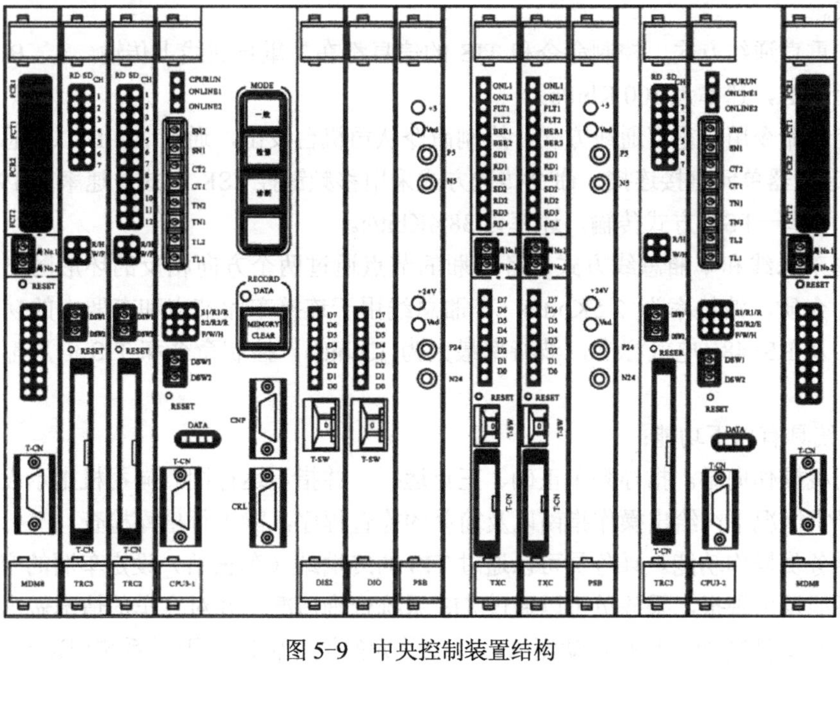

图 5-9　中央控制装置结构

新干线的列车编组是以 2～4 节车厢组成一个车组单元为基础的，在一个车组单元内，由牵引制动控制系统、辅助电源、车门空调控制、变压器及信息子系统等相对独立的子系统构成对车组单元的完备控制。当列车根据需要由多个车组单元构成列车编组时，这些相对独立的子系统，通过一定的信息传输手段连成一个完整的列车控制系统。如图 5-10 所示是 TIS 系统的结构示意图。

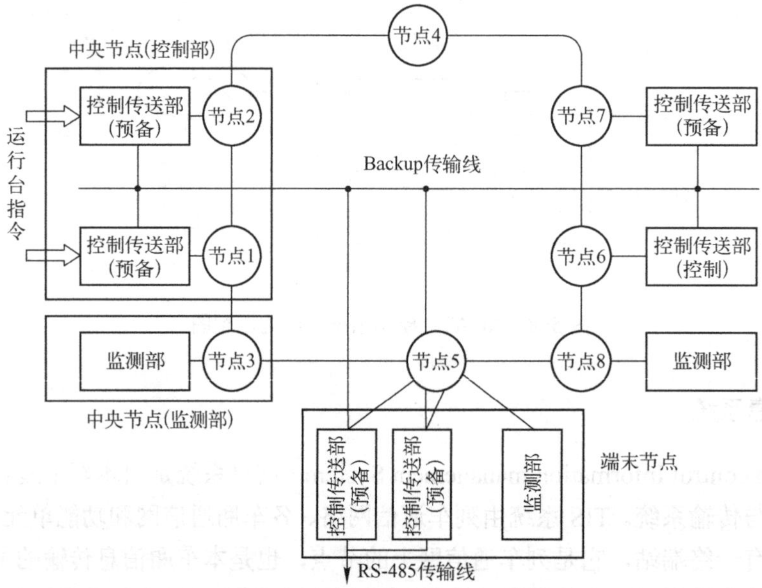

图 5-10　TIS 系统结构示意图

TIS 系统网络的基本结构有两种：一种结构是车厢内的终端（节点）只传输 TIS 系统的信息；另一种是节点既传输信息又传输控制命令。在日本新干线及有线铁路列车上有以下三种应用形式。

（1）二重直通线方式。控制命令和 TIS 的信息都在二重直通线上传输，A、B 总线上的传输方式为 FSK，速率为 100 Kbit/s。

（2）控制命令用二重直通线方式。控制命令从司机台发出，通过 A、B 二重总线与各车厢变流器-逆变器单元直接连接。命令传送方式采用移频键控 FSK 方式，速率为 19.6 Kbit/s，TIS 的信息用单一 FSK 方式传输，速率为 38.4Kbit/s。

（3）列车总线和车厢总线方式。各车厢的节点通过两个方向相反的环形网络连接，采用光纤作为介质，波特率为 2.5Kbit/s；车厢总线用于连接车厢节点和车厢内的功能单元，采用双绞线及 RS-485 电气标准，波特率最大为 1Mbit/s，控制命令和 TIS 信息都在这两个网上传输。

TIS 系统具有以下功能：

（1）司机操作向导。指导列车正确、正点运行，并指示运行图。向司机指示设备的工作信息，在异常情况下，给出操作指南以及简单的检查程序，能进行出库检查。

（2）乘务员操作功能。乘务员可以通过 TIS 的终端站（车长站）设定车厢的空调温度，异常情况下能发出警报，乘务员可以通过 TIS 系统查询情况，并对客车的情况做出处理。

（3）维修支持功能。具有自动测试各功能单元的运行情况（用于系统调试）。调阅各设备的故障记录，做出故障分析，收集、记录运行数据，为检修提供依据。

（4）旅客服务功能。向旅客提供各种信息，如到站和前方站、运行时刻表等。

（5）控制命令传送。该功能只有在最新的700系列车上才有完全的运用。控制命令包括牵引动力、制动、门控与空调、照明、辅助电源、受电弓、蓄电池开闭等。

随着TIS系统功能的增强，它在列车控制系统中的作用越来越重要，已经成为新干线列车系统中不可缺少和不可替代的一个重要组成部分。TIS 系统在列车运行、检修和故障诊断中的作用越来越大，有关人员对它的依赖性也越来越强，维修基地的工作人员基本都是按TIS系统的检查测试结果来检修控制系统及各功能单元的故障，而TIS系统本身的可靠性也很高，几乎没有听说TIS系统本身有故障发生。

5.2 车辆故障诊断系统

机械设备状态监测的任务是弄清设备所处的客观状态，包括采用各种测量、分析和判别方法，结合设备的历史状况和运行条件，为设备的性能评价、合理使用、安全运行及故障诊断提供实时有效的数据。而机械设备故障诊断则需要进一步确定故障的性质、程度、类别、部位、原因，乃至说明故障发展的趋势及影响等，为故障的预报、控制、调整维修提供依据。

5.2.1 常用检测和诊断方法

机械设备故障诊断技术的发展历史悠久，可以说是从人类学会利用机器设备进行生产的时候就开始有了手摸、耳听以及使用一般仪器、仪表测试的简易诊断手段，随着科学技术的进步，诊断方法也在不断地变革，按完善程度来分，诊断方法主要有以下几种。

1. 简易诊断法

使用各种便携式诊断仪器和工况监测仪表，对设备有无故障及故障的严重程度做出判断和区分，使用较复杂的诊断设备或分析仪器，除能对设备有无故障及故障的严重程度做出判断和区分外，在有经验的工程技术人员参与下，还能对某些特殊类型的典型故障做出判断及预报。

2. 自动精密诊断法

这是一种建立在计算机辅助诊断基础上的多功能自动化诊断系统。在这类系统中，不仅配有自动诊断的软件，能够实现状态采集、特征提取、状态识别的自动化，而且能以显示、打印、绘图等多种方式自动输出分析结果。当设备发生故障后能自动用声光方式发出报警指令，并通过微机自动对故障的程度、类别、部位、原因及趋势进行诊断及预报。

3. 专家智能诊断法

这是诊断技术的高级形式。专家系统不但具有自动精密诊断方法的全部功能，而且它还将专家的宝贵经验、智慧与思想方法加以分析总结，同计算机的巨大存储、运算与分析能力相结合，形成规则存入计算机。根据自动采集或输入的原始数据，模拟专家的推理、判断与思维过程，实现故障档案建立，解决状态识别及诊断决策中的各种复杂问题。

5.2.2 多传感器融合故障诊断方法

故障诊断方法按处理技术进行分类，则大致分为两类：一是常规故障诊断方法，该方法是以设备的数学模型为理论基础，以动态测试、信号分析及数据处理为核心技术；二是智能诊断方法，它是在常规诊断的理论基础上应用人工智能及相关基础学科理论的诊断方法，这种方法是以知识处理为核心的技术。从用于诊断的特征信号的类型上看，有依赖振动、噪声、油液、温度及压力等信息的诊断技术。由于某些信号中包含了较丰富的故障信息，例如，对旋转机械的振动信号谱的分析中，可以发现约60%的故障，故障的判别主要以振动信号为主，即基于单一类型的传感器。由此而引出的问题是由于只对机器的某一部位进行了探测，反映出的也仅是机械系统运行中的部分现象，故对传感器的精度要求很高，在传感器的布局和提取标准谱方面必须做大量的实验才能完成对现象的分类。为了解决这些问题，提出了同时采用振动、温度、压力、流量等多种类型传感器来全面地探测机械设备运行中的多种现象，把来自多方面的信息综合成一个整体进行处理的方法。通过多传感器协调并联合探测的优势，提高机械设备故障诊断的有效性和可信度，这就是基于多传感器融合的机械设备故障诊断方法。

1. 多传感器融合故障诊断方法的原理

在诊断系统中设置多种类型的传感器，用来探测机械设备的部件由于磨损、疲劳断裂、弹性或塑性变形而在振动、温度、压力、流量等物理现象上的不同反映。机械系统故障诊断的多传感器融合方法定义是：用多个传感器从多方面探测系统的多种物理量，对多源的信息和数据进行检测、关联、跟踪探测、状态估计等多级处理，精确、及时地判断出机械系统的状态，并分析出状态（故障）、现象（征兆）和原因之间的关系。

2. 多传感器融合故障诊断方法的功能和处理过程

根据上述定义多传感器融合故障诊断方法的功能结构及处理过程框图如图 5-11 所示。

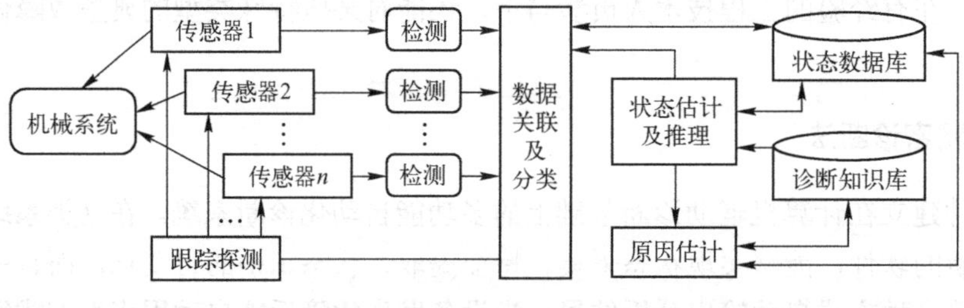

图 5-11 多传感器融合故障诊断方法的功能及处理过程框图

传感器探测机械系统各个部位，每扫描一次报告一次该部位测量结果，每个传感器进行独立测量，用二元判定的处理方法，根据信号特征来观测征兆的出现，一旦检测到征兆就将测量参数报告给融合处理系统。检测是对传感器信号进行有效性判定处理。

数据关联是依据每次扫描完成后所得到的信号（报告）进行的，将每个新的报告与每个其他报告及以前检测到的有征兆的预测位置进行相关处理，这组数据能描述机械系统该时刻的状态，也保证了征兆是出现在同一个空间位置上的。数据关联的目的是要保证得到所有的传感器在同一时刻探测到的一组数据，形成一个组合的 *n* 维测量，每一维代表状态（故障）的一个独立属性。

分类是依据不同的传感器报告出征兆的特征参数。

状态估计（含有一般诊断方法中的结果评价）是在每次扫描结束时，对新征兆与已存在的（以前探测到的）征兆进行估计和结果评价，确定系统的当前状态。

5.2.3 便携式故障诊断系统

如图 5-12 所示为一种便携式故障诊断系统，它通过传感器采集设备运行时产生的振动或噪声信号，经过信号放大、A/D 转换、数据存储和传输后，由主机进行分析、处理。

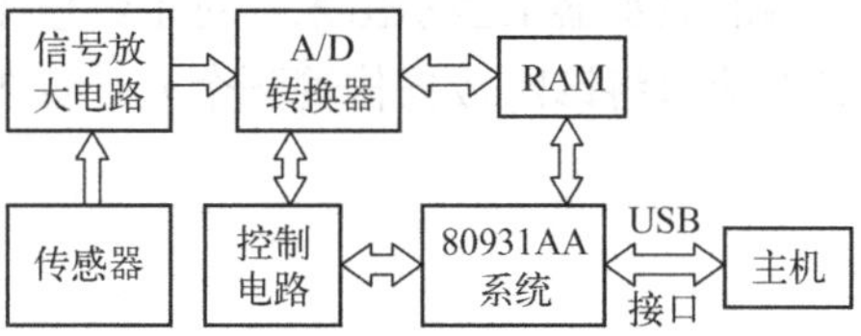

图 5-12　便携式故障诊断系统

采集板的 USB（Universal Serial BUS，通用串行总线）控制器采用的是 INTEL 公司的 8093lAA，它具有一个 USB 接口，使用 MCS51 指令系统，当输入频率为 12MHz 时，USB 可工作在全速和低速模式，本系统工作在全速模式。

USB 总线对一般设备可以提供 100mA 电流，对大功率设备可提供不超过 500mA 电流，而当 USB 外设处于挂起状态时，从总线上吸收的电流小于 500μA。便提式故障诊断系统的采集板采用低功耗设计，选用低功耗器件，整个采集板就直接利用总线电源进行供电，不需外加其他电源。

当主机检测到全速采集板插入后，自动配置设备，此时仅采集板的基本系统工作。如果系统不进行检测，采集板就处于挂起状态，而当系统需要故障诊断时，主机唤醒采集板，并向采集板提供 500mA 总线电流。采集板控制器接收到主机的数据采集命令后，向系统的采集和控制等部分供电，并启动数据采集。采集的数据通过 DMA（Direct Memory Access，直接内存存取）方式被存入到内存，内存存满后，停止采集，然后将采集的数据通过 USB 接口传输到主机中，数据传递结束后，采集板进入挂起状态。此后通过计算机软件对数据进行分析处理，就可以获得设备故障的诊断结果。

便携式故障诊断系统的软件设计主要包括数据采集板的控制和 USB 通信软件、主机 USB 设备驱动程序、主机数据分析与处理软件。数据采集板的控制和 USB 通信软件的功能主要是控制数据采集以及通过 USB 接口与主机进行数据通信。主机数据分析与处理软件是将传感器采集的数据进行分析处理，即根据要求进行信号的功率谱分析、倒谱分析、小波分析以及自相关分析等。通过与正常运行时相关的参数对比，可以判断出设备是否存在缺陷、故障等，也可通过几种方法联合起来提高诊断的正确性和精确度。

USB 为计算机外设提供了一个全新的接口标准，目前，USB 设备的开发和应用在国内外处于高速发展阶段，具有广阔的发展前景。利用便携式计算机及其 USB 接口开发的便携式故障诊断系统是 USB 在数据采集中的一个应用，利用 USB 的挂起和唤醒功能，极大地降低了采集板的平均功耗，因而利用本系统进行故障诊断能工作较长时间，特别适合工程现场使用。

5.2.4 车辆故障诊断系统总体结构

车辆故障诊断系统主要用来诊断车辆各系统故障，收集来自驾驶台的控制信号。以城市轨道交通地铁车辆为例，车辆故障诊断功能由 A 车的 CFSU（中央故障存储单元）完成，每 3 节车单元可独立工作组成 1 个单元车级的诊断系统；对一个 6 节车编组的列车，2 个单元车级诊断系统可以组成 1 个列车级的诊断系统。

车辆各系统的电子控制单元以继电器的形式通过 KLIP（智能外围设备连接终端）子站将故障信息传送给 CFSU，CFSU 用环境参数或跟踪参数补充其基本信息，所有诊断信息以及列车运行状态信息可在激活端的显示器上显示出来。对于维修工作，除了可直接利用驾驶台显示器外，还可通过 RS-232 接口将诊断数据传输到个人计算机，用专家分析软件对故障数据进行列表和数据分析。

1. 系统总线结构

系统总线组成及结构如图 5-13 所示。包括下列几种总线：

（1）列车总线：用来连接 2 个 CFSU，实现 2 个单元车的通信，数据传输率为 125Kbit/s。

（2）车辆总线：用来连接 ATO/ATP、显示器和 CFSU，数据传输率为 250Kbit/s。

（3）控制总线：连接 1 个单元车内的 CFSU 与 KLIP 子站，数据传输率为 62.5 Kbit/s。

列车总线与车辆总线合起来又叫做 DIN 总线。其硬件是基于 RS-485 标准的接口。

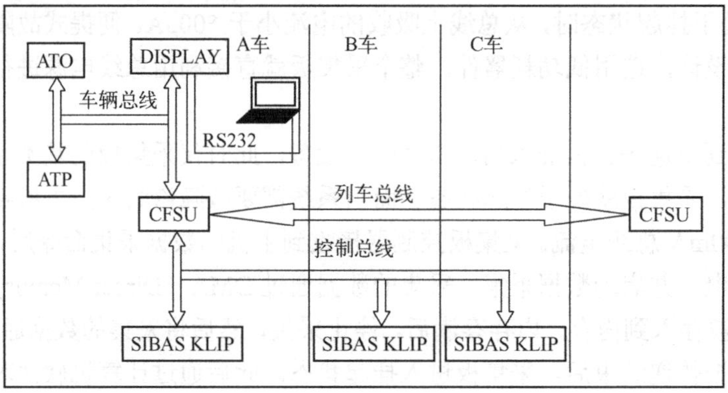

图 5-13 系统总线组成及结构

2. DIN 总线与 SIBAS32 KLIP 控制总线

（1）DIN 总线（如图 5-14 所示）。在 CFSU 中的硬件模块有 SIBAS（Siemens Bahn Automatisierungs System，西门子铁路自动化系统）系统主机、RS-485 总线模块、列车总线接口、列车总线连接器、控制总线接口及开关电源和电源启动单元。RS-485 总线模块通过后面板与 SIBAS 总线连接，通过这个总线，SIBAS32 系统主机 80386 可以写入或读出 RS-485 总线模块中的双口 RAM 中的数据，RS-485 总线模块中的 80188 微处理器也可以写入或读出这个双口 RAM 的数据，这样主机和总线模块处理器就可以进行数据交换。

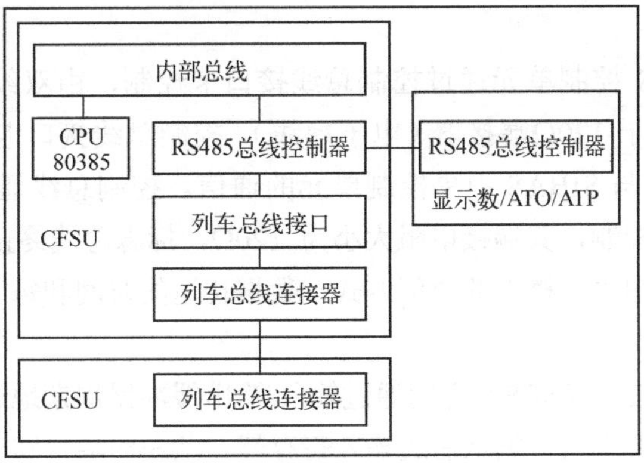

图 5-14　DIN 总线硬件连接图

RS-485 总线模块中有 1 个 HDLC 串行通信控制器，带有 2 个全双工通道 A 和 B，通道 A 分配给列车总线，通道 B 分配给车辆总线。车辆总线通过面板前面的 9 孔电缆连接，列车总线通过后面板插头与列车总线接口连接。

列车总线连接器模块有 2 个插头用来连接列车总线。

（2）SIBAS32 KLIP 控制总线（如图 5-15 所示）。AS318 接口用来连接控制总线和 KLIP 子站的内部 9V 总线，同时提供给总线模块 9V 电源，KLIP 站的地址和总线传输率由 DIP 开关设置，每个 KLIP 站由以下硬件组成：1 个 AS318 接口卡、总线模块 BM700（需要预先编码，1 个安装轨上可接 16 个总线模块，即可接 32 个输入/输出模块）、输入/输出插卡、接线端子。1 个总线模块可插 2 个输入/输出插卡，接线端子接好线后直接插在输入/输出卡上。

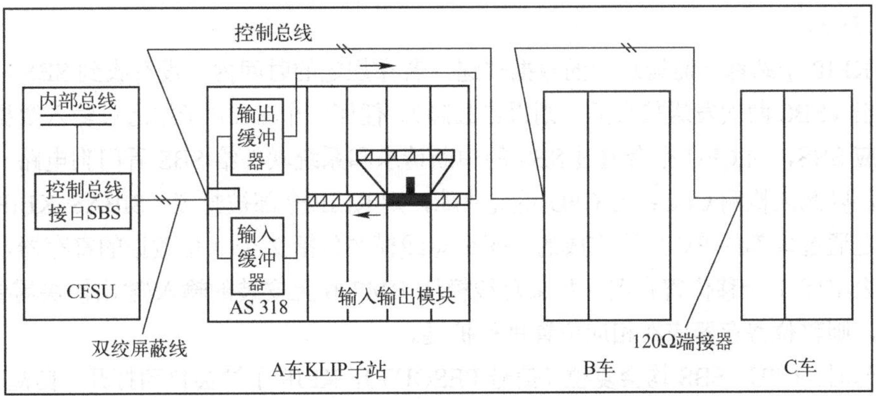

图 5-15　控制总线硬件连接图

输入/输出模块的配置可以根据需要的输入/输出信号的数量和种类任意选择，例如在广州地铁 1 号线车辆中主要用到的输入/输出模块卡如表 5-2 所示。

表 5-2　广州地铁 1 号线车辆中主要用到的输入/输出模块卡

名　称	功　能
DE16×DC 110V 输入卡	16 通道 110V 直流输入模块，用于故障信息和各种二进制控制信号的输入
DA8×DC 110V 输出卡	输出时钟数字信号到各个电子控制单元（B、C 车），输出受电弓升降状态、主断分合状态、电制动施加状态等指示信号到主副驾驶台状态指示灯（A 车）
DA16×DC 24V 输出卡（A 车）	输出数字报站器的报站控制代码，只用到 8 位
AE4×20mA 模拟输入卡（B、C 卡）	输入来自 DCU 的网压、转矩、速度（仅 C 车）的模拟量，每个通道输入电阻为 500Ω，输入 0～20mA 的电流在输入后转换为 0～10V 的电压信号

控制总线由 SIBAS 控制单元通过控制总线接口卡控制，由双绞屏蔽线组成，从控制总线接口卡开始，终止于 120Ω端接器（电子地线）。控制总线接口卡通过后面板与 SIBAS 总线连接实现控制总线与 SIBAS 中央控制单元的通信。控制总线通信协议基于 RS-485，由控制总线接口 SBS 控制，其端接电阻大小为 120Ω，标志总线终止；SBS 周期循环访问 SIBAS-KLIP 子站，采用“广播”的通信方式，数据传递的时间和每个子站的尺寸和子站的数目（数量）有关。

AS3l8 与控制总线接口（SBS）之间通过输入/输出缓冲器周期地进行数据交换，不占控制总线周期。AS318 逐位地将数据从右边输入寄存器，从左边通过移位寄存器逐位取出。

SBS 为主控器，KLIP 子站为从属设备，KLIP 子站通过设置 DIP 开关来确定 KLIP 子站的地址（该开关位于 AS318 板，可设置总线通信速率及地址），从动单元只响应主控单元的命令。SBS 通过轮询的方式与 KLIP 子站通信，此类通信方式称为“广播”通信方式。当 KLIP 子站被 SBS 询问时才可以发送数据，输入数据通过 BM700 总线通信模块传递到 AS318 板，再通过 AS318 板内置的输入/输出缓冲器将数据传送给 SBS，由 SBS 进行处理，再传送给 CPU 控制板，实现外围设备与主机系统的信息传送。AS318 在初始化时执行辨认过程，确定每个输入/输出板的位置及类型，并检测内置于 BM700 总线模块内的 4 位移位寄存器的状态及大小，并将所有信息传递给 SBS。SBS 在启动时检测所有 KLIP 子站的状态，并周期地检测由 AS318 板传递来的检测信息，产生出一个字节的诊断信号，将此送给 CPU，判断各子站的状态。AS318 板将周期地检测 I/O 设备，并传递给 SBS。

每个 KLIP 子站都会监测总线的数据传递，若在规定的时间内，没有收到 SBS 的信号，则封锁输出（SBS 两次发送信号后，则报告故障）。任何一个 KLIP 子站通过输入数据和诊断信息来响应 SBS，而 CPU 亦会通过 SBS 的中断请求和系统软件给 SBS 看门狗电路一个启动运行信号，以此来检测 CPU；若 CPU 系统故障，则 KLIP 全部被封锁。SIBAS-KLIP 站内部数据传输是通过内部的 9V 总线完成的，每个总线模块包括 2 个 4 位数据的寄存器，这些寄存器连起来组成 1 个移位寄存器。如果总线模块 BM700 上安装的输入/输出模块需要多于 4 个数据位，则移位寄存器应在相应位置进行扩展。

开电源时，CPU、SBS 均会复位（信号 PESOUT），KLIP 子站会自动打开。自检时，SBS 会自动检查 RAM 和 EPROM，若同时有故障，则产生中断，直到再次复位，KLIP 子站亦会如此。

5.2.5 车辆故障诊断及显示

故障诊断系统对以下各系统进行诊断：牵引控制单元 DCU、气制动电子控制单元 EBCU、空调控制单元、辅助系统（包括 DC/AC 逆变器和 DC/DC 变换器）、车门、空压机、诊断系统本身和 DC11OV 控制电路。其中故障诊断系统从 DCU 得到的信号除故障信号外，还有空转信号和一些模拟量的实际值，如网压、牵引力和速度。DC11OV 控制电路的信号主要有牵引方向、牵引/制动命令、运行模式、高速断路器状态、受电弓状态、主风缸压力状态和半自动车钩的连接等，这些信号主要是作为环境参数出现的。

“事件”是所有诊断机制的触发源，一个事件可以是如下的类型：子系统故障的发生，子系统故障的消失，重要信息的出现，重要信息的消失。当一个触发源出现时，CFSU 通过总线获取、分类检测并处理环境参数及时间标准，然后给出相应的代码传输到列车总线主控端的显示器中进行故障列表并显示存储。

驾驶台上的显示器是故障诊断系统的人机界面，它以图形或文字信息的方式将列车运行状态和故障信息提供给驾驶员。故障显示时还伴有报警声，显示页面的亮度可以根据外界光线的亮度自动调节到使眼睛舒适的范围，分成 2 个模式，一个是驾驶模式，另一个是检修模式，用密码加以限制。

1. 驾驶模式

驾驶模式下的屏幕显示内容主要是列车当前的状态和当前的故障信息，在 ATO 模式下运行时，显示屏锁定在这个屏幕下，每个页面有固定的按键用来更改页面，还有用于控制报站或输入相关参数的按键。运行屏中包含网压、实时速度、推荐速度、进出库图标、驾驶模式、自动折返图标、门释放信号图标、紧急制动图标、空转/滑行、距停车点距离、建议速度、列车驾驶状态（如：牵引、惰行、制动）等，这些信息由列车信息系统提供信号，显示屏通过调用数据库进行显示。

2. 检修模式

检修模式下的显示内容主要是列车发生的故障或信息的记录，包括故障或信息的发生和消失以及发生故障时一些相关的参数即背景参数。显示的是动车牵引/制动转矩的柱形图。

5.2.6 故障等级

一个故障发生时，诊断系统输出故障内容及故障的等级到显示器上，并对所有故障都有声光信息显示给驾驶员。故障等级分为子部件故障等级和列车故障等级，它是根据故障对系统功能或列车的运行安全的影响程度来定义的，列车故障等级可作为驾驶员处理故障列车的指导。

1. 子部件的故障等级

子部件的故障等级分为 3 个，即轻微故障、中等故障和严重故障。

轻微故障：不影响子系统功能的故障。不影响列车运行，只降低列车的舒适性。

中等故障：限制子系统功能的故障。需要列车在运行至终点后回库检修。

严重故障：严重影响子系统功能的故障或子系统故障。会降低列车的操作性能，影响乘客乘坐安全，发生严重故障必须尽快停止列车运行。

并非所有的子系统都有 3 个故障等级，它取决于各个系统的故障类型。如 DCU、EBCU 有 3 个故障等级，即轻微故障（包括速度传感器等检测设备的故障）、中等故障（包括牵引参考值和负载信号丢失等故障）、严重故障（严重影响逆变器或气制动单元的故障，如短路或过流等）。DCU 或 EBCU 会自动封锁并定时自动检测，若故障原因消除，系统功能可自动恢复。如 DC/AC、DC/DC 只有严重故障和中等故障两个故障等级，中等故障是逆变器/变换器温度过高的故障；严重故障是部件故障，逆变器/变换器自动封锁。再如空调控制单元只有严重故障和中等故障两个故障等级，中等故障时制冷回路失效，紧急通风仍然工作；严重故障时整个空调单元失效。空调单元的故障是用一个通道输出的，用两种不同的信号来区分：1Hz 开关信号表示中等故障，低电平信号表示严重故障，CFSU 中有相应的软件块来区分这两种信号。这些故障等级都是由子系统本身定义和分类的。子系统故障在列车浏览屏可以查看到，相应的故障用红点（图中为黑色阴影）指出，并对应各自车辆。

2. 列车级的故障等级（分为 3 级）

（1）列车故障等级 1：发生的故障不影响列车功能，列车可继续运行直到服务结束，回库后检修。

（2）列车故障等级 2：发生的故障限制列车功能的发挥，列车将在下一次到达车辆段时退出服务，列车最多可运行一个来回。

（3）列车故障等级 3：发生的故障严重影响列车的功能，列车必须在下一站退出运行。

部件故障到列车故障等级的评估升级由显示系统软件实现，评估升级的规则是以子部件故障的等级和发生的故障数量及其在列车中所占的比例来综合考虑，另外对于供电单元还考虑其所接的负载情况。城市轨道交通列车在运行了一段时间后，运营公司一般都会对这些规则做适当调整，并且会根据不同的车型编写《列车故障处理指南》指导驾驶员判别和处理故障列车，因此在操作中不能完全参照显示的列车故障等级来处理故障列车。另外在显示屏里还有当前故障的处理信息，可以为地面检修人员提供相应的故障信息，作为车辆维护保养的参考。

5.2.7 诊断数据地面分析软件

诊断系统的故障数据及其环境参数或跟踪参数都是以数据库的形式存储于显示器的硬盘中，通过 RS-232 接口连接 PTU，在显示器上进行操作，将数据方便地下载成一个 TIS 数据库文件。地面分析软件 EXPERT2 可以将 TIS 文件解压，以 ACCESS 表格的形式将故障的发生和消失一一列出，各个故障的背景参数也可以显示出来。有 3 种故障即 DCU 严重故障、DCU 中等故障、紧急制动故障和跟踪参数故障，可以用彩色图形显示发生故障前后本单元动车 DCU 检测到的网压和牵引/制动转矩以及速度的模拟量、牵引/制动命令以及驾驶室其他控制命令和设备状态，以便于了解故障时的列车状态，从而分析故障原因以及处理故障。

目前，一般在每次月检（双周检）中或需要分析故障时下载显示器的数据，主要用它来 分析一些疑难的故障以及在电子控制单元中没有记录的故障。从 EXPERT2 中得到的故障记录表可以看到故障发生前后其他的伴随事件以及故障发生频率、事件消失的时间。另外，显示器的数据还用于一些故障或事件的统计，如紧急制动发生的次数、高速断路器合断次数等。

本章小结

1. 列车微机控制系统是列车的核心部件，它包括以实现各种功能控制为目标的单元控制机、实现车辆控制的车辆控制机（列车控制机）和实现信息交换的通信网络。

2. 列车控制系统的结构模型是将控制单元（控制机）和控制网络有机地结合在一起的层次模型。这个结构模型包括三层、列车控制层、功能控制层和设备控制层。

3. 列车微机控制系统的功能主要包括实现牵引（制动）控制、实现列车牵引的黏着控制、实现在列车运行过程中各种可能需要的功能关联和电路连接、实现列车运行过程中的故障信息处理，并为列车乘务员提供故障的现场处理和排除的信息提示。

4. 列车微机控制系统是由一个一个的控制微机构成的，在列车上使用的控制微机我们称之为车载微机MCV（Micro-Computer on Vehicle）。

5. 目前国内外在轨道交通列车控制领域已经有了一些成功运用的列车微机控制系统，主要有SIBAS系统、MITRAC系统、AGATE系统和TIS系统。

6. 机械设备故障诊断方法主要有简易诊断法、自动精密诊断法和专家智能诊断法。

7. 车辆故障诊断系统主要用来诊断车辆各系统故障，收集来自驾驶台的控制信号。

8. 故障诊断系统对以下各系统进行诊断：牵引控制单元DCU、气制动电子控制单元EBCU、空调控制单元、辅助系统（包括DC/AC逆变器和DC/DC变换器）、车门、空压机、诊断系统本身和DC110V控制电路。

习 题 5

一、判断题（对的在括号中打"√"，错的打"×"）

5.1 列车微机控制系统的发展过程从系统功能上来看经历了由单一的牵引控制到车辆（列车）控制，到现在的信息控制的阶段。（　　）

5.2 随着牵引动力的交流化和列车运行速度的提高，列车上采用微机实现智能化控制的部件或装置也越来越多。（　　）

5.3 实时性是运行控制的基本要求，即微机系统能对运行过程中所发生的各种事件和变化有迅速和及时的反应能力。（　　）

5.4 高可靠性是车载微机系统的最基本要求，一般来说要求高的运行效率（约>90%以上）。（　　）

5.5 列车的微机控制系统从本质上来说应该属于一种分布式计算机控制系统。（　　）

5.6 列车控制层的主要作用是决策。（　　）

二、填空题

5.7 列车微机控制系统是列车的核心部件，它包括以实现各种功能控制为目标的（　　　　）、实现车辆控制的（　　　　）和实现信息交换的（　　　　）。

5.8 列车对微机控制系统的基本要求可以归结为控制的（　　　　）、系统的（　　　　）、环境的（　　　　）以及结构的开放性和标准化。

5.9 列车控制层通过（　　　）方式与地面联网，从而满足大系统调控的要求和旅客信息服务的要求。

5.10 功能控制层上的主要特征是控制，即（　　　）和（　　　）的实现。

5.11　车载微机在系统组成方面最大的特点在于要求有各种各样的丰富的（　　　　）功能，我们称之为 I/O 子系统。

5.12　MCV 软件的基本结构包括（　　　　　　）和（　　　　　　）。

三、综合题

5.13　简述列车微机控制系统的基本要求。

5.14　说明车载微机的基本组成及各部分功能。

5.15　常用的列车通信网络有哪几种?

5.16　简述 TCN 网络的特点。

5.17　列车信息和诊断系统有哪些组成部分?

5.18　试说明城市轨道交通车辆子部件故障等级是怎么定义的?它与子部件故障等级的关系是什么?

5.19　简述城市轨道交通车辆中的微机控制。

5.20　试归类说明城市轨道交通列车运行屏显示的信息。

第 6 章　城市轨道交通车辆车门电气控制系统

本章重点

- 城市轨道交通车辆车门类型及结构。
- 城市轨道交通车辆车门各组成部分的工作原理。
- 城市轨道交通车辆车门障碍物检测方法。
- 城市轨道交通车辆车门的检修。

6.1　车门类型

随着世界城市轨道交通的发展，各个国家的轨道交通车辆的车门类型多种多样，但根据城市轨道交通自身的特点，车门应具有以下要求：

（1）要有足够的有效宽度。

（2）车门要均匀分布，以方便乘客上、下车。

（3）要有足够数量的车门，可使乘客上、下车时间满足地铁列车运行密度的要求。

（4）车门附近要有足够的空间，方便乘客上、下车时周转。

（5）要确保乘客的安全。

（6）要具有高可靠性。

对城市轨道交通车辆而言，按照车门功能分类可分为客室侧门、驾驶室侧门、驾驶室后端门和紧急疏散门，如图 6-1 所示。按照车门的驱动系统的动力来源可分为电动式车门和气动式车门。电动式车门的动力来源是直流电动机或交流电动机，气动式车门的动力来源是驱动汽缸。按照车门的运动轨迹以及车体的安装方式，客室车门可分为内藏嵌入式车门、外挂式车门、塞拉式车门和外摆式车门。

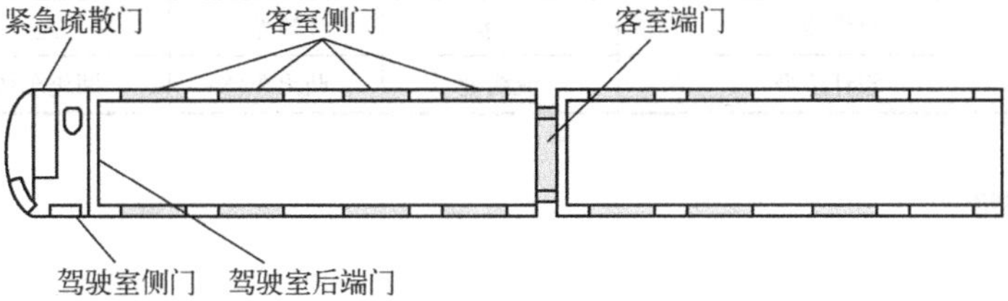

图 6-1　各类车门位置示意图

1．内藏嵌入式车门

内藏嵌入式车门简称内藏门，在车辆开关门时，门叶在车辆侧墙的外墙板与内饰板之间的夹层内移动。传动系统设于车厢内侧车门的顶部，装有导轮的门叶可在导轨上移动，传动机构的钢丝绳、皮带或丝杠与门叶连接，用汽缸或电动机驱动传动机构，从而实现车门的往复开关动作。

2．外挂式车门

外挂式车门与内藏嵌入式车门的主要区别是：门叶和悬架机构始终位于侧墙的外侧，车门传动机构的工作原理与内藏嵌入式车门完全相同。

3．塞拉式车门

塞拉式车门是车门在启动状态时，门叶贴靠在侧墙外侧，车门在关闭状态时门叶外表面与车体外墙成一平面。这不仅使车辆外观美观，而且也有利于在列车高速行驶时减小空气阻力，车门不会因空气旋流产生噪声，也便于自动洗车装置对车体的清洗。

4．外摆式车门

外摆式车门在开门时，通过转轴和摆杆使门叶向外摆出，并贴靠在车体的外墙板上，门关闭后门叶外表面与车体成一平面，这种车门结构的特点是门在开启的过程中，门叶需要较大的摆动空间。

上述四种车门的性能比较见表 6-1。

表 6-1　四种车门的性能比较

性能指标		塞拉式车门	外挂式车门	内藏嵌入式车门	外摆式车门
乘客舒适度指标	隔声	好	差	较差	较好
	隔热	较好	较差	较差	较好
	乘客候车区无障碍	较差	一般	一般	差
	开门速度	好	好	较好	较差
乘客安全性指标	夹手	有护指橡胶	有护指橡胶	有护指橡胶	有护指橡胶
	在事故中门掉落时的风险	低	高	低	高
门系统特征	门系统首次使用费用	较高	一般	高	较高
	门系统的可靠性	一般	较高	高	一般
	车体内侧的有效宽度	一般	较差	差	一般
	可维修性	一般	较差	差	一般
	设计造型	流线型	凸出车体	凹进车体	流线型

6.2　车门结构

通常地铁列车每一节车厢的每一侧安装有 4 扇（如北京地铁列车）或 5 扇（如上海地铁 1 号线 DC-01 型电动列车）客室侧门，每个车门均有各自的编号，不同地铁线路的车辆，车门编号方法不同。

北京某线路地铁列车行车方向的右侧为 A 侧，行车方向的左侧为 B 侧，那么，该地铁列车右侧第四个车门编号表示为 A4，如图 6-2 所示。不同车型车门的编号也会不同。例如，南京地铁列车右侧第四个车门编号表示为 B4。

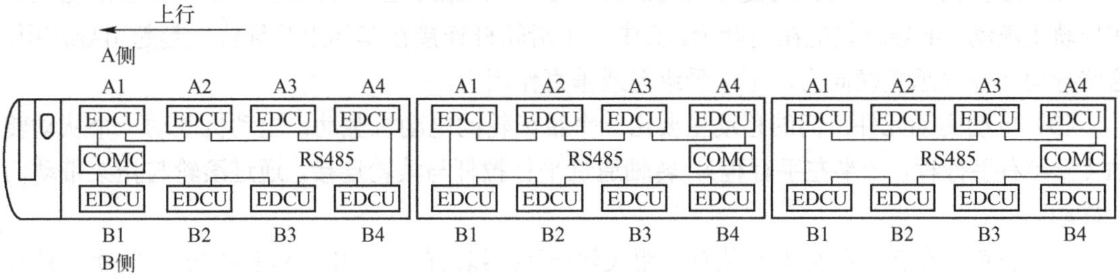

图 6-2　车门编号示意图

6.2.1　客室塞拉式车门

北京地铁某线路车辆客室塞拉式车门的主要技术指标有：每一节车厢每一侧有 4 扇侧门，有效开度为（1300±4）mm；门洞净开高度为（1800±10）mm；驱动装置为电动机或气动驱动装置；传动机构为带传动或丝杠传动。

客室塞拉式车门主要有客室电动塞拉式车门和客室气动塞拉式车门两种。

1. 客室电动塞拉式车门的机械结构

客室电动塞拉式车门由门体、EDCU 门控单元、电动机、丝杠传动装置、制动组件、导向装置、闭锁装置、车内和车外紧急操作装置、密封设施、防压装置、护指橡胶等组成。其机械结构如图 6-3 所示。

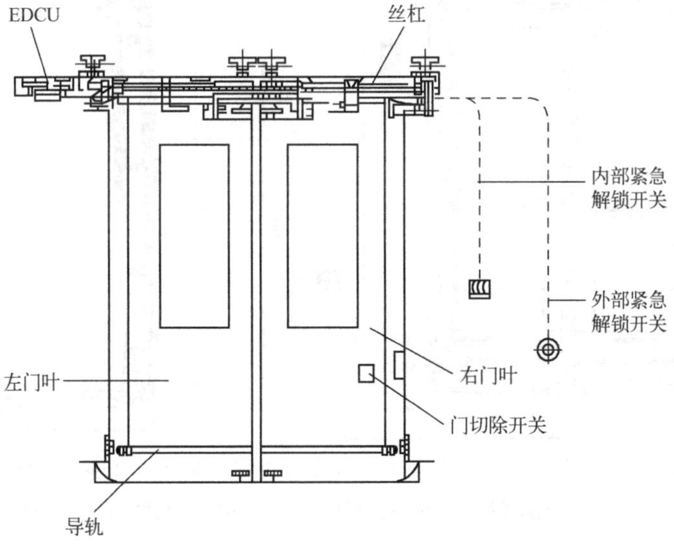

图 6-3　客室电动塞拉式车门的机械结构图

（1）支撑元件。支撑元件包括支撑梁和基座支架及滚轴/托架组件。整个车门的机械结构是通过基座支架安装在车体上；支承梁承担整个车门的质量，并且在门开关时保证门叶在车体侧平行滑动。滚轮通过滚珠轴承在支承梁上滑动，动力从机械装置传递到门叶；反之亦然。托架通过两个球面轴承与滚轮连接并以螺栓固定在门叶上。

（2）塞拉门。门叶的移动受导轨的制约，上导轨装配在丝杠传动装置上，并使滚轮能够在导轨上滚动。下导轨装配在门叶上，其中一个滑轮杆连接在车体上与导轨一起起引导作用。这些导向元件只承受横向力，不承受纵向或垂直作用力。

（3）电动驱动元件。门的移动主要由一个带齿轮的电动机驱动，电动机驱动一个从动转轴（一半右手行程，一半左手行程），转轴通过平行拉杆与滚轮连接，通过滚轮与托架带动门叶移动。

（4）自锁。在转轴凸沿上安装有一组飞轮/离合器装置，关门时该装置啮合，防止门被打开；开门时该装置由电磁阀释放，紧急操作时飞轮/离合器的释放可手动操作。

（5）制动装置。制动设备安装在每扇门叶后上方，对称设置一组，当门叶在关闭位置时与其啮合，防止门叶因为受可能的垂直向上的作用力而移动。

（6）紧急解锁开关（内部）。紧急解锁开关是一个装在内侧墙上的手柄，用于紧急状况下手动解锁开门。

2. 客室气动塞拉式车门的机械结构

客室气动塞拉式车门由门槛、左立罩板、右立罩板、顶部机构、左门板、右门板、偏心轮、隔离锁开关、右滚轮摆臂、左滚轮摆臂、外部解锁机构、内部解锁机构等组成，如图 6-4 所示。

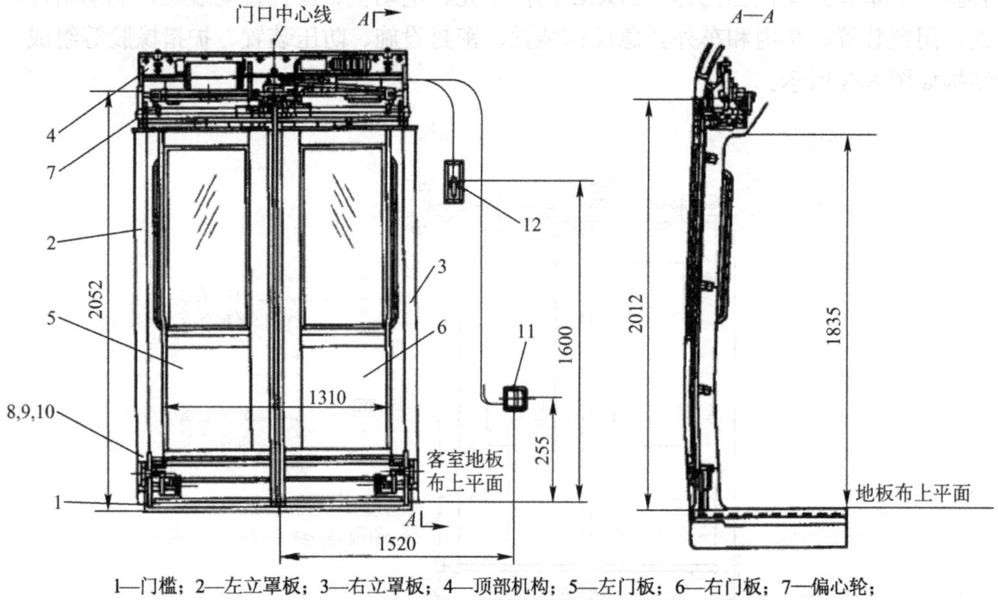

1—门槛；2—左立罩板；3—右立罩板；4—顶部机构；5—左门板；6—右门板；7—偏心轮；
8—隔离锁开关；9—右滚轮摆臂；10—左滚轮摆臂；11—外部解锁机构；12—内部解锁机构

图 6-4　客室气动式塞拉式车门的机械结构图

门体通常采用铝合金夹层结构，驱动装置为汽缸机构，一般开门时间单程为 3～6s，门的运动速度由气缸两端的节流阀调节。门的导向由上、下导轨实现。闭锁装置产生的机械闭锁力能保证在电气、压缩空气发生故障时车门不会自动开启，活动脚蹬与车门可联动，当车门关闭后，脚蹬翻起并与侧墙外表面平齐。

防挤压装置是防止列车关门时挤夹乘客而设置的，其防挤压动作压力不大于 150N。防挤压功能在关门过程中，全关门行程的 98%范围内具有拉门遇障碍可自动返回功能，10s 后再自动关闭。在紧急情况下，通过集中控制箱、本车三角钥匙开关或车门的按钮/电子钥匙来实现车门的手动开、关。

3. 客室塞拉式车门的特点

（1）客室塞拉式车门的优点。

① 车体外形美观。由于塞拉式车门在关门状态时门板外表面与车体外表面平齐，在行车时空气阻力小，不会因空气涡流而产生噪声。

② 车内噪声小。塞拉式车门的密封性比外挂门、内藏门好，可以减小车内噪声。根据香港地铁的试验，与外挂门相比，采用塞拉式车门可使车内噪声降低 2～3dB。

③ 能使车内有效宽度增加，节约空间，增加载客量。

（2）客室塞拉式车门的缺点。

① 结构复杂，价格比外挂门高。

② 故障率高。根据香港地铁提供的资料，采用外挂式车门的市区线车辆中，车门的故障占全车故障的 16%；采用塞拉式车门的机场快线，车门的故障占全车的故障为 33%。

6.2.2 客室内藏嵌入式车门

客室内藏嵌入式车门有空气驱动和电动机驱动两种。在地铁电动客车中，国内外均趋向于采用空气驱动无声链条传动形式，其机械结构如图 6-5 所示。

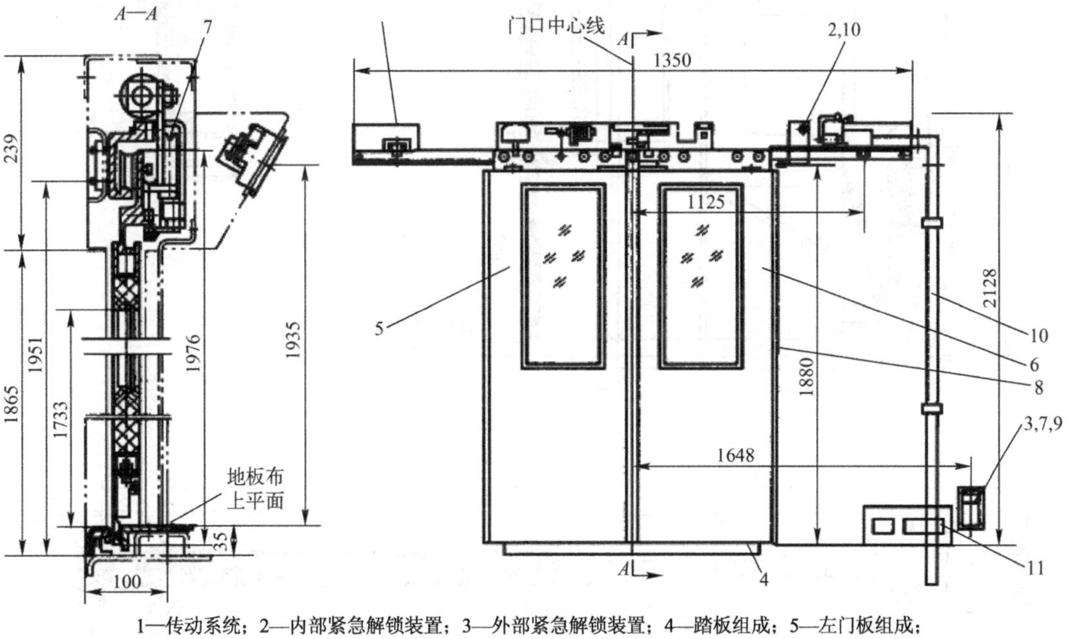

1—传动系统；2—内部紧急解锁装置；3—外部紧急解锁装置；4—踏板组成；5—左门板组成；
6—右门板组成；7—钢丝绳；8—密封条；9—内、外部紧急解锁钥匙；10—管路系统；11—电磁阀装置

图 6-5 客室内藏嵌入式车门的机械结构

整个门系统由传动系统、解锁装置、踏板、门板、钢丝绳、密封条、解锁钥匙管路系统等组成。

传动机构是最终正确执行门开闭动作的重要部件。传动机构由左门吊铁、右门吊铁、带轮、齿形带、行程开关、锁钩及锁钩风缸等部件组成。

门叶由铝板、铝型材及铝蜂窝经过热压成形，门叶前后边缘装有防噪声的橡胶条，门叶下部装有耐磨导槽，门叶的弯曲度应与车辆侧墙的弯曲度相匹配。

驱动气缸安装在每对门叶上方，它具有双重活塞单向动作的功能，气缸由硬铝合金缸筒，不锈钢活塞杆、大小活塞组及密封组件等组成。机械锁钩由固定在左传动装置上的锁钩和解钩气缸组成。紧急缓解阀由滚轮架、凸轮轴、钢丝绳、手把及安装角铁组成。

6.2.3 其他车门

1. 客室端门

端门有单开拉门和折叶门两种。北京地铁客车的拉式后端门的具体结构如图 6-6 所示。

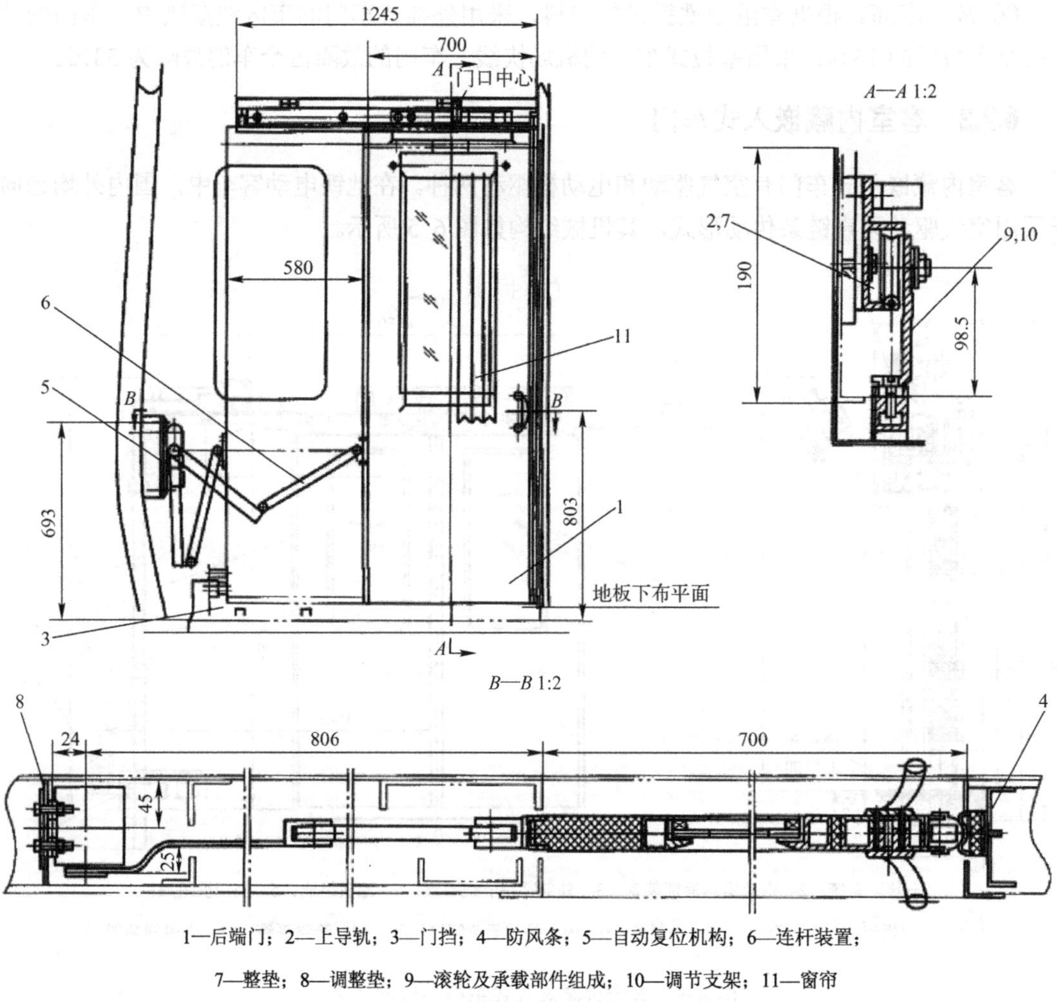

1—后端门；2—上导轨；3—门挡；4—防风条；5—自动复位机构；6—连杆装置；

7—整垫；8—调整垫；9—滚轮及承载部件组成；10—调节支架；11—窗帘

图 6—6 单开拉式后端门的机械结构

2. 驾驶室侧门

驾驶室侧门是列车乘务人员上、下列车时使用的，通常采用折叶门或内藏式手动移门。采用折叶门的驾驶室侧门，其有效开度为88°，门上设有半开式下拉窗和一把手动门锁，具体结构如图6-7所示。采用内藏式手动移门的驾驶室侧门，安装在驾驶室侧墙的夹层内，门叶密封并配有门锁。

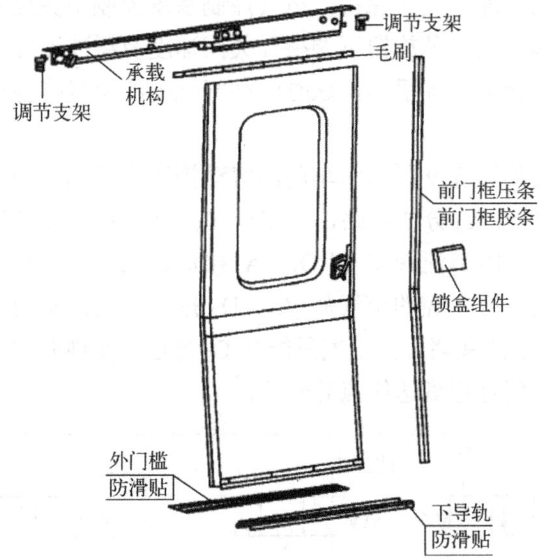

图6-7　驾驶室内藏式手动移门的结构

3. 紧急疏散门

地铁在地下运行一旦发生火灾或其他危险事故时，必须疏散车上的乘客，此时司机可打开端墙中间的紧急疏散门，引导乘客通过紧急疏散门走向路基中央，然后向两端的车站疏散。

紧急疏散门为可伸缩的套节式踏级板，两侧设有扶手栏杆，中间铝合金踏板上涂有防滑漆。门锁在驾驶室内或室外都可开启，一旦门锁开启，车门能自动倒向路基。紧急疏散门带有缓冲器，不致使倒下车门的加速度过大而损坏疏散门装置，如图6-8所示。

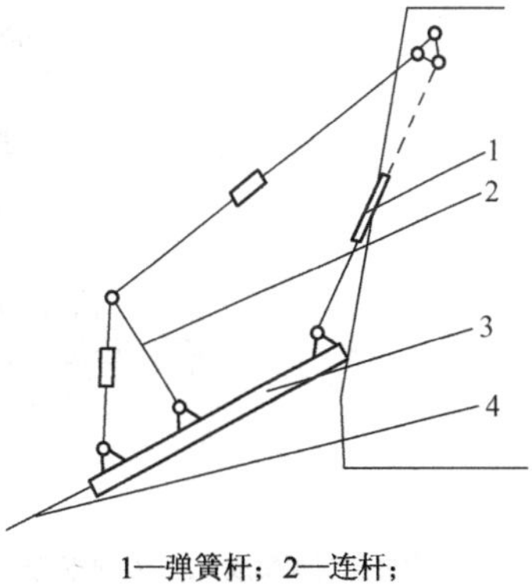

1—弹簧杆；2—连杆；
3—安全疏散梯；4—伸缩杆

图6-8　紧急疏散门结构示意图

6.3　轨道交通车辆车门控制

1. 气动门的控制

电控气动门由压缩空气驱动车门的驱动气缸，通过机械传动系统和电气控制系统完成车门的开关动作。控制系统采用直流110V有节点电路，通过整车、单节车、单个门各级继电器控制车门的中央控制阀内三个电磁阀的动作，实现对驱动气缸的供、排气控制，从而使车门按要求开关。同时，依靠每个门上的行程开关检测车门状态，并将信息返回诊断系统及控制系统，实现对车门的监测。

当开门时，压缩空气经中央控制阀进入解锁气缸，使之动作将锁钩顶开，同时驱动气缸活塞向左运动，打开车门。当车门关闭时，锁钩下落至水平位置，钩住两门叶上的锁钩，实现机械锁闭，使车门可靠地实现在关闭位置上锁闭。车门在锁闭位置时，两门叶之间的关紧力靠进入驱动气缸右腔的压缩空气来保持。电气控制系统控制中央控制阀来实现车门的开关和解锁，调节中央控制阀上的调节旋钮可调整开关门速度及缓冲速度。当紧急情况下需要打开客室车门时，可以拉下紧急解锁手柄，这时驱动气缸内的空气排往大气，用手可以轻易将两门叶推开。

（1）车门气动控制。如图 6-9 所示为车门的气动控制原理图。当接到开门指令时，电磁阀 Y_1、Y_3 得电，压缩空气经 Y_1 分成两路，一路经 Y_3 快速通过单向节流阀 E 进入解锁气缸，顶开锁钩；另一路经开门速度节流阀 C 和 D_1、A_1 接口进入车门驱动气缸右腔，推动活塞向左运动，打开车门。驱动气缸左腔的空气从 A_2、D_2 排出，当活塞向左运动接近终点时（约 150 mm），A_2 排气口被辅助活塞堵上，空气只能从 D_2 排出，实现开门运动终端的缓冲。直到左门叶碰上开门止挡，开门行程到达终点并停住。

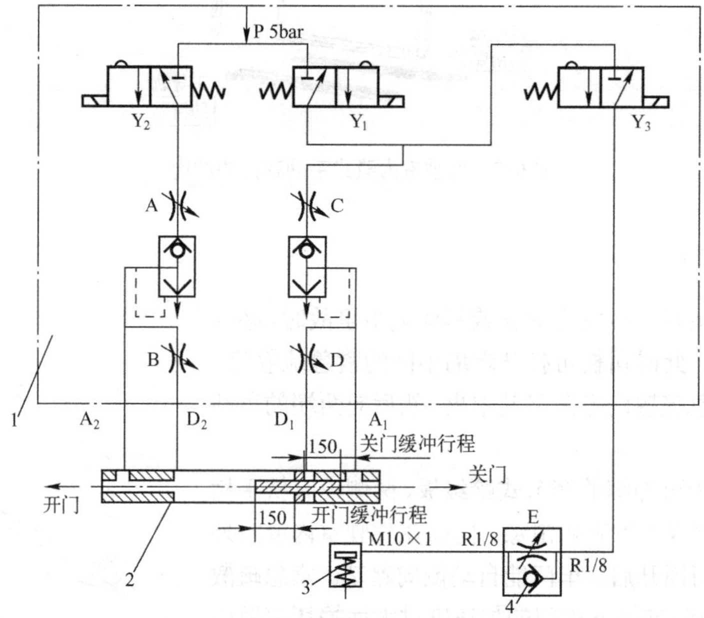

1—中央控制阀集成　2—双向驱动气缸　3—解锁气缸　4—单向节流阀　A—关门速度节流阀　B—开门缓冲节流阀　C—开门速度节流阀　D—关门缓冲节流阀　E—节流阀　Y1—开门电磁阀　Y2—关门电磁阀　Y3—解锁电磁阀

图 6-9　车门气动控制原理图

关门的原理与开门相同，但活塞运动方向相反，锁钩是依靠弹簧力自动回复至水平位置。

（2）车门电气控制。开门指令发出后，左边门开关继电器得电，控制“门开”电磁阀（Y_1）、“门解锁”电磁阀（Y_3）得电，气路开通使车门打开。

关门指令发出后，解锁继电器触点断开，左边门开关继电器失电，“门关”电磁阀（Y_2）、

“门解锁”电磁阀（Y_3）失电，气路关闭使车门关闭。

为了行车安全，车门监控回路监控整列车的所有左、右侧门关好。继电器、车门锁闭行程开关（S_1）、车门关门行程开关（S_2）、车门切除行程开关（S_3）还直接或间接地干预和影响车辆的牵引和制动及紧急制动，起到监控和保护作用。

车门控制电路如图 6-10 所示。当驾驶员按下车门关闭按钮后，车门开继电器 8K23 失电，其常开触点断开；门控继电器 8K11 失电，其常开触点断开，车门驱动气缸开门端阀门打开排气，8K11 的常闭触点闭合，车门驱动气缸关门端进气关门；同时，车门解锁继电器 8K21 失电，其常开触点断开，车门解锁短行程气缸在弹簧力的作用下，通过节流阀缓缓放气，锁钩下降，在左、右车门闭合后，锁钩刚好落至水平位锁闭车门，实现“先关后锁”，保证锁钩与左、右车门锁销不发生碰撞，从而延长了锁钩与锁销的使用寿命，减少了车门故障。重开门时，继电器 8K23 和 8K21 已经失电，只有车门重开继电器 8K25 得电，其常开触点闭合，令继电器 8K11 继续得电而使车门打开。但是，在车门重新关闭时，锁钩早已在水平位，并与左、右车门锁销发生碰撞，出现“先锁后关”故障。为了解决这个问题，门控电路改为在继电器 8K21 的常开触点上并联继电器 8K11 的常开触点（如图 6-10 中虚线连接所示）。这样，保证了车门关闭与解锁短行程气缸排气同时进行，防止了重开门时“先锁后关”情况的发生。

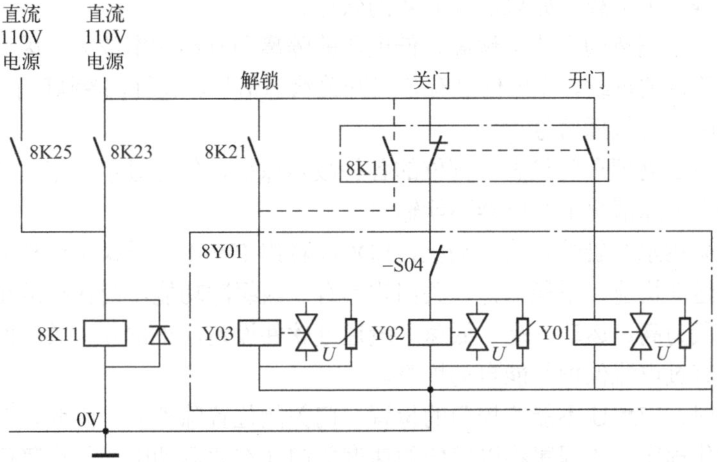

8K21—车门解锁继电器　8K23—车门开继电器　8K25—车门重开继电器　8K11—左边门开关门控继电器

8Y01—车门中央控制阀集成　Y03—车门解锁电磁阀　Y02—车门关门电磁阀　Y01—车门开门电磁阀

U—电磁阀线圈压敏电阻　S04—车门紧急解锁行程开关

图 6-10　车门控制电路

2. 电动门控制

电动门由电子门控单元 EDCU 进行控制，EDCU 是车门系统中的关键电气部件，一般位于客室内侧，安装于防水保护部位。EDCU 是可编程序控制器，电源采用 110V，微处理器采用 68332，RS232 接口，继电器输出，具有零速保护和安全联锁电路，开关门有报警。控制原理如图 6-11 所示。

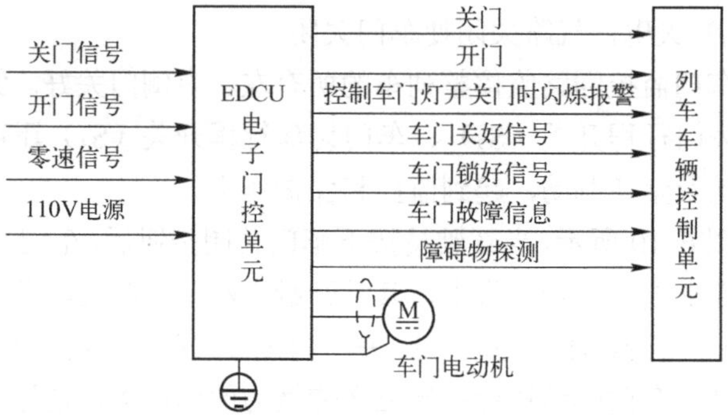

图 6-11　电动车门控制原理框图

EDCU 可编程序控制器由五部分组成：电源电路、输入电路、中央处理单元、输出电路、保护电路。

电源电路的输入为 DCl10V，内部经直流变换给微处理单元及相关电路提供适用电源。

输入电路接收输入信号，输入信号来自驾驶操作台，开门信号、关门信号、零速信号，经输入电路整形滤波后，送入中央处理单元。

中央处理单元主要完成存储、逻辑运算、顺序控制、定时控制、延时控制及软件抗干扰等。中央处理单元能根据车门的实际工况确定的输入信号决定各输出信号，还可以下载储存信息如故障信息等，可上载（如果需要）新的软件。

输出电路用光电隔离的方式实现高、低电压的隔离和驱动功率放大，因而可以直接驱动电动机、断路器等各类负载。输出信号有车门开关状态信号、关好门/锁好门信号、电动机驱动信号、车门遇障碍及故障信号。

保护电路则用于处理车门状态不到位的各种故障保护、信号显示、车门状态提示等，监控电路监控车门在故障情况下继电器不能输出。

车门电动机采用永久磁性直流电动机，EDCU 输出 PWM 信号稳定地控制电动机的转矩及速度，使门的运动快速、平稳。开、关门均具有二级缓冲功能，门在接近全开或全关时转为低速，其余区段为高速运动。高、低速区段通过软件设定，正常开、关门时间通过软件调节，电动机输出有过电流保护并能自动恢复。

在初次通电时，EDCU 不能监控门的位置（门关闭位置除外）。因此，对于打开的门，将启动一次初始化程序，该程序将以较低的速度关门（在此运动中，具有障碍检测功能）。

3. 车门控制系统功能

车门门控系统的主要功能有：开/关门功能，包括车门开、关状态显示；开/关车门的二次缓冲功能；防夹人/物功能（障碍物探测重开门功能，当障碍物介于 10～200mm 时，车门探测三次后将保持再开启状况）；车门故障切除功能；故障指示；自诊断功能；零速保护；车门紧急解锁功能（车内侧每个车门均设置手动门锁）；车门旁路功能；乘务员钥匙开关功能（车外侧每辆车 A_3，B_2 门设置）。

6.3.1　车门的正常操作

1. 开/关门操作

门的开启与关闭取决于“0 速度”、“开门”与“关门”列车线，见表 6-2 所列（“0”表示不满足条件，“1”表示满足条件）。

表 6-2 开/关门操作条件

“0 速度”列车线	“开门”列车线	“关门”列车线	门的状态
0	0	0	关
0	0	1	关
0	1	1	关
0	1	0	关
1	0	0	关
1	0	1	关
1	1	1	关
1	1	0	开

（1）门的开启。在“开门”列车线触发后，门开后，在未接收到关门指令前，将一直停留在开启位置；在开门期间，如果“开门”列车线撤销指令，门将开至开门位置并停留。

（2）门的关闭。在“关门”列车线触发 3s 后，门开始关闭。在关门期间，如果“关门”列车线撤销指令，门仍然关闭；在关门期间，如果“关门”列车线撤销指令，且“开门”列车线触发，关门动作将停止，ls 后，门将开启。将立即被关闭。在没有 ATP 允许或 ATP 旁路的情况下，门不会再开启。

2. 蜂鸣器

关门时一个声音指示器（车内扬声器）会提示乘客，此设备由音频设备驱动。“关门”和“开门”列车线激活后，提示音将持续 3s。

3. 告警指示灯

告警指示灯的各种功能是：门在关闭位置时，告警指示灯不亮；门在紧急开启或关闭时，告警指示灯闪亮（每秒 1 次）；开、关门程序中，告警指示灯闪亮（每秒 1 次）；门切除，告警指示灯不亮；障碍检测，在连续三次尝试关门后启动，告警指示灯常亮，直到重新发出开门/关门系列指令后，门将恢复正常工作。

6.3.2 车门应急操作

1. 手动开门操作

当自动开门不起作用时或在 ATP 模式下的手动开门，其步骤如下：

（1）检查 TOD，确认列车已对准停车标。

（2）确定有开门信号，HMI 没有故障。

（3）将门选择开关拨到手动位置，如图 6-12（a）所示。

（4）按相应的开门按钮开门，如图 6-12（b）所示。

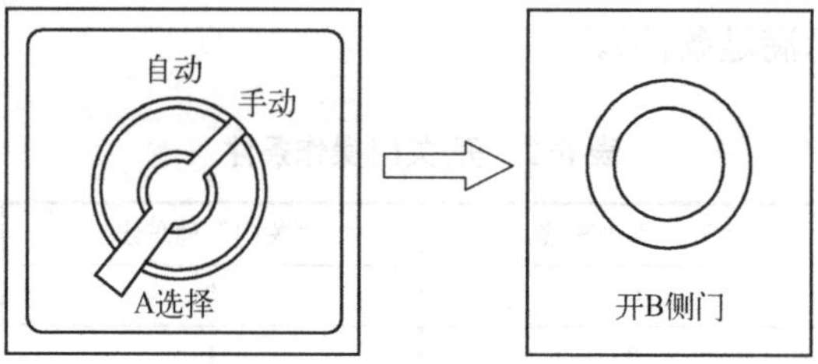

（a）门选择开关　　（b）开门按钮

图 6-12　自动开门不起作用时或在 ATP 模式下的手动开门示意图

当自动开门不起作用时或在 ATP 模式停准后没有开门信号时，需要手动开门，如图 6-11 所示，其开门步骤如下：

（1）检查 TOD，确认列车已停准。

（2）检查 HMI，确定没有故障显示。

（3）将门选择开关打到手动位置。如图 6-13（a）所示。

（4）将要开门一侧的门使能旁路开关按下，如图 6-13（b）所示。

（5）按相应的开门按钮开门（选择 A/B 侧门）。

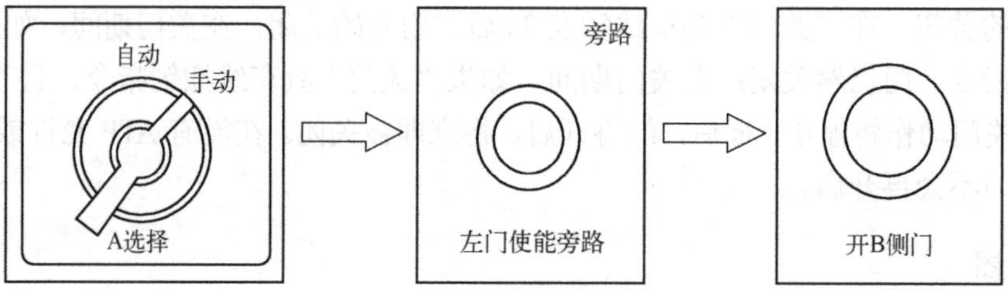

（a）门选择开关　　（b）使能旁路开关　　（c）开门按钮

图 6-13　手动开门操作步骤示意图

2. 紧急解锁装置

在紧急事件中，列车司机需手动开门，每节列车每扇门内部提供一套开门的紧急设备，每节列车提供两套从外部进入的紧急设备。内部紧急设备是一个带锁的曲柄，可由乘客手动操作，也可由司机用方孔钥匙操作外部的紧急设备。司机可在客室内使用方孔钥匙或手动使紧急设备复位，如图 6-14 和图 6-15 所示。

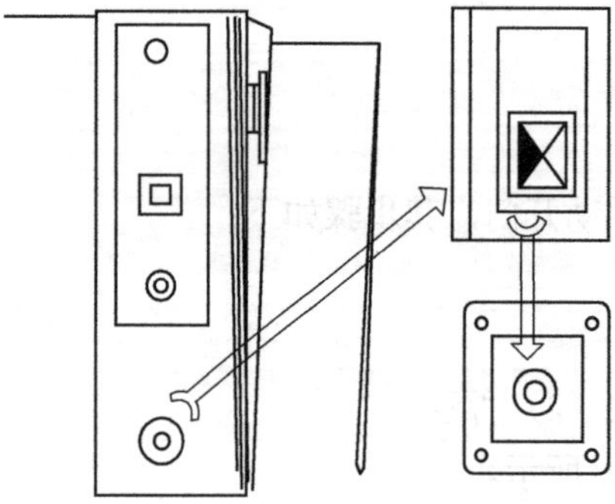

图 6-14　客室内紧急解锁装置

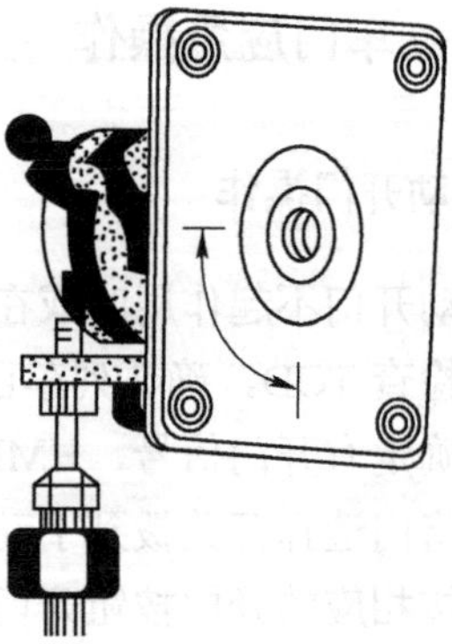

图 6-15　客室外车门紧急解锁装置

6.3.3 车门障碍物检测及故障模式

1. 车门故障检测

（1）关门时的障碍物检测。关门时作用力最大值（<300N）施加 0.5s，驱动电动机空转 2s（不是切除），以使门可以手动移动后取出障碍物。若在 3 次连续的关门工序中上述程序重复两次，则门叶将返回到完全开启位置并停留，告警指示灯将提示司机此门有问题。在重新发出开门或关门指令后，门将恢复正常工作。

（2）开门时的障碍物检测。在开门时也提供障碍物检测。障碍物检测可被激活 3 次，障碍物检测延迟开门周期 2s，在第三次尝试后，门停留在此位置，EDCU（门控电子单元）认为此位置是门开最大位置，门在接收到“关门”指令后关闭。

2. 故障模式

当司机想隔离某个车门，必须手动扳上门锁闭/切除开关，手动将门隔离。当门有故障时，可以通过门锁闭/切除开关手动将门隔离，此时，车门既不可远程操作，也不可本地操作。

EDCU（门控电子单元）故障后，RS-485 的连接通过 TIMS 同其他 EDCU 连接。当车门由隔离位复位后，门处于开门状态。为了关闭故障门，一般给出开门指令（其他门也打开）后关门。

6.4 车门的检修

6.4.1 实训项目 10 电控气动门的检修

1. 实训目的

通过电控气动门的检修训练，使学生熟悉电控气动门形式、结构及控制方式，能独立进行电控气动门的检修与维护。

2. 实训工具与所需物品

（1）实训工具：螺丝刀、钢锉、螺钉旋具等。

（2）所需物品：橡胶圈、橡胶垫、缓冲弹簧、压缩空气、中性清洁剂、润滑剂、干净抹布等。

3. 实训原理

电控气动门的开/关门动作的动力来自于驱动气缸。车门的动作原理可简述为：压缩空气经过门控电磁阀的控制，作用于驱动气缸活塞，再由活塞杆带动由钢丝绳、滑轮、防跳轮、滚轮和导轨组成的机械传动系统，使两门叶同步反向移动，完成车门的开/关动作。

驱动气缸是车门系统的主要部件，是执行开/关门动作的执行部件，由压缩空气推动其活塞运动，再通过机械传动系统将推力传递至门叶。驱动气缸的性能好坏将直接影响到车门的开/关动作是否可靠。驱动气缸为双作用活塞、双作用式结构，其活塞可以等效简化为如下所述的模型：对称的带有台阶的非等直径的活塞，即活塞两端直径为 20mm，中部为 40mm；气缸的内径也是非等直径的，两端头的公称内径为 20mm，中间为 40mm。这样的结构可使活塞变速运动，在车门打开和关闭的瞬间速度降低而形成开、关门速度缓冲，可以起防止夹伤乘客以及降低冲击噪声的作用。气缸的尾座是铰接连接，活塞杆的头部是球铰连接，因此整个气缸处于浮动状态，不会因车体变形而使活塞在气缸内产生卡死现象。

门控电磁阀是由 3 个两位三通电磁阀和 4 个节流阀、2 个快速排气阀组成的集成阀。3 个电磁阀分别为开门、关门和解锁电磁阀；4 个节流阀的功能分别为调节开门速度、关门速度、开门缓冲和关门缓冲；2 个快速排气阀的功能是：主气缸两端排气管通过快速排气阀排向大气，它相当于一个双向选择阀，它的排气口是常开的，当驱动气缸通过它充气时，其阀芯将排气口关闭。

机械传动系统的作用是将驱动气缸活塞杆的运动传递至两扇门叶，使车门动作。机械传动系统主要由钢丝绳、滑轮、防跳轮、滚轮和上下导轨等组成。活塞杆的端头与一扇门叶及钢丝绳的一边相连接，而另一扇门叶与钢丝绳的另一边相连接，则使得门叶在活塞杆运动时，能同步反向移动。每扇门叶的顶部装有两个尼龙防跳轮和两个尼龙滚轮，通过滚轮吊嵌在 C 字形的导轨内，只要调整好防跳轮与导轨的间隙，就可使门叶在导轨内平稳而灵活的滑动。防跳轮与导轨的间隙一般调整为：车两端的车门为 0～0.3mm，而中间车门为 0～0.5mm。若门叶在运动时有跳动现象，则可适当减小其间隙，但要保证车体在承受最大载荷时，也即当车体有一定挠度时，车门也能正常地开/关。上下导轨是用来支撑和引导车门运动的。

客室车门的门叶内、外表面采用的是 1mm 厚的铝合金板，内部为铝箔构成的蜂窝状结构，以提高门叶的抗弯刚度和减轻重量，面板与蜂窝结构采用胶粘剂加温加压粘接成一个整体。门叶上部装有由钢化玻璃及氯丁橡胶密封条组成的玻璃窗；门叶的中心处应可承受 90kg 的横向载荷，而其挠度应不大于 6.2mm；门叶的左右边装有橡胶密封条，保证门叶关闭时密封良好。门叶前边的橡胶条又称为护指橡胶，在车门关闭瞬间起保护乘客免于被夹伤的作用。

4. 实训内容与步骤

（1）驱动气缸及检修。

① 清洗气缸缸体及其所有零部件。

② 检查缸体和活塞组件的滑动接触部位有无损伤。

③ 更换所有的橡胶圈和橡胶垫。

④ 更换所有的缓冲弹簧。

⑤ 检查连接气管的接头及其密封套是否良好。

⑥ 润滑气缸的缸体内壁、活塞杆、活塞、橡胶圈的滑动接触部位。

⑦ 将气缸接入检测试验台，检查气缸的动作和缓冲功能。

⑧ 检查气缸是否有漏气现象。

（2）门控电磁阀作用及检修。

① 用无油压缩空气对阀体及其零部件进行吹扫清洁。

② 更换所有阀芯的橡胶密封件。

③ 检查所有调节螺栓的磨损情况，若磨损严重则需更换。

④ 检查快速排气阀的消声板、塑料垫圈和弹簧是否损坏，若损坏则需更换。

⑤ 检查钢丝挡圈是否损坏，若损坏则需更换。

⑥ 检查所有阀芯的磨损情况，若磨损严重则需更换。

⑦ 将检修后的电磁阀在试验台上进行试验，检测其功能是否正常。

（3）机械传动系统的作用及检修。

① 用抹布和中性清洁剂清洁导轨和所有其他零部件。

② 检查导轨工作表面是否磨损或腐蚀，导轨安装是否有松动或变形。

③ 更换所有尼龙防跳轮、滚轮和滑轮。

④ 检查钢丝绳是否有断股或拉毛的现象，检查钢丝绳头部的螺纹是否有损坏。

⑤ 用专用润滑剂润滑钢丝绳。

（4）门叶及检修。

① 用抹布和中性清洁剂清洁门叶。

② 检查门板是否损坏，损坏严重则应局部修补或更换。

③ 检查门板是否扭曲变形，并采取措施加以校正。

④ 检查门板上下侧的密封刷是否损坏，若稍有损坏就应更换。

⑤ 检查门锁销的磨损状况，酌情更换。

⑥ 更换门叶前后侧的密封橡胶条。

⑦ 更换门窗玻璃安装橡胶条。

⑧ 更换门叶下侧的尼龙磨耗条。

（5）其他零部件的检修。

① 用抹布和无油压缩空气清洁吹扫安装门控系统的车体部位。

② 清洁和检查解锁气缸动作的灵活性，并润滑其活塞杆。

③ 清洁和检查解锁气缸的节流阀是否良好。

④ 更换门钩复位弹簧和门钩复位弹簧销。

⑤ 更换门钩限位销。

⑥ 更换开门/关门的橡胶止挡。

⑦ 清洁和检查紧急开门装置状态。

⑧ 检查车门外侧防挤变形限位滚轮是否有损坏。

⑨ 检查车门防挤变形导向磨耗板是否松动。

⑩ 检查内侧、外侧门槛条是否松动、损坏或变形。

5. 实训报告

电控气动门的检修完成后，签名并填写实训工作任务单。

实训工作任务单

<table>
<tr><td>实训名称</td><td colspan="3">电控气动门的检修</td></tr>
<tr><td>故障现象</td><td colspan="3"></td></tr>
<tr><td>检修内容</td><td colspan="3"></td></tr>
<tr><td>班　　级</td><td></td><td>姓　　名</td><td></td></tr>
<tr><td>小　　组</td><td></td><td>工作时间</td><td></td></tr>
<tr><td colspan="4">所需知识</td></tr>
<tr><td colspan="4"></td></tr>
<tr><td colspan="4">所需工具与设备</td></tr>
<tr><td colspan="4"></td></tr>
<tr><td colspan="4">检修过程</td></tr>
<tr><td colspan="4"></td></tr>
<tr><td colspan="4">指导教师评价</td></tr>
<tr><td colspan="4"></td></tr>
<tr><td colspan="4">任务完成人签字：
指导教师签字：

日期：　　年　　月　　日</td></tr>
</table>

6.4.2 实训项目 11　电动塞拉门的检修

1. 实训目的

通过电动塞拉门的检修训练，使学生熟悉电动塞拉门的形式、结构及控制方式，能独立进行电动塞拉门的检修与维护。

2. 实训工具与所需物品

（1）实训工具：螺丝刀、钢锉、铁锉、万用表、螺钉旋具、手动润滑枪等。

（2）所需物品：3#锂基脂、甲基硅油、干净抹布、清洗液等。

3. 实训原理

客室电动塞拉式车门由门体、EDCU 门控单元、电动机、丝杠传动装置、制动组件、导向装置、闭锁装置、车内和车外紧急操作装置、密封设施、防压装置、护指橡胶等组成。

4. 实训内容与步骤

（1）客室门检修。

① 客室门各装配部件的螺钉应紧固良好、无松动，防松线标记明显。如果螺钉松动，必须拆下螺钉并进行清洁，再涂上乐泰胶进行紧固，并重新补画防松线。

② 上下导轨应清洁无异物，无变形。丝杠螺母、导柱与轴承间应配合良好。

③ 门叶外观整洁，玻璃无破损，密封良好，门叶胶条无异常磨损。门叶无变形，损伤。开门后门叶上下部摆出尺寸满足 52～58mm（左右门叶的摆出距离最大相差±2mm）。

④ 检查车门电路部分以及地线接线，应无松动、无虚接，电线表面无破损。

⑤ 检查门控器各插头是否安插到位，通信插头紧固螺栓是否松动，连接控制线是否紧固良好、无松动。

⑥ 使用手动润滑枪，用 3#锂基脂对下列部位进行润滑：

a. 润滑导柱和 2 个携门架中的直线轴承。用量：每个直线轴承及导柱用 4～6g 润滑油。

b. 对整个丝杠和 3 个短导柱进行润滑：将润滑脂均匀地涂抹在丝杠和短导柱的表面上，完成后需手动开关门 2～3 次。

c. 对上滑道圆弧处、下滑道内侧、平衡压轮周边进行润滑。

⑦ 用甲基硅油对门周边胶条进行润滑，在润滑后，需用一块干净的布擦干护指胶条。

注意：在涂任何新润滑剂前，必须擦干净部件上原来的润滑剂和灰尘。

⑧ 客室车门的测试与调整。

a. 检查测量客室车门的净开度，净开度标准：1300mm±10mm。

b. 检查车门的“V”形情况：在门全关闭后，即两门叶下部紧密接触，两门扇上部存在 2～5mm 的间隙。若出现 V 形，需松开两个下滑道，保证门叶没有被滚轮摆臂组件夹持着，通过转动每个携门架安装板上的偏心轮进行调整。

c. 操作各门的紧急解锁装置后，确认制动装置的齿间间隙满足 1.5～2mm，如图 6-16 所示。

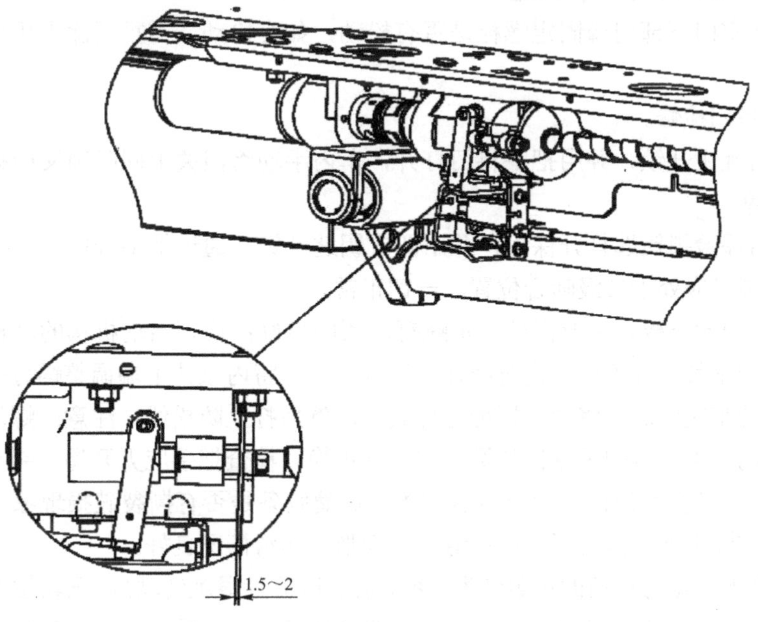

图 6-16　制动装置的齿间间隙示意图

d. 检查铰链板上挡卡（开口销）应装配正确，无脱落，调节锁紧螺母无松动。

e. 检查紧急解锁钢丝绳和套管、夹头等情况应正常，无损坏。若更换，则要求钢丝绳每个拐角处的半径满足 $R \geqslant 200$mm。

f. 将门槛下挡销槽清理干净，避免关门时，影响下挡销的进出。在门关闭且锁紧后，检查门板下部挡销与门槛位置：底部间隙应为 2～3mm，侧面间隙应为 0.5～1mm，并且在门开关过程中，挡销不应该与门槛上的挡块碰撞，最后分别将下挡销及挡销固定螺栓打上防松线。检查挡块及门槛的安装固定情况，如果出现松动，需重新涂上乐泰胶，然后将其紧固。

g. 将所有客室门下摆臂滚轮拆下，然后重新涂上乐泰胶，将其紧固。将所有下摆臂滚轮的防松线进行重新标记。

h. 检查及调整门到位开关位置。

当门处于关闭位置时，该开关处于松开的状态，测量门处于关闭位置时左右携门架组件中运动门扇之间的距离为 X。手动开门，再手动慢慢地使门板位于关闭位置，关门限位开关应在距尺寸“X”还有 3.5mm 时动作，若不能满足上述要求，需通过调整限位开关组件安装板的位置来完成。在门关闭后，手动门到位开关可以移动。

手动将门叶打开，将门到位开关用力扳到到最大行程位置，检查其是否能平滑地复位，是否有卡滞现象，如果出现卡滞时需对门到位开关进行更换。

i. 检查平衡压轮：检查压轮轴的台阶与门扇上压轮槽的台阶之间的间隙应为 1～2mm，并且门关闭后，门板相互平行，滚轮接触压板，很难转动。

j. 障碍检测功能：关门时，用截面 30mm×60mm 长方体或直径 30mm 的圆柱体测试物进行检查，出现三次防挤压后，门处于完全打开状态。

k. 检查隔离锁功能：通过方形钥匙操作门右下角隔离锁，门隔离指示灯亮，并且手动可以开门。

l. 手动开关门时，检查门机构是否有卡滞现象，是否有异响；电动开关门时，门机构是否有异响。如有需对门机构进行调整。

m. 检查客室门下部门槛固定螺栓是否有松动，如有松动，需重新涂上乐泰胶，然后将其紧固。

（2）驾驶室门检修。

① 车内用旋钮开锁，并用把手将门打开，车内手动将门关上同时锁叉应处于二级啮合位置，动作正常。

② 车外用保险锁钥匙打开保险，并用四方钥匙开锁，通过把手开门，车外手动将门关上，同时检查锁叉应处于二级啮合位置，一切正常。

③ 打开手把的罩板，检查内部固定螺钉应紧固良好；检查活动机构的磨耗情况：如果磨耗严重，影响正常的开关门，需对磨耗件进行更换；将内锁体下端调整螺母拆下，涂上螺纹锁固胶。在调整完毕后，将调整螺母进行紧固，然后打上防松线。注意：螺母调整位置为能正常的开关门即可；将把手复位弹簧全部进行更换；检查把手应无开焊、裂纹。

④ 检查玻璃是否有划伤，检查门扇胶条、玻璃胶条是否有撕裂破损现象。检查上下滑道位置以及安装固定情况是否正常；滑道应无变形，润滑情况良好。

⑤ 检查平衡压轮与车门的压紧情况（滚轮接触压板且很难转动），压轮轴的台阶与门扇上压轮槽的台阶之间的间隙为 1～2mm。检查平衡压轮的定位螺栓是否调整到位，调整后需

将其紧固，并打上防松线。

⑥ 在门关闭且锁紧后，检查门板下部挡销与门槛位置：底部间隙为2～3mm，侧面间隙为0.5～1mm，并且在门开关过程中，挡销不应该与门槛上的挡块碰撞。检查挡块在门槛上的安装固定情况，紧固松动螺钉，最后分别将下挡销及挡销固定螺栓打上防松线。

⑦ 用3#锂基脂润滑驱动机构的长圆导柱、上滑道内侧、下滑道内侧、锁叉与锁挡的啮合面、平衡压轮周边。检查门到位行程开关及撞块的固定螺栓应紧固良好，如果出现松动，需将其紧固，并打上防松线。

⑧ 将驾驶室门下摆臂滚轮拆下，涂上乐泰胶，然后将其紧固，并打上防松线。下摆臂装置安装固定良好，滚轮状态正常，无异常磨损。检查驾驶室门锁挡、锁舌，应无裂纹，无卡滞，活动正常，安装良好；锁挡无开焊、无松动、无异扣现象，在关门时锁挡与锁舌啮合良好，无卡滞，轻微或用力关门时，驾驶室门都应该能够正常锁闭。

⑨ 将驾驶室门锁挡、锁舌进行润滑。润滑油脂用3#锂基润滑脂。检查车门与门槛间的贴合紧密性是否良好：关门时，在门扇和门框密封胶条间夹入宽70mm厚0.3mm的纸条（可用两层报纸代替）应不易抽出。

⑩ 清洗所有车门胶条（清洗液的pH值为5～9），并对胶条进行润滑（甲基硅油）。对驾驶室门进行淋雨试验，检查是否有漏雨现象。

（3）紧急逃生门检修。

① 门外观情况良好，清洁，无损坏。

② 逃生标识、操作指示清晰可见，无损坏。

③ 门关闭时，密封良好，胶条无损坏。

④ 对紧急逃生门进行淋雨试验，检查是否有漏雨现象。

5. 实训报告

电动塞拉门的检修完成后，签名并填写实训工作任务单。

实训工作任务单

<table>
<tr><td>实训名称</td><td colspan="3">电动塞拉门的检修</td></tr>
<tr><td>故障现象</td><td colspan="3"></td></tr>
<tr><td>检修内容</td><td colspan="3"></td></tr>
<tr><td>班　　级</td><td></td><td>姓　　名</td><td></td></tr>
<tr><td>小　　组</td><td></td><td>工作时间</td><td></td></tr>
<tr><td colspan="4">所需知识</td></tr>
<tr><td colspan="4"></td></tr>
<tr><td colspan="4">所需工具与设备</td></tr>
<tr><td colspan="4"></td></tr>
</table>

检修过程
指导教师评价
任务完成人签字： 指导教师签字： 日期：　　　年　　月　　日

本章小结

1. 城市轨道交通车辆车门，按照其功能可分为客室侧门、驾驶室侧门、驾驶室后端门和紧急疏散门；按照车门的驱动系统的动力来源可分为电动式车门和气动式车门。按照车门的运动轨迹以及车体的安装方式，客室车门可分为内藏嵌入式车门、外挂式车门、塞拉式车门和外摆式车门。

2. 客室塞拉式车门主要有客室电动塞拉式车门和客室气动塞拉式车门两种。

3. 驾驶室侧门是列车乘务人员上、下列车时使用的，通常采用折叶门或内藏式手动移门。紧急疏散门为可伸缩的套节式踏级板，两侧设有扶手栏杆，中间铝合金踏板上涂有防滑漆。

4. 车门控制系统分为电控气动门控制系统和电控电动门控制系统两种。电控气动门控制系统主要由车辆风源、调压器、风缸、气路控制阀和空气管组成。

5. 当障碍物检测启动时，关门作用力最大值（<300N）施加0.5s。驱动电动机空转2s（不是切除），以使门可以手动移动后取出障碍物。在开门时也提供障碍物检测。障碍物检测可被激活3次。

6. 当司机想隔离某个车门，必须手动扳上门锁闭/切除开关，手动将门切除。

习　题　6

一、判断题（对的在括号中打“√”，错的打“×”）

6.1　塞拉式车门是车门在启动状态时，门叶贴靠在侧墙外侧，车门在关闭状态时门叶外表面与车体外墙不成一平面。（　　）

6.2　外摆式车门在开门时，通过转轴和摆杆使门叶向外摆出，并贴靠在车体的外墙板上，门关闭后门叶外表面与车体成一平面。（　　）

6.3　客室内藏嵌入式车门有空气驱动和电动机驱动两种。在地铁电动客车中，国内外均趋向于采用空气驱动无声链条传动形式。（　　）

6.4　端门有单开拉门和折叶门两种。（　　）

6.5　驾驶室侧门是列车乘务人员上、下列车时使用的，通常采用折叶门或内藏式手动移门。（　　）

6.6　地铁在地下运行一旦发生火灾或其他危险事故时，必须疏散车上的乘客，司机可打开端墙中间的紧急疏散门，引导乘客通过紧急疏散门走向路基中央，然后向两端的车站疏散。（　　）

二、填空题

6.7 对城市轨道交通车辆而言，按照车门功能分类可分为客室侧门、(　　　　)、(　　　　) 和 (　　　　)。

6.8 客室塞拉式车门主要有 (　　　　) 和 (　　　　) 两种。

6.9 紧急疏散门为可伸缩的套节式踏级板，两侧设有 (　　　　)，中间铝合金踏板上涂有 (　　　　)。

6.10 电控气动门控制系统主要由 (　　　　)、(　　　　)、(　　　　)、(　　　　) 和 (　　　　) 组成。

6.11 车门门控系统的主要功能有 (　　　　) 功能、(　　　　) 功能、(　　　　) 功能、车门故障切除功能、故障指示功能、车门紧急解锁功能等。

三、综合题

6.12 城市轨道交通车辆车门的类型有哪些？

6.13 城市轨道交通车辆车门是怎样编号的？

6.14 简述客室电动塞拉式车门的机械结构。

6.15 电控气动门控制系统的组成有哪些？

6.16 简述客室车门驱动气缸检修步骤。

第 7 章　城市轨道交通车辆空调电气控制系统

本章重点

- 空调系统制冷循环原理。
- 车辆空调系统主要部件。
- 城轨车辆空调通风系统基本布置。
- 车辆空调控制基本步骤。
- 车辆空调系统主要部件检修方法。

7.1　车辆空调系统

在乘客乘坐城轨车辆过程中，乘客基本处于典型的过渡过程中。夏季，人们从户外进入地铁车站，随即进入车内，生理及心理的舒适要求为能够快速将身体表面热量带走以便获得舒适感；但在实际乘车过程中，往往乘客在没有到达稳定状态或刚刚获得了凉爽感觉时就已到站下车了。冬季里，人们穿着较厚的户外冬装，皮肤表面温度低，即使在乘坐没有采暖的普通车辆情况下，群集度较高时人们也会获得温暖的感觉。当有采暖时，在人乘车能脱下外衣情况下，车内温度过高，乘员会产生闷热感甚至会出汗，造成人体不舒适。故而冬季乘坐城轨车辆的生理及心理舒适度要求不如夏季乘车迫切，只要在车内温度高于外界温度情况下，就会获得舒适感，而且乘员很快会下车走入户外，所以冬季车内舒适情况也比较特殊。

7.1.1　空调通风系统的基本功能

城轨车辆空调装置是把经过一定处理后的空气，通过一定的方式、以一定的流速送入客室内，并将室内一定量的污浊空气排出车外，从而控制客室内空气温度、湿度及清洁度等质量，以提高车内舒适性，改善乘车环境的设备。

车辆空调装置一般具备通风、制冷、加热、加湿等功能。典型车辆空调装置通常都由通风系统、空气冷却系统、加热系统、加湿系统以及控制系统等五大部分组成。

1. 通风系统

一般指机械强迫通风。通风系统的作用是将车外新鲜空气吸入并与车内再循环空气混合，滤清灰尘和杂质后，再通过风机压送分配到客室内，同时排出车内的污浊空气，以保证车内空气的洁净度以及合理的流动速度和气流组织。

2. 空气冷却系统（也称制冷系统）

一般采用蒸气压缩式制冷设备，蒸发器为空气冷却器，它的作用是对客室内的空气进行降温、减湿处理，使客室内空气的温度与相对湿度保持在规定的范围内。冷却系统工作时，由制冷剂通过蒸发器冷却将要送入客室内的空气，由于蒸发器表面的温度低于空气的露点温度，空气中的部分水蒸气就会凝结，因此，空气在通过蒸发器冷却的同时也得到了减湿处理。

3. 空气加热系统

空气加热系统的作用是在低温时对进入客室内的空气进行预热和对客室内的空气进行加热，以保证客室内空气的温度在规定的范围内。

4. 空气加湿系统

空气加湿系统的作用是在客室内空气相对湿度较低时，对空气进行加湿处理，以保证客室内空气的相对湿度在规定的范围内。目前，我国在一般车辆的空调装置中都没有加湿系统，只在某些特殊要求的车辆上才设此系统。

5. 控制系统

控制系统的作用是控制各功能系统按给定的方案协调、有序地工作，以使客室内的空气参数控制在规定的范围内，并同时对空调装置起到保护作用。

7.1.2 城轨车辆空气调节系统的特点

考虑到实际运行特点和运营需要，车辆空调系统一般具有以下一些特点：

（1）小型轻量化。由于受到质量、体积等的限制，空调机组等设备要做到尽量减小体积、降低重量，以满足在城市隧道内等特殊运营条件的要求。

（2）自动化程度高。因城轨车辆运行中并不专门配置设备操作和巡检人员，因此要求系统具备集中控制、自我检测和自我调节恢复的功能。

（3）可靠性高。空调机组除了要抗振、耐腐蚀之外，系统各软、硬件也要保证有很高的可靠性能，同时在系统的设计上也必须考虑异常情况下的运转要求，以满足乘客安全的需要。

（4）便于维护。由于受到场地和检修停时等限制，空调机组、系统部件等要尽量方便检测、维护和更换，系统要具备能够储存必要的运行数据和一定的自我诊断功能，以保证检修人员能最方便地修复系统。

（5）较低的噪声。城轨车辆基本上运行在城市之中，因此在设计上要考虑尽可能地减小车辆噪声对市民的影响，选用低噪声的设备，如低噪声风机。

（6）制冷量大。车内温度调节范围较大，降温速率快，适合城轨车辆乘客多，车门开闭频繁，空调需全年运行的运用条件。

（7）具有应急通风功能。当交流供电失效时，通过蓄电池给通风机供电，向车内送入新风，保障乘客的健康。

7.2 空调制冷基本原理及系统布置

7.2.1 空调系统制冷循环原理

制冷就是用一定的方法使物体或空间的温度低于周围环境的温度，并且使其维持在某一温度范围内，这个过程称为空调制冷过程。工业及科研上通常将制冷分为普冷（高于-120℃）及深冷（低于-120℃），这一规定的界限并不是很严格的。空调制冷则属于普冷的一个分支。

制冷的方式大致有以下几种：蒸气压缩式制冷，半导体制冷，吸收式制冷，蒸气喷射式制冷，涡流管制冷。进入21世纪后，在新的制冷理论及实践方面又有许多进展，如一些西方发达国家正在开展的热声制冷技术的研究和运用。

在几种制冷方式中，蒸气压缩式制冷应用最为广泛，一般城轨车辆也都采用蒸气压缩式制冷，这里只对这种制冷方式的原理进行介绍。

蒸气压缩制冷机的工作原理：通常在一定的压力下，液体温度达到沸点（即饱和温度）就会发生沸腾现象，在制冷技术中，常把这个饱和温度称为蒸发温度。沸腾的液体如果继续吸热，它就会因吸收了汽化潜热而相变成饱和蒸气。在同一压力下，不同的液体蒸发温度不同，所吸收的汽化热能也不同。例如，在一个标准大气压下，水的蒸发温度为 100℃，汽化热能为2258kJ/kg；而R-12（氟利昂-12）的蒸发温度为零下29.8℃，汽化热能为165.3 kJ/kg。

若将一个盛满低温R-12（氟利昂-12）液体的容器敞开口，放在密闭的被冷却空间内，由于被冷却空间内空气的温度高于R-12的沸点，所以R-12液体将吸热而汽化，使被冷却空间内空气温度逐渐下降，这个降温过程直到容器内的R-12液体汽化完为止。为了将汽化的R-12蒸气回收使用，需将它再冷却成液体，如用环境介质（如大气或水）来冷凝，蒸气的冷凝温度就要比环境介质的温度稍高一些。压力较高的蒸气其冷凝温度也较高，因此只要将R-12蒸气用压缩机压缩到所需的冷凝温度相对应的饱和压力，就用环境介质来冷凝它，使在被冷却空间吸热汽化的R-12蒸气重新冷凝成液体。由于冷凝后制冷剂液体的温度还高于被冷却空间空气的温度，因此必须让冷凝后的制冷剂液体降压降温，使其温度低于被冷却空间的温度，这样降压降温后的制冷剂液体就可以在被冷却空间内重新吸热气化。制冷剂在一个封闭的系统中，只消耗压缩机的功就能反复地实现制冷剂由液体变为蒸气，再由蒸气变为液体的相态变化，并通过这种相态变化将低温处的热量转移到高温处，这就是蒸气压缩式制冷的工作原理。

图7-1所示为蒸气压缩式制冷循环示意图，整个循环包括压缩、冷凝、节流和蒸发4个过程，制冷机组主要由压缩机、冷凝器、节流阀（膨胀阀）和蒸发器4大部件组成。

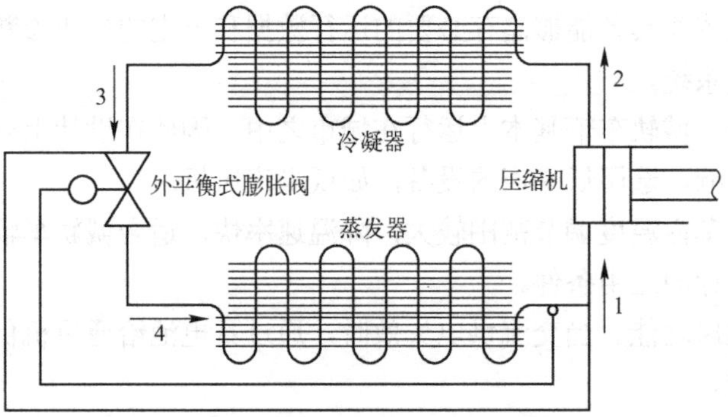

图7-1　蒸气压缩式制冷循环示意图

制冷工作过程如下：

1→2：从蒸发器出来的低温低压（制冷剂）气体通过压缩机压缩后，转变成高温高压气体进入冷凝器。

2→3：高温高压的制冷剂气体经过冷凝器时，被环境空气（或水）冷却，制冷剂蒸气放出热量后被冷凝成高温、高压的液体。

3→4：高温、高压的液体经过节流阀（膨胀阀）节流，变成低温低压的液体进入蒸发器。

4→1：低温低压的液体流经蒸发器时，吸收被冷却物质（如客室内外的空气）的热量，而蒸发汽化成低温低压的气体后被压缩机吸入。

这样，通过压缩机的（压缩）做工，实现制冷剂在系统管路中的循环；而制冷剂的循环（状态的变化）实现了对周围空气的冷却，达到制冷的目的。

7.2.2 城轨车辆空调通风系统基本设置

如前所述，当前，空调通风系统已成为城轨车辆的必需设备，下面就城轨车辆空调通风系统的基本设置作一简要介绍。

1. 系统布置和气流组织

为便于安装、维护，城轨车辆空调装置基本采用集中式设置，即除了一些控制部件外，将空调制冷通风系统的主要部件都集中设置于一个机箱内，整个机组箱体安装于车辆顶部。这样的设计使得机组具有结构紧凑、占用空间小、制冷管路短、可以实现快速整体更换的优点，此设置方式目前为轨道车辆普遍采用的一种形式，如图 7-2 所示为较为典型的轨道车辆空调机组设置方式

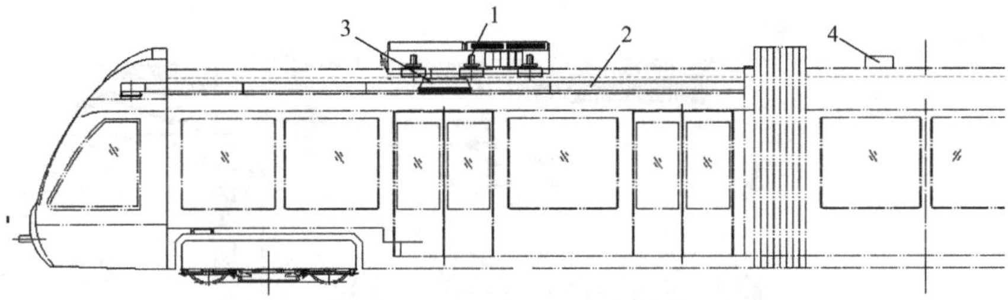

1—空调机组；2—送风道；3—回风道；4—废排装置

图 7-2 轨道车辆空调机组设置图

车顶空调机组将经过处理的空气，从一端（或两端）通过送风口送出，为保证均匀送风，车厢顶部还设置有送风通道，通过送风通道将风均匀地输送到整节车厢。而回风一般不设专门的回风通道，回风方式也没有固定的模式，目前大致有 3 种模式，即：通过车厢顶部中间回风、通过车厢顶部两侧回风和通过车厢（座位）底部回风。图 7-3 所示为一种空调机组送、回风口设置类型图。

2. 空调机组基本设置

前面提到，空调（制冷）装置主要包括压缩机、冷凝器、节流阀（膨胀阀）和蒸发器 4 大部件，不同时期、不同厂家生产的空调机组虽然在外观形状、部件设计布局上有些不同之处，但其基本构造都是大同小异的。

图 7-4 所示为一种空调机组主要部件的设置图。本类机组内部包含两套独立的制冷系统，压缩机等主要部件都设置了两台，机组通过控制调节后，两套系统可以实现独立运行。本机组为两端送、回风设置，新、回风通过风门调节不同的混合比例后进入空气处理室，经过处理的空气则由送风机送入客室。

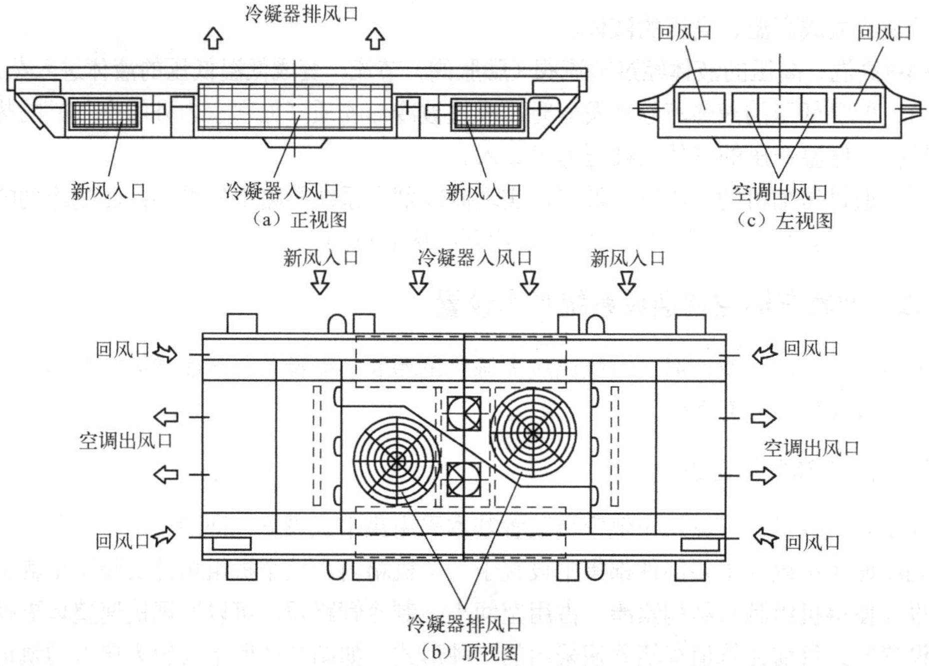

（a）正视图 （c）左视图 （b）顶视图

图 7-3 空调机组送、回风口设置三视图

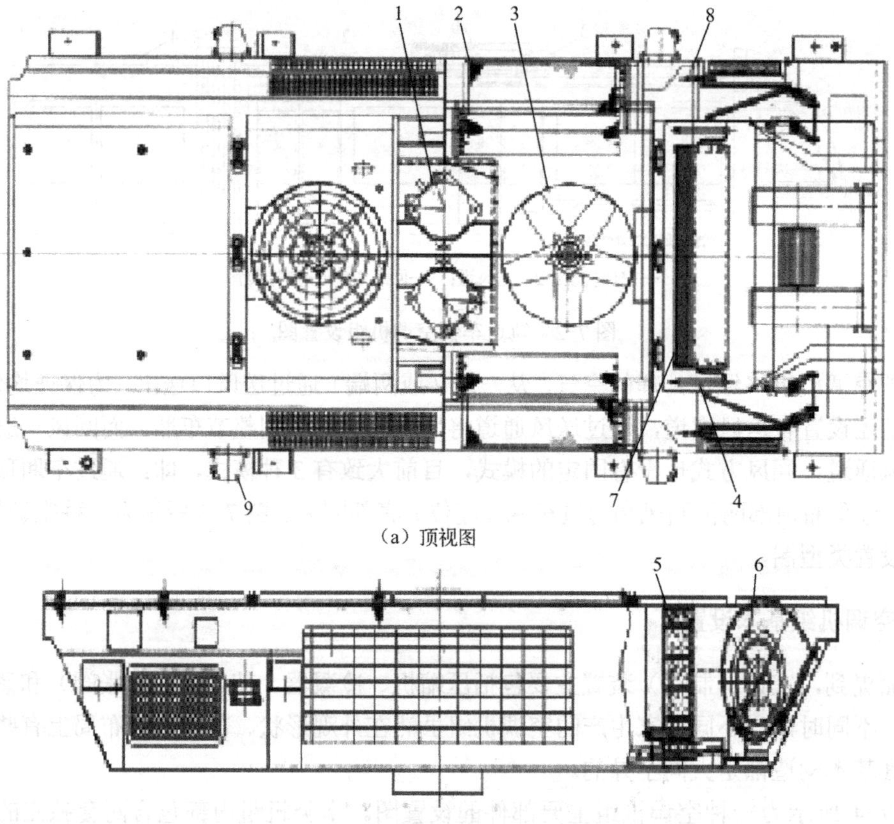

（a）顶视图 （b）前视图

1—压缩机；2—冷凝器；3—冷凝风机；4—新风温度传感器；5—风门；6—风门电动机；
7—气压力开关；8—风温度传感器；9—风机

图 7-4 空调机组主要部件的设置图

7.3 车辆空调系统部件

7.3.1 车辆空调系统主要部件

城轨车辆空调机组内的主要部件是压缩机、蒸发器、冷凝器、节流装置。

1. 制冷压缩机

压缩机的主要功能是压缩从蒸发器过来的制冷剂气体，使其变成高温高压气体。目前，城轨车辆空调选用的制冷压缩机主要有两种类型：螺杆式压缩机和涡旋式压缩机。

（1）全封闭螺杆式压缩机。压缩机、螺杆机构及供油系统组装在一个密封的机壳内，螺杆式压缩机具有结构简单、易损件少、压比大、对湿压缩不敏感、平衡性能好等特点。螺杆式压缩机机体内装有一对相互啮合、具有转向相反的螺旋形齿的转子，其齿面凸起的转子称为阳转子，齿面凹进的转子称为阴转子，齿槽、机体内壁面和端盖等共同构成了工作容积。

由于螺杆具有较好的刚度和强度，吸、排气口又无阀片，故一旦液体制冷剂通过时，不容易产生“液击”。

（2）涡旋式压缩机。该类压缩机活动的部件比较少，也没有动态吸入和排出阀。此外，该类压缩机振动小，噪声低，并且能抵抗在制冷系统中常见的由液击、满液启动和漂浮物所引起的应力。涡旋压缩机属容积式压缩机，压缩部件由动涡盘和静涡盘组成。

涡旋式压缩机具备低噪声、低振动、高可靠性的特点，涡旋式压缩机主要零部件仅有 5 个，与往复式压缩机的 30 多个主要零部件相比，结构简单，因此故障几率更少，它具有效率高、功率消耗低、输出平缓、启动力矩小等特点。

2. 蒸发器、冷凝器

城轨车辆空调的蒸发器与冷凝器的结构基本一致，都是在铜管盘管上套翅片的结构，而两者的功能则不一样。冷凝器的主要功能是将从压缩机排出的高温高压的制冷剂气体冷却为高温高压的液体；蒸发器的主要功能是使低温低压的制冷剂液体吸收热量蒸发为低温低压的气体。蒸发器、冷凝器一般是由铜管、铝散热片或铜散热片与带有不锈钢端板/支撑板构成的，蒸发器、冷凝器的换热主要通过空气流过蒸发器、冷凝器时，其翅片吸收空气中的热量或将自身的热量传递给空气来实现。翅片表面积越大，表面越清洁无遮挡，蒸发器、冷凝器的换热性能就越好。因此蒸发器、冷凝器翅片布置均匀、表面越清洁无遮挡是保证蒸发器、冷凝器换热性能的主要措施。

3. 节流装置

通过冷凝器的制冷剂为高温高压的液体，在制冷剂进入蒸发器前须进行降压处理，节流装置就是对制冷剂液体进行降压的装置。城轨车辆选用的节流装置主要有两种：热力膨胀阀和毛细管。

（1）热力膨胀阀。热力膨胀阀外形如图 7-5 所示，它通过控制蒸发器出口气态制冷剂的热度来控制进入蒸发器的制冷剂流量。热力膨胀阀由离开蒸发器的吸气温度和蒸发器均分管处的温度来调节。热力膨胀阀因平衡方式不同（即蒸发压力引向膜片下内腔的方式不同），分为内平衡式和外平衡式两种。容量是热力膨胀阀的重要特性参数，而影响容量的主要因素包括膨胀阀前后的压力差、蒸发温度、制冷剂过冷度。

（2）毛细管。毛细管外形如图 7-6 所示。它是一根有规定长度的小孔径管子，它没有运动部件，依靠其流动阻力沿长度方向产生的压力降，来控制制冷剂的流量和维持冷凝器和蒸发器的压差。其结构简单，价格低廉；没有运动部件，本身不易产生故障和泄漏；具有自动补偿的特点，即制冷剂在一定压差 A_P（$A_P = P_k - P_o$）下，流经毛细管的流量是稳定的，当制冷负荷变化，冷凝压力 P_k 增大或蒸发压力 P_o 降低时，A_P 值增大，制冷剂在毛细管内的流量也相应增大，以适应制冷负荷变化对流量的要求，但这种补偿的能力较小。

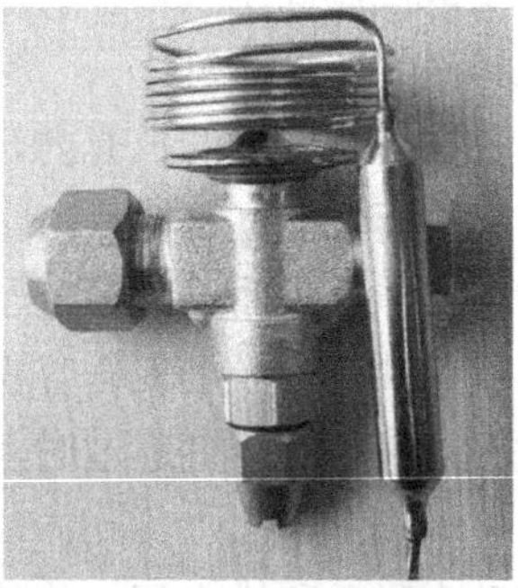

图 7-5　热力膨胀阀

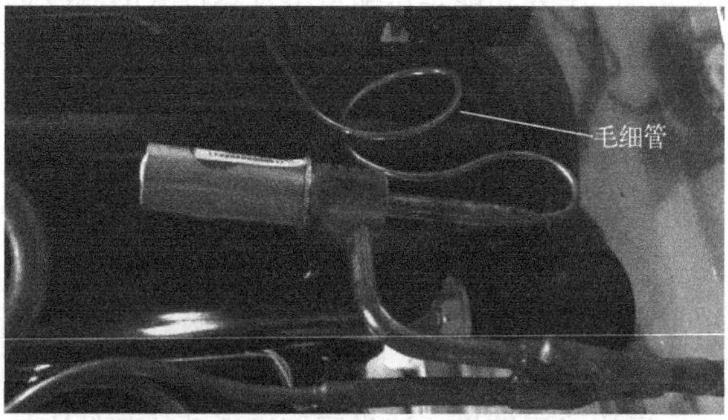

图 7-6　毛细管

7.3.2　车辆空调系统辅助部件

城轨车辆空调系统其他辅助部件包括制冷剂、送风机、冷凝风机、干燥过滤器、电磁阀、温度传感器、湿度指示器、风门、空气过滤器、高/低压压力开关、空气压力开关（非所有城轨车辆空调系统都具备）等。另外，空调系统组成还包括空调控制器、紧急逆变器（部分城轨车辆空调系统的该装置安装在机组内部）和其他控制继电器等部件。

1. 制冷剂

制冷剂又称制冷工质，它是在制冷系统中不断循环并通过其本身的状态变化以实现制冷的工作物质。制冷剂在蒸发器内吸收被冷却介质（水或空气等）的热量而汽化，在冷凝器中将热量传递给周围空气或水而冷凝。它的性质直接关系到制冷装置的制冷效果、经济性、安全性及运行管理。目前城轨车辆空调选用的制冷剂主要有两种类型：R134a 和 R407c。

R134a 制冷剂是一种环保型的制冷剂，属于中温制冷剂，它的标准沸点为-26.2℃，凝固温度为-101℃，其热力性能与 R12 接近。

R407c 制冷剂是一种非共沸混合制冷剂，它是由 HFC32/125/134a 按 23/25/52 的混合比率混合而成的。在气液共存时，气相和液相的组成不同，充填时需加以注意。另外，制冷剂的漏出也分气相侧漏出和液相侧漏出两种情况。基于以上两方面的原因，对于以 R407c 为制冷剂的城轨车辆空调系统，当发现泄漏比较严重时，不能采取填充制冷剂的方法，而应先将泄漏点找出修复好，然后将全部制冷剂抽出，并将制冷回路内部抽真空，再重新注入新的 R407c 制冷剂。

R134a 制冷剂因其不存在 R407c 混合制冷剂的特点，所以在发现泄漏时，可以先将泄漏位置找出修复好，然后填充制冷剂。

2. 高/低压压力开关

制冷剂蒸气在压缩机内部可能会出现压力过低或压力过高的问题，在制冷剂蒸气压力过高和过低时，压缩机持续运行将造成压缩机的损坏，因此必须在压缩机的出口、进口管路设置高、低压压力开关。高、低压压力开关监测压缩机高、低压出入口的压力，从而实现对压缩机的保护。如果高压出口排气压力超过或低压入口吸气压力低于它们各自的设定值，每个安全压力开关将会使电路切开，设备即停止运转，以保护压缩机。

高、低压压力开关元件包括可调式压力开关、元件式压力开关，元件式压力开关外形如图 7-7 所示。可调式压力开关与元件式压力开关的工作原理类似，都是通过一特殊的膜片来检测压缩机相应部位的制冷剂蒸气压力，当制冷剂蒸气压力值达到保护设定值时膜片产生相应形变而触发电路接通或断开。两类压力开关的区别在于可调式压力开关的压力保护设定值可人工进行一定范围的调节，元件式压力开关的压力保护设定值为定值，且不能进行调节。

图 7-7　元件式压力开关

3. 送风机、冷凝风机

为了使蒸发器、冷凝器与空气之间更好地进行热交换，空气由送风机、冷凝风机的风扇强迫通过蒸发器盘管、冷凝器盘管，送风机使过滤后的新风、回风混合空气循环流过蒸发器，蒸发器吸收空气中的热量使空气冷却后再被送入客室，从而将客室温度降低，保证客室温度适宜。冷凝风机使环境空气循环流过冷凝盘管，冷凝盘管把来自压缩机的高温高压的制冷蒸气中的热量传给环境空气，从而使高温高压的制冷剂蒸气冷凝成液态。

城轨车辆空调的冷凝风机通常是使用轴流式风机，外形如图 7-8 所示，即吹风方向与风扇主轴方向一致。轴流式风机工作时，动力机驱动叶轮在圆筒形机壳内旋转，气体从集流器进入，通过叶轮获得能量，提高压力和速度，然后沿轴向排出。轴流式风机主要由叶轮、机壳和集流器等部件组成。

送风机通常是使用离心式风机，外形如图 7-9 所示，离心式风机工作时，动力机（主要是电动机）驱动叶轮在蜗形机壳内旋转，空气经吸气口从叶轮中心处吸入。由于叶片对气体的动力作用，气体压力和速度得以提高，并在离心力作用下沿着叶道甩向机壳，从送气口排出。因气体在叶轮内的流动主要是在径向平面内，故又称径流通风机。离心式通风机主要由叶轮和机壳组成。

图 7-8　轴流式风机

图 7-9　离心式风机

风机的性能参数主要有流量、压力、功率、效率和转速。另外，噪声和振动的大小也是通风机的主要技术指标。流量又称风量，以单位时间内流经通风机的气体体积表示；压力也称风压，是指气体在通风机内的压力升高值，有静压、动压和全压之分；功率是指通风机的输入功率，即轴功率。通风机有效功率与轴功率之比称为效率，通风机全压效率可达90%。

4. 干燥过滤器

干燥过滤器的作用是吸收制冷系统中的水分，阻挡系统中的杂质使其不能通过，防止制冷系统管路发生冰堵和脏堵。由于系统最容易堵塞的部位是毛细管（或膨胀阀），因此干燥过滤器通常安装在冷凝器与毛细管（或膨胀阀）之间。

5. 湿度指示器

一般情况下湿度指示器位于干燥过滤器之后。系统中多余水分的指示是通过观察此装置的窥视镜来确定。用窥视镜能够清楚地观察到制冷剂液流，看是否有气泡进入和一些异常的情况。

6. 风压开关

部分城轨车辆空调的送风机都装有一个空气压力开关，简称分压开关，外形如图 7-10 所示，用来检测相应的送风机的运行和空气流速。当空气流达到正常等级时，压力开关发出一个信号给空调控制器，指示蒸发器风扇正常工作。一旦空调控制器接收到此信号，空调机组就准备按要求的循环运行。如果空调控制器没有接收到此信号，设备将不能启动工作。此开关主要用于具备电制热功能的城轨车辆空调。对于制冷工况而言，在送风机不工作造成压缩机吸入压力降低时，压缩机的低压压力开关会进行相应的动作保护压缩机；而对于电制热的城轨车辆空调，在送风机不工作时，若没有这个检测设备，空调将继续进行电制热，此时热量不能散发，将造成空调机组内部件过热损坏。

7. 电磁阀

空调制冷管路上设有电磁阀，外形如图 7-11 所示，电磁阀的基本原理是通电时，电磁线圈产生电磁力把关闭件从阀座上提起，阀门打开；断电时，电磁力消失，弹簧力把关闭件压在阀座上，阀门关闭。设置电磁阀的作用是当机组不运行时，阻止液体制冷剂进入压缩机。电磁阀通常是关闭的，除非它们被触发或通电。

图 7-10　风压开关

图 7-11　电磁阀

部分城轨车辆空调机组在制冷系统高压和低压管路之间安装了两个气体管线旁通电磁阀，其目的是通过向热力膨胀阀和蒸发器盘管之间的管线内注入从压缩机排出的热气流来调节压缩机容量对蒸发器的负荷。

8. 温度传感器

为了保证客室舒适性，空调系统须设置温度传感器，外形如图 7-12 所示，检测送风、回风和新风的温度有效地控制空调机组制冷量。通过它们，空调控制器监控不同的温度并选择最好的运行模式，为乘客提供最舒适的环境。城轨车辆空调机组的温度传感器一般采用的是 NTC 型，这种传感器的温度与电阻呈负曲线关系，即温度值越高，电阻值越低。城轨车辆空调温度传感器一般包括新风温度传感器、回风温度传感器和送风温度传感器。

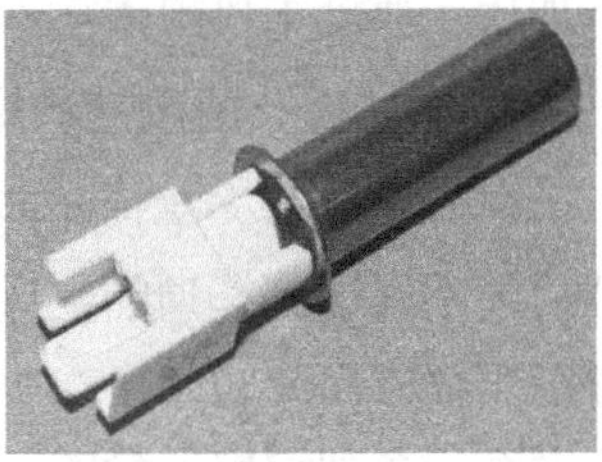

图 7-12　温度传感器

9. 风门

送入客室的空气为经蒸发器吸热、除湿后的新风、回风混合空气，而新风、回风混合比例的控制是通过风门来实现的。足够的新风是保证人体舒适的必要条件，而新风比例也不能过高，新风比例过大会导致空调机组消耗功率增大；回风的循环使用能降低空调机组的能耗，而在城轨车辆正常运行期间也不能完全采用全回风，因此新风、回风的比例应控制得当。城轨车辆空调的风门装置主要有电控气动和电控电动两种类型：电控气动的风门通过风缸装置控制风门动作，电控电动的风门通过伺服电机控制风门动作。

在紧急模式下，风门处于只允许新风进入的位置以保证紧急情况下乘客安全的要求。在制冷模式下，风门关闭新风入口或回风入口，只允许循环空气或新风进入客室，这样就可以快速地使客室温度下降到合适的温度水平。

10. 紧急逆变器

在空调机组运行所需的三相电源失效情况下，制冷系统将不再运行，正常通风系统无法保持。为了保证客室内乘客的安全，空调系统运行转为紧急通风模式，在此模式下，紧急逆变器将蓄电池的 110V 直流电逆变为交流电源供给空调机组送风机，此时新风量比正常通风有所减少，但紧急通风时采用的是全新风，因此此时的新风量是能够满足乘客空气质量要求的。紧急逆变器的安装有机组内、车顶、车厢和车底各种不同位置，相比而言不宜安装在机组内，因为机组内部运行环境恶劣易导致该部件出现故障。

11. 空调控制器

空调机组的运行控制由空调控制器来实现，空调控制器可对空调机组的运行模式和温度值进行设定，并能完成故障的诊断和记录。

城轨车辆空调控制器主要使用两种类型的控制器：微处理器和 PLC。相比而言微处理器功能强大，其维护界面和方式可以做得更人性化，方便用户对空调机组的维护及使用；而 PLC 运行稳定，故障率低。

7.4 通风系统

7.4.1 通风机组的结构

通风机组是通风系统的动力装置，其作用是吸入车外新风和室内回气，并将处理后的空气加压，通过主风道等送入客室。

1. 送风道、回风道和排风道

（1）送风道。车顶的两台空调机组，通过与车体相连的两个吸振消音的连接风道，将处理后的空气送到车顶的主风道内。送风道的作用是将经过处理的空气输送到室内。车辆的风道沿车辆方向分为 3 个，中间大的为主风道，两侧为副风道，主、副风道由隔板分开，隔板上设有一系列调整风量的气孔。主风道的空气经隔板气孔进入副风道，使得两侧风道内的气流稳定地送入客室中。A 车的驾驶室的送风量是通过在驾驶室天花板上的驾驶室增压器从副风道中引入，气流方向可以通过位于内顶板上的送风导向器来调节，空气可以直接吹到司机座位区。风道一般用铝合金板或玻璃钢制成，在整个风道外表面均覆盖足够厚度的隔热材料，以防止风道冷量损失和结霜。

（2）回风道。回风道是用来抽取室内再循环空气的。进入回风道的空气，一部分通过设于车顶的 8 个静压排气孔排至车外，另一部分进入空调机组与吸入的新风混合后，经过冷却、过滤由离心风机将其送入主风道，这样就在客室内形成空气循环，达到调节空气温度、湿度的目的。

（3）排风道。排风道用以排除车内污浊空气，它是排风口与车顶静压排风器间的通道。

2. 新风口、送风口、回风口、排风口和应急通风系统

（1）新风口。新风口即车外新鲜空气的吸入口。新风口一般装有新风格栅以防止杂物及雨雪进入车内，另外还设有新风滤网和新风调节装置。新风调节装置由一个 24V 直流电动机驱动新风调节门，调节进入客室的新鲜空气量。

（2）送风口。送风口是用来向客室内分配空气的。送风口大多装有送风器及风量调节机构，它不但使客室内送风均匀、温度均匀，达到气流组织分布合理的效果，还可以根据需要来调节送风量的大小，送风口处一般也装有送风滤网。

（3）回风口。回风口是室内再循环空气的吸入口。正常情况下，客室内一部分空气应作为回风，回风与新风混合前是在客室中被充分循环过的。与新风混合过滤后，通过蒸发器入口进入，应设置调节挡板，用于调节新风、回风的混合量（比例）。

（4）排风口。排风口是用来将客室内废气和多余的空气排出车外。从车内的长椅下，经内墙板后侧导向车顶，由车顶静压排风器排出车外。

（5）应急通风系统。每辆车配有 1 台紧急逆变器，在交流辅助电源设备故障情况下，应急通风系统应立即自动投入工作，向客室、驾驶室输送新风，维持 45min 紧急通风。应急供电由蓄电池供给，并经直流、交流逆变器。当交流辅助电源供电正常时，空调系统自动转入正常工作状态。车体空调机组安装座和气流口示意图和通风系统气流组织示意图如图 7-13 所示。

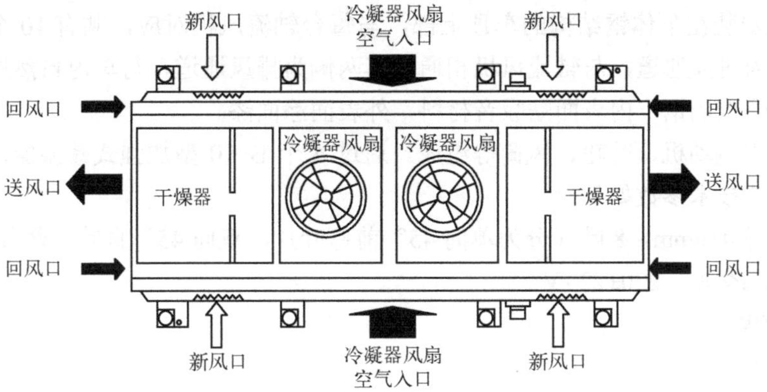

图 7-13　通风系统气流组织示意图

7.4.2　通风系统的通风方式

通风系统有机械强迫通风和自然通风两种方式。机械强迫通风系统是车辆空调装置中唯一不分季节而长期运转的系统，因此它的质量优劣直接影响到旅客的舒适性和空调装置的经济性。一般城轨车辆采用机械强迫通风方式，依靠通风机所造成的空气压力差，通过车内送风道输送经过处理后的空气，从而达到通风换气的目的。机械强迫通风系统主要有轴流式机械强迫通风和离心式机械强迫通风两种类型。

1. 轴流式机械强迫通风系统

轴流式机械强迫通风系统是在客室顶部中央装有轴流式通风机，轴流式通风机能以高、低两级速度运转，并由司机在驾驶台集中控制。下面以北京地铁车辆 DK20 型轴流式机械强迫通风系统为例进行介绍。其通风系统结构如图 7-14 所示。

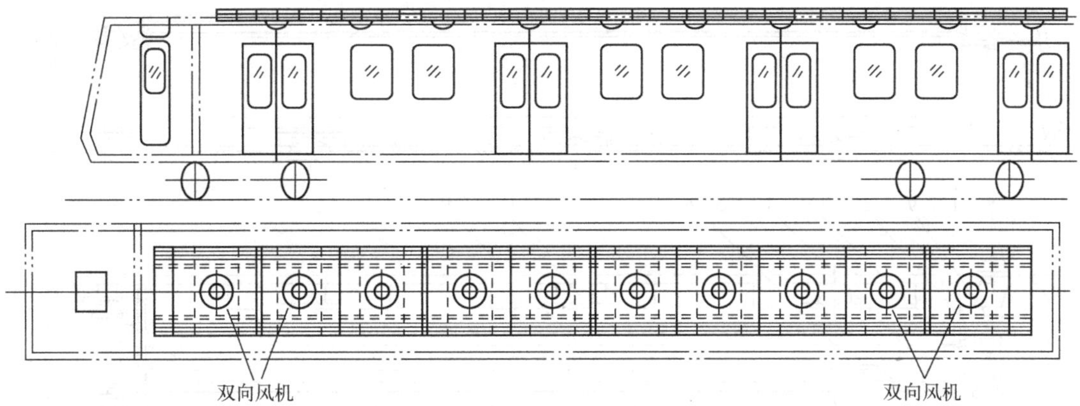

图 7-14　轴流式机械强迫通风系统

由于车辆在隧道运行时的“活塞”效应，为顺应车体前后的气压差，客室前后两端各有两台风机为双向风机，可根据列车运行方向进风或排风，即处于列车前进方向的前两台为正向进风，处于列车前进方向的后两台为反向排风，其他风机均为正向进风，从而保证八进二排（八个正向进风风机、二个反向排风风机）的气流组织。

车顶风道安装在车体钢结构的车顶上部，与每台轴流风机对应，共有 10 个单体风道。每个风道中部为进风通道，与轴流风机相通，其两侧为排风通道，与车内自然通风口相通。风道材质为聚酯玻璃钢，内表面贴吸音材料，外表面涂面漆。

通风机组由电动机、叶轮、风筒等组成。通过 4 个 B-10 型加强式减振器吊装在车顶钢结构上。其主要技术参数如下：

规格：直径 416mm，8 叶（分为单向 45° 前弯叶片，双向 45° 直叶片两种）

电压：单相交流（220±22）V

功率：200W

风量：2500m^3/h

风压：(50～60)kPa

转速：高速 900r/min，低速 480r/min

通风机组下部装有散流器，以使送入车内的气流均匀扩散。散流器外装有装饰网罩，排风口分布于车顶两侧，上部与车顶排风道相通，下部由车内左右两排格栅装饰。轴流式机械通风系统用于地铁车辆中，由于其风量大、风速高，有效地增加了客室的换气量，这对于乘客拥挤的地铁车辆（尤其在上、下班高峰）来说，尽管不是最舒适的，但却是有效的。尤其它的“前进、后排”的纵向大循环气流组织，较好地顺应了隧道内运行的气压变化。独立风机、单体风道有效地减少了个别风机故障对全车通风效果的影响，即使关闭风机，在运行中仍有自然通风效果。轴流式机械通风目前仍是国产地铁的主要形式，然而它毕竟只有通风，没有空调，只能换气，不能降温（驾驶室除外），室内的空气质量不高。另外，上进上排的横向气流组织导致部分气流较短，在乘客拥挤时下部无风感。

2. 离心式机械强迫通风系统

以 DKZ1 地铁车辆为例，其通风系统结构如图 7-15 所示。

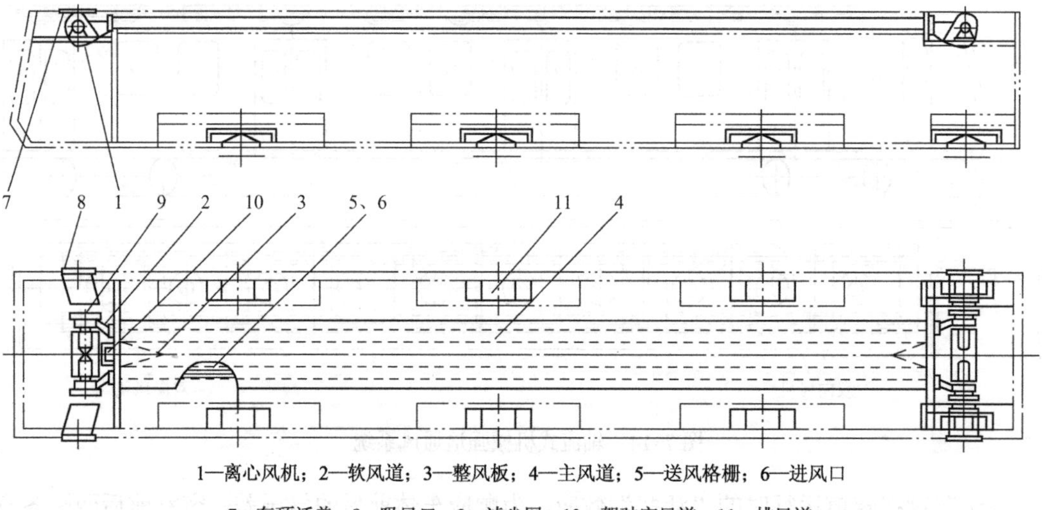

1—离心风机；2—软风道；3—整风板；4—主风道；5—送风格栅；6—进风口

7—车顶活盖；8—吸风口；9—滤尘网；10—驾驶室风道；11—排风道

图 7-15　离心式机械强迫通风系统

在车辆前（驾驶室）后两端车顶设送风机安装台两处，通过车顶活盖，将离心式通风机

（左、右各两台）安装其上，每台风机上的电磁接触器及电容器分别固定在接触器安装座及电容器安装座上。风机开启后，外界空气通过车辆两侧的吸风口，沿吸风筒（内设挡水板）进入车内，经空气滤尘器净化后进入送风机，再经软风道、整风板进入客室中顶板内的主风道。主风道在客室内前后贯通，它是 2mm 厚硬质聚氯乙烯板以螺钉、密封胶分块现车拼装组成。主风道下方设左右双排贯通送风格栅，格栅由 1.5mm 厚铝板制成，共设 42（21×2）处送风口。每处送风口处有上、下两扇固定调节板，通过调节板翘起（或下斜） 的方向及高度调节主风道进入各风口的风量，从而保证客室前后的均匀送风。各风口与客室内顶板上的装饰格栅相对并组成室内的车顶饰带。风道前整风板处左右各开风口一个，通过固定调节板分流主风道的部分风量，经驾驶室专用风道及风口进入驾驶室，达到通风目的。

客室纵向座椅下共设 8 组回风装置。车内回风经两端活门、滤尘器、内风道、外风道、滤尘网、地板回风口排到车下。回风所经通道处的地板、侧墙及内风道板均有粗孔塑料吸音材料。回风途径回转、滤尘、吸音设施，有效地阻隔了车下灰尘及噪声的侵扰，但同时也大大增加了自然回风的阻力。

离心式机械通风系统的优点：其送风系统结构简单，滤尘、减噪措施周密，有效地控制了室内灰尘和噪声的污染。与轴流式通风相比，它没有贯通车顶的十几台风机，只有两排装饰格栅，客室布置简捷美观。主风道的送风及调节，不受外界气压变化的干扰，送风均匀。在乘客不多的非炎热季节其通风效果良好。离心式机械通风系统的缺点：风机大小及风道断面均受制约，尤其是回风途径的层层阻隔，在乘客拥挤的情况下，“上进下排”的设计思路难以实现。

7.5 采暖系统

城市轨道交通车辆的采暖主要采用电热采暖。由于地铁车辆的运行环境多在隧道内，考虑到隧道及站台设置了采暖、通风装置，冬季温度不会太低，所以地铁车辆内不再单设采暖。现以 DK42 武汉轻轨为例，介绍其电热采暖的结构及主要性能。

武汉 DK42 型城轨车辆采暖系统设电热器类型总计 3 种共 8 组：

电热器 1，6 组/车，功率：0.3375×2×6kW=4.05kW

电热器 2，1 组/车，功率：0.15×3×1kW=0.45kW

电热器 3，1 组/车，功率：0.15×3×1kW=0.45kW

8 组电热器全车累计功率为 4.95kW。武汉 DK42 型城轨车辆采暖电热器分布如图 7-16 所示。

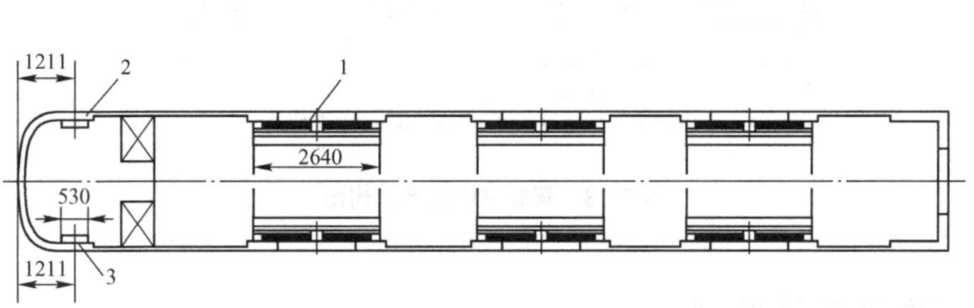

1—客室电热器；2、3—驾驶室电热器

图 7-16　武汉 DK42 型城轨车辆采暖电热器布置图

客室内电热器由底板、安装架、罩板及电热元件等组成，安装在座椅下面，如图 7-17 所示。

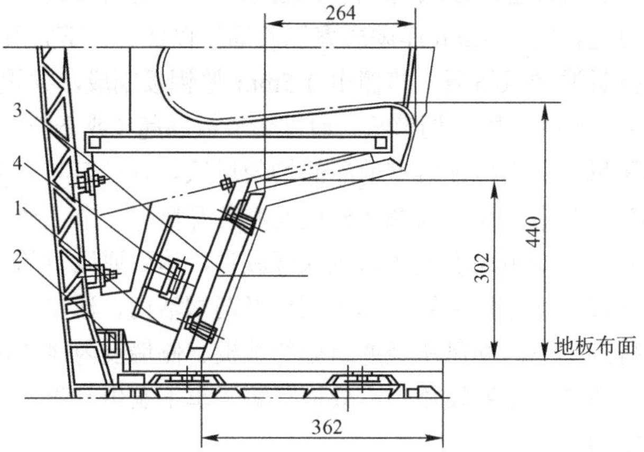

1—底板；2—安装架；3—罩板；4—电热元件

图 7-17　客室电热器结构图

驾驶室内电热器由底板、衬板、罩板及电热元件等组成，分别安装在一、二位侧墙下方，如图 7-18 所示。电热作为城轨车辆的采暖形式，由于其结构简单，调控方便，无污染，易布置而获得广泛应用。但考虑触电、失火、烫伤等安全因素，电热装置必须严格执行其技术条件及操作规范。

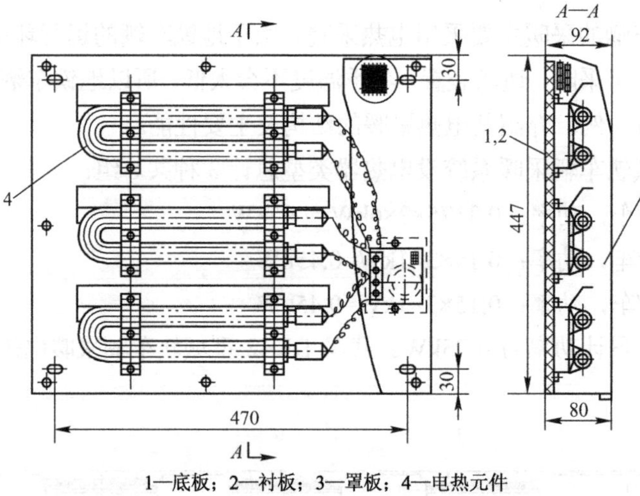

1—底板；2—衬板；3—罩板；4—电热元件

图 7-18　驾驶室电热器结构图

7.6　车辆空调系统控制

城轨车辆空调由一个基于温度控制的微处理器或 PLC 来控制，它一直传送车内所要保持最佳温度的指令，并且也是控制和保护空调系统内部元件的自动装置。

7.6.1 车辆空调控制基本形式

空调系统中新风口、风道和客室座位下均设有温度传感器，由温度传感器将测得的温度值，传递到微处理器或 PLC 中进行处理。城轨车辆空调系统必须在激活端的司机室进行运行或停机操作，通过按压设在司机台的空调“开”、“关”按钮即可开启或关闭整列车的空调机组，且可以通过“A 车空调”按钮只开停 A 车的空调机组。

空调控制器根据接收到送风、新风、回风温度传感器信号，并根据温度或其他设定温度值对比实时空调制冷量是否足够，若不足，控制器就发出相关命令控制相关继电器动作来控制空调机组内的相应部件顺序运行或停止，以满足温度的要求。空调控制器还具备相关的自动保护和故障记录功能，并可与 PTU 连接，通过相关应用软件进行实时通信功能。

7.6.2 车辆空调控制基本步骤

城轨车辆空调系统的启动顺序均为送风机、冷凝风机、压缩机，若前级不能启动，后级则不被允许启动。此种启动顺序是基于对压缩机的保护，避免送风机不运行时压缩机吸入口压力过低和冷凝风机不运行时压缩机排出口压力过高。

控制器通过数字输入/输出与列车信息系统相连，并通过硬线或总线报告故障、启动请求、启动许可和自检结果。

城轨车辆空调设定温度在自动模式下是按温度进行设定的（如下定义中，T_{ext} 为外界空气温度）：

当外界温度（T_{ext}）< 19℃，温度设定值＝22℃

当 T_{ext}≥19℃，温度设定值=22+0.25（T_{ext}−19）（℃）

城轨车辆空调设定温度还可通过人工设定为既定的值（从 19℃到 27℃）或偏离温度一定的值来定义设定温度。

为了实现温度设定的功能，控制器需给出相关命令控制空调机组中的不同部件（压缩机，电机等），以使空调的制冷量能够满足客室内的要求。

控制器计算出由温度传感器检测的室温和设定温度之间的差值，得到一个误差函数，再根据这个误差函数控制空调机组的运行模式，空调机组提供给客室的制冷量取决于这个误差函数，并且受新风和供风温度影响。

7.6.3 车辆空调的运行

在启动空调机组之前，必须对下列各项进行检查，在确认各部分状态良好后，方可开始启动。配线用电气连接器是否接好；电气回路是否正常；主回路及控制回路的绝缘电阻是否均正常；各风机的叶轮是否碰风筒的内壁；防止逆相连接，空调电源（主回路）如果逆相连接，会造成空调机组制冷不正常。

1. 初始启动

控制器和空调机组得电后，控制器进行空调自检。以微处理器控制器为例，通常自检过程包括风门计算（计算风门从全开到全关位置所需的时间，并将此时间值用于后续控制风门的打开、关闭程度）和紧急逆变器自检。自检完成后，控制器必须得到司机室的“空调ON/OFF”信号后方可启动送风机。然后，信号“压缩机启动请求”被传送到总线上，控制器一直等到信号“压缩机启动释放”信号出现后，才开始进行温度调节。

2. 正常运行

城轨车辆平均每节车安装两台空调机组，两台空调机组在正常运行时是同时运行的。空调控制器可对空调机组的运行模式和温度值进行设定，控制空调机组内部件的运行、启停，并能完成故障的诊断和记录。

空调机组内各部件的启动命令是由控制器决定和驱动的，并设定相应的前级保护功能，保证空调系统安全运行。如果其中一个部件启动失败，其相关的后续部件将被禁止启动并且有一个相应的故障信息给出并被记录。

3. 空调运行模式

城轨车辆空调机组的运行模式一般都包括：制冷、预冷、测试、紧急通风、减少新风等模式。

（1）制冷模式。无论何时，只要控制器检测出车内温度高于设定值，它就发出“压缩机启动释放”信号，并发出制冷循环指令。压缩机启动须在冷凝风扇正常启动之后且得到“压缩机运行启动”信号才能被允许启动。在下列条件下，压缩机是不允许启动的：压缩机高压供电无效；该压缩机启动在压缩机顺序启动延时范围内（避免过多压缩机同时启动的启动电流造成供电电源负荷过大）；压缩机高/低压压力开关动作；总线信号无效等。

当车内的温度开始下降并且制冷需求减弱时，控制器将适时发出“压缩机停止”信号，以停止制冷运行。

一个压缩机启动后，必须经过最小的运行周期后才能断电。同样，一个压缩机停止后也必须经过最小运行周期后才能再启动。为了防止系统出现故障，压缩机每小时启动和停止次数是设有最高限度的，这可以通过控制器的最小运行和最小停止周期的限制来实现。

（2）预冷模式。预冷模式是为了使客室温度快速达到控制器计算出的设定值要求的一种模式。在预冷模式下新风风门位置由于内、外温度不同而变化如下：

如果内部温度低于外部温度（客室温度<外部空气温度），风门关闭，此时只用回风调节客室温度；如果内部温度高于外部温度（客室温度>外部空气温度），风门打开，此时只用进风量调节客室温度。

（3）测试模式。当列车空调被设置为测试模式时，空调控制器将控制空调机组的部件进行相应动作，以对空调机组的功能进行初步测试。例如，在测试模式下一般会进行紧急逆变器的自检、100%负荷的制冷运行等。

（4）紧急通风模式。如果车辆失去交流电压供应，送风机供电将自动切换到紧急逆变器供电，机组在紧急通风模式下工作。当交流供电恢复后，送风机供电又从紧急逆变器供电自动切换到交流供电，机组转换为正常模式运行。紧急通风时采用的是全新风，因此，用于紧急逆变器启动的输出信号也用来关闭回风风门。

（5）减少新风模式。如果空调机组工作在通风或制冷模式下，客室中回风的温度比温度设定值较高时将启用减少新风模式。

在这种情况下，控制器控制风门动作，减少新风量，提高回风量，就能更快速地使客室温度达到设定值。

7.7 城轨车辆空调的检修

实训项目 12　城轨车辆空调的检修

1. 实训目的

通过城轨车辆空调的检修项目的训练，使学生熟悉城轨车辆空调的作用、结构，能独立进行城轨车辆空调的检修与维护。

2. 实训工具与所需物品

（1）实训工具：温度表、电流表、压力表、万用表、扭力扳手、电子检漏仪、螺钉旋具、电烙铁等。

（2）所需物品：高压空气、氮气、中性洗涤剂、干净抹布、焊锡、丙酮等。

3. 实训原理

城轨车辆空调装置是把经过一定处理后的空气，通过一定的方式、以一定的流速送入客室内，并将室内一定量的污浊空气排出车外，从而控制客室内空气温度、湿度及清洁度等质量，以提高车内舒适性，改善乘车环境的设备。

城轨车辆空调机组内的主要部件包括压缩机、蒸发器、冷凝器、节流装置。城轨车辆空调系统其他辅助部件包括制冷剂、送风机、冷凝风机、干燥过滤器、电磁阀、温度传感器、湿度指示器、风门、空气过滤器、高/低压压力开关、空气压力开关等。

在制冷装置中除了压缩机外，还有必不可少的换热设备——包括蒸发器、冷凝器等。制冷装置中的换热器和管路系统担负了制冷过程的全部热量传递和输送工作，它对制冷机的工作性能有极大的影响。制冷系统用的换热器均为表面式换热器。在常用的列车车载空调系统中使用的换热器有蒸发器和冷凝器两种，一般都采用冷却空气型蒸发器和空气冷却式冷凝器。

在蒸气压缩式制冷系统中，除了压缩机及各种换热设备外，还有专门的膨胀机构，使制冷剂节流后降低温度和压力。膨胀机构除了起到节流作用外，还能起到调节进入蒸发器的制冷剂流量的作用。通过膨胀机构的调节，使制冷剂离开蒸发器时有一定的过热度，保证制冷剂液体不会进入压缩机。膨胀机构的种类很多，一般可分为 5 类：手动膨胀阀、热力膨胀阀、电子膨胀阀、毛细管和浮球调节阀等。轨道交通列车的车载空调系统一般都采用热力膨胀阀或毛细管（上海地铁车辆车载空调系统采用的有热力膨胀阀和毛细管两种）。

蒸气压缩式制冷系统由压缩机、蒸发器、冷凝器、膨胀阀等组成，通过许多阀门和管道依次连接，形成一个全封闭的制冷循环系统。在制冷系统中常用的阀类零件有截止阀、电磁阀、止回阀、填充阀等。

截止阀通常安装在制冷设备和管路上，它起着接通和切断制冷剂通道的作用。电磁阀是一种自动开启的阀门，用于自动接通和切断制冷机系统的管路。电磁阀通常安装在冷凝器与膨胀阀之间，位置应尽量靠近膨胀阀，因为膨胀阀只是一个节流元件，本身无法关严，因而需利用电磁阀切断制冷剂的供液管路。电磁阀一般是和压缩机同时启动。压缩机停机时电磁阀也应立即关闭，停止供液，避免停机后大量制冷剂流入蒸发器，造成再次启动时压缩机中发生液击。止回阀又称单向阀，作用是限定制冷剂的流向，使制冷剂只能单向流动。填充阀一般用于加注或回收制冷剂。

空气过滤器，该部件用于过滤空气中的尘埃与有害物质等，对空气实施净化处理。为了保证列车客室空气洁净，空调机组吸入新风和回风都必须经过过滤处理，才能被送往客室，保证乘客的舒适性。

在车载空调系统中常用的电动机有冷凝用风机和通风用风机两种。冷凝用风机和通风用风机一般都采用三相异步电动机。

随着人们生活水平的逐步提高，对乘车环境的要求也越来越高。在城市轨道车辆空调系统中，除了要求有制冷以外，在冬季还需要有制热系统，特别是在北方的城市轨道交通车辆。由于受到车辆实际情况的限制，常用的城市轨道车辆的制热设备采用了热泵机组或电加热器系统两种。

电加热器系统是一种由电流通过电阻丝发热而加热空气的设备，具有结构简单紧凑、加热均匀、热量稳定、控制和检修方便等优点。

一般车载空调系统为了便于检修，常使用电加热器系统来加热空气（管式电加热器）。多数电加热器安装位置分布在车厢内靠两侧的座椅下，但也有部分电加热器安装在通风系统中，对送到客室的空气进行预热，将较温暖的空气通过各送风口送入客室，避免将较冷的空气直接吹向乘客。

4. 实训内容与步骤

（1）压缩机的检修。压缩机是蒸气压缩式制冷装置中的一个重要部分，压缩机检修的要点如下：

① 定期对压缩机的外观进行检查，要求外表面无损伤、无泄漏，各紧固件紧固无松动。检查压缩机的电气连接，要求连接紧固无松动。检查压缩机的三相电流、功率及其绝缘性能。检查压缩机的油位，是否在要求的范围内，如不是则需补油。用专用的检漏设备检查压缩机吸排气口与管路的连接处，要求无泄漏。

② 若压缩机电动机有热保护装置，则需要定期对热保护装置进行检测。

③ 在每次列车的大修时（运行 100 万 km），需更换压缩机底架上的橡胶座垫。

④ 在车载空调系统中一般采用的是全封闭式压缩机（以上海地铁车辆为例：1 号线直流列车车载空调采用的是全封闭的活塞式压缩机，2 号线交流列车车载空调采用的则是全封闭的螺杆式压缩机）。一般情况下，发现此类压缩机损坏时，只需更换压缩机即可，无须对其进行检修。更换压缩机时，必须确保压缩机区域附近管路没有制冷剂。更换完毕后，检查压缩机区域的气密性（用氮气检测）。充氮保压检查合格后，需对压缩机区域进行抽空，防止空气或氮气进入制冷系统回路。

上海地铁 3 号线列车的车载空调采用的就是半封闭式活塞压缩机，对此类压缩机的检修除了上述几点以外，还可以拆开压缩机，对其内部进行检修。

（2）换热器的检修。为了保证换热器的换热效率，必须定期对车载空调系统的换热器（蒸发器、冷凝器）进行吹污清洁或用中性洗涤剂清洗，并逐段进行检漏。对锈蚀严重处应焊修或更换换热器。换热器的散热肋片（盘管肋片）应完整，肋片翘曲者应修复。蒸发器的回气管的绝热包扎应良好，对破损脱落处应修补。

（3）膨胀机构的检修。检修膨胀机构时应注意以下几点：

① 定期检查感温包（使用热力膨胀阀的制冷机组）及毛细管的安装是否牢固。

② 如系统出现脏堵，安装热力膨胀阀的需要拆开膨胀阀对其进行清洁或者更换膨胀阀（或阀芯）；安装毛细管的则需要打开系统，将毛细管中的杂质用高压空气将其吹出或更换毛细管。对使用性能良好的热力膨胀阀，检修时可不拆卸。

（4）阀类零件的检修。对阀类零件进行检修时，应根据具体条件，在可能的条件下，对所有阀门的填料进行检查检修。另外，部分阀门带有的电气部分，还需对其进行电气测试（如电磁阀线圈）。状态不良者应予以修理或更换。

（5）储液器的检修。定期对储液器进行外表面的吹污、清洁和检漏。

（6）更换干燥过滤器（或过滤器芯）。常用的干燥过滤器按其结构可分为两种：一种是干燥过滤器的滤芯与外壳是一体的，通过焊接或法兰盘与制冷系统回路连接起来；另一种是干燥过滤器的滤芯与外壳是独立的，更换干燥过滤器只需更换滤芯即可，过滤器通过法兰与制冷系统的回路连接起来。

在列车车载空调制冷系统回路中，一般会安装一个带有制冷剂含水量指示器（彩色）的视液镜，可根据指示器颜色（含水量）的变化及视液镜内表面清洁度等因素来判定是否需要更换干燥过滤器或滤芯。

更换干燥过滤器时需注意以下几个要点：

① 必须确保更换部件区域附近的管路没有制冷剂。

② 安装上新的过滤器后，应对干燥过滤器区域的气密性（用氮气检测）进行检查。

③ 充氮保压气密性检查合格后，还应对干燥过滤器区域进行抽空，防止空气或氮气进入制冷系统的回路。

（7）空气过滤器的检修。必须定期地对其进行更换或清洗。如果过滤器的安装有方向要求时，在安装时应注意空气过滤器安装方向。

（8）风机的检修。

① 定期除尘。要求对电动机的外表面及配套的风叶进行定期吹尘，防止电动机表面及风叶上积尘严重而影响电动机的正常工作。

② 定期检查电动机及风叶表面。要求电动机表面无损伤，风叶无损伤、变形等。

③ 定期检查电动机的电气连接线路。要求电气连接紧固无松动、无老化等。

④ 定期对电动机进行检修及保养。将电动机解体，所有的零、部件清洗后应烘焙干燥。更换电动机轴承油脂或轴承，并对电动机的定子绕组和转子进行检查。

定子绕组的检查包括：测量绕组线圈电阻值（三相）；做绕组线圈对地直流绝缘（500V）测试，绝缘值要求大于 5MΩ；做绕组线圈对地的交流耐压（1200V/min）测试；检查线圈是否有损伤、变色等，外包绝缘要求完好无损；检测电动机热保护装置的工作性能应良好。

转子检查包括：检查转子电枢绕组，要求铝条不允许有裂纹、裂损、断条等；检查转子转轴，要求各装配轴颈部位光洁，不允许有拉毛、毛刺等；转轴的挠度应小于 0.02mm。如不符合上述要求则需要更换零部件。

（9）通风系统的检修。通风系统主要包括离心式通风机、送风风道、回风风道、排风口等。通风风机的检修在前面已经讲过。对空调系统的风道检修的要求就是要定期对风道进行除尘、消毒等处理。

（10）空气加热系统的检修。定期地对电加热器表面吹尘，防止表面积尘严重而影响制热效果及损坏加热系统；定期测量电加热器的电阻丝阻值及测试电加热器的热保护装置的性能（应根据具体条件，在可能的条件下），以确保加热系统状态良好。

（11）制冷剂的维护与加注。常用的制冷剂有氨、各种氟利昂及某些碳氢化合物和无机化合物等。在对空调系统维护时，有时需要用专用的设备将整个空调机组的制冷剂回收，并且对回收的制冷剂进行再生，然后对制冷系统进行定量加液，确保制冷系统的正常工作。空调制冷剂加注方法如表 7-1 所示。

表 7-1　空调制冷剂加注方法

实训内容	工作步骤	检验标准
制冷剂加注方法	1. 低压加注。启动空调机组制冷运行（通过使用应用软件强行启动制冷运行），从压缩机低压处加注，观察加注后的压力到达正常工作范围值（不同类型的制冷剂，该范围值均不同）。当加到压缩机低压处的压力达到范围值时即停止，再观察空调的制冷效果。如果空调制冷效果良好，测试高压压力，其工作压力不能超过高压范围值。 2. 静态加注。停止空调机组运行，从加注口处加注制冷剂。当系统压力达到相应要求时为合适；再让空调运行制冷 30 分钟，然后做仔细的检查。	检验低压加注、静态加注方法和时间是否正确
制冷剂加注的检查方法	1. 测压力。测低压压力，检查其低压工作压力是否在正常范围内。如果偏高，则加多了；如果偏低，则加少了。同时高压也不能超过相应的正常范围。 2. 听声音。如果声音过大，沉闷，可能是加多了制冷剂；如果声音过少，说明量不够。 3. 测温度。加注制冷剂至压缩机吸气管有结露产生，排气管温度达到 800℃左右，冷凝器温度达到 55℃左右，蒸发器的温度比环境温度低 15℃左右，此时制冷剂已加注足够。 4. 测工作电流。总电流应接近额定电流，如果电流过大，则制冷剂加多了；如果电流过小，则制冷剂不够。这要求在系统和电路都正常的情况下进行测试，因为压缩机的工作电流跟压缩机的吸气压力有很大关系，吸气压力高，电流就大，吸气压力低，电流就小，如果系统堵了，那么压缩机的工作电流也会很低，且压缩机的声音不正常。	检验压力、声音、温度、工作电流是否正常
制冷剂加注注意事项	加注时一定要慢慢来，加注一定量后让空调运行 10 分钟左右，再测压力和电流，不够时再分次加注，不能以运行前的压力和电流作为标准。冬天加制冷剂时，可以人为地使室内温度传感器达到能够制冷的温度，使空调制冷运行，或通过相关软件强行使空调制冷运行。	检验压力、声音、温度、工作电流是否正常

（12）气动系统的检查。检查每处气动管路的连接、走向及位置正确与否，确保固定牢固，位置正确。定期检查管路表面有无变形、破损等损伤，以免发生气体泄漏而影响正常使用。

（13）其他检修。除以上空调系统主要装置的检修外，还应注意以下方面的检修：

① 定期检查空调机组的外观，要求无损伤，无变形。

② 定期清洗空调机组的外表面，确保表面清洁，无污物。

③ 定期按照规定的扭矩要求检查空调机组中的各紧固件，确保连接紧固，无松动。

④ 根据橡胶件的规定使用年限，对空调系统中的橡胶件进行定期更换。

⑤ 检查所有的电气连接部位、电缆、接地装置等，要求连接紧固，无松动，电线、电缆表面无破损、老化等现象，确保接头接触良好，以免松动和腐蚀，造成电气故障。

⑥ 检查空调机组的内部和外部的油漆是否损坏和腐蚀。

⑦ 修补油漆缺口，换掉腐蚀的部分并对该修理区进行重新油漆。要求使用的油漆要与车体一致。

现将空调系统检修项目归纳为表 7-2，可作为实训参考。

表 7-2 空调系统检修项目与内容

实训内容	工作步骤	检验标准
检查机组壳体	用中性洗涤剂清洁空调机组壳体，并检查壳体是否腐蚀、变形，如有脱漆或腐蚀，需要在脱漆处防锈、补漆。	机组壳体无腐蚀，无变形
检查紧固件	目测检查紧固件，如有松动，则用扭力扳手按扭力要求更换新紧固件，再紧固	紧固件扭力是否符合要求
检查机组保温材料	目测检查壳体上的隔热材料、密封条，应无缺损、老化，性能良好，否则应给予更换。	无缺损、老化
检查冷凝器	目测检查壳体上的隔热材料、密封条，应无缺损、老化，性能良好，否则应给予更换。 用中性洗涤剂清洗冷凝器，目测检查翅片并矫正变形翅片。 注意：清洁时车顶面较滑，应小心操作，电气连接处应防止水滴渗入！ 1. 将清洁泵的压力水压力调整在 35～40bar。 2. 清洁冷凝器、蒸发器时，应使压力水由机组内侧向外侧方向冲洗。 3. 用带清洁剂的压力水冲洗室外空气格栅，保证格栅洁净。 4. 用压力水冲洗排水孔和空气处理室里的积尘。 5. 电气部件处的水滴应及时清除或拭抹干净。 6. 用抹布清除压缩空气传动件、送风机电动机侧的积尘。 7. 用抹布清除风道软接管回风侧的污迹。	隔热材料无缺损、老化，翅片无变形，冷凝器无积尘和污迹
检查冷凝风扇的作业	1. 清洁并目测检查冷凝风扇网罩，如有脱焊需补焊加固。 2. 清洁并目测检查冷凝风扇风叶。 3. 转动测试冷凝风扇，叶片应顺畅，无明显阻力 若冷凝风扇叶片擦框时，需调整风机位置，必要时调整垫片位置和数量。	无脱焊、风叶无损坏、垫片位置正确
检查空气压缩机的作业	1. 清洗空气压缩机的外壳，检查油位、吸入口连接管、接线端。 2. 接线盒的电线和保护单元连接牢固；压缩机室的电气接线盒里的电气连接牢固、无误。	油位正确，连接牢固
检查制冷系统	1. 检查制冷系统的连接管路、接头和保温管道。 2. 若发现有油迹，对油迹处用电子检漏仪检漏。泄漏检测在下列位置进行：所有连接螺栓；所有焊接连接处确认泄漏部位，对松动的螺钉按有关扭力值进行紧固；紧固后，用电子检漏仪复检，保证未测到泄漏为止；用丙酮清洁油迹；检查其余螺钉有无松动，并重新紧固松动件。	管路连接无渗漏、螺钉无松动
检查蒸发器	用中性清洗溶液清洁蒸发器，检查并矫正变形翅片。	无变形
检查储液筒	目测检查筒体、视镜	无破损
检查视液器	检查视液镜中心的颜色，正常为紫色；若色纸颜色开始偏红，在功能检查完成后应予以复检；若发现色纸颜色已变为粉红色，则干燥过滤筒失效，需更换机组	观察视液镜中心颜色
检查电磁阀	目测和测试检查，通电后动作正常	通电后正常
检查新、回风风缸及挡板	清洗风缸：检查连接管及连接情况，挡板动作正常，并调整到合适的角度	连接正常
检查过渡连接软风道	清洁并目测检查	清洁
检查温度传感器	清洁传感器触头，测量电阻值	清洁，阻值正常
检查总成阀	清洁排气口，更换密封圈	清洁

续表

实训内容	工作步骤	检验标准
检查司机室通风机	检查司机室通风机组的连接螺钉是否松动，如有松动，则紧固。	紧固
检查司机室出风调节口	清洁并目测检查，更换损坏件。	无损坏
检查空调机组电缆及接线盒	清洁箱体，目测检查，配线无老化、破损，线号清晰、排列整齐，绝缘良好，安装牢固。	无老化、破损，线号清晰、排列整齐，绝缘良好，安装牢固。
检查接地线	目测检查，无破损，无老化或裂纹，连接牢固；有损坏则更换损坏件。	无破损、老化、裂纹；连接牢固
检查主要部件功能	包括通风机、冷凝风机、压缩机、压力开关、电磁阀、热力膨胀阀等部件在内的检查，并记录相应的电流、温度、过热度和压力。	风机、压缩机、通风机内部正常电流、温度、过热度和压力正常

5. 实训报告

城轨车辆空调的检修项目完成后，签名并填写实训工作任务单。

实训工作任务单

<table>
<tr><td>实训名称</td><td colspan="3">城轨车辆空调的检修</td></tr>
<tr><td>故障现象</td><td colspan="3"></td></tr>
<tr><td>检修内容</td><td colspan="3"></td></tr>
<tr><td>班　　级</td><td></td><td>姓　　名</td><td></td></tr>
<tr><td>小　　组</td><td></td><td>工作时间</td><td></td></tr>
<tr><td colspan="4">所需知识</td></tr>
<tr><td colspan="4"></td></tr>
<tr><td colspan="4">所需工具与设备</td></tr>
<tr><td colspan="4"></td></tr>
<tr><td colspan="4">检修过程</td></tr>
<tr><td colspan="4"></td></tr>
<tr><td colspan="4">指导教师评价</td></tr>
<tr><td colspan="4"></td></tr>
<tr><td colspan="4">任务完成人签字：
指导教师签字：

日期：　　年　　月　　日</td></tr>
</table>

本章小结

1. 车辆空调装置一般具备通风、制冷、加热、加湿等功能。典型车辆空调装置通常都由通风系统、空气冷却系统、加热系统、加湿系统以及控制系统等五大部分组成。

2. 车辆空调系统一般具有小型轻量化、制冷量大、较低的噪声、便于维护、可靠性高、自动化程度高、具有应急通风功能等特点

3. 制冷就是用一定的方法使物体或空间的温度低于周围环境的温度，并且使其维持在某一温度范围内，这个过程称为空调制冷过程。

4. 空调（制冷）装置主要包括压缩机、冷凝器、节流阀（膨胀阀）和蒸发器 4 大部件。

5. 城轨车辆空调机组内的主要部件包括压缩机、蒸发器、冷凝器、节流装置。

6. 城轨车辆空调系统其他辅助部件包括制冷剂、送风机、冷凝风机、干燥过滤器、电磁阀、温度传感器、湿度指示器、风门、空气过滤器、高/低压压力开关、空气压力开关（非所有城轨车辆空调系统都具备）等。

7. 通风机组是通风系统的动力装置，其作用是吸入车外新风和室内回气，并将处理后的空气加压，通过主风道等送入客室。

8. 通风系统有机械强迫通风和自然通风两种方式。城市轨道交通车辆的采暖主要采用电热采暖。

9. 城轨车辆空调系统的启动顺序均为送风机、冷凝风机、压缩机，若前级不能启动，后级则不被允许启动。城轨车辆空调机组的运行模式一般都包括：制冷、预制冷、测试、紧急通风、减少新风模式。

习　题　7

一、判断题（对的在括号中打“√”，错的打“×”）

7.1　在我国早期的城轨车辆中没有设置空调装置，只有简易的通风系统。（　　）

7.2　在几种制冷方式中，蒸气压缩式制冷应用最为广泛，一般城轨车辆也都采用蒸气压缩式制冷。（　　）

7.3　通常在一定的压力下，液体温度达到沸点（即饱和温度）就会发生沸腾现象。在制冷技术中，常把这个饱和温度称为蒸发温度。（　　）

7.4　压缩机的主要功能为压缩从蒸发器过来的制冷剂气体，使其变成高温高压气体。（　　）

7.5　通过冷凝器的制冷剂为高温高压的液体，在制冷剂进入蒸发器前须进行降压处理，节流装置就是对制冷剂液体进行降压的装置。（　　）

7.6　制冷剂又称制冷工质，它是在制冷系统中不断循环并通过其本身的状态变化以实现制冷的工作物质。（　　）

二、填空题

7.7　车辆空调装置一般具备（　　）、（　　）、（　　）和（　　）等功能。

7.8　空气冷却系统一般采用（　　　）制冷设备，蒸发器为空气冷却器，它的作用是对客室内的空气进行降温、减湿处理，使客室内空气（　　）与（　　）保持在规定的范围内。

7.9　制冷的方式大致有（　　）、（　　）、（　　）、（　　）和涡流管制冷等。

7.10　蒸气压缩式制冷循环包括（　　）、（　　）、（　　）和蒸发 4 个过程，制冷机组主要由

压缩机、（　　　）、（　　　）和（　　　）4 大部件组成。

7.11　城轨车辆空调机组内的主要部件包括（　　　）、（　　　）、（　　　）和（　　　）。

三、综合题

7.12　空调机组的主要部件有哪些？

7.13　简述空调制动过程。

7.14　空调机组出现低压故障时如何解决？

7.15　空调机组的电气故障有哪些？

参 考 文 献

[1] 徐安．城市轨道交通电力牵引[M]．北京：中国铁道出版社，2000．

[2] 王俭朴．城市轨道交通电力牵引与控制[M]．北京：国防工业出版社，2011．

[3] 连苏宁．城市轨道交通车辆构造[M]．北京：机械工业出版社，2010．

[4] 吕刚．城市轨道交通车辆概论[M]．北京：北京交通大学出版社，2011．

[5] 王艳荣．城市轨道交通车辆电气检修[M]．上海：上海科学技术出版社，2012．

[6] 刘文正．城市轨道交通牵引电气化概论[M]．北京：北京交通大学出版社，2011．

[7] 刘敏军，宋平岗，许期英．轨道交通车辆电力牵引控制系统[M]．北京：清华大学出版社，2014．

[8] 张天彤．城轨交通车辆空调装置[M]．北京：北京交通大学出版社，2014．

[9] 谢维达．电力牵引与控制[M]．北京：中国铁道出版社，2010．

[10] 张秀平．轨道交通车辆电机检修与维护[M]．北京：北京交通大学出版社，2012．

[11] 陈晓丽．城市轨道交通车辆电气[M]．北京：中国铁道出版社，2013．

[12] 华平，唐春林．城市轨道交通车辆电气控制[M]．北京：机械工业出版社，2012．

[13] 苗吉祥，姜大庆．城市轨道交通车辆驾驶与制动技术[M]．北京：机械工业出版社，2012．

[14] 阳东，卢桂云．城市轨道交通车辆检修[M]．北京：机械工业出版社，2013．

[15] 郭世明．机车动车牵引交流传动技术[M]．北京：机械工业出版社，2012．

反侵权盗版声明

《城市轨道交通车辆电气控制》读者意见反馈表

尊敬的读者：

感谢您购买本书。为了能为您提供更优秀的教材，请您抽出宝贵的时间，将您的意见以下表的方式（可从 http://www.huaxin.edu.cn 下载本调查表）及时告知我们，以改进我们的服务。对采用您的意见进行修订的教材，我们将在该书的前言中进行说明并赠送您样书。

姓名：________________　电话：________________

职业：________________　E-mail：________________

邮编：________________　通信地址：________________

1．您对本书的总体看法是：

□很满意　□比较满意　□尚可　□不太满意　□不满意

2．您对本书的结构（章节）：□满意　□不满意　改进意见________________

3．您对本书的例题：□满意　□不满意　改进意见________________

4．您对本书的习题：□满意　□不满意　改进意见________________

5．您对本书的实训：□满意　□不满意　改进意见________________

6．您对本书其他的改进意见：

7．您感兴趣或希望增加的教材选题是：

请寄：100036　北京市万寿路 173 信箱职业教育分社　陈晓明　收

电话：010-88254575　E-mail：chxm@phei.com.cn